Dieser Band enthält fünfzehn beispielhafte Erzählungen aus der Periode des sogenannten ›poetischen Realismus‹. Dieser Abschnitt der deutschen Literaturgeschichte ist zugleich die große Zeit der Novelle; sie ist darum in dieser Sammlung besonders reich vertreten.

Eine Anthologie wie die vorliegende kann nicht ein genaues und vollständiges Abbild der deutschen Literatur eines Zeitraums geben, der immerhin ein Jahrhundert umfaßt – Büchner starb 1837, Hauptmann 1946. Aber sie kann wichtige Beispiele dafür geben, wie die Spannungen und Zweifel eines neuen bürgerlichen Zeitalters, so mancher Protest gegen das Bürgerliche selbst, in dieser Prosa ihren Ausdruck finden.

Im Fischer Taschenbuch Verlag wurden außerdem von Benno von Wiese herausgegeben: ›Deutschland erzählt. Von Johann Wolfgang von Goethe bis Ludwig Tieck‹ (Bd. 10982), ›Deutschland erzählt. Von Arthur Schnitzler bis Uwe Johnson‹ (Bd. 10984) und ›Deutschland erzählt. Von Rainer Maria Rilke bis Peter Handke‹ (Bd. 10985).

Benno von Wiese, der Herausgeber dieser Sammlung, der 1903 in Frankfurt am Main geboren wurde und lange Jahre ordentlicher Professor in Bonn war, zählt zu den bedeutendsten deutschen Literaturwissenschaftlern der Nachkriegszeit. Er starb 1987 in München.

Deutschland erzählt

Von Georg Büchner
bis Gerhart Hauptmann

Ausgewählt und eingeleitet
von Benno von Wiese

Fischer Taschenbuch Verlag

Originalausgabe
Veröffentlicht im Fischer Taschenbuch Verlag GmbH,
Frankfurt am Main, Dezember 1991
Erstveröffentlichung Dezember 1965

Alle Rechte vorbehalten
Für die Zusammenstellung und
die Einleitung von Benno von Wiese:
© Fischer Taschenbuch Verlag GmbH,
Frankfurt am Main 1965
Umschlaggestaltung: Buchholz / Hinsch / Hensinger
unter Verwendung der Abbildung ›Restaurant Jacob in
Nienstedten an der Elbe‹, 1902 (Detail)
von Mose Liebermann, Kunsthalle Hamburg
Gesamtherstellung: Clausen & Bosse, Leck
Printed in Germany
ISBN 3-596-10983-3

Inhalt

Einleitung

Unser zweiter Band ›Deutschland erzählt‹ enthält fünfzehn repräsentative Beispiele aus der Prosa des sogenannten ›poetischen Realismus‹. Diese Periode der deutschen Literaturgeschichte ist das Zeitalter der deutschen Novelle, die darum in unserer Folge auch besonders reich vertreten ist. Nur in Ausnahmefällen wurden Ausschnitte aus größeren, sich dem Romanhaften nähernden Erzählungen ausgewählt, wie bei Immermann und bei Raabe.

Für die deutsche Literatur bedeuten die Jahre um 1830 einen wesentlichen Einschnitt: im Jahre 1830 leitete die französische Julirevolution jene neue, von sehr entgegengesetzten politischen und ästhetischen Tendenzen bestimmte Epoche ein, in der bereits manches vom Zeitalter der Moderne vorweggenommen wird; 1831 stirbt Hegel, 1832 Goethe. Nunmehr konnte Heinrich Heine das Ende der »Kunstperiode« verkünden, »die bei der Wiege Goethes anfing und bei seinem Sarge« aufhören wird. Einen entscheidenden Durchbruch zu ganz neuen Darstellungsformen, die das klassisch-romantische Zeitalter hinter sich lassen, bedeutet vor allem die Dichtung des jungen Georg Büchner. Sie ist wie das Wetterleuchten einer neuen Zeit. Darum haben wir Büchners fragmentarische Erzählung ›Lenz‹ an den Anfang gestellt. Im Jahre 1839 war sie zum erstenmal gedruckt worden, und doch zeigt sie sich in mancher Hinsicht bereits als ein Vorläufer der impressionistischen Darstellungskunst der Jahrhundertwende. Der *innere* Weg von hier bis zum jungen Hauptmann, der mit der Erzählung ›Der Apostel‹ – der Erstdruck erschien 1890 – unseren Band beschließt, ist nicht sehr weit. Auch Hauptmann erzählt die Geschichte eines Menschen, der sich in den Wahnsinn hineingerissen sieht, wenn dieser auch dabei mehr im Unbewußten bleibt und sich nicht so qualvoll reflektiert wie der Büchnersche Lenz. Beide Erzählungen sind in ihrer intimen Beobachtung des Innerseelischen und der von außen eindringenden Naturvorgänge trotzdem miteinander verwandt. Das Auf und Ab einer exzentrischen, in den Wahnsinn führenden Kurve des Innenlebens verknüpft Büchner mit einer ebenso gegenständlichen wie leitmotivischen Natursymbolik, in der das innere Geschehen wie in einem Spiegel aufgefangen wird. Mag Büchner die überhöhende Metaphorik noch so sehr lieben, darin noch ein Nachfahre der Romantik, die Natur wird hier bereits ganz vom Optischen und Akustischen her wahrgenommen, sie ist andrängende, überwältigende Fülle von Welt. Sie kontrastiert dabei zur Dynamik des inneren, in die Zerstörung hineingetriebenen Erlebens, aber sie deutet zugleich auch wieder darauf hin.

Damit verglichen bleiben Autoren wie Börne, Heine und Immermann sehr viel mehr im Gesellschaftlichen und setzen so Erzähltraditionen fort, die bereits das 18. Jahrhundert kannte. Börne erzählt plaudernd und amüsant die harmlos-pikante Geschichte einer Badereise, ›Die Schwefelbäder bei Montmorency‹, und nähert sich dabei dem Stil der journalistischen Skizze.

Das alles ist noch ganz im Ton der Gesellschaftsnovelle erzählt, aber doch auch schon mit ironischem Abstand und voll sublimem Spott. Psychologische Beobachtungsgabe verbindet sich mit der Freude am witzig-pointierenden Bericht, und bei aller kritischen Distanz versenkt sich der Erzähler doch gerne in die unproblematische Welt derer, die er beschreibt. Auf dieser Erzählung liegt noch ein wenig vom Abglanz der galanten Welt; das Leben ist nur ein heiteres Komödienspiel, in dem die Rollen von vornherein festgelegt sind. Das Motiv des übertölpelten Ehemannes gehört dazu ebenso wie das der verschmitzten Betrügerin. Aber Börne weiß sehr wohl, daß diese Welt einer bereits vergangenen Epoche angehört.

Sehr viel gewichtiger ist bereits Heines ›Zweite Florentinische Nacht‹. Die Handlung tritt hier zurück zu Gunsten des Atmosphärischen und Stimmungshaften. Der subjektive Ton des Erzählers, die Art, wie er illuminiert oder verdunkelt, die geistreiche Wendung, die er dem Erzählten gibt – das alles ist für einen so modernen Schriftsteller wie Heine weit wichtiger als der Vorgang selbst. Die Nachwirkung romantischer Nachtstücke freilich, aber auch bereits der Einfluß französischer Vorbilder ist unverkennbar. In der Stilisierung des Erzählten, in der Zweideutigkeit zwischen geheimnisvollem Abenteuer und realistischem Detail, im psychologischen

Interesse an seltsamen Menschen und ihren Schicksalen kündigt sich indessen ein neuer Stil an. Zu dieser Gruppe des Überganges gehört auch Immermanns mit Unrecht fast vergessene Novelle ›Der Karneval und die Somnambule‹. Wir konnten von ihr nur das Kernstück, die Tagebuchaufzeichnungen ›Drei Tage in Ems‹ bringen. Wenn der Leser die Auflösung der recht komplizierten Vorgänge erfahren will, muß er sich entschließen, die ganze, ziemlich ausgedehnte Erzählung zu lesen. Diese ist jedoch mit ihren zahlreich eingestreuten Reflexionen und Gesprächen und ihrer raffinierten Technik der Vor- und Rückdeutungen und den verschiedenen Ebenen ihres Erzählens nicht leicht zugänglich. Das spannend erzählte Mittelstück hingegen, das in seiner Motivik noch an Schillers unvollendeten Roman ›Der Geisterseher‹ erinnert, bietet die eigentliche Verdichtung dieser Kriminalgeschichte, die nur dem vorläufigen Anschein nach eine geheimnisvolle, okkulte Begebenheit erzählt. Der erzählerische Reiz liegt in der Art, wie der Autor das Mysteriöse zugleich mit Ironie behandelt. Dies wird dem aufmerksamen Leser nicht entgehen, auch dann nicht, wenn ihm die spätere Enträtselung des verwickelten Vorganges in unserem Text verborgen bleibt.

Mit Grillparzer, der Droste und Stifter erreichen wir bereits die Höhepunkte deutscher novellistischer Prosa im 19. Jahrhundert. Grillparzers Erzählung ›Der arme Spielmann‹ kontrastiert einen objektiven Rahmen mit einer darin eingeschlossenen Icherzählung. Damit wird eine doppelte Spiegelung erreicht, zumal sich der Autor selbst als Figur in seine Geschichte einführt. Alle romantischen Züge, die bei Heine und Immermann noch deutlich nachklingen, sind jetzt bereits getilgt. Der Einzelmensch wird nunmehr als gebrochenes und durch seine bürgerliche, ja proletarische Umwelt vielfältig determiniertes Wesen gesehen; seine charakterologische Anlage und der Umkreis, in dem er aufwächst, haben für sein Schicksal eine unausweichliche Bedeutung. Der Autor, der innerhalb des Rahmens erzählt, wird zum beobachtenden, skeptischen Psychologen, der sich mit »anthropologischem Heißhunger« für seltsame Menschenschicksale interessiert. »Wahrlich! Man kann die Berühmten nicht verstehen, wenn man die Obskuren nicht durchgefühlt hat. « Das deutet schon auf die Dichtung des ›Naturalismus‹ der Jahrhundertwende voraus. Aber der zweideutige ›Held‹ dieser Erzählung wird nicht nur von außen als heruntergekommener Bettelmusikant gesehen, sondern im von ihm selbst gegebenen Bericht seiner Lebensgeschichte auch von innen, und da zeigt er überraschend eine Demut, die geradezu an das Heilige grenzt. Diese Optik hat Stifter freilich überbetont, wenn er zu dieser Novelle sagte: »In der Kindlichkeit dieser Dichtung liegt es wieder so klar, was uns aus den Schöpfungen der größten Künstler entgegentritt und was selber in der Unschuld und Majestät des Weltalls liegt, daß alle Kraft, alle Begabung, selbst der schärfste Verstand nichts ist gegenüber der Einfalt sittlicher Größe und Güte.« Diese Bewertung läßt zu sehr außer acht, daß Grillparzer seinen armen Spielmann durch die Rahmenhandlung auch wieder in eine kühle Distanz gerückt hat. Dennoch bleibt dieser liebenswürdige Sonderling, von dem hier erzählt wird und der von sich selbst erzählt, noch ein verstecktes, allerdings kritisches Selbstbildnis, dem Grillparzer auch und gerade in der Erniedrigung seine verschwiegenen Träume geliehen hat: ein unheldischer Held bis an die Grenze des Grotesken, aber ebenso die einsam musizierende Seele, die mit ihrem Gott allein auf der Welt ist.

Annette von Droste-Hülshoff schuf mit der ›Judenbuche‹ in einem streng verdichtenden, stets auf die Wirklichkeit gerichteten Stil das große Beispiel einer tragischen Novelle. Es ist ein der Ballade verwandtes Erzählen, das sich von Gipfel zu Gipfel bewegt, aber dabei zugleich das Wirkliche mit dem Symbolischen durchdringt. Die Kriminalgeschichte ist hier nur das Modell, um den mythischen Sinn menschlicher Schuld und eine in Gott gründende Wiederherstellung des Rechtes gleichnishaft sichtbar zu machen. Sogar die Natur tritt noch als Mitspieler eines unbegreiflichen Tremendum auf. Hierin ist die Dichterin über ihre Quelle, die Geschichte August von Haxthausens über den Algierer Sklaven, weit hinausgegangen. Die Droste erzählt geraffter, schonungsloser, unerbittlicher. Aber sie vermeidet dabei jede moralisierende Einmischung, und wenn sie auch ihre Geschichte selbst gelegentlich als ›Kriminalerzählung‹, dann wieder als ›Sittengemälde‹ bezeichnet hat, so reichen beide Ausdrücke doch nicht aus, ebensowenig wie etwa Dorfnovelle oder realistische Erzählung. Alle solche Elemente sind hier miteinander verknüpft, um von einer Begebenheit zu berichten, die durchaus wirklich ist, aber in allem Sichtbaren noch das Unsichtbare vergegenwärtigt, in allem Anschaulichen einen ewigen Grund menschlichen Daseins hindurchleuchten läßt. So erst wird der Eindruck einer höheren Notwendigkeit erzielt, die aber nicht mit einem romantisch fatalistischen Schicksalsglauben verwechselt werden darf.

Stifters Erzählung ›Das alte Siegel‹ aus seinen ›Studien‹ gehört zu jenen Novellen Stifters, die es neu zu entdecken gilt. Allzusehr hat sie bisher im Schatten von Erzählungen wie ›Abdias‹, ›Brigitta‹ und anderen gestanden. Aber eben hier, im ›Alten Siegel‹, wird das Moderne und Problematische, das man bei Stifter so leicht übersieht, besonders deutlich. Gewiß, auch diese Geschichte wird leise erzählt, sie scheint sich zunächst geradezu idyllisch harmonisch darzubieten, aber im Verlauf des Erzählens gerät sie ins Unheimliche, ja ins Bodenlose. Mit einem Male enthüllt sich die ganze Ambivalenz von Treue und Untreue, von traditioneller Bindung an die väterliche Welt und geheimer Forderung einer neuen, in der Person gegründeten Sittlichkeit, für die der bloße Ehrbegriff fragwürdig geworden ist. Ehebruch und Ehelosigkeit erscheinen beide mit Schuld beladen. Die Frage, die Cöleste am Ende an Hugo stellt: »Also könntest du der sogenannten Ehre das warme, ewige, klare Leben opfern?« bleibt auch eine Frage Stifters, für den vielleicht Cölestes Sünde menschlicher ist als die Tugend des Hugo. Denn das alte Siegel, das Sinnbild für ein reines und treues Leben, das vom Vater ererbte Sinnbild, genügt am Ende doch nicht, es wird in den Abgrund geschleudert, und damit grenzt das Erzählte ans Tragische. Verfehlt nicht eben der sein Leben, der so kompromißlos am »Rechten« festhalten will?

Bei Hebbels, sich dem Schwankhaften nähernder Kurzgeschichte ›Eine Nacht im Jägerhause‹ – allerdings muß man auch hier so manche Ängste der Phantasie miterleben – und bei Gotthelfs volksnahem, urtümlichen Erzählen ›Wie Joggeli eine Frau sucht‹ kann der Leser sich ein wenig ausruhen und den Übergang finden zu Kellers schalkhaftem Novellenmärchen ›Spiegel, das Kätzchen‹. Hier freilich ist das Märchenhafte nunmehr ganz einem ironisch-realistischen Erzählstil integriert worden. Die Erzählung findet sich in

Kellers Sammelband ›Die Leute von Seldwyla‹, und schon diese Herkunft deutet darauf hin, daß der erzählte Einzelfall zugleich stellvertretende Bedeutung hat. Der Zusammenhang mit den Seldwyler Bürgern, die in ihrer ebenso lustigen wie seltsamen Stadt leben, ist freilich nur loser Art. Aber das mit so viel Grazie erzählte Märchen von dem Hexenmeister, der glaubt, sich eine schöne und sanfte Frau zu erhandeln und dabei von einem klugen Kätzchen überlistet wird, ist nicht bloß ein Märchen in der Nachfolge der Romantik, vor allem E. Th. A. Hoffmanns, sondern mehr noch eine Verspottung menschlicher Schwächen und Torheiten, und eben damit gehört es in den Umkreis der Leute von Seldwyla mit ihren merkwürdigen Geschichten und Lebensläufen hinein. An symbolischer Verdichtung ist ihm zwar die tragische Liebesnovelle ›Romeo und Julia auf dem Dorfe‹ überlegen, an groteskem Humor wird es durch ›Die drei gerechten Kammacher‹ übertroffen, in der liebenswürdigen Symbiose von Phantasie und Wirklichkeit jedoch bleibt es einzig in seiner Art und zeigt, wie auch sonst bei Keller, die zur Verantwortung bereite Klarheit in der Führung der Handlung und die humoristische Überlegenheit des Erzählers über den Standort seiner Figuren.

Auch Conrad Ferdinand Meyers, dem Poggio in den Mund gelegte *Facetie* ›Plautus im Nonnenkloster‹ gehört zum heiteren Teil unseres Erzählbandes, aber das Erzählte ist zugleich kunstvoll zur novellistischen Pointe stilisiert, ein Meisterstück in der geschickten Verschlingung von Rahmen und eigentlicher Handlung und damit bereits ein Zeugnis für einen schon artistischen künstlerischen Willen und ein modernes, perspektivisch-psychologisches Sehen. Meyer läßt sich nicht wie Keller, liebend und spöttisch zugleich, mit den Menschen und ihren Lebenserfahrungen ein, sondern er bewahrt in seinen sublimen Kompositionen eine höfliche und vornehme Reserve zu ihnen; er zeigt auch hier das Pathos der Distanz, wenn auch gemildert durch Ironie und Humor. Seine volle Meisterschaft erlangte er freilich erst in Novellen wie ›Der Heilige‹, ›Die Versuchung des Pescara‹ und ›Die Hochzeit des Mönchs‹. Aber jede von ihnen hätte den Raum unseres Bandes allzu erheblich überschritten.

Mit Storms düster-gespenstischer Erzählung ›Bulemanns Haus‹

und mit den drei Kapiteln aus Raabes letztem Roman ›Altershausen‹ überwiegt wieder die Bitterkeit und Schwermut im Erzählen des ausgehenden 19. Jahrhunderts. Bei Storm hätten vielleicht manche Leser seine lyrisch-wehmütige Erstlingsnovelle ›Immensee‹ oder die letzte, tragische ›Der Schimmelreiter‹ erwartet. Wir haben nicht nur aus Raumgründen einen unkonventionelleren Storm gewählt. Noch einmal ist es ein Märchen, aber das grausige Märchen von einem Geizhals, der wegen seiner Hartherzigkeit von allen verlassen und nur noch von seinen zu greulichen Untieren ausgewachsenen Katzen Graps und Schnores bewacht wird. Am Ende muß er als kleines, verhutzeltes Zwerglein bis in die Ewigkeit auf die Barmherzigkeit Gottes warten. Der sonst so oft zum poetisierenden, subjektiven Erzählton neigende Storm zeigt sich hier von seiner härteren, moderneren Seite, in der das Undurchdringliche der Wirklichkeit sichtbar wird, auch noch in der Umsetzung in die Märchenform, eine brutale Tatsächlichkeit, die sich der mildernden Harmonisierung der Dissonanzen entzieht wie etwa auch in jenen Erzählungen, in denen Storm das Vater-Sohn-Motiv behandelt, wie ›Carsten Curator‹, ›Der Herr Etatsrat‹ und ›Hans und Heinz Kirch‹. Allerdings fehlt es auch hier nicht ganz an der Illusion einer an sich unbegrenzten, im poetischen Dämmerschein der Stimmung zerfließenden Welt. Aber die Stärke Storms würde ich weit mehr in jener anderen, böseren Seite seiner Darstellung sehen.

Über Raabes ›Altershausen‹ wiederum, der Geschichte von dem Wirklichen Geheimen Medizinalrat Dr. Feyerabend, der im hohen Alter noch einmal seine Geburtsstadt aufsucht und dort seinen alten Kameraden Ludchen Bock als »Simpel« wiederfindet, liegt ein Schimmer verklärender Liebe. Wunderlich sind Vergangenheit und Gegenwart in diesem Roman ineinander verschlungen. Raabes auf das »Bleibende aus der Tiefe« gerichtete Kunst vermittelt hier zum letzten Mal zwischen der radikalen Vernichtung des Menschlichen und seiner dennoch möglichen Bewahrung. Trotz aller Traurigkeit des Daseins weiß er sich aus dem Geist des Humors heraus mit diesem Dasein auch wieder auszusöhnen. Aber der bittere Ton bleibt trotzdem unüberhörbar.

Auch Gerhart Hauptmanns ›Apostel‹ steht im Zwielicht, und zwar in dem von religiöser Sendung und psychischer Selbstzerstörung; sein Apostel ist der novellistische Nachbar des Romanhelden Emanuel Quint, wie dieser ein Narr und ein Gottesträumer zugleich und ebenso wie Büchners Lenz zwischen den medizinisch-pathologischen Zustand und die echte mystische Ekstase gestellt. Er ist ein Geschöpf der Hauptmannschen Schwermut, er ist die völlig isolierte Einzelseele, die in jeder sozialen Umwelt einsam bleiben und zugrunde gehen muß. Die direkte Beziehung des Menschen zu Gott ist am Ende des 19. Jahrhunderts mehr zu einem Verhängnis als zu einer Gnade geworden, und zugleich bleibt die unausgesprochene Frage offen, ob es denn überhaupt eine Beziehung zu Gott gewesen ist.

Nur mit Fontanes virtuos plaudernder Studie ›Eine Frau in meinen Jahren‹ konnten wir noch einmal das gesellschaftliche und auf Gesellschaft bezogene Erzählen, das, abgesehen von Büchner, in den ersten Geschichten unseres Bandes überwog, sich frei entfalten lassen. Wer Fontane wirklich kennenlernen will, muß freilich seine größeren Erzählungen wie ›Schach von Wuthenow‹, ›L'Adultera‹, ›Cécile‹ und ›Unwiederbringlich‹ lesen und außerdem noch seine großen Romane. Erst hier wird seine so geschickt verdeckte Kunst in der Verwendung vorwegnehmender Zeichen und Leitmotive, seine symbolisch konzentrierende Darstellungsweise, sein urban ironisches Spiel mit dem Erzählten voll sichtbar. Im Rahmen unseres Auswahlbandes blieb uns leider nichts anderes übrig, als uns mit Fontanes liebenswürdiger Kleinkunst zu begnügen.

Ein Erzählband wie dieser kann immer nur einen Querschnitt geben. Aber er will auch den Leser zu weiteren Entdeckungsreisen anregen. Dem Herausgeber kam es auf eine Vielfalt der Erzählformen und Tonarten an. Diese reicht von der psychologischen Analyse, etwa bei Büchner und Hauptmann, bis zum dichten Erzählvorgang, z. B. bei Grillparzer und Stifter, vom gesellschaftlichen Plaudern – Börne und Fontane seien dafür genannt – bis zur tragischen Novelle der Droste; sie reicht vom Alltäglichen bis zum Abenteuerlichen und Märchenhaften, vom umklammernden Ernst bis zur befreienden Komik. Dennoch haben die hier ausgewählten Erzählungen auch Gemeinsames. Denn sie sind alle durch die Signatur dieser Epoche zwischen Romantik und Naturalismus geprägt. Mehr oder weniger befinden sich alle von ihnen auf der Suche nach der Wirklichkeit. Daher haben sie nicht mehr das vorwiegend Lyrische und Märchenhafte, das die romantische Prosa charakterisiert, und sie haben noch nicht das gewollt Experimentelle, das für die Moderne charakteristisch ist. Sie sind darum vielleicht mehr als die früheren und auch die späteren Prosastücke Erzählungen im eigentlichen Sinne. Sie können sich dabei der Anekdote, der Kurzgeschichte, der Skizze, dem Märchen, der Ballade und der Novelle annähern. Aber nirgends wird das Stoffliche ins bloß Imaginäre aufgelöst oder ins Konstruktive entleert. Erzählen heißt hier erinnern, was geschehen ist oder geschehen sein könnte. Dazu gehört gewiß gelegentlich auch das Phantastische. Aber meist erfährt es später seine nachträgliche kausale Erklärung. Jedoch kann sich der »Ereignisstil« häufig mit subjektiven Perspektiven verbinden, wie z. B. in Grillparzers Erzählung ›Der arme Spielmann‹ oder, in anderer Weise, auch bei Storm. Die Darstellungsweise drängt oft schon ins Komplexe und Mehrdimensionale; dazu gehören etwa die variable Rahmenkomposition, der fiktiv mündliche und subjektive Erzählton, der Erinnerungsbericht, die Leitmotivik, die Situations-, Bild- und Dingsymbolik und noch manche andere Stilzüge. Ja, auch die Spannungen und Zweifel eines neuen Zeitalters, so mancher Protest gegen das Bürgerliche selbst, ist in diese Prosa eines bürgerlichen, poetischen Realismus eingegangen. Für Stifters Novelle ›Das alte Siegel‹ versuchten wir das anzudeuten, weil man es gerade bei Stifter am wenigsten erwartet. Bis heute aber hat das Erzählte nichts von seiner Frische und Ursprünglichkeit verloren, und so kann der Herausgeber nur hoffen und wünschen, daß auch dieser Band seinen Weg zu den Lesern finden möge.

Benno von Wiese

Lenz

Den 20. Jänner ging Lenz durchs Gebirg. Die Gipfel und hohen Bergflächen im Schnee, die Täler hinunter graues Gestein, grüne Flächen, Felsen und Tannen.
Es war naßkalt; das Wasser rieselte die Felsen hinunter und sprang über den Weg. Die Äste der Tannen hingen schwer herab in die feuchte Luft. Am Himmel zogen graue Wolken, aber alles so dicht – und dann dampfte der Nebel herauf und strich schwer und feucht durch das Gesträuch, so träg, so plump.
Er ging gleichgültig weiter, es lag ihm nichts am Weg, bald auf-, bald abwärts. Müdigkeit spürte er keine, nur war es ihm manchmal unangenehm, daß er nicht auf dem Kopf gehn konnte.
Anfangs drängte es ihm in der Brust, wenn das Gestein so weg-sprang, der graue Wald sich unter ihm schüttelte und der Nebel die Formen bald verschlang, bald die gewaltigen Glieder halb ent-hüllte; es drängte in ihm, er suchte nach etwas, wie nach verlornen Träumen, aber er fand nichts. Es war ihm alles so klein, so nahe, so naß; er hätte die Erde hinter den Ofen setzen mögen. Er begriff nicht, daß er so viel Zeit brauchte, um einen Abhang hinunter zu klimmen, einen fernen Punkt zu erreichen; er meinte, er müsse alles mit ein paar Schritten ausmessen können. Nur manchmal, wenn der Sturm das Gewölk in die Täler warf und es den Wald herauf dampfte, und die Stimmen an den Felsen wach wurden, bald wie fern verhallende Donner und dann gewaltig heranbrausten, in Tö-nen, als wollten sie in ihrem wilden Jubel die Erde besingen, und die Wolken wie wilde, wiehernde Rosse heransprengten, und der Son-nenschein dazwischen durchging und kam und sein blitzendes Schwert an den Schneeflächen zog, so daß ein helles, blendendes Licht über die Gipfel in die Täler schnitt; oder wenn der Sturm das Gewölk abwärts trieb und einen lichtblauen See hineinriß und dann der Wind verhallte und tief unten aus den Schluchten, aus den Wip-feln der Tannen wie ein Wiegenlied und Glockengeläute herauf-

summte, und am tiefen Blau ein leises Rot hinaufklomm und kleine Wölkchen auf silbernen Flügeln durchzogen, und alle Berggipfel, scharf und fest, weit über das Land hin glänzten und blitzten – riß es ihm in der Brust, er stand, keuchend, den Leib vorwärts gebogen, Augen und Mund weit offen, er meinte, er müsse den Sturm in sich ziehen, alles in sich fassen, er dehnte sich aus und lag über der Erde, er wühlte sich in das All hinein, es war eine Lust, die ihm wehe tat; oder er stand still und legte das Haupt ins Moos und schloß die Augen halb, und dann zog es weit von ihm, die Erde wich unter ihm, sie wurde klein wie ein wandelnder Stern und tauchte sich in einen brausenden Strom, der seine klare Flut unter ihm zog. Aber es waren nur Augenblicke; und dann erhob er sich nüchtern, fest, ruhig, als wäre ein Schattenspiel vor ihm vorübergezogen – er wußte von nichts mehr.

Gegen Abend kam er auf die Höhe des Gebirgs, auf das Schneefeld, von wo man wieder hinabstieg in die Ebene nach Westen. Er setzte sich oben nieder. Es war gegen Abend ruhiger geworden; das Gewölk lag fest und unbeweglich am Himmel; soweit der Blick reichte, nichts als Gipfel, von denen sich breite Flächen hinabzogen, und alles so still, grau, dämmernd. Es wurde ihm entsetzlich einsam; er war allein, ganz allein. Er wollte mit sich sprechen, aber er konnte nicht, er wagte kaum zu atmen; das Biegen seines Fußes tönte wie Donner unter ihm, er mußte sich niedersetzen. Es faßte ihn eine namenlose Angst in diesem Nichts: er war im Leeren! Er riß sich auf und flog den Abhang hinunter.

Es war finster geworden, Himmel und Erde verschmolzen in eins. Es war, als ginge ihm was nach und als müsse ihn was Entsetzliches erreichen, etwas, das Menschen nicht ertragen können, als jage der Wahnsinn auf Rossen hinter ihm.

Endlich hörte er Stimmen; er sah Lichter, es wurde ihm leichter. Man sagte ihm, er hätte noch eine halbe Stunde nach Waldbach.

Er ging durch das Dorf. Die Lichter schienen durch die Fenster, er sah hinein im Vorbeigehen; Kinder am Tische, alte Weiber, Mädchen, alles ruhige, stille Gesichter. Es war ihm, als müsse das Licht von ihnen ausstrahlen; es ward ihm leicht, er war bald in Waldbach im Pfarrhause.

Man saß am Tische, er hinein; die blonden Locken hingen ihm um das bleiche Gesicht, es zuckte ihm in den Augen und um den Mund, seine Kleider waren zerrissen.

Oberlin hieß ihn willkommen, er hielt ihn für einen Handwerker: »Sein Sie mir willkommen, obschon Sie mir unbekannt.« – »Ich bin ein Freund von Kaufmann und bringe Ihnen Grüße von ihm.« – »Der Name, wenn's beliebt?« – »Lenz.« – »Ha, ha, ha, ist er nicht gedruckt? Habe ich nicht einige Dramen gelesen, die einem Herrn dieses Namens zugeschrieben werden?« – »Ja, aber belieben Sie, mich nicht darnach zu beurteilen.«

Man sprach weiter, er suchte nach Worten und erzählte rasch, aber auf der Folter; nach und nach wurde er ruhig – das heimliche Zimmer und die stillen Gesichter, die aus dem Schatten hervortraten: das helle Kindergesicht, auf dem alles Licht zu ruhen schien und das neugierig, vertraulich aufschaute, bis zur Mutter, die hinten im Schatten engelgleich stille saß. Er fing an zu erzählen, von seiner Heimat; er zeichnete allerhand Trachten, man drängte sich teilnehmend um ihn, er war gleich zu Haus. Sein blasses Kindergesicht, das jetzt lächelte, sein lebendiges Erzählen! Er wurde ruhig; es war ihm, als träten alte Gestalten, vergessene Gesichter wieder aus dem Dunkeln, alte Lieder wachten auf, er war weg, weit weg.

Endlich war es Zeit zum Gehen. Man führte ihn über die Straße: das Pfarrhaus war zu eng, man gab ihm ein Zimmer im Schulhause. Er ging hinauf. Es war kalt oben, eine weite Stube, leer, ein hohes Bett im Hintergrund. Er stellte das Licht auf den Tisch und ging auf und ab. Er besann sich wieder auf den Tag, wie er hergekommen, wo er war. Das Zimmer im Pfarrhause mit seinen Lichtern und lieben Gesichtern, es war ihm wie ein Schatten, ein Traum, und es wurde ihm leer, wieder wie auf dem Berg; aber er konnte es mit nichts mehr ausfüllen, das Licht war erloschen, die Finsternis verschlang alles. Eine unnennbare Angst erfaßte ihn. Er sprang auf, er lief durchs Zimmer, die Treppe hinunter, vors Haus; aber umsonst, alles finster, nichts – er war sich selbst ein Traum. Einzelne Gedanken huschten auf, er hielt sie fest; es war ihm, als müsse er immer ›Vater unser‹ sagen. Er konnte sich nicht mehr finden; ein dunkler Instinkt trieb ihn, sich zu retten. Er stieß an die Steine, er riß sich mit den Nägeln; der Schmerz fing an, ihm das Bewußtsein wiederzugeben. Er stürzte sich in den Brunnen-stein, aber das Wasser war nicht tief, er patschte darin.

Da kamen Leute; man hatte es gehört, man rief ihm zu. Oberlin kam gelaufen. Lenz war wieder zu sich gekommen, das ganze Be-wußtsein seiner Lage stand vor ihm, es war ihm wieder leicht. Jetzt schämte er sich und war betrübt, daß er den guten Leuten Angst gemacht; er sagte ihnen, daß er gewohnt sei, kalt zu baden, und ging wieder hinauf; die Erschöpfung ließ ihn endlich ruhen.

Den andern Tag ging es gut. Mit Oberlin zu Pferde durch das Tal: breite Bergflächen, die aus großer Höhe sich in ein schmales, ge-wundenes Tal zusammenzogen, das in mannigfachen Richtungen sich hoch an den Bergen hinaufzog; große Felsenmassen, die sich nach unten ausbreiteten; wenig Wald, aber alles im grauen, ernsten Anflug; eine Aussicht nach Westen in das Land hinein und auf die Bergkette, die sich grad hinunter nach Süden und Norden zog und deren Gipfel gewaltig, ernsthaft oder schweigend still, wie ein dämmernder Traum, standen. Gewaltige Lichtmassen, die manch-mal aus den Tälern, wie ein goldner Strom, schwollen, dann wieder Gewölk, das an dem höchsten Gipfel lag und dann langsam den Wald herab in das Tal klomm oder in den Sonnenblitzen sich wie ein fliegendes, silbernes Gespenst herabsenkte und hob; kein Lärm, keine Bewegung, kein Vogel, nichts als das bald nahe, bald ferne Wehn des Windes. Auch erschienen Punkte, Gerippe von Hütten, Bretter mit Stroh gedeckt, von schwarzer, ernster Farbe. Die Leute, schweigend und ernst, als wagten sie die Ruhe ihres Tales nicht zu stören, grüßten ruhig, wie sie vorbeiritten.

In den Hütten war es lebendig: man drängte sich um Oberlin, er wies zurecht, gab Rat, tröstete; überall zutrauensvolle Blicke, Ge-bet. Die Leute erzählten Träume, Ahnungen. Dann rasch ins prak-tische Leben: Wege angelegt, Kanäle gegraben, die Schule be-sucht.

Oberlin war unermüdlich, Lenz fortwährend sein Begleiter, bald in Gespräch, bald tätig am Geschäft, bald in die Natur versunken. Es wirkte alles wohltätig und beruhigend auf ihn. Er mußte Oberlin oft in die Augen sehen, und die mächtige Ruhe, die uns über der ruhenden Natur, im tiefen Wald, in mondhellen, schmelzenden Sommernächten überfällt, schien ihm noch näher in diesem ruhigen Auge; diesem ehrwürdigen ernsten Gesicht. Er war schüchtern; aber er machte Bemerkungen, er sprach. Oberlin war sein Gespräch sehr angenehm, und das anmutige Kindergesicht Lenzens machte ihm große Freude.

Aber nur solange das Licht im Tale lag, war es ihm erträglich; gegen Abend befiel ihn eine sonderbare Angst, er hätte der Sonne nachlaufen mögen. Wie die Gegenstände nach und nach schattiger wurden, kam ihm alles so traumartig, so zuwider vor: es kam ihm die Angst an wie Kindern, die im Dunkeln schlafen; es war ihm, als sei er blind. Jetzt wuchs sie, der Alp des Wahnsinns setzte sich zu seinen Füßen: der rettungslose Gedanke, als sei alles nur sein Traum, öffnete sich vor ihm; er klammerte sich an alle Gegenstände. Gestalten zogen rasch an ihm vorbei, er drängte sich an sie; es waren Schatten, das Leben wich aus ihm, und seine Glieder waren ganz starr. Er sprach, er sang, er rezitierte Stellen aus Shakespeare, er griff nach allem, was sein Blut sonst hatte rascher fließen machen, er versuchte alles, aber – kalt, kalt! Er mußte dann hinaus ins Freie. Das wenige, durch die Nacht zerstreute Licht, wenn seine Augen an die Dunkelheit gewöhnt waren, machte ihm besser; er stürzte sich in den Brunnen, die grelle Wirkung des Wassers machte ihm besser; auch hatte er eine geheime Hoffnung auf eine Krankheit – er verrichtete sein Baden jetzt mit weniger Geräusch.

Doch je mehr er sich in das Leben hineinlebte, ward er ruhiger. Er unterstützte Oberlin, zeichnete, las die Bibel; alte, vergangne Hoffnungen gingen in ihm auf; das Neue Testament trat ihm hier so entgegen... Wie Oberlin ihm erzählte, wie ihn eine unsichtbare Hand auf der Brücke gehalten hätte, wie auf der Höhe ein Glanz seine Augen geblendet hätte, wie er eine Stimme gehört hätte, wie es in der Nacht mit ihm gesprochen, und wie Gott so ganz bei ihm eingekehrt, daß er kindlich seine Lose aus der Tasche holte, um zu wissen, was er tun sollte: dieser Glaube, dieser ewige Himmel im Leben, dieses Sein in Gott – jetzt erst ging ihm die Heilige Schrift auf. Wie den Leuten die Natur so nah trat, alles in himmlischen Mysterien; aber nicht gewaltsam majestätisch, sondern noch vertraut.

Eines Morgens ging er hinaus. Die Nacht war Schnee gefallen; im Tal lag heller Sonnenschein, aber weiterhin die Landschaft halb im

Nebel. Er kam bald vom Weg ab und eine sanfte Höhe hinauf, keine Spur von Fußtritten mehr, neben einem Tannenwald hin; die Sonne schnitt Kristalle, der Schnee war leicht und flockig, hie und da Spur von Wild leicht auf dem Schnee, die sich ins Gebirg hinzog. Keine Regung in der Luft als ein leises Wehen, als das Rauschen eines Vogels, der die Flocken leicht vom Schwanze stäubte. Alles so still, und die Bäume weithin mit schwankenden weißen Federn in der tiefblauen Luft. Es wurde ihm heimlich nach und nach. Die einförmigen, gewaltigen Flächen und Linien, vor denen es ihm manchmal war, als ob sie ihn mit gewaltigen Tönen anredeten, waren verhüllt; ein heimliches Weihnachtsgefühl beschlich ihn: er meinte manchmal, seine Mutter müsse hinter einem Baume hervortreten, groß, und ihm sagen, sie hätte ihm dies alles beschert. Wie er hinunterging, sah er, daß um seinen Schatten sich ein Regenbogen von Strahlen legte; es wurde ihm, als hätte ihn was an der Stirn berührt, das Wesen sprach ihn an. Er kam hinunter. Oberlin war im Zimmer; Lenz kam heiter auf ihn zu und sagte ihm, er möge wohl einmal predigen. – »Sind Sie Theologe?« – »Ja!« – »Gut, nächsten Sonntag.«

Lenz ging vergnügt auf sein Zimmer. Er dachte auf einen Text zum Predigen und verfiel in Sinnen, und seine Nächte wurden ruhig. Der Sonntagmorgen kam, es war Tauwetter eingefallen. Vorüberstreifende Wolken, Blau dazwischen. Die Kirche lag neben am Berg hinauf, auf einem Vorsprung; der Kirchhof drumherum. Lenz stand oben, wie die Glocke läutete und die Kirchengänger, die Weiber und Mädchen in ihrer ernsten schwarzen Tracht, das weiße gefaltete Schnupftuch auf dem Gesangbuch und den Rosmarinzweig, von den verschiedenen Seiten die schmalen Pfade zwischen den Felsen herauf- und herabkamen. Ein Sonnenblick lag manchmal über dem Tal, die laue Luft regte sich langsam, die Landschaft schwamm im Duft, fernes Geläute – es war, als löste sich alles in eine harmonische Welle auf.

Auf dem kleinen Kirchhof war der Schnee weg, dunkles Moos unter den schwarzen Kreuzen; ein verspäteter Rosenstrauch lehnte an der Kirchhofmauer, verspätete Blumen dazu unter dem Moos hervor; manchmal Sonne, dann wieder dunkel. Die Kirche fing an, die Menschenstimmen begegneten sich im reinen hellen Klang; ein

Eindruck, als schaue man in reines, durchsichtiges Bergwasser. Der Gesang verhallte – Lenz sprach. Er war schüchtern; unter den Tönen hatte sein Starrkrampf sich ganz gelegt, sein ganzer Schmerz wachte jetzt auf und legte sich in sein Herz. Ein süßes Gefühl unendlichen Wohls beschlich ihn. Er sprach einfach mit den Leuten; sie litten alle mit ihm, und es war ihm ein Trost, wenn er über einige müdgeweinte Augen Schlaf und gequälten Herzen Ruhe bringen, wenn er über dieses von materiellen Bedürfnissen gequälte Sein, diese dumpfen Leiden gen Himmel leiten konnte. Er war fester geworden, wie er schloß – da fingen die Stimmen wieder an:

Laß in mir die heilgen Schmerzen,
Tiefe Bronnen ganz aufbrechen;
Leiden sei all mein Gewinst,
Leiden sei mein Gottesdienst.

Das Drängen in ihm, die Musik, der Schmerz, erschütterte ihn. Das All war für ihn ein Wunder; er fühlte tiefen, unnennbaren Schmerz davon. Jetzt ein anderes Sein: göttliche, zuckende Lippen bückten sich über ihm nieder und sogen sich an seine Lippen; er ging auf sein einsames Zimmer. Er war allein, allein! Da rauschte die Quelle, Ströme brachen aus seinen Augen, er krümmte sich in sich, es zuckten seine Glieder, es war ihm, als müsse er sich auflösen, er konnte kein Ende finden der Wollust. Endlich dämmerte es in ihm: er empfand ein leises tiefes Mitleid mit sich selbst, er weinte über sich; sein Haupt sank auf die Brust, er schlief ein. Der Vollmond stand am Himmel; die Locken fielen ihm über die Schläfe und das Gesicht, die Tränen hingen ihm an den Wimpern und trockneten auf den Wangen – so lag er nun da allein, und alles war ruhig und still und kalt, und der Mond schien die ganze Nacht und stand über den Bergen.

Am folgenden Morgen kam er herunter, er erzählte Oberlin ganz ruhig, wie ihm die Nacht seine Mutter erschienen sei: sie sei in einem weißen Kleid aus der dunkeln Kirchhofmauer hervorgetreten und habe eine weiße und eine rote Rose an der Brust stecken gehabt; sie sei dann in eine Ecke gesunken, und die Rosen seien langsam über sie gewachsen, sie sei gewiß tot; er sei ganz ruhig darüber. Oberlin versetzte ihm nun, wie er bei dem Tod seines

Vaters allein auf dem Felde gewesen sei und er dann eine Stimme gehört habe, so daß er wußte, daß sein Vater tot sei; und wie er heimgekommen, sei es so gewesen. Das führte sie weiter: Oberlin sprach noch von den Leuten im Gebirge, von Mädchen, die das Wasser und Metall unter der Erde fühlten, von Männern, die auf manchen Berghöhen angefaßt würden und mit einem Geiste rängen; er sagte ihm auch, wie er einmal im Gebirg durch das Schauen in ein leeres tiefes Bergwasser in eine Art von Somnambulismus versetzt worden sei. Lenz sagte, daß der Geist des Wassers über ihn gekommen sei, daß er dann etwas von seinem eigentümlichen Sein empfunden hätte. Er fuhr weiter fort: Die einfachste, reinste Natur hinge am nächsten mit der elementarischen zusammen; je feiner der Mensch geistig fühlt und lebt, um so abgestumpfter würde dieser elementarische Sinn; er halte ihn nicht für einen hohen Zustand, er sei nicht selbständig genug, aber er meine, es müsse ein unendliches Wonnegefühl sein, so von dem eigentümlichen Leben jeder Form berührt zu werden, für Gesteine, Metalle, Wasser und Pflanzen eine Seele zu haben, so traumartig jedes Wesen in der Natur in sich aufzunehmen, wie die Blumen mit dem Zu- und Abnehmen des Mondes die Luft.

Er sprach sich selbst weiter aus: wie in allem eine unaussprechliche Harmonie, ein Ton, eine Seligkeit sei, die in den höhern Formen mit mehr Organen aus sich herausgriffe, tönte, auffaßte und dafür aber auch um so tiefer affiziert würde; wie in den niedrigen Formen alles zurückgedrängter, beschränkter, dafür aber auch die Ruhe in sich größer sei. Er verfolgte das noch weiter. Oberlin brach es ab, es führte ihn zu weit von seiner einfachen Art ab. Ein ander Mal zeigte ihm Oberlin Farbentäfelchen, er setzte ihm auseinander, in welcher Beziehung jede Farbe mit dem Menschen stände; er brachte zwölf Apostel heraus, deren jeder durch eine Farbe repräsentiert würde.

Lenz faßte das auf, er spann die Sache weiter, kam in ängstliche Träume und fing an, wie Stilling, die Apokalypse zu lesen, und las viel in der Bibel.

Um diese Zeit kam Kaufmann mit seiner Braut ins Steintal. Lenzen war anfangs das Zusammentreffen unangenehm; er hatte sich so ein Plätzchen zurechtgemacht, das bißchen Ruhe war ihm so kostbar – und jetzt kam ihm jemand entgegen, der ihn an so vieles erinnerte, mit dem er sprechen, reden mußte, der seine Verhältnisse kannte. Oberlin wußte von allem nichts; er hatte ihn aufgenommen, gepflegt; er sah es als eine Schickung Gottes, der den Unglücklichen ihm zugesandt hätte, er liebte ihn herzlich. Auch war es allen notwendig, daß er da war; er gehörte zu ihnen, als wäre er schon längst da, und niemand frug, woher er gekommen war und wohin er gehen werde.

Über Tisch war Lenz wieder in guter Stimmung: man sprach von Literatur, er war auf seinem Gebiete. Die idealistische Periode fing damals an; Kaufmann war ein Anhänger davon, Lenz widersprach heftig. Er sagte: Die Dichter, von denen man sage, sie geben die Wirklichkeit, hätten auch keine Ahnung davon; doch seien sie immer noch erträglicher als die, welche die Wirklichkeit verklären wollten. Er sagte: Der liebe Gott hat die Welt wohl gemacht, wie sie sein soll, und wir können wohl nicht was Besseres klecksen; unser einziges Bestreben soll sein, ihm ein wenig nachzuschaffen. Ich verlange in allem – Leben, Möglichkeit des Daseins, und dann ist's gut; wir haben dann nicht zu fragen, ob es schön, ob es häßlich ist. Das Gefühl, daß, was geschaffen sei, Leben habe, stehe über diesen beiden und sei das einzige Kriterium in Kunstsachen. Übrigens begegne es uns nur selten: in Shakespeare finden wir es, und in den Volksliedern tönt es einem ganz, in Goethe manchmal entgegen; alles übrige kann man ins Feuer werfen. Die Leute können auch keinen Hundsstall zeichnen. Da wollte man idealistische Gestalten, aber alles, was ich davon gesehen, sind Holzpuppen. Dieser Idealismus ist die schmählichste Verachtung der menschlichen Natur. Man versuche es einmal und senke sich in das Leben des Geringsten und gebe es wieder in den Zuckungen, den Andeutungen, dem ganzen feinen, kaum bemerkten Mienenspiel; er hätte dergleichen versucht im ›Hofmeister‹ und den ›Soldaten‹. Es sind die prosaischsten Menschen unter der Sonne; aber die Gefühlsader ist in fast allen Menschen gleich, nur ist die Hülle mehr oder weniger dicht, durch die sie brechen muß. Man muß nur Aug und Ohren dafür haben. Wie ich gestern neben am Tal hinaufging, sah ich auf einem Steine zwei Mädchen sitzen: die eine band ihr Haar auf, die andre half ihr; und das goldne Haar hing herab, und ein ernstes bleiches Gesicht, und doch so jung, und die schwarze Tracht, und die andre so sorgsam bemüht. Die schönsten, innigsten Bilder der altdeutschen Schule geben kaum eine Ahnung davon. Man möchte manchmal ein Medusenhaupt sein, um so eine Gruppe in Stein verwandeln zu können, und den Leuten zurufen. Sie standen auf, die schöne Gruppe war zerstört; aber wie sie so hinabstiegen, zwischen den Felsen, war es wieder ein anderes Bild.

Die schönsten Bilder, die schwellendsten Töne gruppieren, lösen sich auf. Nur eins bleibt: eine unendliche Schönheit, die aus einer Form in die andre tritt, ewig aufgeblättert, verändert. Man kann sie aber freilich nicht immer festhalten und in Museen stellen und auf Noten ziehen, und dann alt und jung herbeirufen und die Buben und Alten darüber radotieren und sich entzücken lassen. Man muß die Menschheit lieben, um in das eigentümliche Wesen jedes einzudringen; es darf einem keiner zu gering, keiner zu häßlich sein, erst dann kann man sie verstehen; das unbedeutendste Gesicht macht einen tiefern Eindruck als die bloße Empfindung des Schönen, und man kann die Gestalten aus sich heraustreten lassen, ohne etwas vom Äußern hinein zu kopieren, wo einem kein Leben, keine Muskeln, kein Puls entgegenschwillt und pocht.

Kaufmann warf ihm vor, daß er in der Wirklichkeit doch keine Typen für einen Apoll von Belvedere oder eine Raffaelische Madonna finden würde. Was liegt daran, versetzte er; ich muß gestehen, ich fühle mich dabei sehr tot. Wenn ich in mir arbeite, kann ich auch wohl was dabei fühlen, aber ich tue das Beste daran. *Der* Dichter und Bildende ist mir der liebste, der mir die Natur am wirklichsten gibt, so daß ich über seinem Gebild fühle; alles übrige stört mich. Die holländischen Maler sind mir lieber als die italienischen, sie sind auch die einzigen faßlichen. Ich kenne nur zwei Bilder und zwar von Niederländern, die mir einen Eindruck gemacht hätten wie das Neue Testament; das eine ist, ich weiß nicht von wem, Christus und die Jünger von Emmaus. Wenn man so liest, wie die Jünger hinausgingen, so liegt gleich die ganze Natur in den paar Worten. Es ist ein trüber, dämmernder Abend, ein einförmiger roter Streifen am Horizont, halbfinster auf der Straße; da kommt ein Unbekannter zu ihnen, sie sprechen, er bricht das Brot; da erkennen sie ihn, in einfach-menschlicher Art, und die göttlich-leidenden Züge reden ihnen deutlich, und sie erschrecken, denn es ist finster geworden, und es tritt sie etwas Unbegreifliches an; aber es ist kein gespenstisches Grauen, es ist, wie wenn einem ein geliebter Toter in der Dämmerung in der alten Art entgegenträte: so ist das Bild mit dem einförmigen, bräunlichen Ton darüber, dem trüben stillen Abend. Dann ein anderes: Eine Frau sitzt in ihrer Kammer, das Gebetbuch in der Hand. Es ist sonntäglich aufgeputzt, der Sand gestreut, so heimlich rein und warm. Die Frau hat nicht zur Kirche gekonnt, und sie verrichtet die Andacht zu Haus; das Fenster ist offen, sie sitzt darnach hingewandt, und es ist, als schwebten zu dem Fenster über die weite ebne Landschaft die Glockentöne von dem Dorfe herein und verhallet der Sang der nahen Gemeinde aus der Kirche her, und die Frau liest den Text nach.

In *der* Art sprach er weiter; man horchte auf, es traf vieles. Er war rot geworden über dem Reden, und bald lächelnd, bald ernst schüttelte er die blonden Locken. Er hatte sich ganz vergessen. Nach dem Essen nahm ihn Kaufmann beiseite. Er hatte Briefe von Lenzens Vater erhalten, sein Sohn sollte zurück, ihn unterstützen. Kaufmann sagte ihm, wie er sein Leben hier verschleudre, unnütz verliere, er solle sich ein Ziel stecken, und dergleichen mehr. Lenz fuhr ihn an: »Hier weg, weg? nach Haus? Toll werden dort? Du weißt, ich kann es nirgends aushalten als da herum, in der Gegend. Wenn ich nicht manchmal auf einen Berg könnte und die Gegend sehen könnte, und dann wieder herunter ins Haus, durch den Garten gehn und zum Fenster hineinsehn – ich würde toll! toll! Laßt mich doch in Ruhe! Nur ein bißchen Ruhe jetzt, wo es mir ein wenig wohl wird! Weg, weg? Ich verstehe das nicht, mit den zwei Worten ist die Welt verhunzt. Jeder hat was nötig; wenn er ruhen kann, was könnt er mehr haben! Immer steigen, ringen und so in Ewigkeit alles, was der Augenblick gibt, wegwerfen und immer darben, um einmal zu genießen! Dürsten, während einem helle Quellen über den Weg springen! Es ist mir jetzt erträglich, und da will ich bleiben. Warum? warum? Eben weil es mir wohl ist. Was will mein Vater? Kann er mehr geben? Unmöglich! Laßt mich in Ruhe!« – Er wurde heftig; Kaufmann ging, Lenz war verstimmt.

Am folgenden Tag wollte Kaufmann weg. Er beredete Oberlin, mit ihm in die Schweiz zu gehen. Der Wunsch, Lavater, den er längst durch Briefe kannte, auch persönlich kennen zu lernen, bestimmte ihn. Er sagte es zu. Man mußte einen Tag länger wegen der Zurüstungen warten. Lenz fiel das aufs Herz. Er hatte, um seiner unendlichen Qual los zu werden, sich ängstlich an alles geklammert; er fühlte in einzelnen Augenblicken tief, wie er sich alles nur zurechtmache; er ging mit sich um wie mit einem kranken Kinde. Manche Gedanken, mächtige Gefühle wurde er nur mit der größten Angst los; da trieb es ihn wieder mit unendlicher Gewalt darauf, er zitterte, das Haar sträubte ihm fast, bis er es in der ungeheuersten Anspannung erschöpfte. Er rettete sich in eine Gestalt, die ihm immer vor Augen schwebte, und in Oberlin; seine Worte, sein Gesicht taten ihm unendlich wohl. So sah er mit Angst seiner Abreise entgegen.

Es war Lenzen unheimlich, jetzt allein im Hause zu bleiben. Das Wetter war milde geworden: er beschloß, Oberlin zu begleiten, ins Gebirg. Auf der andern Seite, wo die Täler sich in die Ebne ausliefen, trennten sie sich. Er ging allein zurück. Er durchstrich das Gebirg in verschiedenen Richtungen. Breite Flächen zogen sich in die Täler herab, wenig Wald, nichts als gewaltige Linien und weiter hinaus die weite, rauchende Ebne; in der Luft ein gewaltiges Wehen, nirgends eine Spur von Menschen, als hie und da eine verlassene Hütte, wo die Hirten den Sommer zubrachten, an den Abhängen gelehnt. Er wurde still, vielleicht fast träumend: es verschmolz ihm alles in eine Linie, wie eine steigende und sinkende Welle, zwischen Himmel und Erde; es war ihm, als läge er an einem unendlichen Meer, das leise auf und ab wogte. Manchmal saß er; dann ging er wieder, aber langsam träumend. Er suchte keinen Weg.

Es war finstrer Abend, als er an eine bewohnte Hütte kam, im Abhang nach dem Steintal. Die Türe war verschlossen; er ging ans Fenster, durch das ein Lichtschimmer fiel. Eine Lampe erhellte fast nur einen Punkt: ihr Licht fiel auf das bleiche Gesicht eines Mädchens, das mit halb geöffneten Augen, leise die Lippen bewegend, dahinter ruhte. Weiter weg im Dunkel saß ein altes Weib, das mit schnarrender Stimme aus einem Gesangbuch sang. Nach langem Klopfen öffnete sie; sie war halb taub. Sie trug Lenz einiges Essen auf und wies ihm eine Schlafstelle an, wobei sie beständig ihr Lied fortsang. Das Mädchen hatte sich nicht gerührt. Einige Zeit darauf kam ein Mann herein; er war lang und hager, Spuren von grauen

Haaren, mit unruhigem, verwirrtem Gesicht. Er trat zum Mädchen, sie zuckte auf und wurde unruhig. Er nahm ein getrocknetes
Kraut von der Wand und legte ihr die Blätter auf die Hand, so
daß sie ruhiger wurde und verständliche Worte in langsam ziehenden, durchschneidenden Tönen summte. Er erzählte, wie er eine
Stimme im Gebirge gehört und dann über den Tälern ein Wetterleuchten gesehen habe; auch habe es ihn angefaßt, und er habe damit gerungen wie Jakob. Er warf sich nieder und betete leise mit
Inbrunst, während die Kranke in einem langsam ziehenden, leise
verhallenden Ton sang. Dann gab er sich zur Ruhe.
Lenz schlummerte träumend ein, und dann hörte er im Schlaf, wie
die Uhr pickte. Durch das leise Singen des Mädchens und die
Stimme der Alten zugleich tönte das Sausen des Windes, bald näher, bald ferner, und der bald helle, bald verhüllte Mond warf sein
wechselndes Licht traumartig in die Stube. Einmal wurden die
Töne lauter, das Mädchen redete deutlich und bestimmt: sie sagte,
wie auf der Klippe gegenüber eine Kirche stehe. Lenz sah auf, und
sie saß mit weitgeöffneten Augen aufrecht hinter dem Tisch, und
der Mond warf sein stilles Licht auf ihre Züge, von denen ein unheimlicher Glanz zu strahlen schien; zugleich schnarrte die Alte,
und über diesem Wechseln und Sinken des Lichts, den Tönen und
Stimmen schlief endlich Lenz tief ein.
Er erwachte früh. In der dämmernden Stube schlief alles, auch das
Mädchen war ruhig geworden. Sie lag zurückgelehnt, die Hände
gefaltet unter der linken Wange; das Geisterhafte aus ihren Zügen
war verschwunden, sie hatte jetzt einen Ausdruck unbeschreib-
lichen Leidens. Er trat ans Fenster und öffnete es, die kalte Morgenluft schlug ihm entgegen. Das Haus lag am Ende eines schmalen,
tiefen Tales, das sich nach Osten öffnete; rote Strahlen schossen
durch den grauen Morgenhimmel in das dämmernde Tal, das im
weißen Rauch lag, und funkelten am grauen Gestein und trafen in
die Fenster der Hütten. Der Mann erwachte. Seine Augen trafen auf
ein erleuchtetes Bild an der Wand, sie richteten sich fest und starr
darauf; nun fing er an, die Lippen zu bewegen, und betete leise,
dann laut und immer lauter. Indem kamen Leute zur Hütte herein,
sie warfen sich schweigend nieder. Das Mädchen lag in Zuckungen, die Alte schnarrte ihr Lied und plauderte mit den Nachbarn.

Die Leute erzählten Lenzen, der Mann sei vor langer Zeit in die Gegend gekommen, man wisse nicht woher; er stehe im Ruf eines Heiligen, er sehe das Wasser unter der Erde und könne Geister beschwören, und man wallfahre zu ihm. Lenz erfuhr zugleich, daß er weiter vom Steintal abgekommen; er ging weg mit einigen Holzhauern, die in die Gegend gingen. Es tat ihm wohl, Gesellschaft zu finden; es war ihm jetzt unheimlich mit dem gewaltigen Menschen, von dem es ihm manchmal war, als rede er in entsetzlichen Tönen. Auch fürchtete er sich vor sich selbst in der Einsamkeit.

Er kam heim. Doch hatte die verflossene Nacht einen gewaltigen Eindruck auf ihn gemacht. Die Welt war ihm helle gewesen, und er spürte an sich ein Regen und Wimmeln nach einem Abgrund, zu dem ihn eine unerbittliche Gewalt hinriß. Er wühlte jetzt in sich. Er aß wenig; halbe Nächte im Gebet und fieberhaften Träumen. Ein gewaltsames Drängen, und dann erschöpft zurückgeschlagen; er lag in den heißesten Tränen. Und dann bekam er plötzlich eine Stärke und erhob sich kalt und gleichgültig; seine Tränen waren ihm dann wie Eis, er mußte lachen. Je höher er sich aufriß, desto tiefer stürzte er hinunter. Alles strömte wieder zusammen. Ahnungen von seinem alten Zustande durchzuckten ihn und warfen Streiflichter in das wüste Chaos seines Geistes.

Des Tags saß er gewöhnlich unten im Zimmer. Madame Oberlin ging ab und zu; er zeichnete, malte, las, griff nach jeder Zerstreuung, alles hastig von einem zum andern. Doch schloß er sich jetzt besonders an Madame Oberlin an, wenn sie so dasaß, das schwarze Gesangbuch vor sich, neben eine Pflanze, im Zimmer gezogen, das jüngste Kind zwischen den Knieen; auch machte er sich viel mit dem Kinde zu tun. So saß er einmal, da wurde ihm ängstlich, er sprang auf, ging auf und ab. Die Tür halb offen – da hörte er die Magd singen, erst unverständlich, dann kamen die Worte:

> Auf dieser Welt hab ich kein Freud,
> Ich hab mein Schatz, und der ist weit.

Das fiel auf ihn, er verging fast unter den Tönen. Madame Oberlin sah ihn an. Er faßte sich ein Herz, er konnte nicht mehr schweigen, er mußte davon sprechen. »Beste Madame Oberlin, können Sie mir nicht sagen, was das Frauenzimmer macht, dessen Schicksal mir so zentnerschwer auf dem Herzen liegt?« – »Aber Herr Lenz, ich weiß von nichts. «

Er schwieg dann wieder und ging hastig im Zimmer auf und ab; dann fing er wieder an: »Sehn Sie, ich will gehen; Gott, Sie sind noch die einzigen Menschen, wo ich's aushalten könnte, und doch – doch, ich muß weg, zu *ihr* – aber ich kann nicht, ich darf nicht. « – Er war heftig bewegt und ging hinaus.

Gegen Abend kam Lenz wieder, es dämmerte in der Stube; er setzte sich neben Madame Oberlin. »Sehn Sie«, fing er wieder an, »wenn sie so durchs Zimmer ging und so halb für sich allein sang, und jeder Tritt war eine Musik, es war so eine Glückseligkeit in ihr, und das strömte in mich über; ich war immer ruhig, wenn ich sie ansah oder sie so den Kopf an mich lehnte ... Ganz Kind; es war, als wäre ihr die Welt zu weit: sie zog sich so in sich zurück, sie suchte das engste Plätzchen im ganzen Haus, und da saß sie, als wäre ihre ganze Seligkeit nur in einem kleinen Punkt, und dann war mir's auch so; wie ein Kind hätte ich dann spielen können. Jetzt ist es mir so eng, so eng! Sehn Sie, es ist mir manchmal, als stieß' ich mit den Händen an den Himmel; o, ich ersticke! Es ist mir dabei oft, als fühlt ich physischen Schmerz, da in der linken Seite, im Arm, womit ich sie sonst faßte. Doch kann ich sie mir nicht mehr vorstellen, das Bild läuft mir fort, und dies martert mich; nur wenn es mir manchmal ganz hell wird, so ist mir wieder recht wohl. « – Er sprach später noch oft mit Madame Oberlin davon, aber meist in abgebrochenen Sätzen; sie wußte wenig zu antworten, doch tat es ihm wohl.

Unterdessen ging es fort mit seinen religiösen Quälereien. Je leerer, je kälter, je sterbender er sich innerlich fühlte, desto mehr drängte es ihn, eine Glut in sich zu wecken; es kamen ihm Erinnerungen an die Zeiten, wo alles in ihm sich drängte, wo er unter all seinen Empfindungen keuchte. Und jetzt so tot. Er verzweifelte an sich selbst; dann warf er sich nieder, er rang die Hände, er rührte alles in sich auf – aber tot! tot! Dann flehte er, Gott möge ein Zeichen an ihm tun; dann wühlte er in sich, fastete, lag träumend am Boden.

Am 3. Hornung hörte er, ein Kind in Fouday sei gestorben, das Friederike hieß; er faßte es auf wie eine fixe Idee. Er zog sich in sein Zimmer und fastete einen Tag. Am 4. trat er plötzlich ins Zimmer zu Madame Oberlin; er hatte sich das Gesicht mit Asche beschmiert und forderte einen alten Sack. Sie erschrak; man gab ihm, was er verlangte. Er wickelte den Sack um sich, wie ein Büßender, und schlug den Weg nach Fouday ein. Die Leute im Tale waren ihn schon gewohnt; man erzählte sich allerlei Seltsames von ihm. Er kam ins Haus, wo das Kind lag. Die Leute gingen gleichgültig ihrem Geschäft nach; man wies ihm eine Kammer: das Kind lag im Hemde auf Stroh, auf einem Holztisch.

Lenz schauderte, wie er die kalten Glieder berührte und die halbgeöffneten gläsernen Augen sah. Das Kind kam ihm so verlassen vor, und er sich so allein und einsam. Er warf sich über die Leiche nieder. Der Tod erschreckte ihn, ein heftiger Schmerz faßte ihn an: diese Züge, dieses stille Gesicht sollte verwesen – er warf sich nieder; er betete mit allem Jammer der Verzweiflung, daß Gott ein Zeichen an ihm tue und das Kind beleben möge...; dann sank er ganz in sich und wühlte all seinen Willen auf einen Punkt. So saß er lange starr. Dann erhob er sich und faßte die Hände des Kindes und sprach laut und fest: »Stehe auf und wandle!« Aber die Wände hallten ihm nüchtern den Ton nach, daß es zu spotten schien, und die Leiche blieb kalt. Da stürzte er halb wahnsinnig nieder; dann jagte es ihn auf, hinaus ins Gebirg.

Wolken zogen rasch über den Mond; bald alles im Finstern, bald zeigten sie die nebelhaft verschwindende Landschaft im Mondschein. Er rannte auf und ab. In seiner Brust war ein Triumphgesang der Hölle. Der Wind klang wie ein Titanenlied. Es war ihm, als könnte er eine ungeheure Faust hinauf in den Himmel ballen und Gott herbeireißen und zwischen seinen Wolken schleifen; als könnte er die Welt mit den Zähnen zermalmen und sie dem Schöpfer ins Gesicht speien; er schwur, er lästerte. So kam er auf die Höhe des Gebirges, und das ungewisse Licht dehnte sich hinunter, wo die weißen Steinmassen lagen, und der Himmel war ein dummes blaues Aug, und der Mond stand ganz lächerlich drin, einfältig. Lenz mußte laut lachen, und mit dem Lachen griff der Atheismus in ihn und faßte ihn ganz sicher und ruhig und fest. Er wußte nicht mehr, was ihn vorhin so bewegt hatte, es fror ihn; er dachte, er wolle jetzt zu Bette gehn, und er ging kalt und unerschütterlich durch das unheimliche Dunkel – es war ihm alles leer und hohl, er mußte laufen und ging zu Bette.

Am folgenden Tag befiel ihn ein großes Grauen vor seinem gestrigen Zustand. Er stand nun am Abgrund, wo eine wahnsinnige Lust ihn trieb, immer wieder hineinzuschauen und sich diese Qual zu wiederholen. Dann steigerte sich seine Angst, die Sünde wider den Heiligen Geist stand vor ihm.

Einige Tage darauf kam Oberlin aus der Schweiz zurück, viel früher, als man es erwartet hatte. Lenz war darüber betroffen. Doch wurde er heiter, als Oberlin ihm von seinen Freunden im Elsaß erzählte. Oberlin ging dabei im Zimmer hin und her und packte aus, legte hin. Dabei erzählte er von Pfeffel, das Leben eines Landgeistlichen glücklich preisend. Dabei ermahnte er ihn, sich in den Wunsch seines Vaters zu fügen, seinem Berufe gemäß zu leben, heimzukehren. Er sagte ihm: »Ehre Vater und Mutter!« und dergleichen mehr. Über dem Gespräch geriet Lenz in heftige Unruhe; er stieß tiefe Seufzer aus, Tränen drangen ihm aus den Augen, er sprach abgebrochen. »Ja, ich halt es aber nicht aus; wollen Sie mich verstoßen? Nur in Ihnen ist der Weg zu Gott. Doch mit mir ist's aus! Ich bin abgefallen, verdammt in Ewigkeit, ich bin der Ewige Jude.« Oberlin sagte ihm, dafür sei Jesus gestorben; er möge sich brünstig an ihn wenden, und er würde teilhaben an seiner Gnade.

Lenz erhob das Haupt, rang die Hände und sagte: »Ach! ach! göttlicher Trost –.« Dann frug er plötzlich freundlich, was das Frauenzimmer mache. Oberlin sagte, er wisse von nichts, er wolle ihm aber in allem helfen und raten; er müsse ihm aber Ort, Umstände und Person angeben. Er antwortete nichts wie gebrochne Worte: »Ach, ist sie tot? Lebt sie noch? Der Engel! Sie liebte mich – ich liebte sie, sie war's würdig – o der Engel! Verfluchte Eifersucht, ich habe sie aufgeopfert – sie liebte noch einen andern – ich liebte sie, sie war's würdig – o gute Mutter, auch die liebte mich – ich bin euer Mörder!« Oberlin versetzte: Vielleicht lebten alle diese Personen noch, vielleicht vergnügt, es möge sein, wie es wolle, so könne und werde Gott, wenn er sich zu ihm bekehrt haben würde, diesen Personen auf sein Gebet und Tränen so viel Gutes erweisen, daß der Nutzen, den sie alsdann von ihm hätten, den Schaden, den er ihnen zugefügt, vielleicht überwiegen würde. Er wurde darauf nach und nach ruhiger und ging wieder an sein Malen.

Den Nachmittag kam er wieder. Auf der linken Schulter hatte er ein

Stück Pelz und in der Hand ein Bündel Gerten, die man Oberlin nebst einem Briefe für Lenz mitgegeben hatte. Er reichte Oberlin die Gerten mit dem Begehren, er sollte ihn damit schlagen. Oberlin nahm die Gerten aus seiner Hand, drückte ihm einige Küsse auf den Mund und sagte: dies wären die Streiche, die er ihm zu geben hätte; er möchte ruhig sein, seine Sache mit Gott allein ausmachen, alle möglichen Schläge würden keine einzige seiner Sünden tilgen; dafür hätte Jesus gesorgt, zu dem möchte er sich wenden. Er ging.

Beim Nachtessen war er wie gewöhnlich etwas tiefsinnig. Doch sprach er von allerlei, aber mit ängstlicher Hast. Um Mitternacht wurde Oberlin durch ein Geräusch geweckt. Lenz rannte durch den Hof, rief mit hohler, harter Stimme den Namen Friederike, mit äußerster Schnelle, Verwirrung und Verzweiflung ausgesprochen; er stürzte sich dann in den Brunnentrog, patschte darin, wieder heraus und herauf in sein Zimmer, wieder herunter in den Trog, und so einigemal – endlich wurde er still. Die Mägde, die in der Kinderstube unter ihm schliefen, sagten, sie hätten oft, insonderheit aber in selbiger Nacht, ein Brummen gehört, das sie mit nichts als mit dem Tone einer Haberpfeife zu vergleichen wüßten. Vielleicht war es sein Winseln, mit hohler, fürchterlicher, verzweifelnder Stimme.

Am folgenden Morgen kam Lenz lange nicht. Endlich ging Oberlin hinauf in sein Zimmer: er lag im Bett, ruhig und unbeweglich. Oberlin mußte lange fragen, ehe er Antwort bekam; endlich sagte er: »Ja, Herr Pfarrer, sehen Sie, die Langeweile! die Langeweile! o, so langweilig! Ich weiß gar nicht mehr, was ich sagen soll; ich habe schon allerlei Figuren an die Wand gezeichnet.« Oberlin sagte ihm, er möge sich zu Gott wenden; da lachte er und sagte: »Ja, wenn ich so glücklich wäre wie Sie, einen so behaglichen Zeitvertreib aufzufinden, ja, man könnte sich die Zeit schon so ausfüllen. Alles aus Müßiggang. Denn die meisten beten aus Langeweile, die andern verlieben sich aus Langeweile, die dritten sind tugendhaft, die vierten lasterhaft, und ich gar nichts, gar nichts, ich mag mich nicht einmal umbringen: es ist zu langweilig!

O Gott! in deines Lichtes Welle,
In deines glühnden Mittags Helle,

Sind meine Augen wund gewacht.
Wird es denn niemals wieder Nacht?«

Oberlin blickte ihn unwillig an und wollte gehen. Lenz huschte ihm nach, und indem er ihn mit unheimlichen Augen ansah: »Sehn Sie, jetzt kommt mir doch was ein, wenn ich nur unterscheiden könnte, ob ich träume oder wache; sehn Sie, das ist sehr wichtig, wir wollen es untersuchen« – er huschte dann wieder ins Bett.

Den Nachmittag wollte Oberlin in der Nähe einen Besuch machen; seine Frau war schon fort. Er war im Begriff wegzugehen, als es an seine Türe klopfte und Lenz hereintrat mit vorwärts gebogenem Leib, niederwärts hängendem Haupt, das Gesicht über und über und das Kleid hie und da mit Asche bestreut, mit der rechten Hand den linken Arm haltend. Er bat Oberlin, ihm den Arm zu ziehen: er hätte ihn verrenkt, er hätte sich zum Fenster heruntergestürzt; weil es aber niemand gesehen, wolle er es auch niemand sagen. Oberlin erschrak heftig, doch sagte er nichts; er tat, was Lenz begehrte. Zugleich schrieb er an den Schulmeister Sebastian Scheidecker von Bellefosse, er möge herunterkommen, und gab ihm Instruktionen. Dann ritt er weg.

Der Mann kam. Lenz hatte ihn schon oft gesehen und hatte sich an ihn attachiert. Er tat, als hätte er mit Oberlin etwas reden wollen, wollte dann wieder weg. Lenz bat ihn zu bleiben, und so blieben sie beisammen. Lenz schlug noch einen Spaziergang nach Fouday vor. Er besuchte das Grab des Kindes, das er hatte erwecken wollen, kniete zu verschiedenen Malen nieder, küßte die Erde des Grabes, schien betend, doch mit großer Verwirrung, riß etwas von der auf dem Grab stehenden Krone ab, als ein Andenken, ging wieder zurück nach Waldbach, kehrte wieder um, und Sebastian mit. Bald ging er langsam und klagte über große Schwäche in den Gliedern, dann ging er mit verzweifelnder Schnelligkeit; die Landschaft beängstigte ihn, sie war so eng, daß er an alles zu stoßen fürchtete. Ein unbeschreibliches Gefühl des Mißbehagens befiel ihn; sein Begleiter ward ihm endlich lästig, auch mochte er seine Absicht erraten und suchte Mittel, ihn zu entfernen. Sebastian schien ihm nachzugeben, fand aber heimlich Mittel, seinen Bruder von der Gefahr zu benachrichtigen, und nun hatte Lenz zwei Aufseher, statt einen. Er zog sie wacker herum; endlich ging er nach Waldbach zurück, und da sie nahe am Dorfe waren, kehrte er wie ein Blitz wieder um und sprang wie ein Hirsch gen Fouday zurück. Die Männer setzten ihm nach. Indem sie ihn in Fouday suchten, kamen zwei Krämer und erzählten ihnen, man hätte in einem Hause einen Fremden gebunden, der sich für einen Mörder ausgäbe, der aber gewiß kein Mörder sein könne. Sie liefen in dies Haus und fanden es so. Ein junger Mensch hatte ihn, auf sein ungestümes Drängen, in der Angst gebunden. Sie banden ihn los und brachten ihn glücklich nach Waldbach, wohin Oberlin indessen mit seiner Frau zurückgekommen war. Er sah verwirrt aus. Da er aber merkte, daß er liebreich und freundlich empfangen wurde, bekam er wieder Mut; sein Gesicht veränderte sich vorteilhaft, er dankte seinen beiden Begleitern freundlich und zärtlich, und der Abend ging ruhig herum. Oberlin bat ihn inständig, nicht mehr zu baden, die Nacht ruhig im Bette zu bleiben, und wenn er nicht schlafen könne, sich mit Gott zu unterhalten. Er versprach's und tat es so die folgende Nacht; die Mägde hörten ihn fast die ganze Nacht hindurch beten.

Den folgenden Morgen kam er mit vergnügter Miene auf Oberlins Zimmer. Nachdem sie verschiedenes gesprochen hatten, sagte er mit ausnehmender Freundlichkeit: »Liebster Herr Pfarrer, das Frauenzimmer, wovon ich Ihnen sagte, ist gestorben, ja, gestorben – der Engel!« – »Woher wissen Sie das?« – »Hieroglyphen, Hieroglyphen!« und dann zum Himmel geschaut und wieder: »Ja, gestorben – Hieroglyphen!« Es war dann nichts weiter aus ihm zu bringen. Er setzte sich und schrieb einige Briefe, gab sie sodann Oberlin mit der Bitte, einige Zeilen dazu zu setzen.

Sein Zustand war indessen immer trostloser geworden. Alles, was er an Ruhe aus der Nähe Oberlins und aus der Stille des Tals geschöpft hatte, war weg; die Welt, die er hatte nutzen wollen, hatte einen ungeheuern Riß; er hatte keinen Haß, keine Liebe, keine Hoffnung – eine schreckliche Leere, und doch eine folternde Unruhe, sie auszufüllen. Er hatte *nichts*. Was er tat, tat er nicht mit Bewußtsein, und doch zwang ihn ein innerlicher Instinkt. Wenn er allein war, war es ihm so entsetzlich einsam, daß er beständig laut mit sich redete, rief, und dann erschrak er wieder, und es war ihm, als hätte eine fremde Stimme mit ihm gesprochen. Im Gespräch stockte er oft, eine unbeschreibliche Angst befiel ihn, er hatte das Ende seines Satzes verloren; dann meinte er, er müsse das zuletzt gesprochene Wort behalten und immer sprechen, nur mit großer Anstrengung unterdrückte er diese Gelüste. Es bekümmerte die guten Leute tief, wenn er manchmal in ruhigen Augenblicken bei ihnen saß und unbefangen sprach, und er dann stockte und eine unaussprechliche Angst sich in seinen Zügen malte, er die Personen, die ihm zunächst saßen, krampfhaft am Arm faßte und erst nach und nach wieder zu sich kam. War er allein oder las er, war's noch ärger; all seine geistige Tätigkeit blieb manchmal in einem Gedanken hängen. Dachte er an eine fremde Person, oder stellte er sie sich lebhaft vor, so war es ihm, als würde er sie selbst; er verwirrte sich ganz, und dabei hatte er einen unendlichen Trieb, mit allem um ihn im Geiste willkürlich umzugehen – die Natur, Menschen, nur Oberlin ausgenommen, alles traumartig, kalt. Er amüsierte sich, die Häuser auf die Dächer zu stellen, die Menschen an- und auszukleiden, die wahnwitzigsten Possen auszusinnen. Manchmal fühlte er einen unwiderstehlichen Drang, das Ding, das er gerade im Sinne hatte, auszuführen, und dann schnitt er entsetzliche Fratzen. Einst saß er neben Oberlin, die Katze lag gegenüber auf einem Stuhl. Plötzlich wurden seine Augen starr, er hielt sie unverrückt auf das Tier gerichtet; dann glitt er langsam den Stuhl herunter, die Katze ebenfalls; sie war wie bezaubert von seinem Blick, sie geriet in ungeheure Angst, sie sträubte sich scheu; Lenz mit den nämlichen Tönen, mit fürchterlich entstelltem Gesicht; wie in Verzweiflung stürzten beide aufeinander los – da endlich erhob sich Madame Oberlin, um sie zu trennen. Dann war er wieder tief beschämt. Die Zufälle des Nachts steigerten sich aufs schrecklichste. Nur mit der größten Mühe schlief er ein, während er zuvor noch die schreckliche Leere zu füllen versucht hatte. Dann geriet er zwischen Schlaf und Wachen in einen entsetzlichen Zustand: er stieß an etwas Grauenhaftes, Entsetzliches, der Wahnsinn packte ihn; er fuhr mit fürchterlichem Schreien, in Schweiß gebadet, auf, und erst nach und nach fand er sich wieder. Er mußte dann mit den einfachsten Dingen anfangen, um wieder zu sich zu kommen. Eigentlich nicht er selbst tat es, sondern ein mächtiger Erhaltungstrieb: es war, als sei er doppelt, und der eine Teil suche den andern zu retten und riefe sich selbst zu; er erzählte, er sagte in der heftigen Angst Gedichte her, bis er wieder zu sich kam.

Auch bei Tage bekam er diese Zufälle, sie waren dann noch schrecklicher; denn sonst hatte ihn die Helle davor bewahrt. Es war ihm dann, als existiere er allein, als bestünde die Welt nur in seiner Einbildung, als sei nichts als er; er sei das ewig Verdammte, der Satan, allein mit seinen folternden Vorstellungen. Er jagte mit rasender Schnelligkeit sein Leben durch, und dann sagte er: »Konsequent, konsequent«; wenn jemand was sprach: »Inkonsequent, inkonsequent«; – es war die Kluft unrettbaren Wahnsinns, eines Wahnsinns durch die Ewigkeit.

Der Trieb der geistigen Erhaltung jagte ihn auf: er stürzte sich in Oberlins Arme, er klammerte sich an ihn, als wolle er sich in ihn drängen; er war das einzige Wesen, das für ihn lebte und durch den ihm wieder das Leben offenbart wurde. Allmählich brachten ihn Oberlins Worte dann zu sich; er lag auf den Knieen vor Oberlin, seine Hände in den Händen Oberlins, sein mit kaltem Schweiß bedecktes Gesicht auf dessen Schoß, am ganzen Leibe bebend und zitternd. Oberlin empfand unendliches Mitleid, die Familie lag auf den Knieen und betete für den Unglücklichen, die Mägde flohen und hielten ihn für einen Besessenen. Und wenn er ruhiger wurde, war es wie der Jammer eines Kindes: er schluchzte, er empfand ein tiefes, tiefes Mitleid mit sich selbst; das waren auch seine seligsten Augenblicke. Oberlin sprach ihm von Gott. Lenz wand sich ruhig los und sah ihn mit einem Ausdruck unendlichen Leidens an, und sagte endlich: »Aber ich, wär ich allmächtig, sehen Sie, wenn ich so wäre, ich könnte das Leiden nicht ertragen, ich würde retten, retten; ich will ja nichts als Ruhe, um schlafen zu können.« Oberlin sagte, dies sei eine Profanation. Lenz schüttelte trostlos mit dem Kopfe.

Die halben Versuche zum Entleiben, die er indes fortwährend machte, waren nicht ganz ernst. Es war weniger der Wunsch des Todes – für ihn war ja keine Ruhe und Hoffnung im Tode –, es war mehr in Augenblicken der fürchterlichsten Angst oder der dumpfen, ans Nichtsein grenzenden Ruhe ein Versuch, sich zu sich selbst zu bringen durch physischen Schmerz. Augenblicke, worin sein Geist sonst auf irgendeiner wahnwitzigen Idee zu reiten schien, waren noch die glücklichsten. Es war doch ein wenig Ruhe, und sein wirrer Blick war nicht so entsetzlich als die nach Rettung dürstende Angst, die ewige Qual der Unruhe! Oft schlug er sich den Kopf an die Wand oder verursachte sich sonst einen heftigen physischen Schmerz.

Den 8. morgens blieb er im Bette, Oberlin ging hinauf; er lag fast nackt auf dem Bette und war heftig bewegt. Oberlin wollte ihn zudecken, er klagte aber sehr, wie schwer alles sei, so schwer! er glaube gar nicht, daß er gehen könne; jetzt endlich empfinde er die ungeheure Schwere der Luft. Oberlin sprach ihm Mut zu. Er blieb aber in seiner frühern Lage und blieb den größten Teil des Tages so, auch nahm er keine Nahrung zu sich.

Gegen Abend wurde Oberlin zu einem Kranken nach Bellefosse gerufen. Es war gelindes Wetter und Mondschein. Auf dem Rückweg begegnete ihm Lenz. Er schien ganz vernünftig und sprach ruhig und freundlich mit Oberlin. Der bat ihn, nicht zu weit zu gehen; er versprach's. Im Weggehn wandte er sich plötzlich um und trat wieder ganz nahe zu Oberlin und sagte rasch: »Sehn Sie, Herr Pfarrer, wenn ich das nur nicht mehr hören müßte, mir wäre geholfen.« – »Was denn, mein Lieber?« – »Hören Sie denn nichts? hören Sie denn nicht die entsetzliche Stimme, die um den ganzen Horizont schreit und die man gewöhnlich die Stille heißt? Seit ich in dem stillen Tal bin, hör ich's immer, es läßt mich nicht schlafen; ja, Herr Pfarrer, wenn ich wieder einmal schlafen könnte!« Er ging dann kopfschüttelnd weiter.

Oberlin ging zurück nach Waldbach und wollte ihm jemand nachschicken, als er ihn die Stiege herauf in sein Zimmer gehen hörte. Einen Augenblick darauf platzte etwas im Hof mit so starkem Schall, daß es Oberlin unmöglich von dem Fall eines Menschen herkommen zu können schien. Die Kindsmagd kam todblaß und ganz zitternd...

Er saß mit kalter Resignation im Wagen, wie sie das Tal hervor nach Westen fuhren. Es war ihm einerlei, wohin man ihn führte. Mehrmals, wo der Wagen bei dem schlechten Wege in Gefahr geriet, blieb er ganz ruhig sitzen; er war vollkommen gleichgültig. In diesem Zustand legte er den Weg durchs Gebirg zurück. Gegen

Abend waren sie im Rheintale. Sie entfernten sich allmählich vom Gebirg, das nun wie eine tiefblaue Kristallwelle sich in das Abendrot hob, und auf deren warmer Flut die roten Strahlen des Abends spielten; über die Ebene hin am Fuße des Gebirgs lag ein schimmerndes, bläuliches Gespinst. Es wurde finster, je mehr sie sich Straßburg näherten; hoher Vollmond, alle fernen Gegenstände dunkel, nur der Berg neben bildete eine scharfe Linie; die Erde war wie ein goldner Pokal, über den schäumend die Goldwellen des Mondes liefen. Lenz starrte ruhig hinaus, keine Ahnung, kein Drang; nur wuchs eine dumpfe Angst in ihm, je mehr die Gegenstände sich in der Finsternis verloren. Sie mußten einkehren. Da machte er wieder mehrere Versuche, Hand an sich zu legen, war aber zu scharf bewacht.

Am folgenden Morgen, bei trübem, regnerischem Wetter, traf er in Straßburg ein. Er schien ganz vernünftig, sprach mit den Leuten. Er tat alles, wie es die andern taten; es war aber eine entsetzliche Leere in ihm, er fühlte keine Angst mehr, kein Verlangen, sein Dasein war ihm eine notwendige Last. –

So lebte er hin...

Die Schwefelbäder bei Montmorency

Ach, wäre ich nur schon der Rührung frei, wie munter wollte ich
herumhüpfen auf dem Papier! Aber Tränen umdämmern meine
Augen – und sie haben weit zu sehen, über Frankreich weg, bis
hinüber in das Vaterland; aber meine Hand zittert – und sie soll
doch Kranken einen Heilbrief schreiben. Tausend frische Zweige
säuseln mich vom dürren Pulte weg, tausend Vögel zwitschern
mich hinaus; denn sie säuseln, denn sie zwitschern: Rousseau!
Rousseau! Die Kastanienbäume dort, ernste Greise jetzt, sie haben
in schöneren Jahren Rousseau gekannt und mit Schatten bewirtet
seine glühende Seele. Das Häuschen gegenüber – ich sehe in die
Fenster – darin ist Rousseaus Stübchen; aber er ist nicht daheim. Dort
ist der kleine Tisch, an dem er die »Heloise« gedichtet; da steht das
Bett, in dem er ausgeruht von seinem Wachen. O heiliges Tal von
Montmorency! Kein Pfad, den er nicht gegangen, kein Hügel, den
er nicht hinaufgestiegen, kein Gebüsch, das er nicht durchträumt!
Der helle See, der dunkle Wald, die blauen Berge, die Felder, die
Dörfchen, die Mühlen – sie sind ihm alle begegnet, und er hat sie
alle gegrüßt und geliebt! Hier der Schatten vor meinen Augen – so,
ganz so hat ihn die Frühlingssonne um diese Stunde auch seinen
Blicken vorgezeichnet! Die Natur ringsumher – die treulose, buh-
lerische Natur! In Liebestränen lag er zu ihren Füßen, und sie sah
ihn lächelnd an, und jetzt, da er fern ist, lächelt sie an gleicher Stelle
auch mir und lächelt jeden an, der seufzend vorübergeht! – – Drei
Stunden von Paris und eine halbe Stunde von Montmorency entfernt liegt, zwischen den Dörfern Enghien und St. Gratien, ein See,
welchen die Franzosen den Teich nennen, l'étang. Darüber mag
man sich billig wundern! Sie, die alles vergrößern, die inländischen
Tugenden und die ausländischen Fehler, müßten den See – sollte
man meinen – das stille Meer von Montmorency heißen, so groß
und stattlich ist er. Wahrlich, als ich ihn gestern vormittag sah – das
Wetter war etwas stürmisch –, schlug er hohe Shakespeareswellen

und war unklassisch bis zur Frechheit. Ich brauchte, bei freiem Herzen, zwanzig Minuten, ihn zu umreiten; Liebende zu Fuß können ihn eine ganze schöne Stunde umschleichen. Herrliche Baumgänge umschatten sein Ufer, zierliche Gondeln hüpfen über seine Wellen. Diesem See nahe sind die Badehäuser angebaut, alle auf das schönste und bequemste eingerichtet. Die Bestandteile des Wassers kenne ich nicht genau; die chemische Analyse, die der berühmte Fourcroy davon gegeben, habe ich nicht gelesen; nur so viel weiß ich, daß Schwefel darin ist – dieses herrliche Mittel, das, in Schießpulver verwandelt, kranke Völker, zu Arzneipulver gestoßen, kranke Menschen heilt. Wahrscheinlich hat das Badewasser von Montmorency die größte Ähnlichkeit mit dem von Wiesbaden, welches nach dem Konversationslexikon – diesem sächsischen Reichsvikar nach Ableben des deutschen Kaisers, der den deutschen Völkern geistige Einheit gibt und dessen zehn Bände das Andenken der ehemaligen zehn Reichskreise mnemonisch bewahren – kohlensaure Kalkerde, Bittererde, salzsaures Natrum, salzsaure Kalkerde und Bittererde, schwefelsaures Natrum und schwefelsaure Kalkerde, Tonerde und etwas mit kohlensaurem Natrum aufgelöstes Eisen enthält. Aber Montmorency ist ungleich wirksamer als Wiesbaden und alle sonstigen Schwefelbäder Deutschlands und der Schweiz. Die notwendigste Bedingung zur Heilung einer Krankheit durch Schwefelbäder ist, wie die Erfahrung lehrt – die Krankheit; weswegen auch gute Ärzte da, wo sie keine Krankheit vorfinden, ihr Heilverfahren damit beginnen, eine zu schaffen. Paris liegt aber so nahe bei Montmorency, daß die erforderliche Krankheit auf das leichteste zu haben ist. Aus dieser vorteilhaften Lokalität entspringt für deutsche Kurgäste noch ein anderer ganz unschätzbarer Nutzen: daß sie nämlich gar nicht nötig haben, sich auf der großen Reise von Deutschland nach Paris mit einer Krankheit zu beschleppen, welches besonders bei Gichtübeln beschwerlich ist, sondern daß sie sich gesund auf den Weg machen und sich erst in Paris mit den nötigen Gebrechen versehen, von wo aus sie gemächlich in zwei Stunden nach Montmorency fahren, um dort Heilung zu suchen. Sollten sie diese nicht finden oder gar unglücklicherweise in Paris sterben – denn es versteht sich von selbst, daß man dort alle seine Zeit zubringt und nur sonntags zuweilen nach Montmorency fährt, um unter den Kastanienbäumen hinter der Eremitage die feine Welt tanzen zu sehen –, so hat man die Reise doch nicht vergebens gemacht. Es gibt nichts Angenehmeres auf der Welt, als in Paris zu sterben; denn kann man dort sterben, ohne auch dort gelebt zu haben?

Der Vorzüge, welche das Schwefelbad von Montmorency vor allen übrigen Schwefelbädern hat, sind noch gar viele, und ich werde ein anderes Mal darauf zurückkommen. Jetzt aber habe ich von etwas Wichtigerem zu sprechen, nämlich von der zweimonatlichen Vorbereitungskur, welcher sich besonders die deutsche weibliche Welt zu unterwerfen hat, ehe sie die Reise nach Montmorency antreten darf. Ich weiß freilich nicht, ob auch junge Frauenzimmer von Stand zuweilen die Gicht bekommen und ob ich nicht gegen die Pathologie und Courtoisie verstoße, wenn ich dieses als möglich annehme. Sollte ich aber fehlen, so entschuldigt mich meine gute Absicht gewiß. Wäre ich nun ein halbes Dutzend Dinge, die ich nicht bin: jung, reich, schön, verheiratet, gesund und ein Frauenzimmer, würde ich, sobald ich im Morgenblatte die Anpreisung des Montmorencybades gelesen, wie folgt verfahren. Ich nehme an, ich lebte seit fünf Jahren in kinderloser, aber zufriedener Ehe. Mein Mann wäre ein Graf und reich. Er wäre nicht geizig, verwendete aber mehr auf seine landwirtschaftlichen Baue, Parkanlagen und Merinoschafe als auf meine Launen und Luftschlösser. Er liebte die Jagd sehr, mich aber nicht minder. An Wochen- und Werkeltagen tät ich ihm in allem seinen Willen, und nur an Festtagen, die ich mir zu diesem Zwecke alle beweglich gemacht, behielte ich mir die Herrschaft vor. Wir lebten zurückgezogen auf unseren Gütern. Mein Mann wäre Tage und Wochen auf seinen entfernten Meiereien, und wir hätten selten eheliche Zwiste. Nun käme er eines Abends – – – aber, um es den Leserinnen bequem zu machen, will ich in der dritten Person, wie Cäsar, und im Indikativ, wie die Weltgeschichte, von mir erzählen.

An einem schönen Maiabend – die Dorfglocke verhallte schlaftrunken, der Himmel löste seine roten Bänder auf, die Sterne wurden angezündet – kehrte Graf Opodeldoc von der Jagd zurück. In das Hoftor eingetreten, sprach er zu seinem Oberjäger: »Lieber Herr Walter, sein Sie so gut und lassen Sie meiner Frau sagen, daß ich da bin.« Der Graf war gegen seine Jagddienerschaft ein gar milder und lieber Herr. Im Gartensaale legte er seine Tasche ab und zog die Ladung aus der Büchse; die Jagd war sehr unglücklich gewesen, nichts, keine Rabenfeder war ihm aufgestoßen. Sophie, das Kammermädchen der Gräfin, kam schüchtern herbei und sprach mit ängstlicher Stimme: »Erschrecken Sie nicht, Herr Graf, es hat gar nichts zu bedeuten, bis morgen ist es vorüber, Sie brauchen sich gar nicht zu beunruhigen.« Der Graf stieß zornig seine Büchse auf den Boden. – »Elster, Starmatz, Gans, was schnattert Sie da? Was hat nichts zu bedeuten, worüber soll ich nicht erschrecken?« Das Kammermädchen erwiderte: »Sie können ganz ruhig sein, die gnädige Gräfin befinden sich etwas unwohl und haben sich zu Bette gelegt.« – »Schon gut«, brummte der Graf, »schick Sie mir Heinrich.« – Heinrich kam, seinem Herrn die Stiefel auszuziehen. Wie gewöhnlich benahm er sich ungeschickt dabei und bekam einen leisen Fußtritt; so sanft hatte Heinrich den Herrn nie gesehen. Nachdem der Graf in Pantoffel und Schlafrock war, ging er in das Zimmer seiner Frau. Die schöne Gräfin richtete sich im Bette auf; sie hatte den Kopf mit einem Tuche umbunden – Amor trug die Binde nur etwas tiefer. »Was fehlt dir, mein Kind?« frug der Graf so zärtlich als ihm möglich war. – »Nichts, lieber Mann; ich bin froh, daß du da bist, jetzt ist mir schon viel besser. Heftiges Kopfweh, Schmerz in allen Gliedern, große Übelkeiten.« Die Gräfin, obzwar eine geübte Schauspielerin, die schon in bedeutenden Rollen aufgetreten, stotterte doch, als sie diese Worte sprach, und ward rosenrot im Gesicht. Der Graf – er besaß große Allodialgüter und war seiner ganzen Kollateralverwandtschaft spinnefeind –, als er seine Gemahlin erröten sah, faßte ein freudiges Mißverständnis und drückte der Gräfin so fest und zärtlich die Hand, als er es lange nicht getan. Diese schrie ein langgedehntes Au!, zog die Hand zurück, bewegte krampfhaft die Finger und wiederholte im Sechsachteltakt: Au! au! au! Au ist zwar ein unfeines Wort; aber der Schmerz hat keinen guten Stil, und einen schönen Mund kann auch ein Au nicht verunzieren. Der klugen Leserin brauch ich es wohl nicht zu sagen, daß jenes Au nichts war als die erste Szene einer kleinen dramatischen Vorgicht. »Ich habe dich oft gewarnt, abends nicht so spät in der Laube zu sitzen; du hast dich gewiß erkältet; das kommt dabei heraus!« Nach diesen Worten wünschte der Graf seiner Gemahlin gute Nacht und ging brummend fort.

Am anderen Morgen fand sich die Gräfin beim Frühstück ein und erklärte sich für ganz wiederhergestellt. Der Graf fragte, wie gewöhnlich, nach dem Morgenblatte, das der Bote jeden Abend aus der Stadt brachte. Man suchte darnach, es fand sich nicht. »Steht etwas Interessantes darin?« fragte der Graf. Die Gräfin erwiderte, sie habe es gestern, weil sie sich zu Bett gelegt, nicht gelesen. Sie war ungemein hold und liebenswürdig und schlürfte ein Löffelchen aus der Tasse ihres Mannes, ehe sie ihm dieselbe hinreichte, um zu versuchen, ob der Kaffee süß genug sei – eine zarte Aufmerksamkeit, die sie für feierliche Gelegenheiten versparte. Darauf brachte sie ihre eigene Tasse an den Mund, vermochte sie aber nicht zur Hälfte zu leeren. Sie klagte über Appetitlosigkeit und daß ihr der Mund so bitter wäre. »Meinst du nicht, liebes Kind«, sagte der Graf, »daß es gut sei, den Arzt aus der Stadt holen zu lassen?«

»Ich halte es nicht für nötig«, erwiderte die Gräfin, »es fehlt mir eigentlich nichts, indessen, wenn es dich beunruhigt, tue es immerhin.« Ein Reitknecht wurde abgefertigt, und nach zwei Stunden fuhr der Arzneiwagen in den Hof. Der Doktor fühlte den Puls, frug herüber, frug hinüber, schüttelte den Kopf; Frank, sein Polarstern, zog sich hinter Gewölk, und vom menschlichen Herzen, diesem Kompasse auf dem Meere zweifelhafter Geschichten, verstand der gute Doktor nichts. In seiner Spezialinquisition erlaubte er sich verbotene Suggestionen; die Gräfin verwickelte sich in ihren Antworten, klagte über die widersprechendsten Leiden, stotterte, ward wiederum rot. Der Graf lächelte abermals und sprach: »Herr Doktor, ich will Sie mit meiner Frau allein lassen.«

Als Graf Opodeldoc fort war, waren die Leiden der schönen Gräfin auch fort. Sie ließ sich vom Doktor die jüngsten Stadtneuigkeiten erzählen und fragte diesen endlich: »Waren Sie schon draußen auf dem Friedhof beim Baron Habersack gewesen? Er ist krank.«

– »Ich bin sein Arzt nicht«, erwiderte der Doktor seufzend. – »Ich weiß das«, sagte die Gräfin; »aber ich habe vor einigen Tagen mit der Baronesse von Ihnen gesprochen, sie wird Sie rufen lassen.« – Der Doktor machte einen Bückling der Erkenntlichkeit. – »Der Baron hat das Podagra«, fuhr die Gräfin fort. »Die Baronesse, die ihn zärtlich liebt, glaubt, daß nur ein Bad ihn herstellen könne, aber der Baron ist ebenso geizig, als seine Gemahlin großmütig ist. Sie verläßt sich auf Sie, daß Sie ihm eine Badereise als unerläßlich zu seiner Heilung vorschreiben werden.« – »Gnädige Gräfin, eine Badereise wäre Ihnen vielleicht auch anzuraten.« – »Meinen Sie, Doktor? (Das ausgelassene Herr machte den Doktor völlig zum Sklaven der Gräfin.) Aber welchen Badeort würden Sie empfehlen?«

– »Sind Sie für Wiesbaden, gnädige Gräfin?« – »Ich will nichts davon hören, man begegnet da nur verkrüppelten Männern und möchte sterben vor Langeweile.« – »Was halten Sie von Ems?« – »Man erkältet sich dort abends zu leicht.« – »Lieben Sie Cannstatt?« – »Ich hatte mir dort sehr gefallen; schade nur, daß die Esel fehlen, welche die Bäder in der Nähe von Frankfurt so lustig machen... Doktor, was denken Sie von Montmorency bei Paris? Die dortigen Schwefelbäder werden sehr angerühmt und scheinen mir für meine Umstände ganz zu passen.« – »Ich kenne sie; glauben Sie doch der französischen Scharlatanerie nicht. Einen Schwefelfaden in ein Glas Wasser geworfen und sich damit gewaschen, tut dieselben Dienste wie das Bad von Montmorency.« – »Aber, lieber Doktor, bedenken Sie die angenehme Reise, Paris, die Zerstreuungen.« – »Freilich, gnädige Gräfin, Sie haben recht, die milde Luft Frankreichs wäre Ihren Nerven gewiß sehr heilsam.« – »Doktor, reden Sie mit meinem Manne, seien Sie geschickt, Sie werden Mühe haben.« – »Gnädigste, ich führe eine Schlange in meinem Wappen.« – Während oben Kriegsrat gehalten wurde, ging Graf Opodeldoc im Garten auf und ab und wartete auf den Doktor. Er machte große Schritte und rieb sich vergnügt die Hände, denn er hoffte heute noch seinen nahbegüterten Kollateralverwandten eine schadenfrohe Botschaft zu bringen. »Wartet nur, naseweiser Bruder«, sprach er lachend vor sich hin, »und Sie, hochmütige Frau Schwägerin, wir wollen eine Suppe zusammen essen, die gesalzen sein soll.« Endlich kam der Arzt, er stürzte ihm entgegen, faßte ihn an beiden Händen und sprach: »Nun, lieber Doktor, was macht meine gute Frau? Trinken wir eine Flasche Madeira?« Der Doktor zuckte bedeutend die Achseln. – »Man kann noch nichts sagen, wertester Herr Graf. Man muß der Natur Zeit lassen, sich zu entwickeln. Ich habe eine Kleinigkeit verschrieben, zum Versuch bloß.« – »Aber was fehlt denn eigentlich?« – »Es ist eine unausgebildete Gicht, die man zu befördern suchen muß.« – »Gicht! Doktor. Meine Frau ist erst dreiundzwanzig Jahre alt, so jung und schon die Gicht! Ich habe sie oft gewarnt, das kommt von den weiten Fußreisen, von dem tagelangen Reiten.« – »Im Gegenteil, Herr Graf, mehrere und stärkere Bewegung wäre der gnädigen Gräfin zuträglich. Die frühzeitige Gicht findet sich jetzt häufig bei jungen Damen von Stande; das kommt vom übermäßigen Zuckerwassertrinken.« – Graf Opodeldoc ließ sich das gesagt sein; er war ein kenntnisvoller Pferdearzt, aber von der Menschheit in ihrem gesunden und kranken Zustande wußte er nicht viel. Nachdem der Arzt fort war, ging der verdrießliche Ehemann in das Zimmer seiner Frau, ergriff beide dort stehende vollgefüllte Zuckerdosen und schüttete ihren Inhalt zum Fenster hinaus. Alles Hofgeflügel kam herbeigeflattert und schlich langsam und verdrießlich wieder fort, als sich nichts zu picken vorfand.

Vier Wochen lang wechselte die schöne Gräfin Opodeldoc zwischen Wohlbefinden und Übelbefinden mit vieler Kunst und Überlegung ab. Der Arzt kam, der Arzt ging. Die Krankheit blieb. Endlich schien die Arznei anzuschlagen – sie mochte wohl sympathisch gewirkt haben, denn Sophie, das Kammermädchen, pflegte ihre Privatnelken damit zu begießen. Schon seit acht Tagen war keine Klage gekommen aus dem Munde der Gräfin. Terpsichore hatte diese glückliche Verabredung mit Hygieia getroffen; denn am neunten Tage schickte die Baronesse Habersack Einladung zu einem Balle, auf dem sie vor der Abreise ins Bad alle ihre Freunde vereinigt sehen wollte. Die Gräfin schmückte sich aufs herrlichste, sie war schön wie – ein Engel. (Warum ist die christliche Mythologie so arm an guten Bildern?) Sophie, das Kammermädchen, stand, wie Pygmalion vor seinem Marmorbild mit Liebesblicken vor dem Kunstwerk ihrer Hände und flehte die Götter, sie möchten die Gräfin beleben und in einen Mann verwandeln. Der Graf selbst zeigte starke Spuren inneren Wohlgefallens beim Anblicke seiner Gemahlin; denn die Hoffnung, daß seine hagere Schwägerin auf dem Balle etwa bersten würde vor Neid, hatte sein ästhetisches Gefühl ungemein geschärft. Er nannte die Gräfin einmal über das andere: Mein Mäuschen! Endlich bot er ihr den Arm, sie hinab an den Wagen zu führen. Auf der Mitte der Treppe – o unvergleichliche Tat menschlicher Seelenstärke, einzig in der Weltgeschichte! o glorreichste Heldin des weiblichen Plutarchs! – mitten auf der Treppe, von Rosen umduftet, von Seide umwallt, von Gold und Perlen umglänzt, von Kunst und Natur bis zum Blenden umschimmert, auf dem Wege zum Tanze, auf dem Wege zu tausend süßen Triumphen... stieß die Gräfin Opodeldoc einen durchdringenden Schrei aus und wollte zusammensinken. Der Graf stützte sie und fragte: »Was hast du, mein Mäuschen?« Die Gräfin konnte vor Schmerz nicht antworten. Man mußte sie die Treppe wieder hinauftragen. Sie legte sich zu Bette. Sophie, ob sie zwar als Kammermädchen hinter den Kulissen stand, ward doch überrascht von dem Staatsstreiche ihrer Gebieterin, dessen Geheimnis sie nicht wußte, da die Gräfin, wie jede Frau, ein Allerheiligstes hatte, in das auch die Priesterin Sophie nicht treten durfte, sondern nur sie selbst als Hohepriesterin. Der kranke Fuß wurde bis zur Ankunft des Arztes ohne Erfolg mit Hausmitteln behandelt. Der Doktor kam und hatte mit der Gräfin eine lange geheime Unterredung. Vor dem Weggehen begab er sich zum Grafen und sagte mit feierlicher Stimme: »Herr Graf, ich halte es für meine Pflicht, Ihnen zu raten, daß Sie einen anderen Arzt kommen lassen.« – »Noch einen?« rief der Graf. »Ein Kongreß! Steht es so schlimm mit meiner Frau? Ist eine gefährliche Revolution in ihr vorgegangen?« – »Nein, wertester Herr Graf, so schlimm ist es nicht; aber die gnädige Gräfin scheinen kein Zutrauen in mich zu setzen und wollen meinen Rat nicht befolgen. Ich habe Ihrer Gemahlin eine Badekur verordnet, aber sie will nichts davon hören. Sie sagt, das Geräusch der Badeorte sei ihr verhaßt, und sie hat mir verboten, mit Ihnen, Herr Graf, davon zu sprechen. Aber meine Pflicht...« – »Herr Doktor, ich liebe die Badeorte auch nicht; können Sie meine Frau nicht auf anderem Wege heilen?« – »Wertester Herr Graf, wir können nicht zaubern, wir Ärzte. Der Arzt und die kranke Natur sind der Blinde und der Lahme; die Natur zeigt uns den Weg, den wir sie tragen sollen. Um einen Kranken zu heilen, müssen wir in ihm den gesunden Punkt, den Punkt des Archimedes auffinden, wo wir den Hebel ansetzen. Die Gicht ist eine Krankheit, die sich aufs hartnäckigste verteidigt, sie ist mit Gewalt gar nicht einzunehmen, weswegen sie auch im Konversationslexikon unmittelbar auf Gibraltar folgt . . . « Der Doktor sprach noch länger als eine Viertelstunde gelehrt und unverständlich, um der Gräfin Zeit zu lassen, ihre Rolle zu rekapitulieren. »Sie werden meiner Frau Wiesbaden verordnet haben?« – »Nein, Herr Graf, das Wasser ist zu stark. « – »Oder Ems? Nicht wahr, Doktor, Ems, das hilft. « – »Trauen Sie ihm nicht, Herr Graf, das Wasser allein tut's dort nicht; die Nachtluft – die Nachtluft ist dort schädlich. « – »Welches Bad raten Sie denn?« – »Das zweckmäßigste wäre Barrège in den Pyrenäen. « – »Träumen Sie, Herr Doktor? Wollen Sie meine Frau der Armée de fol zuführen? Soll uns der Trappist attrapieren?« – »Freilich, Herr Graf, Barrège hat seine Bedenklichkeit. Das Wasser von Montmorency bei Paris ist ungefähr von gleicher Beschaffenheit. « – »Herr Doktor, wenn unsereiner nach Paris reist, so kostet das gleich ungeheures Geld. Muß es denn sein? Tut es kein anderes Bad? Haben Sie Erfahrungen, ob es hilft?« – »Schon Hippokrates, in seinem Buche von den Winden, rühmt das Bad von Montmorency. Aber, Herr Graf, ich fürchte, Ihre Frau Gemahlin ist nicht zu bewegen. « – »Das wird sich finden; wenn ich will, muß sie wollen; ich bin Herr, Herr Doktor. «

Graf Opodeldoc brauchte länger als vierzehn Tage, seine Gemahlin für die Schwefelbäder von Montmorency zu gewinnen. Endlich willigte sie ein. »Ich will deiner liebevollen Besorgnis dies Opfer bringen«, sprach sie mit matter Stimme. Sie ward täglich schwächer und verließ das Bett nicht mehr. »Liebes Kind«, sagte der Graf eines Morgens, »ich reite in die Stadt, ich will dir die Putzmacherin herausschicken, du wirst für die Reise noch allerlei bedürfen. « – »Nein, guter Mann«, erwiderte die Gräfin, »das Nötigste habe ich, und ein Leichentuch finde ich überall. Ich fühle, wie sich alles in mir auflöst, bald schließt mich der Tod in seine kalten Arme. « – »Kinderpossen! Du wirst in Paris wieder aufleben; dann brauchst du Flitter genug, und dort ist alles doppelt teuer. « – »O mein Gatte, wozu noch Tand und Flitter? Laß mich den Blick abwenden von allem Irdischen, laß mich gegen den Himmel meine Gedanken richten!« – »Wie du willst!« brummte der Graf. – Die Vorbereitungen zur Reise waren getroffen, das Gold ward unter Seufzen eingerollt. – Der Graf liebte die Napoleons sehr, doch als guter Deutscher nur im Pluriel. Die Gräfin wurde in den Wagen gehoben. Schon am zweiten Tage fühlte sich sich gestärkt, und in Straßburg vermochte sie mit Leichtigkeit den Münster hinaufzusteigen. Oben auf der Plattform sagte der Graf: »Mäuschen, du blühst ja wieder wie eine Rose.« Die Gräfin erschrak, bedachte, wie wenig entfernt sie noch von der Heimat wären, und blickte in die untergehende Sonne, um ihre Wangenröte hinter dem Widerschein der Abendglut zu verstecken.

Als sie an der Barriere St. Martin an das Tor gelangten, durch das man, von Deutschland kommend, in Paris einfährt, wollte der Postillion, wie es ihm auf der Station geheißen, rechts ab gleich nach Montmorency fahren, wo das Quartier vorausbestellt war. Aber die Gräfin befand sich plötzlich so übel, daß man sich entschließen mußte, über Nacht in Paris zu bleiben. Der am anderen Morgen herbeigeholte Arzt erklärte die Krankheit für une fièvre non maligne und gebot, das Zimmer zu hüten. Der Graf ging aus, Adressen abzugeben, machte Besuche, empfing Besuche; nach einigen Tagen war die Gräfin hergestellt und ward von ihrem Manne in den Strudel von Paris hineingeführt. Die deutsche unlegitime Garderobe wurde in der Viviennestraße restauriert. Der Graf selbst fing an, sich in Paris zu gefallen. Er hatte einen wackeren Colonel auf halbem Solde kennengelernt, der wie er ein leidenschaftlicher Jäger war und der ihm Gelegenheit verschaffte, seine Lust zu befriedigen. Die Gräfin aber hatte vom ersten Augenblick an eine unüberwindliche Abneigung gegen den Colonel gefaßt, und da sie ihren Widerwillen nicht verbarg, führte dieses zu häufigen Zwistigkeiten mit ihrem Manne. »Er ist ein wilder Mensch!« sagte die Gräfin oft. – »Wir gedienten Leute sind nicht anders!« erwiderte jedesmal der Graf. Wochen, Monate gingen vorüber, der Herbst nahte heran, die Rückreise konnte nicht länger verschoben werden. Der Wagen war angespannt, der Colonel umarmte seinen Freund. »Adieu, mon ange!« sagte er zu Sophie, ihr die Wangen streichelnd; aber vergebens suchte er unter Scherzen seine Rührung zu verbergen, Tränen entstürzten seinen Augen. Er faßte die Hand der Gräfin, sie zu küssen, diese zog sie zurück und ließ ihren Schleier fallen. Als sie im Wagen saßen, sagte der Graf: »Du hast dich aber auch zu unartig gegen den Colonel benommen! Er ist ein herrlicher Mann, ein echt deutsches Herz.« ... Während auf der ersten Station hinter Paris die

Pferde gewechselt wurden, schlug sich der Graf an die Stirn und rief: »Rein vergessen!« Mit freudigem Schreck frug die Gräfin hastig: »Deine Brieftasche? Ich habe sie auf dem Kamin gesehen. Laß uns schnell zurückfahren, ich fürchte, ich habe auch manches dort vergessen; wenn wir nicht eilen, ist alles hin.« – »Die Brieftasche habe ich«, erwiderte der Graf. »Ich meine, wir haben ja ganz vergessen, uns in Montmorency umzusehen.« – »Übers Jahr!« lispelte die Gräfin mit einem leisen Seufzer und warf einen feuchten Blick auf den Dom der Invaliden zurück, dessen goldene Kugel in der Abendsonne leuchtete.

Graf Opodeldoc lebte wieder im alten Gleise auf seinen Gütern. Die Nachbarinnen waren der Reihe nach gekommen, die Pariser Hüte zu bewundern, welche die Gräfin mitgebracht. Diese hatte sich müde erzählt von den Wunderwerken der herrlichen Stadt – wenn es für Männer angenehm ist, in Paris zu sein, ist es für Frauen noch angenehmer, dort gewesen zu sein und davon zu berichten. Die Herbstwinde raschelten, die Blätter fielen. Es kam der erste November, des Grafen fünfzigster Geburtstag. Der Graf schlief an diesem Tage wie gewöhnlich länger als gewöhnlich, um zu allen Vorbereitungen zu seiner Überraschung Zeit zu lassen. Er ging hinab in den Saal und wünschte seiner Gemahlin mit erkünstelter Gleichgültigkeit und Kälte einen schönen guten Morgen. Bei seinem Eintreten sagte die Gräfin zu ihrem Kammermädchen: »Geh, Sophie!« indem sie ihr einen sanften Schlag gab. Sophie hatte eine ganze Spitzbubenherberge voll Schelmerei auf ihrem Gesichte und schlüpfte lachend hinaus. »Väterchen!« sprach die Gräfin mit entzückender Holdseligkeit – der Graf kam näher – »Väterchen!« – der Graf stand vor ihr – »Petit Papa« – sie ergriff seine Hand, drückte sie fest und zärtlich, er zog sie zurück; sie lächelte, er errötete. – Das macht ich so!

Eine Florentinische Nacht

»Und warum wollen Sie mich noch mit dieser häßlichen Medizin
quälen, da ich ja doch so bald sterbe!«

Es war Maria, welche eben, als Maximilian ins Zimmer trat, diese
Worte gesprochen. Vor ihr stand der Arzt, in der einen Hand eine
Medizinflasche, in der anderen einen kleinen Becher, worin ein
bräunlicher Saft widerwärtig schäumte. »Teuerster Freund«, rief
er, indem er sich zu dem Eintretenden wandte, »Ihre Anwesenheit
ist mir jetzt sehr lieb. Suchen Sie doch Signora dahin zu bewegen,
daß sie nur diese wenigen Tropfen einschlürft; ich habe Eile.«

»Ich bitte Sie, Maria!« flüsterte Maximilian mit jener weichen
Stimme, die man nicht sehr oft an ihm bemerkt hat, und die aus
einem so wunden Herzen zu kommen schien, daß die Kranke, sonderbar gerührt, fast ihres eigenen Leides vergessend, den Becher in
die Hand nahm; ehe sie ihn aber zum Munde führte, sprach sie lächelnd: »Nicht wahr, zur Belohnung erzählen Sie mir dann auch die
Geschichte von der Laurenzia?«

»Alles, was Sie wünschen, soll geschehen!« nickte Maximilian.

Die blasse Frau trank alsbald den Inhalt des Bechers, halb lächelnd,
halb schaudernd.

»Ich habe Eile«, sprach der Arzt, indem er seine schwarzen Handschuhe anzog. »Legen Sie sich ruhig nieder, Signora, und bewegen
Sie sich so wenig als möglich. Ich habe Eile.«

Begleitet von der schwarzen Debora, die ihm leuchtete, verließ er
das Gemach. – Als nun die beiden Freunde allein waren, sahen sie
sich lange schweigend an. In beider Seele wurden Gedanken laut,
die eins dem anderen zu verhehlen suchte. Das Weib aber ergriff
plötzlich die Hand des Mannes und bedeckte sie mit glühenden
Küssen.

»Um Gotteswillen«, sprach Maximilian, »bewegen Sie sich nicht
so gewaltsam und legen Sie sich wieder ruhig aufs Sofa.«

Als Maria diesen Wunsch erfüllte, bedeckte er ihre Füße sehr sorgsam mit dem Shawl, den er vorher mit seinen Lippen berührt hatte. Sie mochte es wohl bemerkt haben, denn sie zwinkte vergnügt mit den Augen wie ein glückliches Kind.

»War Mademoiselle Laurence sehr schön?«

»Wenn Sie mich nie unterbrechen wollen, teuere Freundin, und mir angeloben, ganz schweigsam und ruhig zuzuhören, so will ich alles, was Sie zu wissen begehren, umständlich berichten.«

Dem bejahenden Blicke Marias mit Freundlichkeit zulächelnd, setzte sich Maximilian auf den Sessel, der vor dem Sofa stand, und begann folgendermaßen seine Erzählung:

»Es sind nun acht Jahre, daß ich nach London reise, um die Sprache und das Volk dort kennen zu lernen. Hol' der Teufel das Volk mitsamt seiner Sprache! Da nehmen sie ein Dutzend einsilbiger Worte ins Maul, kauen sie, knatschen sie, spucken sie wieder aus, und das nennen sie Sprechen. Zum Glück sind sie ihrer Natur nach ziemlich schweigsam, und obgleich sie uns immer mit aufgesperrtem Maule ansehen, so verschonen sie uns jedoch mit langen Konversationen. Aber wehe uns, wenn wir einem Sohne Albions in die Hände fallen, der die große Tour gemacht und auf dem Kontinente Französisch gelernt hat. Dieser will dann die Gelegenheit benutzen, die erlangten Sprachkenntnisse zu üben, und überschüttet uns mit Fragen über alle möglichen Gegenstände, und kaum hat man die eine Frage beantwortet, so kommt er mit einer neuen herangezogen, entweder über Alter oder Heimat oder Dauer unseres Aufenthalts, und mit diesem unaufhörlichen Inquirieren glaubt er uns aufs allerbeste zu unterhalten. Einer meiner Freunde in Paris hatte vielleicht recht, als er behauptete, daß die Engländer ihre französische Konversation auf dem *Bureau des passeports* erlernen. Am nützlichsten ist ihre Unterhaltung bei Tische, wenn sie ihre kolossalen Roastbeefe tranchieren und mit den ernsthaftesten Mienen uns abfragen, welch ein Stück wir verlangen? ob stark oder schwach gebraten? ob aus der Mitte oder aus der braunen Rinde? ob fett oder mager? Diese Roastbeefe und ihre Hammelbraten sind aber auch alles, was sie Gutes haben. Der Himmel bewahre jeden Christenmensch vor ihren Saucen, die aus ⅓ Mehl und ⅔ Butter oder, je nachdem die Mischung eine Abwechselung bezweckt, aus ⅓ Butter und ⅔ Mehl bestehen. Der Himmel bewahre auch jeden vor ihren naiven Gemüsen, die sie, in Wasser abgekocht, ganz wie Gott sie erschaffen hat auf den Tisch bringen. Entsetzlicher noch als die Küche der Engländer sind ihre Toaste und ihre obligaten Standreden, wenn das Tischtuch aufgehoben wird und die Damen sich von der Tafel weggeben und statt ihrer ebenso viele Bouteillen Portwein aufgetragen werden... denn durch letztere glauben sie die Abwesenheit des schönen Geschlechtes aufs beste zu ersetzen. Ich sage des schönen Geschlechtes, denn die Engländerinnen verdienen diesen Namen. Es sind schöne, weiße, schlanke Leiber. Nur der allzu breite Raum zwischen der Nase und dem Munde, der bei ihnen ebenso häufig wie bei den englischen Männern gefunden wird, hat mir oft in England die schönsten Gesichter verleidet. Diese Abweichung von dem Typus des Schönen wirkt auf mich noch fataler, wenn ich die Engländer hier in Italien sehe, wo ihre kärglich gemessenen Nasen und die breite Fleischfläche, die sich darunter bis zum Maule erstreckt, einen desto schrofferen Kontrast bildet mit den Gesichtern der Italiener, deren Züge mehr von antiker Regelmäßigkeit sind, und deren Nasen, entweder römisch gebogen oder griechisch gesenkt, nicht selten ins Allzulängliche ausarten. Sehr richtig ist die Bemerkung eines deutschen Reisenden, daß die Engländer, wenn sie hier unter den Italienern wandeln, alle wie Statuen aussehen, denen man die Nasenspitze abgeschlagen hat.

Ja, wenn man den Engländern in einem fremden Lande begegnet, kann man durch den Kontrast ihre Mängel erst recht grell hervortreten sehen. Es sind die Götter der Langeweile, die in blanklackierten Wagen mit Extrapost durch alle Länder jagen und überall eine graue Staubwolke von Traurigkeit hinter sich lassen. Dazu kommt ihre Neugier ohne Interesse, ihre geputzte Plumpheit, ihre freche Blödigkeit, ihr eckiger Egoismus und ihre öde Freude an allen melancholischen Gegenständen. Schon seit drei Wochen sieht man hier auf der Piazza di Gran Duca alle Tage einen Engländer, welcher stundenlang mit offenem Maule jenem Charlatane zuschaut, der dort zu Pferde sitzend den Leuten die Zähne ausreißt. Dieses Schauspiel soll den edlen Sohn Albions vielleicht schadlos halten für die Exekutionen, die er in seinem teuern Vaterlande versäumt... Denn nächst Boxen und Hahnenkampf gibt es für einen Briten keinen köstlicheren Anblick als die Agonie eines armen Teufels, der ein Schaf gestohlen oder eine Handschrift nachgeahmt hat und vor der Fassade von Old-Baylie eine Stunde lang mit einem Strick um den Hals ausgestellt wird, ehe man ihn in die Ewigkeit schleudert. Es ist keine Übertreibung, wenn ich sage, daß Schafdiebstahl und Fälschung in jenem häßlich grausamen Lande gleich den abscheulichsten Verbrechen, gleich Vatermord und Blutschande, bestraft werden. Ich selber, den ein trister Zufall vorbeiführte, ich sah in London einen Menschen hängen, weil er ein Schaf gestohlen, und seitdem verlor ich alle Freude an Hammelbraten; das Fett erinnert mich immer an die weiße Mütze des armen Sünders. Neben ihm ward ein Irländer gehenkt, der die Handschrift eines reichen Bankiers nachgeahmt; noch immer sehe ich die naive Todesangst des armen Paddy, welcher vor den Assisen nicht begreifen konnte, daß man ihn einer nachgeahmten Handschrift wegen so hart bestrafe, ihn, der doch jedem Menschenkind erlaube, seine eigne Handschrift nachzuahmen! Und dieses Volk spricht beständig vom Christentum und versäumt des Sonntags keine Kirche und überschwemmt die ganze Welt mit Bibeln.

Ich will es Ihnen gestehen, Maria, wenn mir in England nichts munden wollte, weder Menschen noch Küche, so lag auch wohl zum Teil der Grund in mir selber. Ich hatte einen guten Vorrat von Mißlaune mit hinübergebracht aus der Heimat, und ich suchte Erheiterung bei einem Volke, das selber nur im Strudel der politischen und merkantilischen Tätigkeit seine Langeweile zu töten weiß. Die Vollkommenheit der Maschinen, die hier überall angewendet werden und so viele menschliche Verrichtungen übernommen, hatte ebenfalls für mich etwas Unheimliches; dieses künstliche Getriebe von Rädern, Stangen, Zylindern und tausenderlei kleinen Häkchen, Stiftchen und Zähnchen, die sich fast leidenschaftlich bewegen, erfüllte mich mit Grauen. Das Bestimmte, das Genaue, das Ausgemessene und die Pünktlichkeit im Leben der Engländer beängstigte mich nicht minder; denn gleichwie die Maschinen in England uns wie Menschen vorkommen, so erscheinen uns dort die Menschen wie Maschinen. Ja, Holz, Eisen und Messing scheinen dort den Geist des Menschen usurpiert zu haben und vor Geistesfülle fast wahnsinnig geworden zu sein, während der entgeistete Mensch als ein hohles Gespenst ganz maschinenmäßig seine Gewohnheitsgeschäfte verrichtet, zur bestimmten Minute Beefsteake frißt, Parlamentsreden hält, seine Nägel bürstet, in die Stage-Coach steigt oder sich aufhängt.

Wie mein Mißbehagen in diesem Lande sich täglich steigerte, können Sie sich wohl vorstellen. Nichts aber gleicht der schwarzen Stimmung, die mich einst befiel, als ich gegen Abendzeit auf der Waterloobrücke stand und in die Wasser der Themse hineinblickte. Mir war, als spiegelte sich darin meine Seele, als schaute sie mir aus dem Wasser entgegen mit allen ihren Wundenmalen... Dabei kamen mir die kummervollsten Geschichten ins Gedächtnis... Ich dachte an die Rose, die immer mit Essig begossen worden und dadurch ihre süßesten Düfte einbüßte und frühzeitig verwelkte... Ich dachte an den verirrten Schmetterling, den ein Naturforscher, der den Montblanc bestieg, dort ganz einsam zwischen den Eiswänden umherflattern sah... Ich dachte an die zahme Äffin, die mit den Menschen so vertraut war, mit ihnen spielte, mit ihnen speiste, aber einst bei Tische in dem Braten, der in der Schüssel lag, ihr eignes junges Äffchen erkannte, es hastig ergriff, damit in den Wald eilte und sich nie mehr unter ihren Freunden, den Menschen, sehen ließ... Ach, mir ward so weh zu Mute, daß mir gewaltsam die heißen Tropfen aus den Augen stürzten... Sie fielen hinab in die Themse und schwammen fort ins große Meer, das schon so manche Menschenträne verschluckt hat, ohne es zu merken!

In diesem Augenblick geschah es, daß eine sonderbare Musik mich aus meinen dunklen Träumen weckte, und als ich mich umsah, bemerkte ich am Ufer einen Haufen Menschen, die um irgend ein ergötzliches Schauspiel einen Kreis gebildet zu haben schienen. Ich trat näher und erblickte eine Künstlerfamilie, welche aus folgenden vier Personen bestand:

Erstens eine kleine untersetzte Frau, die ganz schwarz gekleidet war, einen sehr kleinen Kopf und einen mächtig dick hervortretenden Bauch hatte. Über diesen Bauch hing ihr eine ungeheuer große Trommel, worauf sie ganz unbarmherzig lostrommelte.

Zweitens ein Zwerg, der wie ein altfranzösischer Marquis ein brodiertes Kleid trug, einen großen gepuderten Kopf, aber übrigens sehr dünne, winzige Gliedmaßen hatte und hin- und hertänzelnd den Triangel schlug.

Drittens ein etwa fünfzehnjähriges junges Mädchen, welches eine kurze, enganliegende Jacke von blaugestreifter Seide und weite, ebenfalls blaugestreifte Pantalons trug. Es war eine luftig-gebaute, anmutige Gestalt. Das Gesicht griechisch schön. Edel grade Nase, lieblich geschürzte Lippen, träumerisch weich gerundetes Kinn, die Farbe sonnig gelb, die Haare glänzend schwarz um die Schläfen gewunden: so stand sie, schlank und ernsthaft, ja mißlaunig, und schaute auf die vierte Person der Gesellschaft, welche eben ihre Kunststücke produzierte.

Diese vierte Person war ein gelehrter Hund, ein sehr hoffnungsvoller Pudel, und er hatte eben zur höchsten Freude des englischen Publikums aus den Holzbuchstaben, die man ihm vorgelegt, den Namen des Lord Wellington zusammengesetzt und ein sehr schmeichelhaftes Beiwort, nämlich *Heros*, hinzugefügt. Da der Hund, was man schon seinem geistreichen Äußern anmerken konnte, kein englisches Vieh war, sondern nebst den anderen drei Personen aus Frankreich hinübergekommen: so freuten sich Albions Söhne, daß ihr großer Feldherr wenigstens bei französischen Hunden jene Anerkennung erlangt habe, die ihm von den übrigen Kreaturen Frankreichs so schmählich versagt wird.

In der Tat, diese Gesellschaft bestand aus Franzosen, und der Zwerg, welcher sich hiernächst als Monsieur Türlütü ankündigte, fing an, in französischer Sprache und mit so leidenschaftlichen Gesten zu bramarbasieren, daß die armen Engländer noch weiter als gewöhnlich ihre Mäuler und Nasen aufsperrten. Manchmal, nach einer langen Phrase, krähte er wie ein Hahn, und diese Kikerikis sowie auch die Namen von vielen Kaisern, Königen und Fürsten, die er seiner Rede einmischte, waren wohl das einzige, was die armen Zuschauer verstanden. Jene Kaiser, Könige und Fürsten rühmte er nämlich als seine Gönner und Freunde. Schon als Knabe von acht Jahren, wie er versicherte, hatte er eine lange Unterredung mit der höchstseligen Majestät Ludwig XVI., welcher auch späterhin bei wichtigen Gelegenheiten ihn immer um Rat fragte. Den Stürmen der Revolution war er, so wie viele andre, durch die Flucht entgangen, und erst unter dem Kaisertum war er ins geliebte Vaterland zurückgekehrt, um teilzunehmen an dem Ruhm der großen Nation. Napoleon, sagte er, habe ihn nie geliebt, dagegen von

Sr. Heiligkeit dem Papste Pius VII. sei er fast vergöttert worden. Der Kaiser Alexander gab ihm Bonbons, und die Prinzessin Wilhelm von Kiritz nahm ihn immer auf den Schoß. Ja, von Kindheit auf, sagte er, habe er unter lauter Souveränen gelebt, die jetzigen Monarchen seien gleichsam mit ihm aufgewachsen, und er betrachte sie wie seinesgleichen, und er lege auch jedesmal Trauer an, wenn einer von ihnen das Zeitliche segne. Nach diesen gravitätischen Worten krähte er wie ein Hahn.

Monsieur Türlütü war in der Tat einer der kuriosesten Zwerge, die ich je gesehen; sein verrunzelt altes Gesicht bildete einen so putzigen Kontrast mit seinem kindisch schmalen Leibchen, und seine ganze Person kontrastierte wieder so putzig mit den Kunststücken, die er produzierte. Er warf sich nämlich in die kecksten Posituren, und mit einem unmenschlich langen Rapiere durchstach er die Luft die Kreuz und die Quer, während er beständig bei seiner Ehre schwur, daß diese Quarte oder jene Terze von niemanden zu parieren sei, daß hingegen seine Parade von keinem sterblichen Menschen durchgeschlagen werden könne, und daß er jeden im Publikum auffordere, sich mit ihm in der edlen Fechtkunst zu messen. Nachdem der Zwerg dieses Spiel einige Zeit getrieben und niemanden gefunden hatte, der sich zu einem öffentlichen Zweikampfe mit ihm entschließen wollte, verbeugte er sich mit altfranzösischer Grazie, dankte für den Beifall, den man ihm gespendet, und nahm sich die Freiheit, einem hochzuverehrenden Publiko das außerordentlichste Schauspiel anzukündigen, das jemals auf englischem Boden bewundert worden. ›Sehen Sie, diese Person‹ – rief er, nachdem er schmutzige Glaceehandschuh angezogen und das junge Mädchen, das zur Gesellschaft gehörte, mit ehrfurchtsvoller Galanterie bis in die Mitte des Kreises geführt – ›diese Person ist Mademoiselle Laurence, die einzige Tochter der ehrbaren und christlichen Dame, die Sie dort mit der großen Trommel sehen, und die jetzt noch Trauer trägt wegend des Verlustes ihres innigstgeliebten Gatten, des größten Bauchredners Europas! Mademoiselle Laurence wird jetzt tanzen! Bewundern Sie jetzt den Tanz von Mademoiselle Laurence!‹ Nach diesen Worten krähte er wieder wie ein Hahn.

Das junge Mädchen schien weder auf diese Reden noch auf die Blicke der Zuschauer im mindesten zu achten; verdrießlich in sich selbst versunken harrte sie, bis der Zwerg einen großen Teppich zu ihren Füßen ausgebreitet und wieder in Begleitung der großen Trommel seinen Triangel zu spielen begann. Es war eine sonderbare Musik, eine Mischung von täppischer Brummigkeit und wollüstigem Gekitzel, und ich vernahm eine pathetisch närrische, wehmütig freche, bizarre Melodie, die dennoch von der sonderbarsten Einfachheit. Dieser Musik aber vergaß ich bald, als das junge Mädchen zu tanzen begann.

Tanz und Tänzerin nahmen fast gewaltsam meine ganze Aufmerksamkeit in Anspruch. Das war nicht das klassische Tanzen, das wir noch in unseren großen Balletten finden, wo, ebenso wie in der klassischen Tragödie, nur gespreizte Einheiten und Künstlichkeiten herrschen; das waren nicht jene getanzten Alexandriner, jene deklamatorischen Sprünge, jene antithetischen Entrechats, jene edle Leidenschaft, die so wirbelnd auf einem Fuße herumpirouettiert, daß man nichts sieht als Himmel und Trikot, nichts als Idealität und Lüge! Es ist mir wahrlich nichts so sehr zuwider wie das Ballett in der großen Oper zu Paris, wo sich die Tradition jenes klassischen Tanzes am reinsten erhalten hat, während die Franzosen in den übrigen Künsten, in der Poesie, in der Musik und in der Malerei, das klassische System umgestürzt haben. Es wird ihnen aber schwer werden, eine ähnliche Revolution in der Tanzkunst zu vollbringen; es sei denn, daß sie hier wieder, wie in ihrer politischen Revolution, zum Terrorismus ihre Zuflucht nehmen und den verstockten Tänzern und Tänzerinnen des alten Regimes die Beine guillotinieren. Mademoiselle Laurence war keine große Tänzerin, ihre Fußspitzen waren nicht sehr biegsam, ihre Beine waren nicht geübt zu allen möglichen Verrenkungen, sie verstand nichts von der Tanzkunst, wie sie Vestris lehrt, aber sie tanzte, wie die Natur den Menschen zu tanzen gebietet: ihr ganzes Wesen war im Einklang mit ihren Pas, nicht bloß ihre Füße, sondern ihr ganzer Leib tanzte, ihr Gesicht tanzte... sie wurde manchmal blaß, fast totenblaß, ihre Augen öffneten sich gespenstisch weit, um ihre Lippen zuckten Begier und Schmerz, und ihre schwarzen Haare, die in glatten Ovalen ihre Schläfen umschlossen, bewegten sich wie zwei flatternde Rabenflügel. Das war in der Tat kein klassischer Tanz, aber auch kein romantischer Tanz in dem Sinne, wie ein junger Franzose von der

Eugène Renduelschen Schule sagen würde. Dieser Tanz hatte weder etwas Mittelalterliches, noch etwas Venezianisches, noch etwas Bucklichtes, noch etwas Makabrisches, es war weder Mondschein darin noch Blutschande... Es war ein Tanz, welcher nicht durch äußere Bewegungsformen zu amüsieren strebte, sondern die äußeren Bewegungsformen schienen Worte einer besonderen Sprache, die etwas Besonderes sagen wollte. Was aber sagte dieser Tanz? Ich konnte es nicht verstehen, so leidenschaftlich auch diese Sprache sich gebärdete. Ich ahnte nur manchmal, daß von etwas grauenhaft Schmerzlichem die Rede war. Ich, der sonst die Signatur aller Erscheinungen so leicht begreift, ich konnte dennoch dieses getanzte Rätsel nicht lösen, und daß ich immer vergeblich nach dem Sinn desselben tappte, daran war auch wohl die Musik schuld, die mich gewiß absichtlich auf falsche Fährten leitete, mich listig zu verwirren suchte und mich immer störte. Monsieur Türlütüs Triangel kicherte manchmal so hämisch! Madame Mutter aber schlug auf ihre große Trommel so zornig, daß ihr Gesicht aus dem Gewölke der schwarzen Mütze wie ein blutrotes Nordlicht hervorglühte.

Als die Truppe sich wieder entfernt hatte, blieb ich noch lange auf demselben Platze stehen und dachte darüber nach, was dieser Tanz bedeuten mochte? War es ein südfranzösischer oder spanischer Nationaltanz? An dergleichen mahnte wohl der Ungestüm, womit die Tänzerin ihr Leibchen hin und her schleuderte, und die Wildheit, womit sie manchmal ihr Haupt rückwärts warf in der frevelhaft kühnen Weise jener Bacchantinnen, die wir auf den Reliefs der antiken Vasen mit Erstaunen betrachten. Ihr Tanz hatte dann etwas trunken Willenloses, etwas finster Unabwendbares, etwas Fatalistisches, sie tanzte dann wie das Schicksal. Oder waren es Fragmente einer uralten, verschollenen Pantomime? Oder war es getanzte Privatgeschichte? Manchmal beugte sich das Mädchen zur Erde, wie mit lauerndem Ohre, als hörte sie eine Stimme, die zu ihr heraufspräche... sie zitterte dann wie Espenlaub, bog rasch nach einer anderen Seite, entlud sich dort ihrer tollsten, ausgelassensten Sprünge, beugte dann wieder das Ohr zur Erde, horchte noch ängstlicher als zuvor, nickte mit dem Kopfe, ward rot, ward blaß, schauderte, blieb eine Weile kerzengrade stehen wie erstarrt und

59

machte endlich eine Bewegung wie jemand, der sich die Hände wäscht. War es Blut, was sie so sorgfältig lange, so grauenhaft sorgfältig von ihren Händen abwusch? Sie warf dabei seitwärts einen Blick, der so bittend, so flehend, so seelenschmelzend... und dieser Blick fiel zufällig auf mich.

Die ganze folgende Nacht dachte ich an diesen Blick, an diesen Tanz, an das abenteuerliche Akkompagnement; und als ich des anderen Tages wie gewöhnlich durch die Straßen von London schlenderte, empfand ich den sehnlichsten Wunsch, der hübschen Tänzerin wieder zu begegnen, und ich spitzte immer die Ohren, ob ich nicht irgend eine Trommel- und Triangelmusik hörte. Ich hatte endlich in London etwas gefunden, wofür ich mich interessierte, und ich wanderte nicht mehr zwecklos einher in seinen gähnenden Straßen.

Ich kam eben aus dem Tower und hatte mir dort die Axt, womit Anna Boleyn geköpft worden, genau betrachtet sowie auch die Diamanten der englischen Krone und die Löwen, als ich auf dem Towerplatze inmitten eines großen Menschenkreises wieder Madame Mutter mit der großen Trommel erblickte und Monsieur Türlütü wie einen Hahn krähen hörte. Der gelehrte Hund scharrte wieder das Heldentum des Lord Wellington zusammen, der Zwerg zeigte wieder seine unparierbaren Terzen und Quarten, und Mademoiselle Laurence begann wieder ihren wunderbaren Tanz. Es waren wieder dieselben rätselhaften Bewegungen, dieselbe Sprache, die etwas sagte, was ich nicht verstand, dasselbe ungestüme Zurückwerfen des schönen Kopfes, dasselbe Lauschen nach der Erde, die Angst, die sich durch immer tollere Sprünge beschwichtigen will, und wieder das Horchen mit nach dem Boden geneigtem Ohr, das Zittern, das Erblassen, das Erstarren, dann auch das furchtbar geheimnisvolle Händewaschen und endlich der bittende, flehende Seitenblick, der diesmal noch länger auf mich verweilte.

Ja, die Weiber, die jungen Mädchen ebensogut wie die Frauen, merken es gleich, sobald sie die Aufmerksamkeit eines Mannes erregen. Obgleich Mademoiselle Laurence, wenn sie nicht tanzte, immer regungslos verdrießlich vor sich hinsah, und während sie tanzte, manchmal nur einen einzigen Blick auf das Publikum warf:

so war es von jetzt an doch nie mehr bloßer Zufall, daß dieser Blick immer auf mich fiel, und je öfter ich sie tanzen sah, desto bedeutungsvoller strahlte er, aber auch desto unbegreiflicher. Ich war wie verzaubert von diesem Blicke, und drei Wochen lang, von Morgen bis Abend, trieb ich mich umher in den Straßen von London, überall verweilend, wo Mademoiselle Laurence tanzte. Trotz des größten Volksgeräusches konnte ich schon in der weitesten Entfernung die Töne der Trommel und des Triangels vernehmen, und Monsieur Türlütü, sobald er mich heraneilen sah, erhub sein freundlichstes Krähen. Ohne daß ich mit ihm, noch mit Mademoiselle Laurence, noch mit Madame Mutter, noch mit dem gelehrten Hund jemals ein Wort sprach, so schien ich doch am Ende ganz zu ihrer Gesellschaft zu gehören. Wenn Monsieur Türlütü Geld einsammelte, betrug er sich immer mit dem feinsten Takt, sobald er mir nahete, und er schaute immer nach einer entgegengesetzten Seite, wenn ich in sein dreieckiges Hütchen ein kleines Geldstück warf. Er besaß wirklich einen vornehmen Anstand, er erinnerte an die guten Manieren der Vergangenheit, man konnte es dem kleinen Manne anmerken, daß er mit Monarchen aufgewachsen, und um so befremdlicher war es, wenn er zuweilen, ganz und gar seiner Würde vergessend, wie ein Hahn krähete.

Ich kann Ihnen nicht beschreiben, wie sehr ich verdrießlich wurde, als ich einst drei Tage lang vergebens die kleine Gesellschaft in allen Straßen Londons gesucht und endlich wohl merkte, daß sie die Stadt verlassen habe. Die Langeweile nahm mich wieder in ihre bleiernen Arme und preßte mir wieder das Herz zusammen. Ich konnte es endlich nicht länger aushalten, sagte ein Lebewohl dem Mob, den Blackguards, den Gentlemen und den Fashionables von England, den vier Ständen des Reichs, und reiste zurück nach dem zivilisierten festen Lande, wo ich vor der weißen Schürze des ersten Kochs, dem ich dort begegnete, anbetend niederkniete. Hier konnte ich wieder einmal wie ein vernünftiger Mensch zu Mittag essen und an der Gemütlichkeit uneigennütziger Gesichter meine Seele erquicken. Aber Mademoiselle Laurence konnte ich nimmermehr vergessen, sie tanzte lange Zeit in meinem Gedächtnisse, in einsamen Stunden mußte ich noch oft nachdenken über die rätselhaften Pantomimen des schönen Kindes, besonders über das Lauschen mit nach der Erde gebeugtem Ohre. Es dauerte auch eine gute Weile, ehe die abenteuerlichen Triangel- und Trommelmelodien in meiner Erinnerung verhallten.«

»Und das ist die ganze Geschichte?« schrie auf einmal Maria, indem sie sich leidenschaftlich emporrichtete.

Maximilian aber drückte sie wieder sanft nieder, legte bedeutungsvoll den Zeigefinger auf seinen Mund und flüsterte: »Still! still! nur kein Wort gesprochen, liegen Sie wieder hübsch ruhig, und ich werde Ihnen den Schwanz der Geschichte erzählen. Nur beileibe unterbrechen Sie mich nicht.«

Indem er sich noch etwas gemächlicher in seinem Sessel zurücklehnte, fuhr Maximilian folgendermaßen fort in seiner Erzählung:

»Fünf Jahre nach diesem Begebnis kam ich zum ersten Male nach Paris und zwar in einer sehr merkwürdigen Periode. Die Franzosen hatten soeben ihre Juliusrevolution aufgeführt, und die ganze Welt applaudierte. Dieses Stück war nicht so gräßlich wie die früheren Tragödien der Republik und des Kaiserreichs. Nur einige tausend Leichen blieben auf dem Schauplatz. Auch waren die politischen Romantiker nicht sehr zufrieden und kündigten ein neues Stück an, worin mehr Blut fließen würde, und wo der Henker mehr zu tun bekäme.

Paris ergötzte mich sehr durch die Heiterkeit, die sich in allen Erscheinungen dort kundgibt und auch auf ganz verdüsterte Gemüter ihren Einfluß ausübt. Sonderbar! Paris ist der Schauplatz, wo die größten Tragödien der Weltgeschichte aufgeführt werden, Tragödien, bei deren Erinnerung sogar in den entferntesten Ländern die Herzen zittern und die Augen naß werden; aber dem Zuschauer dieser großen Tragödien ergeht es hier in Paris, wie es mir einst an der Porte Saint-Martin erging, als ich die ›Tour de Nesle‹ aufführen sah. Ich kam nämlich hinter eine Dame zu sitzen, die einen Hut von rosaroter Gaze trug, und dieser Hut war so breit, daß er mir die ganze Aussicht auf die Bühne versperrte, daß ich alles, was dort tragiert wurde, nur durch die rote Gaze dieses Hutes sah, und daß mir also alle Greuel der ›Tour de Nesle‹ im heitersten Rosenlichte erschienen. Ja, es gibt in Paris ein solches Rosenlicht, welches alle Tragödien für den nahen Zuschauer erheitert, damit ihm dort der Lebensgenuß nicht verleidet wird. Sogar die Schrecknisse, die man im eignen Herzen mitgebracht hat nach Paris, verlieren dort ihre beängstigenden Schauer. Die Schmerzen werden sonderbar gesänftigt. In dieser Luft von Paris heilen alle Wunden viel schneller als irgend anderswo; es ist in dieser Luft etwas so Großmütiges, so Mildreiches, so Liebenswürdiges wie im Volke selbst.

Was mir am besten an diesem Pariser Volke gefiel, das war sein höfliches Wesen und sein vornehmes Ansehen. Süßer Ananasduft der Höflichkeit! wie wohlthätig erquicktest du meine kranke Seele, die in Deutschland so viel Tabaksqualm, Sauerkrautsgeruch und Grobheit eingeschluckt! Wie Rossinische Melodien erklangen in meinem Ohr die artigen Entschuldigungsreden eines Franzosen, der am Tage meiner Ankunft mich auf der Straße nur leise gestoßen hatte. Ich erschrak fast vor solcher süßen Höflichkeit, ich, der ich an deutschflegelhaften Rippenstößen ohne Entschuldigung gewöhnt war. Während der ersten Woche meines Aufenthalts in Paris suchte ich vorsätzlich einigemal gestoßen zu werden, bloß um mich an dieser Musik der Entschuldigungsreden zu erfreuen. Aber nicht bloß wegen dieser Höflichkeit, sondern auch schon seiner Sprache wegen hatte für mich das französische Volk einen gewissen Anstrich von Vornehmheit. Denn wie Sie wissen, bei uns im Norden gehört die französische Sprache zu den Attributen des hohen Adels, mit Französisch-Sprechen hatte ich von Kindheit an die Idee der Vornehmheit verbunden. Und so eine Pariser Dame de la Halle sprach besser französisch als eine deutsche Stiftsdame von vierundsechzig Ahnen.

Wegen dieser Sprache, die ihm ein vornehmes Ansehen verleiht, hatte das französische Volk in meinen Augen etwas allerliebst Fabelhaftes. Dieses entsprang aus einer anderen Reminiszenz meiner Kindheit. Das erste Buch nämlich, worin ich französisch Lesen lernte, waren die Fabeln von Lafontaine; die naiv vernünftigen Redensarten derselben hatten sich meinem Gedächtnisse am unauslöschlichsten eingeprägt, und als ich nun nach Paris kam und überall französisch sprechen hörte, erinnerte ich mich beständig der Lafontaineschen Fabeln, ich glaubte immer die wohlbekannten Tierstimmen zu hören: jetzt sprach der Löwe, dann wieder sprach der Wolf, dann das Lamm oder der Storch oder die Taube, nicht selten vermeinte ich auch den Fuchs zu vernehmen, und in meiner Erinnerung erwachten manchmal die Worte:

He! bon jour, monsieur le corbeau!
Que vous êtes joli, que vous me semblez beau!

Solche fabelhafte Reminiszenzen erwachten aber in meiner Seele noch viel öfter, wenn ich zu Paris in jene höhere Region geriet, welche man die Welt nennt. Dieses war ja eben jene Welt, die dem seligen Lafontaine die Typen seiner Tiercharaktere geliefert hatte. Die Wintersaison begann bald nach meiner Ankunft in Paris, und ich nahm teil an dem Salonleben, worin sich jene Welt mehr oder minder lustig herumtreibt. Als das Interessanteste dieser Welt frappierte mich nicht sowohl die Gleichheit der feinen Sitten, die dort herrscht, sondern vielmehr die Verschiedenheit ihrer Bestandteile. Manchmal, wenn ich mir in einem großen Salon die Menschen betrachtete, die sich dort friedlich versammelt, glaubte ich mich in jenen Raritätenbutiken zu befinden, wo die Reliquien aller Zeiten kunterbunt nebeneinander ruhen: ein griechischer Apollo neben einer chinesischen Pagode, ein mexikanischer Vitzliputzli neben einem gotischen Ecce homo, ägyptische Götzen mit Hundköpfchen, heilige Fratzen von Holz, von Elfenbein, von Metall usw. Da sah ich alte Mousketairs, die einst mit Maria Antoinette getanzt, Republikaner von der gelinden Observanz, die in der Assemblee Nationale vergöttert wurden, Montagnards ohne Barmherzigkeit und ohne Flecken, ehemalige Direktorialmänner, die im Luxembourg gethront, Großwürdenträger des Empires, vor denen ganz Europa gezittert, herrschende Jesuiten der Restauration, kurz lauter abgefärbte, verstümmelte Gottheiten aus allen Zeitaltern, und woran niemand mehr glaubt. Die Namen heulen, wenn sie sich berühren, aber die Menschen sieht man friedsam und freundlich nebeneinander stehen wie die Antiquitäten in den erwähnten Butiken des Quai Voltaire. In germanischen Landen, wo die Leidenschaften weniger disziplinierbar sind, wäre ein gesellschaftliches Zusammenleben so heterogener Personen etwas ganz Unmögliches. Auch ist bei uns im kalten Norden das Bedürfnis des Sprechens nicht so stark wie im wärmeren Frankreich, wo die größten

Feinde, wenn sie sich in einem Salon begegnen, nicht lange ein finsteres Stillschweigen beobachten können. Auch ist in Frankreich die Gefallsucht so groß, daß man eifrig dahin strebt, nicht bloß den Freunden, sondern auch den Feinden zu gefallen. Da ist ein beständiges Drapieren und Minaudieren, und die Weiber haben hier ihre liebe Mühe, die Männer in der Koketterie zu übertreffen; aber es gelingt ihnen dennoch.

Ich will mit dieser Bemerkung nichts Böses gemeint haben, beileibe nichts Böses in betreff der französischen Frauen und am allerwenigsten in betreff der Pariserinnen. Bin ich doch der größte Verehrer derselben, und ich verehre sie ihrer Fehler wegen noch weit mehr als wegen ihrer Tugenden. Ich kenne nichts Treffenderes als die Legende, daß die Pariserinnen mit allen möglichen Fehlern zur Welt kommen, daß aber eine holde Fee sich ihrer erbarmt und jedem ihrer Fehler einen Zauber verleiht, wodurch er sogar als ein neuer Liebreiz wirkt. Diese holde Fee ist die Grazie. Sind die Pariserinnen schön? Wer kann das wissen! Wer kann alle Intrigen der Toilette durchschauen, wer kann entziffern, ob das echt ist, was der Tüll verrät, oder ob das falsch ist, was das bauschige Seidenzeug vorprahlt! Und ist es dem Auge gelungen, durch die Schale zu dringen, und sind wir eben im Begriff, den Kern zu erforschen, dann hüllt er sich gleich in eine neue Schale und nachher wieder in eine neue, und durch diesen unaufhörlichen Modewechsel spotten sie des männlichen Scharfblicks. Sind ihre Gesichter schön? Auch dieses wäre schwierig zu ermitteln. Denn alle ihre Gesichtszüge sind in beständiger Bewegung, jede Pariserin hat tausend Gesichter, eins lachender, geistreicher, holdseliger als das andere, und setzt denjenigen in Verlegenheit, der darunter das schönste Gesicht auswählen oder gar das wahre Gesicht erraten will. Sind ihre Augen groß? Was weiß ich! Wir untersuchen nicht lange das Kaliber der Kanone, wenn ihre Kugel uns den Kopf entführt. Und wen sie nicht treffen, diese Augen, den blenden sie wenigstens durch ihr Feuer, und er ist froh genug, sich in sicherer Schußweite zu halten. Ist der Raum zwischen Nase und Mund bei ihnen breit oder schmal? Manchmal ist er breit, wenn sie die Nase rümpfen; manchmal ist er schmal, wenn ihre Oberlippe sich übermütig bäumt. Ist ihr Mund groß oder klein? Wer kann wissen, wo der Mund aufhört und das Lächeln beginnt? Damit ein richtiges Urteil gefällt werde, muß der Beurteilende und der Gegenstand der Beurteilung sich im Zustande der Ruhe befinden. Aber wer kann ruhig bei einer Pariserin sein, und welche Pariserin ist jemals ruhig? Es gibt Leute, welche glauben, sie könnten den Schmetterling ganz genau betrachten, wenn sie ihn mit einer Nadel aufs Papier festgestochen haben. Das ist ebenso töricht wie grausam. Der angeheftete, ruhige Schmetterling ist kein Schmetterling mehr. Den Schmetterling muß man betrachten, wenn er um die Blumen gaukelt... und die Pariserin muß man betrachten nicht in ihrer Häuslichkeit, wo sie mit der Nadel in der Brust befestigt ist, sondern im Salon, bei Soireen und Bällen, wenn sie mit den gestickten Gaze- und Seidenflügeln dahinflattert unter den blitzenden Kristallkronen der Freude! Dann offenbart sich bei ihnen eine hastige Lebenssucht, eine Begier nach süßer Betäubung, ein Lechzen nach Trunkenheit, wodurch sie fast grauenhaft verschönert werden und einen Reiz gewinnen, der unsere Seele zugleich entzückt und erschüttert. Dieser Durst, das Leben zu genießen, als wenn in der nächsten Stunde der Tod sie schon abriefe von der sprudelnden Quelle des Genusses, oder als wenn diese Quelle in der nächsten Stunde schon versiegt sein würde, diese Hast, diese Wut, dieser Wahnsinn der Pariserinnen, wie er sich besonders auf Bällen zeigt, mahnt mich immer an die Sage von den toten Tänzerinnen, die man bei uns die Willis nennt. Diese sind nämlich junge Bräute, die vor dem Hochzeitstage gestorben sind, aber die unbefriedigte Tanzlust so gewaltig im Herzen bewahrt haben, daß sie nächtlich aus ihren Gräbern hervorsteigen, sich scharenweise an den Landstraßen versammeln und sich dort während der Mitternachtsstunde den wildesten Tänzen überlassen. Geschmückt mit ihren Hochzeitskleidern, Blumenkränze auf den Häuptern, funkelnde Ringe an den bleichen Händen, schauerlich lachend, unwiderstehlich schön tanzen die Willis im Mondschein, und sie tanzen immer um so tobsüchtiger und ungestümer, je mehr sie fühlen, daß die vergönnte Tanzstunde zu Ende rinnt und sie wieder hinabsteigen müssen in die Eiskälte des Grabes.

Es war auf einer Soiree in der Chaussee d'Antin, wo mir diese Betrachtung recht tief die Seele bewegte. Es war eine glänzende Soiree, und nichts fehlte an den herkömmlichen Ingredienzen des gesellschaftlichen Vergnügens; genug Licht, um beleuchtet zu werden, genug Spiegel, um sich betrachten zu können, genug Menschen, um sich heiß zu drängen, genug Zuckerwasser und Eis, um sich abzukühlen. Man begann mit Musik. Franz Liszt hatte sich ans Fortepiano drängen lassen, strich seine Haare aufwärts über die geniale Stirne und lieferte eine seiner brillantesten Schlachten. Diese Tasten schienen zu bluten. Wenn ich nicht irre, spielte er eine Passage aus den ›Palingenesieen‹ von Ballanche, dessen Ideen er in Musik übersetzte, was sehr nützlich für diejenigen, welche die Werke dieses berühmten Schriftstellers nicht im Originale lesen können. Nachher spielte er den ›Gang nach der Hinrichtung‹, ›La marche au supplice‹, von Berlioz, das treffliche Stück, welches dieser junge Musiker, wenn ich nicht irre, am Morgen seines Hochzeitstages komponiert hat. Im ganzen Saale erblassende Gesichter, wogende Busen, leises Atmen während den Pausen, endlich tobender Beifall. Die Weiber sind immer wie berauscht, wenn Liszt ihnen etwas vorgespielt hat. Mit tollerer Freude überließen sie sich jetzt dem Tanz, die Willis des Salon, und ich hatte Mühe, mich aus dem Getümmel in ein Nebenzimmer zu retten. Hier wurde gespielt, und auf großen Sesseln ruheten einige Damen, die den Spielenden zuschauten oder sich wenigstens das Ansehen gaben, als interessierten sie sich für das Spiel. Als ich einer dieser Damen vorbeistreifte und ihre Robe meinen Arm berührte, fühlte ich von der Hand bis hinauf zur Schulter ein leises Zucken wie von einem sehr schwachen elektrischen Schlage. Ein solcher Schlag durchfuhr aber mit der größten Stärke mein ganzes Herz, als ich das Antlitz der Dame betrachtete. Ist sie es, oder ist sie es nicht? Es war dasselbe Gesicht, das an Form und sonniger Färbung einer Antike gleich; nur war es nicht mehr so marmorrein und marmorglatt wie ehemals. Dem geschärften Blicke waren auf Stirn und Wange einige kleine Brüche, vielleicht Pockennarben, bemerkbar, die hier ganz an jene feinen Witterungsflecken mahnten, wie man sie auf dem Gesichte von Statuen, die einige Zeit dem Regen ausgesetzt standen, zu finden pflegt. Es waren auch dieselben schwarzen Haare, die in glatten Ovalen wie Rabenflügel die Schläfen bedeckten. Als aber ihr Auge dem meinigen begegnete und zwar mit jenem wohlbekannten Seitenblick, dessen rascher Blitz mir immer so rätselhaft durch die Seele schoß, da zweifelte ich nicht länger: es war Mademoiselle Laurence.

Vornehm hingestreckt in ihrem Sessel, in der einen Hand einen Blumenstrauß, mit der anderen gestützt auf der Armlehne, saß Mademoiselle Laurence unfern eines Spieltisches und schien dort dem Wurf der Karten ihre ganze Aufmerksamkeit zu widmen. Vornehm und zierlich war ihr Anzug, aber dennoch ganz einfach von weißem Atlas. Außer Armbändern und Brustnadeln von Perlen trug sie keinen Schmuck. Eine Fülle von Spitzen bedeckte den jugendlichen Busen, bedeckte ihn fast puritanisch bis am Halse, und in dieser Einfachheit und Zucht der Bekleidung bildete sie einen rührend lieblichen Kontrast mit einigen älteren Damen, die buntgeputzt und diamantblitzend neben ihr saßen und die Ruinen ihrer ehemaligen Herrlichkeit, die Stelle, wo einst Troja stand, melancholisch nackt zur Schau trugen. Sie sah noch immer wunderschön und entzückend verdrießlich aus, und es zog mich unwiderstehbar zu ihr hin, und endlich stand ich hinter ihrem Sessel, brennend vor Begier, mit ihr zu sprechen, jedoch zurückgehalten von zagender Delikatesse.

Ich mochte wohl schon einige Zeit schweigend hinter ihr gestanden haben, als sie plötzlich aus ihrem Boukett eine Blume zog und, ohne sich nach mir umzusehen, über ihre Schulter hinweg mir diese Blume hinreichte. Sonderbar war der Duft dieser Blume, und er übte auf mich eine eigentümliche Verzauberung. Ich fühlte mich entrückt aller gesellschaftlichen Förmlichkeit, und mir war wie in einem Traume, wo man allerlei tut und spricht, worüber man sich selber wundert, und wo unsere Worte einen gar kindisch traulichen und einfachen Charakter tragen. Ruhig, gleichgültig, nachlässig, wie man es bei alten Freunden zu tun pflegt, beugte ich mich über die Lehne des Sessels und flüsterte der jungen Dame ins Ohr: ›Mademoiselle Laurence, wo ist denn die Mutter mit der Trommel?‹

›Sie ist tot‹, antwortete sie in demselben Tone, ebenso ruhig, gleichgültig, nachlässig.

Nach einer kurzen Pause beugte ich mich wieder über die Lehne des Sessels und flüsterte der jungen Dame ins Ohr: ›Mademoiselle Laurence, wo ist denn der gelehrte Hund?‹

›Er ist fortgelaufen in die weite Welt!‹ antwortete sie wieder in demselben ruhigen, gleichgültigen, nachlässigen Tone.

Und wieder nach einer kurzen Pause beugte ich mich über die
Lehne des Sessels und flüsterte der jungen Dame ins Ohr: ›Mademoiselle Laurence, wo ist denn Monsieur Türlütü, der Zwerg?‹ ›Er
ist bei den Riesen auf dem Boulevard du Temple‹, antwortete sie.
Sie hatte aber kaum diese Worte gesprochen und zwar wieder in
demselben ruhigen, gleichgültigen, nachlässigen Tone, als ein ernster alter Mann von hoher militärischer Gestalt zu ihr hintrat und
ihr meldete, daß ihr Wagen vorgefahren sei. Langsam von ihrem
Sitze sich erhebend, hing sie sich jenem an den Arm, und ohne auch
nur einen Blick auf mich zurückzuwerfen, verließ sie mit ihm die
Gesellschaft.

Als ich die Dame des Hauses, die den ganzen Abend am Eingange
des Hauptsaales stand und den Ankommenden und Fortgehenden
ihr Lächeln präsentierte, um den Namen der jungen Person befragte, die soeben mit dem alten Manne fortgegangen, lachte sie
mir heiter ins Gesicht und rief: ›Mein Gott! wer kann alle Menschen
kennen! ich kenne ihn ebensowenig...‹ Sie stockte, denn sie wollte
gewiß sagen, ebensowenig wie mich selber, den sie ebenfalls an
jenem Abende zum ersten Male gesehen. ›Vielleicht‹, bemerkte ich
ihr, ›kann mir Ihr Herr Gemahl einige Auskunft geben; wo finde
ich ihn?‹

›Auf der Jagd bei Saint-Germain‹, antwortete die Dame mit noch
stärkerem Lachen, ›er ist heute in der Frühe abgereist und kehrt erst
morgen abend zurück... Aber warten Sie, ich kenne jemanden, der
mit der Dame, wonach Sie sich erkundigen, viel gesprochen hat;
ich weiß nicht seinen Namen, aber Sie können ihn leicht erfragen,
wenn Sie sich nach dem jungen Menschen erkundigen, dem Herr
Casimir Perier einen Fußtritt gegeben hat, ich weiß nicht wo.‹

So schwer es auch ist, einen Menschen daran zu erkennen, daß er
vom Minister einen Fußtritt erhalten, so hatte ich doch meinen
Mann bald ausfindig gemacht, und ich verlangte von ihm nähere
Aufklärung über das sonderbare Geschöpf, das mich so sehr interessierte, und das ich ihm deutlich genug zu bezeichnen wußte. ›Ja‹,
sagte der junge Mensch, ›ich kenne sie ganz genau, ich habe auf
mehreren Soireen mit ihr gesprochen‹ – und er wiederholte mir eine

Menge nichtssagender Dinge, womit er sie unterhalten. Was ihm besonders aufgefallen, war ihr ernsthafter Blick, jedesmal wenn er ihr eine Artigkeit sagte. Auch wunderte er sich nicht wenig, daß sie seine Einladung zu einer Contredanse immer abgelehnt und zwar mit der Versicherung, sie verstünde nicht zu tanzen. Namen und Verhältnisse kannte er nicht. Und niemand, so viel ich mich auch erkundigte, wußte mir hierüber etwas Näheres mitzuteilen. Vergebens rann ich durch alle möglichen Soireen, nirgends konnte ich Mademoiselle Laurence wiederfinden. «

»Und das ist die ganze Geschichte?« – rief Maria, indem sie sich langsam umdrehte und schläfrig gähnte – »das ist die ganze merkwürdige Geschichte? Und Sie haben weder Mademoiselle Laurence, noch die Mutter mit der Trommel, noch den Zwerg Türlütü und auch nicht den gelehrten Hund jemals wiedergesehn?«

»Bleiben Sie ruhig liegen«, versetzte Maximilian. »Ich habe sie alle wiedergesehen, sogar den gelehrten Hund. Er befand sich freilich in einer sehr schlimmen Not, der arme Schelm, als ich ihm zu Paris begegnete. Es war im Quartier Latin. Ich kam eben an der Sorbonne vorbei, und aus den Pforten derselben stürzte ein Hund und hinter ihm drein mit Stöcken ein Dutzend Studenten, zu denen sich bald zwei Dutzend alte Weiber gesellten, die alle im Chorus schreien: ›Der Hund ist toll!‹ Fast menschlich sah das unglückliche Tier aus in seiner Todesangst, wie Tränen floß das Wasser aus seinen Augen, und als es keuchend an mir vorbei rann und sein feuchter Blick an mich hinstreifte, erkannte ich meinen alten Freund, den gelehrten Hund, den Lobredner von Lord Wellington, der einst das Volk von England mit Bewunderung erfüllt. War er vielleicht wirklich toll? War er vielleicht vor lauter Gelehrsamkeit übergeschnappt, als er im Quartier Latin seine Studien fortsetzte? Oder hatte er vielleicht in der Sorbonne durch leises Scharren oder Knurren seine Mißbilligung zu erkennen gegeben über die pausbäckigen Charlatanerien irgend eines Professors, der sich seines ungünstigen Zuhörers dadurch zu entledigen suchte, daß er ihn für toll erklärte? Und ach! die Jugend untersucht nicht lange, ob es verletzter Gelehrtendünkel oder gar Brotneid war, welcher zuerst ausrief: ›Der Hund ist toll!‹ und sie schlägt zu mit ihren gedankenlosen Stöcken, und auch die alten Weiber sind dann bereit mit ihrem Geheule, und sie überschreien die Stimme der Unschuld und der Vernunft. Mein armer Freund mußte unterliegen, vor meinen Augen wurde er erbärmlich totgeschlagen, verhöhnt und endlich auf einen Misthaufen geworfen! Armer Märtyrer der Gelehrsamkeit!

Nicht viel heiterer war der Zustand des Zwergs, Monsieur Türlütü, als ich ihn auf dem Boulevard du Temple wiederfand. Mademoiselle Laurence hatte mir zwar gesagt, er habe sich dorthin begeben, aber sei es, daß ich nicht daran dachte, ihn im Ernste dort zu suchen, oder daß das Menschengewühl mich dort daran verhinderte, genug, erst später bemerkte ich die Butike, wo die Riesen zu sehen sind. Als ich hineintrat, fand ich zwei lange Schlingel, die müßig auf der Pritsche lagen und rasch aufsprangen und sich in Riesenpositur vor mich hinstellten. Sie waren wahrhaftig so groß, wie sie auf ihrem Aushängezettel prahlten. Es waren zwei lange Schlingel, welche in Rosatrikot gekleidet gingen, sehr schwarze, vielleicht falsche Backenbärte trugen und ausgehöhlte Holzkeulen über ihre Köpfe schwangen. Als ich sie nach dem Zwerg befragte, wovon ihr Aushängezettel ebenfalls Meldung tue, erwiderten sie, daß er seit vier Wochen wegen seiner zunehmenden Unpäßlichkeit nicht mehr gezeigt werde, daß ich ihn aber dennoch sehen könne, wenn ich das doppelte Entreegeld bezahlen wolle. Wie gern bezahlt man, um einen Freund wiederzusehen, das doppelte Entreegeld! Und ach! es war ein Freund, den ich auf dem Sterbebette fand. Dieses Sterbebett war eigentlich eine Kinderwiege, und darin lag der arme Zwerg mit seinem gelb verschrumpften Greisengesicht. Ein etwa vierjähriges Mädchen saß neben ihm und bewegte mit dem Fuße die Wiege und sang in lachend schäkerndem Tone:

›Schlaf, Türlütüchen, schlafe!‹

Als der Kleine mich erblickte, öffnete er so weit als möglich seine gläsern blassen Augen, und ein wehmütiges Lächeln zuckte um seine weißen Lippen; er schien mich gleich wiederzuerkennen, reichte mir sein vertrocknetes Händchen und röchelte leise: ›Alter Freund!‹

Es war in der Tat ein betrübsamer Zustand, worin ich den Mann fand, der schon im achten Jahre mit Ludwig XVI. eine lange Unterredung gehalten, den der Zar Alexander mit Bonbons gefüttert, den die Prinzessin von Kiritz auf dem Schoße getragen, den der Papst vergöttert, und den Napoleon nie geliebt hatte! Dieser letztere Umstand bekümmerte den Unglücklichen noch auf seinem Totbette oder, wie gesagt, in seiner Todeswiege, und er weinte über das tragische Schicksal des großen Kaisers, der ihn nie geliebt, der aber in einem so kläglichen Zustande auf Sankt Helena geendet – ›ganz wie ich jetzt endige‹, setzte er hinzu, ›einsam, verkannt, verlassen von allen Königen und Fürsten, ein Hohnbild ehemaliger Herrlichkeit!‹

Obgleich ich nicht recht begriff, wie ein Zwerg, der unter Riesen stirbt, sich mit dem Riesen, der unter Zwergen gestorben, vergleichen konnte, so rührten mich doch die Worte des armen Türlütü und gar sein verlassener Zustand in der Sterbestunde. Ich konnte nicht umhin, meine Verwunderung zu bezeugen, daß Mademoiselle Laurence, die jetzt so vornehm geworden, sich nicht um ihn bekümmere. Kaum hatte ich aber diesen Namen genannt, so bekam der Zwerg in der Wiege die furchtbarsten Krämpfe, und mit seinen weißen Lippen wimmerte er: ›Undankbares Kind! das ich auferzogen, das ich zu meiner Gattin erheben wollte, dem ich gelehrt, wie man sich unter den Großen dieser Welt bewegen und gebärden muß, wie man lächelt, wie man sich bei Hof verbeugt, wie man repräsentiert... du hast meinen Unterricht gut benutzt und bist jetzt eine große Dame und hast jetzt eine Kutsche und Lakaien und viel Geld und viel Stolz und kein Herz. Du läßt mich hier sterben, einsam und elend sterben, wie Napoleon auf Sankt Helena! O Napoleon, du hast mich nie geliebt...‹ Was er hinzusetzte, konnte ich nicht verstehen. Er hob sein Haupt, machte einige Bewegungen mit der Hand, als ob er gegen jemanden fechte, vielleicht gegen den Tod. Aber der Sense dieses Gegners widersteht kein Mensch, weder ein Napoleon noch ein Türlütü. Hier hilft keine Parade. Matt, wie überwunden, ließ der Zwerg sein Haupt wieder sinken, sah mich lange an mit einem unbeschreibbar geisterhaften Blick, krähte plötzlich wie ein Hahn und verschied.

Dieser Todesfall berührte mich um so mehr, da mir der Verstorbene keine nähere Auskunft über Mademoiselle Laurence gegeben hatte. Wo sollte ich sie jetzt wiederfinden? Ich war weder verliebt in sie, noch fühlte ich sonstig große Zuneigung zu ihr, und doch stachelte mich eine geheimnisvolle Begier, sie überall zu suchen; wenn ich in irgend einen Salon getreten und die Gesellschaft gemustert und das wohlbekannte Gesicht nicht fand, dann verlor ich bald alle Ruhe, und es trieb mich wieder von hinnen. Über dieses Gefühl nachdenkend, stand ich einst um Mitternacht an einem entlegenen Eingang der Großen Oper, auf einen Wagen wartend und sehr verdrießlich wartend, da es eben stark regnete. Aber es kam kein Wagen, oder vielleicht es kamen nur Wagen, welche anderen Leuten gehörten, die sich vergnügt hineinsetzten, und es wurde allmählich sehr einsam um mich her. ›So müssen Sie denn mit mir fahren‹, sprach endlich eine Dame, die, tief verhüllt in ihrer schwarzen Mantille, ebenfalls harrend einige Zeit neben mir gestanden und jetzt im Begriffe war, in einen Wagen zu steigen. Die Stimme zuckte mir durchs Herz, der wohlbekannte Seitenblick übte wieder seinen Zauber, und ich war wieder wie im Traume, als ich mich neben Mademoiselle Laurence in einem weichen, warmen Wagen befand. Wir sprachen kein Wort, hätten auch einander nicht verstehen können, da der Wagen mit dröhnendem Geräusche durch die Straßen von Paris dahinrasselte, sehr lange, bis er endlich vor einem großen Torweg stille hielt.

Bediente in brillanter Livree leuchteten uns die Treppe hinauf und durch eine Reihe Gemächer. Eine Kammerfrau, die mit schläfrigem Gesichte uns entgegenkam, stotterte unter vielen Entschuldigungen, daß nur im roten Zimmer eingeheizt sei. Indem sie der Frau einen Wink gab, sich zu entfernen, sprach Laurence mit Lachen: ›Der Zufall führt Sie heute weit, nur in meinem Schlafzimmer ist eingeheizt...‹

In diesem Schlafzimmer, worin wir uns bald allein befanden, loderte ein sehr gutes Kaminfeuer, welches um so ersprießlicher, da das Zimmer ungeheu'r groß und hoch war. Dieses große Schlafzimmer, dem vielmehr der Name Schlafsaal gebührte, hatte auch etwas sonderbar Ödes. Möbel und Dekoration, alles trug dort das Gepräge einer Zeit, deren Glanz uns jetzt so bestäubt, und deren Erhabenheit uns jetzt so nüchtern erscheint, daß ihre Reliquien bei uns ein gewisses Unbehagen, wo nicht gar ein geheimes Lächeln erregen. Ich spreche nämlich von der Zeit des Empires, von der

Zeit der goldnen Adler, der hochfliegenden Federbüsche, der griechischen Koiffüren, der Gloire, der militärischen Messen, der offiziellen Unsterblichkeit, die der Moniteur dekretierte, des Kontinentalkaffees, welchen man aus Zigorien verfertigte, und des schlechten Zuckers, den man aus Runkelrüben fabrizierte, und der Prinzen und Herzöge, die man aus gar nichts machte. Sie hatte aber immer ihren Reiz, diese Zeit des pathetischen Materialismus...
Talma deklamierte, Gros malte, die Bigotini tanzte, Maury predigte, Rovigo hatte die Polizei, der Kaiser las den Ossian, Pauline Borghese ließ sich mulieren als Venus und zwar ganz nackt, denn das Zimmer war gut geheizt, wie das Schlafzimmer, worin ich mich mit Mademoiselle Laurence befand.

Wir saßen am Kamin, vertraulich schwatzend, und seufzend erzählte sie mir, daß sie verheuratet sei an einen bonapartischen Helden, der sie alle Abende vor dem Zubettegehn mit der Schilderung einer seiner Schlachten erquicke; er habe ihr vor einigen Tagen, ehe er abgereist, die Schlacht bei Jena geliefert; er sei sehr kränklich und werde schwerlich den russischen Feldzug überleben. Als ich sie frug, wie lange ihr Vater tot sei? lachte sie und gestand, daß sie nie einen Vater gekannt habe, und daß ihre sogenannte Mutter niemals verheuratet gewesen sei.

›Nicht verheuratet‹, rief ich, ›ich habe sie ja selber zu London wegen den Tod ihres Mannes in tiefster Trauer gesehen?‹

›O‹, erwiderte Laurence, ›sie hat während zwölf Jahren sich immer schwarz gekleidet, um bei den Leuten Mitleid zu erregen als unglückliche Witwe, nebenbei auch um irgend einen heuratslustigen Gimpel anzulocken, und sie hoffte unter schwarzer Flagge desto schneller in den Hafen der Ehe zu gelangen. Aber nur der Tod erbarmte sich ihrer, und sie starb an einem Blutsturz. Ich habe sie nie geliebt, denn sie hat mir immer viel Schläge und wenig zu essen gegeben. Ich wäre verhungert, wenn mir nicht manchmal Monsieur Türlütü ein Stückchen Brot insgeheim zusteckte; aber der Zwerg verlangte dafür, daß ich ihn heurate, und als seine Hoffnungen scheiterten, verband er sich mit meiner Mutter, ich sage Mutter aus Gewohnheit, und beide quälten mich gemeinschaftlich. Da sagten sie immer, ich sei ein überflüssiges Geschöpf, der gelehrte Hund sei tausendmal mehr wert als ich mit meinem schlechten Tanzen.

Und sie lobten dann den Hund auf meine Kosten, rühmten ihn bis in den Himmel, streichelten ihn, fütterten ihn mit Kuchen und warfen mir die Krumen zu. Der Hund, sagten sie, sei ihre beste Stütze, er entzücke das Publikum, das sich für mich nicht im mindesten interessiere, der Hund müsse mich ernähren mit seiner Arbeit, ich fräße das Gnadenbrot des Hundes. Der verdammte Hund!‹

›O, verwünschen Sie ihn nicht mehr‹, unterbrach ich die Zürnende, ›er ist jetzt tot, ich habe ihn sterben sehen...‹

›Ist die Bestie verreckt?‹ rief Laurence, indem sie aufsprang, errötende Freude im ganzen Gesichte.

›Und auch der Zwerg ist tot‹, setzte ich hinzu.

›Monsieur Türlütü?‹ rief Laurence, ebenfalls mit Freude. Aber diese Freude schwand allmählich aus ihrem Gesichte, und mit einem milderen, fast wehmütigen Tone sprach sie endlich: ›Armer Türlütü!‹

Als ich ihr nicht verhehlte, daß sich der Zwerg in seiner Sterbestunde sehr bitter über sie beklagt, geriet sie in die leidenschaftlichste Bewegung und versicherte mir unter vielen Beteurungen, daß sie die Absicht hatte, den Zwerg aufs beste zu versorgen, daß sie ihm ein Jahrgehalt angeboten, wenn er still und bescheiden irgendwo in der Provinz leben wolle. ›Aber ehrgeizig, wie er ist‹, fuhr Laurence fort, ›verlangte er in Paris zu bleiben und sogar in meinem Hotel zu wohnen; er könne alsdann, meinte er, durch meine Vermittlung seine ehemaligen Verbindungen im Faubourg Saint-Germain wieder anknüpfen und seine frühere glänzende Stellung in der Gesellschaft wieder einnehmen. Als ich ihm dieses rund abschlug, ließ er mir sagen, ich sei ein verfluchtes Gespenst, ein Vampir, ein Totenkind...‹

Laurence hielt plötzlich inne, schauderte heftig zusammen und seufzte endlich aus tiefster Brust: ›Ach, ich wollte, sie hätten mich bei meiner Mutter im Grabe gelassen!‹ Als ich in sie drang, mir diese geheimnisvollen Worte zu erklären, ergoß sich ein Strom von Tränen aus ihren Augen, und zitternd und schluchzend gestand sie mir, daß die schwarze Trommelfrau, die sich für ihre Mutter ausgegeben, ihr einst selbst erklärt habe, das Gerücht, womit man sich über ihre Geburt herumtrage, sei kein bloßes Märchen. ›In der Stadt nämlich, wo wir wohnten‹, fuhr Laurence fort, ›hieß man mich immer: das Totenkind! Die alten Spinnweiber behaupteten, ich sei eigentlich die Tochter eines dortigen Grafen, der seine Frau beständig mißhandelte und, als sie starb, sehr prachtvoll begraben ließ; sie sei aber hochschwanger und nur scheintot gewesen, und als einige Kirchhofsdiebe, um die reichgeschmückte Leiche zu bestehlen, ihr Grab öffneten, hätten sie die Gräfin ganz lebendig und in Kindesnöten gefunden; und als sie nach der Entbindung gleich verschied, hätten die Diebe sie wieder ruhig ins Grab gelegt und das Kind mitgenommen und ihrer Hehlerin, der Geliebten des großen Bauchredners, zur Erziehung übergeben. Dieses arme Kind, das begraben gewesen, noch ehe es geboren worden, nannte man nun überall: das Totenkind... Ach! Sie begreifen nicht, wieviel Kummer ich schon als kleines Mädchen empfand, wenn man mich bei diesem Namen nannte. Als der große Bauchredner noch lebte und nicht selten mit mir unzufrieden war, rief er immer: verwünschtes Totenkind, ich wollt', ich hätte dich nie aus dem Grabe geholt! Ein geschickter Bauchredner, wie er war, konnte er seine Stimme so modulieren, daß man glauben mußte, sie käme aus der Erde hervor, und er machte mir dann weis, das sei die Stimme meiner verstorbenen Mutter, die mir ihre Schicksale erzähle. Er konnte sie wohl kennen, diese furchtbaren Schicksale, denn er war einst Kammerdiener des Grafen. Sein grausames Vergnügen war es, wenn ich armes kleines Mädchen über die Worte, die aus der Erde hervorzusteigen schienen, das furchtbarste Entsetzen empfand. Diese Worte, die aus der Erde hervorzusteigen schienen, meldeten gar schreckliche Geschichten, Geschichten, die ich in ihrem Zusammenhang nie begriff, die ich auch späterhin allmählich vergaß, die mir aber, wenn ich tanzte, recht lebendig wieder in den Sinn kamen. Ja, wenn ich tanzte, ergriff mich immer eine sonderbare Erinnerung, ich vergaß meiner selbst und kam mir vor, als sei ich eine ganz andere Person, und als quälten mich alle Qualen und Geheimnisse dieser Person... und sobald ich aufhörte zu tanzen, erlosch wieder alles in meinem Gedächtnis.‹ Während Laurence dieses sprach, langsam und wie fragend, stand sie vor mir am Kamine, worin das Feuer immer angenehmer loderte, und ich saß in dem Lehnsessel, welcher wahrscheinlich der Sitz ihres Gatten, wenn er des Abends vor Schlafengehn seine Schlachten erzählte. Laurence sah mich an mit ihren großen Augen, als früge sie mich um Rat; sie wiegte ihren Kopf so wehmütig sinnend; sie flößte mir ein so edles, süßes Mitleid ein; sie war so schlank, so jung, so schön, diese Lilie, die aus dem Grabe gewachsen, diese Tochter des Todes, dieses Gespenst mit dem Gesichte eines Engels und dem Leib einer Bajadere! Ich weiß nicht, wie es kam, es war vielleicht die Influenz des Sessels, worauf ich saß, aber mir ward plötzlich zu Sinne, als sei ich der alte General, der gestern auf dieser Stelle die Schlacht bei Jena geschildert, als müsse ich fortfahren in meiner Erzählung, und ich sprach: Nach der Schlacht bei Jena ergaben sich binnen wenigen Wochen fast ohne Schwertstich alle preußischen Festungen. Zuerst ergab sich Magdeburg; es war die stärkste Festung, und sie hatte dreihundert Kanonen. Ist das nicht schmählich?

Mademoiselle Laurence ließ mich aber nicht weiter reden, alle trübe Stimmung war von ihrem schönen Antlitz verflogen, sie lachte wie ein Kind und rief: ›Ja, das ist schmählich, mehr als schmählich! Wenn ich eine Festung wäre und dreihundert Kanonen hätte, würde ich mich nimmermehr ergeben!‹

Da nun Mademoiselle Laurence keine Festung war und keine dreihundert Kanonen hatte...«

Bei diesen Worten hielt Maximilian plötzlich ein in seiner Erzählung, und nach einer kurzen Pause frug er leise: »Schlafen Sie, Maria?«

»Ich schlafe«, antwortete Maria.

»Desto besser«, sprach Maximilian mit einem feinen Lächeln, »ich brauche also nicht zu fürchten, daß ich Sie langweile, wenn ich die Möbel des Zimmers, worin ich mich befand, wie heutige Novellisten pflegen, etwas ausführlich beschreibe.«

»Vergessen Sie nur nicht das Bett, teurer Freund!«

»Es war in der Tat«, erwiderte Maximilian, »ein sehr prachtvolles Bett. Die Füße, wie bei allen Betten des Empires, bestanden aus Karyatiden und Sphinxen, strahlte von reichen Vergoldungen, namentlich von goldnen Adlern, die sich wie Turteltauben schnäbelten, vielleicht ein Sinnbild der Liebe unter dem Empire. Die Vorhänge des Bettes waren von roter Seide, und da die Flammen des Kamines sehr stark hindurchschienen, so befand ich mich mit Laurence in einer ganz feuerroten Beleuchtung, und ich kam mir vor wie der Gott Pluto, der von Höllengluten umlodert die schlafende Proserpine in seinen Armen hält. Sie schlief, und ich betrachtete in diesem Zustand ihr holdes Gesicht und suchte in ihren Zügen ein Verständnis jener Sympathie, die meine Seele für sie empfand. Was bedeutet dieses Weib? Welcher Sinn lauert unter der Symbolik dieser schönen Formen?

Aber ist es nicht Torheit, den inneren Sinn einer fremden Erscheinung ergründen zu wollen, während wir nicht einmal das Rätsel unserer eigenen Seele zu lösen vermögen! Wissen wir doch nicht einmal genau, ob die fremden Erscheinungen wirklich existieren! Können wir doch manchmal die Realität nicht von bloßen Traumgesichten unterscheiden! War es ein Gebilde meiner Phantasie, oder war es entsetzliche Wirklichkeit, was ich in jener Nacht hörte und sah? Ich weiß es nicht. Ich erinnere mich nur, daß, während die wildesten Gedanken durch mein Herz fluteten, ein seltsames Geräusch mir ans Ohr drang. Es war eine verrückte Melodie, sonderbar leise. Sie kam mir ganz bekannt vor, und endlich unterschied ich die Töne eines Triangels und einer Trommel. Die Musik, schwirrend und summend, schien aus weiter Ferne zu erklingen, und dennoch, als ich aufblickte, sah ich nahe vor mir mitten im Zimmer ein wohlbekanntes Schauspiel: Es war Monsieur Türlütü der Zwerg, welcher den Triangel spielte, und Madame Mutter, welche die Trommel schlug, während der gelehrte Hund am Boden herumscharrte, als suche er wieder seine hölzernen Buchstaben zusammen. Der Hund schien nur mühsam sich zu bewegen, und sein Fell war von Blut befleckt. Madame Mutter trug noch immer ihre schwarze Trauerkleidung, aber ihr Bauch war nicht mehr so spaßhaft hervortretend, sondern vielmehr widerwärtig herabhängend; und ihr Gesicht war nicht mehr rot, sondern blaß. Der Zwerg, welcher noch immer die brodierte Kleidung eines altfranzösischen Marquis und ein gepudertes Toupet trug, schien etwas gewachsen zu sein, vielleicht weil er so gräßlich abgemagert war. Er zeigte wieder seine Fechterkünste und schien auch seine alten Prahlereien wieder abzuhaspeln; er sprach jedoch so leise, daß ich kein Wort verstand, und nur an seiner Lippenbewegung konnte ich manchmal merken, daß er wieder wie ein Hahn krähte.

Während diese lächerlich grauenhaften Zerrbilder wie ein Schattenspiel mit unheimlicher Hast sich vor meinen Augen bewegten, fühlte ich, wie Mademoiselle Laurence immer unruhiger atmete. Ein kalter Schauer überfröstelte ihren ganzen Leib, und wie von unerträglichen Schmerzen zuckten ihre holden Glieder. Endlich aber, geschmeidig wie ein Aal, glitt sie aus meinen Armen, stand plötzlich mitten im Zimmer und begann zu tanzen, während die Mutter mit der Trommel und der Zwerg mit dem Triangel ihre gedämpfte leise Musik ertönen ließen. Sie tanzte ganz wie ehemals an der Waterloobrücke und auf den Carrefours von London. Es waren dieselben geheimnisvollen Pantomimen, dieselben Ausbrüche der leidenschaftlichsten Sprünge, dasselbe bacchantische Zurückwerfen des Hauptes, manchmal auch dasselbe Hinbeugen nach der Erde, als wolle sie horchen, was man unten spräche, dann auch das Zittern, das Erbleichen, das Erstarren und wieder aufs neue das Horchen mit nach dem Boden gebeugtem Ohr. Auch rieb sie wieder ihre Hände, als ob sie sich wüsche. Endlich schien sie auch wieder ihren tiefen, schmerzlichen, bittenden Blick auf mich zu werfen... aber nur in den Zügen ihres todblassen Antlitzes erkannte ich diesen Blick, nicht in ihren Augen, denn diese waren geschlossen. In immer leiseren Klängen verhallte die Musik; die Trommelmutter und der Zwerg, allmählich verbleichend und wie Nebel zerquirlend, verschwanden endlich ganz; aber Mademoiselle Laurence stand noch immer und tanzte mit verschlossenen Augen. Dieses Tanzen mit verschlossenen Augen im nächtlich stillen Zimmer gab diesem holden Wesen ein so gespenstisches Ansehen, daß mir sehr unheimlich zu Mute wurde, daß ich manchmal schauderte, und ich war herzlich froh, als sie ihren Tanz beendigt hatte.

Wahrhaftig, der Anblick dieser Szene hatte für mich nichts Angenehmes. Aber der Mensch gewöhnt sich an alles. Und es ist sogar möglich, daß das Unheimliche diesem Weibe einen noch besonderen Reiz verlieh, daß sich meinen Empfindungen eine schauerliche Zärtlichkeit beimischte... genug, nach einigen Wochen wunderte ich mich nicht mehr im mindesten, wenn des Nachts die leisen Klänge von Trommel und Triangel ertönten und meine teure Laurence plötzlich aufstand und mit verschlossenen Augen ein Solo

tanzte. Ihr Gemahl, der alte Bonapartist, kommandierte in der Gegend von Paris, und seine Dienstpflicht erlaubte ihm nur, die Tage
in der Stadt zuzubringen. Wie sich von selbst versteht, er wurde
mein intimster Freund, und er weinte helle Tropfen, als er späterhin
für lange Zeit von mir Abschied nahm. Er reiste nämlich mit seiner
Gemahlin nach Sizilien, und beide habe ich seitdem nicht wiedergesehn. «

Als Maximilian diese Erzählung vollendet, erfaßte er rasch seinen
Hut und schlüpfte aus dem Zimmer.

KARL IMMERMANN

Drei Tage in Ems

Als ich, eben auf dem Zimmer meines Gasthofs angelangt, mir den Reisestaub abschüttelte, meine Sachen ordnete und die Schatulle in die Kommode schloß, erzählte mir der Kellner mit großer Geläufigkeit von den Neuigkeiten der Saison und nannte mir die Prinzen, Fürsten und Grafen her, welche sich um die Quelle versammelt hatten. Ich hörte im Nebenzimmer seufzen und fragte den Burschen, wer da wohne. »Die Somnambule«, flüsterte er mit geheimnisvoller Miene und sprang zur Stube hinaus, weil unten die Klingel neue Gäste verkündete.

Die Somnambule? Ich hatte mit Interesse die Schriften über den Magnetismus gelesen, war indessen noch nie selbst in den Kreis jener Erscheinungen gedrungen, die, wie alles Geheimnisvolle, mich sehr anzogen. Ich horchte noch einige Male, ob nebenan wieder etwas laut werden wolle; jedoch vergebens. Um den Abend hinzubringen, ließ ich mir einen Esel vorführen, wie sie in großen Herden dort zu Spazierritten gehalten werden, und zuckelte gemächlich auf meinem Tiere die Felsen an der Lahn in die Höhe. Oben auf einer wildwüsten Felsenplatte, von welcher ich zerklüftetes Gestein bis ins Tal verworren hinuntersteigen sah, hielt ich an und fragte meinen Treiber, wie dieser Ort heiße. »Die *Bäderley*«, versetzte er. Ich versenkte mich in die Gedanken, welche diese umbuschte Einsamkeit in mir hervorrief; mein Blick sank zu den düsterumstarrten Gründen hinab, in welchen die Natur ihre Heilwunder bereitet. Schon hatte sich das Tal vor den Strahlen der Abendsonne zugeschlossen; nur zu meiner Höhe drang noch ihr graurötliches Licht.

Ich hörte Geräusch und Menschenstimmen hinter mir. Mich umwendend, sah ich Gesellschaft durch die Sträucher heraufklimmen. Eine Dame, ein Herr, beritten gleich mir, neben ihnen die Treiber in ihren blauen Kitteln. Ich trat unwillkürlich dem Zuge einen Schritt näher. Die Dame schlug die Augen auf; sie schien mich erst jetzt zu erblicken, und mit dem ängstlich-heimlichen Rufe: »Da steht er!« warf sie sich von ihrem Tiere und verschwand für einen Augenblick hinter dem vorragenden Felsen. Ich hörte die Stimme ihres Begleiters, der sie zu trösten, zu beruhigen strebte. »Fassen Sie sich, Comtesse!« sagte er, »das Mysterium behält Recht; er ist der Bestimmte. Sie sehen, er trägt einen blauen Frack und gestreifte Pantalons.« Ich merkte, daß von mir die Rede war; wirklich trug ich einen blauen Frack und Pantalons von graugestreiftem Gingham.

Neugierig auf das, was folgen möchte, stand ich da. Der Begleiter kam auf die Platte und redete mich so an: »Wollen Sie wohl die Gefälligkeit haben, der Dame, die bei Ihrem Anblicke so betroffen ist, einen kleinen Dienst zu erweisen? Sie helfen einer Leidenden, die vielleicht nur durch Ihre Güte hergestellt werden kann.« Ich bejahte erstaunt, und er fuhr fort: »Dann ist keine Zeit zu verlieren. Wir haben gerade acht Uhr; das ist die bestimmte Stunde.« Er ging und kehrte gleich darauf mit der Dame zurück, sie am Arme führend. Ich sah eine volle, hohe Gestalt; ich sah in zwei dunkle, brennende Augen. Sie zog einen Kurbecher aus ihrem Korbe und sprach mit einer Stimme, die zwischen Furcht und Kühnheit schwankte: »Haben Sie die Güte, mein Herr, mir diesen Becher aus der Felsenquelle zu füllen!« »Es ist kein Wasser in der Nähe«, versetzte ich, mich umblickend. »Doch!« rief mein Blaukittel, »dort unter den Klippen quillt es.« Er wollte den Becher nehmen. »Nein«, sagte die Dame, »dieser Herr ist der Einzige, der mir den Trunk schöpfen darf.« Ich empfing mechanisch das Gefäß aus ihrer Hand, klimmte nach dem Orte, den mir der Treiber wies, und fand unter überhängendem Gestein und Farrenkraut den hellsten, kältesten Bergsprudel. Unten in der Spalte glitschte ich aus und zerschnitt mir an einem glasscharfen Quarze den Ballen der linken Hand. Die Dame, welche sich über die Höhe gelehnt hatte, sah mein Blut fließen. Bei diesem Anblicke schrie sie lauf auf. »Seien Sie außer Sorgen!« rief ich ihr zu; »im Dienste der Damen muß man auch wohl noch mehr Blut vergießen können, als hier fließt.« Ich trat ernsthaft und langsam, um nichts zu verschütten, mit dem gefüllten Glase zu ihr, und selbst nicht wissend, was die ganze Sache bedeute, um nur etwas zu sagen, redete ich sie so an: »Wenn guter Wille und Wünsche zu heilen vermögen, so müssen Sie bald hergestellt sein. Sie sehen nicht aus wie eine Kranke; indessen gibt es freilich geheime Schmerzen, die kein Dritter wahrnimmt. Also«, fügte ich lächelnd hinzu, »auf baldige Besserung!« Die Dame empfing den Trunk sonderbar bewegt, wie es schien, von meinen unbedeutenden Worten, und sprach halb in sich hinein: »Ja, auf baldige Besserung, auf augenblickliche!« leerte das Glas und schritt zu ihrem Tiere. Ihr Begleiter machte mir, ohne ein Wort zu sagen, eine höfliche leichte Verbeugung, hob die Schöne in den Sitz, schwang sich selbst auf. Die Treiber klatschten, und der Zug schwankte den Steg hinunter, auf dem er gekommen war.

Man darf sich wohl etwas wundern, wenn ein Frauenzimmer schroffe Felsen besteigt, bloß um sich von einem Fremden ein Glas Wasser schöpfen zu lassen. Ich fragte meinen Jungen, ob er die Dame kenne. Er versetzte, sie sei eine polnische Gräfin; den Namen könne er nicht aussprechen. »Sie spricht im Schlaf«, fügte er hinzu, »sieht, was auf zehn Meilen in der Runde geschieht, und liest Briefe mit zugemachten Augen. Es ist die neumodige Krankheit. Der Herr bei ihr ist der Doktor, der ihr die Hand auflegt.« »Also die Somnambule und ihr Magnetiseur!« rief ich aus. In diesem Augenblicke wurde ihre Gestalt an einer Beugung des Felsenpfades mir wieder sichtbar. Sie hielt ihr Tuch vor den Augen. Gespannt auf die Entwicklung dieses Abenteuers ritt ich heim.

Unten im Flur fragte mich der Kellner, ob ich an der Table d'hote speisen werde; einer der Gäste habe sich nach mir erkundigt. Ich ließ mich an die Tafel und zu diesem Gaste führen und fand niemand anders als den Arzt vom Felsen. Ich nahm an seiner Seite Platz. Ein Gespräch entspann sich zwischen uns, aber nicht das, welches ich wünschte; der Fremde hielt es, wie geflissentlich, bei den allgemeinsten Gegenständen fest. Und doch hatte er sich nach mir erkundigt! Es schien mithin, als habe er mir etwas vertrauen wollen. Meine Neugier, meine Ungeduld wuchs; endlich fuhr ich heraus: »Sie werden es natürlich finden, mein Herr, daß ich gern wissen möchte, warum ich Ihrer Dame heute Wasser schöpfen mußte. Darf ich, ohne eine Indiskretion zu begehen, Sie um eine Antwort auf diese Frage bitten?«

Der Arzt bedachte sich eine Weile und sagte dann: »Hier unter dem Geklapper der Teller und bei dem Geschwätze einer Wirtstafel möchte nicht der Ort sein, von den zartesten Wundern der Welt zu reden. Indessen will ich Ihnen gern sagen, was ich sagen kann. Wenn ich Sie nachher auf Ihr Zimmer begleiten darf, erfülle ich gern Ihren Wunsch. Nur«, setzte er lächelnd hinzu, »geben Sie von vornherein auf, begreifen zu wollen! Hier hat unsre Weisheit ein Ende.« Ich sagte ihm das zu. Er fragte mich nun um meine Meinung vom Magnetismus und von allen den sonderbaren Entdeckungen, die seit einigen Dezennien die Aufmerksamkeit der Sinnenden in hohem Grade erregt haben. Ich sprach, wie ich wirklich dachte, daß ich dem Zeugnis der bewährtesten Forscher vertraue, und daß mir Manches in den Mysterien der Alten, in den Wundern unserer Tradition, was ich nur ungern als Täuschung oder Trug betrachtet habe, durch den Magnetismus bestätigt und verbürgt erscheine. Ich stellte mich noch gläubiger, als ich im Grunde war, um ihn nur recht zutraulich zu machen. Er schien mit dem Katecheten zufrieden zu sein. »In zwei Minuten bin ich bei Ihnen!« rief er, als wir vom Tische aufstanden.

Die Türe meines Zimmers öffnete sich, und herein trat der Magnetiseur, ganz eingehüllt in einen weiten, rot ausgefütterten Carbonaro. Ich stutzte; wie ward mir aber, als er den Mantel zurückschlug und ich die Dinge sah, die er unter demselben verborgen trug! Schweigend breitete er einen schwarzen Teppich über den Tisch, stellte die Kerzen in gemessener Entfernung von einander, legte zwei Degen zwischen die Kerzen und setzte einen Totenkopf auf den Punkt, wo die Klingen sich durchschnitten. Dann trat er hinter den Tisch und hob mit Feierlichkeit an: »Ich pflege jedem, den ich für würdig halte, einen Blick in das Heiligtum des Lebens tun zu lassen, zuvor den Eid der Verschwiegenheit abzunehmen. Auch Sie, mein Herr, muß ich ersuchen, sich dieser Regel zu unterwerfen. Unzählige Irrtümer, Verdrehungen und Mißbräuche wären unterblieben, wenn man dasjenige, was nur unter Vertrauten und in der größten Sammlung des Gemüts besprochen werden darf, nicht an das grelle Licht des Tages, nicht in die Flut eines frivolen Geklätsches gerissen hätte. Durch diese Entweihung ist es der

Fratze möglich geworden, in den Tempel zu dringen; durch sie haben Betrüger die Mittel gewonnen, das Werk der Finsternis unter dem Scheine des Lichts zu treiben...« Bei diesen Worten erhob sich im Nebenzimmer ein leises, aber heftiges Weinen. Der Magnetiseur horchte auf, schien betroffen zu sein, sammelte sich aber sogleich und fuhr mit fester Stimme fort: »Schwören Sie, mein Herr, keinem Unberufenen etwas von dem zu entdecken, was Sie sogleich hören werden! Schwören Sie auf dieses Symbol des Todes, und Schwerter, scharf wie die, welche Sie vor sich sehen, mögen den Busen des Eidbrüchigen durchschneiden!« – Ich fand freilich, daß in der ganzen Zeremonie etwas wie Rosenkreuzerei, Geisterbannen oder Scharlatanerie steckte; indessen dachte ich: Klingeln gehört zum Handwerk! – legte die Finger auf den Totenschädel und gelobte Verschwiegenheit. Ich bat ihn darauf, Platz zu nehmen; er setzte sich hinter die Kerzen und seine Geräte und erzählte mir Folgendes.

»Gräfin Sidonie, von Jugend auf zart und reizbar, litt seit den Entwicklungsjahren an den heftigsten Nervenübeln...«

»Entschuldigen Sie, daß ich Sie unterbreche!« sagte ich. »Die Dame hat ja die blühendste, gesündeste Farbe.«

»Und ich wiederhole Ihnen«, fuhr der Arzt in einem etwas imponierenden Tone fort, »daß sie an Nervenübeln leidet, welche ihre Konstitution in den innersten Fasern angegriffen haben. Man wandte alle möglichen Mittel an – vergebens. Endlich verfiel man auf den Magnetismus; aber keiner der umgebenden Ärzte vermochte sich mit ihr in Rapport zu setzen. Das seltsamste Verhängnis muß mich auf das Schloß ihrer Eltern führen; ich sehe sie, ich versuche den Strich – siehe da, der Zustand tritt ein. Was hierauf folgte, wie sie von Stufe zu Stufe bis zum eigentlichen Hellsehen emporstieg, übergehe ich; es waren nur die Erscheinungen, die Sie schon aus Schriften kennen. Sie verordnet sich endlich das Wasser von Ems; ich reise mit ihr hierher.

Hier angekommen, beginnt sie, den Brunnen zu trinken. Aber sonderbar, statt der Heilung nehme ich Rückschritte wahr. Meine ganze Theorie über Untrüglichkeit somnambuler Anschauungen beginnt zu wanken. Sidonie verfällt in die höchste Abspannung, in eine bedenkliche Dumpfheit. Der Schlaf stellt sich intermittierend, gestört ein; sie scheint von der Höhe der inneren Beschauung herabgesunken zu sein. ›Alle die Quellen, zu denen die Andern gehen, helfen mir nicht!‹ ruft sie mehrmals mit Leidenschaft in ihren Paroxismen aus. Aber was ihr helfen könne, – sie vermag es nicht anzugeben. Endlich, gerade heute vor acht Tagen, ist es, als ob ihr Wesen wieder zu hellerer Klarheit emporgehoben würde. Mit freudigen Mienen, den Kopf sanft wiegend, sagt sie: ›O welch ein schönes Wasser!‹ ›Was für ein Wasser?‹ frage ich. ›Das da oben auf der Bäderley springt!‹ erwidert sie. ›Das und nur das allein heilt mich. Es sind heimliche Sachen darin. Geht und laßt mir einen Krug füllen! – Nein‹, unterbricht sie sich lebhaft, ›nein, Er muß das Wasser mir schöpfen.‹ ›Wer?‹ – Und nun erzählt sie, sie sehe einen Mann, den sie nach Statur und Kleidung beschreibt, wie Sie, mein Herr, leibhaftig vor mir sitzen, auf der Spitze der Bäderley; dieser reiche ihr einen Trunk Wasser aus dem Felsenquell, – dieses Wasser, gereicht von der Hand eines Mannes, werde sie herstellen, – der Mann sei ihr Retter und seine Gabe das Rettungsmittel. Ich frage nach Tag und Stunde. Sie gibt mir den heutigen Tag und die achte Abendstunde an.

Sie können sich nun denken, mein Herr, mit welchem Herzklopfen ich dem Augenblicke entgegensah, der über die Wahrheit dieser wunderbaren Vision entscheiden sollte. Um Ihnen von der Deutlichkeit ihrer Anschauungen einen Begriff zu geben, muß ich noch hinzufügen, daß sie sogar den Treiber und seinen Esel oben auf dem Felsen bei ihrem Retter erblickte. Wir machen uns heute auf; stillschweigend, unter fiebernder Erwartung erklimmen wir die Höhe – unten im Tale schlägt es acht, die oberste Platte wird sichtbar, und – was weiter geschah, ist Ihnen bekannt.«

Hier sprang ich auf und rief: »Kaltes Wasser eine Arznei! Wahrsagung! Bäderley! Ich ihr Retter, der sie nie sah, nie etwas von ihr hörte, der zufällig hier ankommt! Was soll ich davon denken? Täuschen Sie mich? Wollen Sie mich aufziehen?«

»Es steht Ihnen ja frei, von diesen Dingen zu halten, was Sie wollen«, versetzte der Arzt sehr kaltblütig. »Daß ich keinen Propheten meiner Lehre aus Ihnen machen will, beweise Ihnen die Bitte, die ich an Sie richte, sich Ihres Schwures gewissenhaft eingedenk zu halten!«

Er packte sein Gerät zusammen und schien Abschied nehmen zu wollen. Ich ergriff ihn bei der Hand. »Bleiben Sie noch einige Augenblicke!« rief ich leidenschaftlich; »lassen Sie mich nicht in dem Dunkel, wohinein mich diese mystischen Eröffnungen gestoßen haben! Erklären Sie mir die Sache! Ich frage mit den Worten Luther's: Wie kann Wasser so große Dinge tun? In welchem Zusammenhange soll meine Handreichung mit der Herstellung jener Dame stehn?«

»Und wenn nun«, versetzte er, »jenes Wasser verborgene Kräfte besäße, die unsere wachen Sinne zu entdecken nur nicht fein genug wären? Ist es der Scheidekunst schon gelungen, die gewöhnlichen Mineralquellen vollständig zu entziffern? Bleibt nicht ein unbekanntes Etwas in ihnen übrig, was keine Kunst nachmachen kann? Uns scheint jenes Wasser von der Bäderley gewöhnliches Wasser; die heilige Ekstase der Somnambule, vor der es nichts Verborgenes gibt, muß doch wohl noch etwas Anderes darin sehen. Ich erinnere mich, sie sah es gelbrötlich leuchten. Es ist wahr, bis jetzt nahm man an, der geheime geistige und körperliche Bezug werde nur durch die magnetische Berührung, werde nur zwischen dem Magnetiseur und der Magnetisierten hervorgebracht. Hier entdeckt sich nun etwas Anderes. Ein Dritter, ein Fremder tritt in den Zauberkreis; der innigste Rapport scheint ihn an diesen Kreis, an die Person, welche in dem Mittelpunkte des Kreises sich befindet, zu knüpfen. Von seiner Hand berührt, wird das Wasser wohltätig. Was verwundern wir uns über ein Wunder mehr – mitten in einem Gebiete, welches uns, so wie wir es betreten, mit Wundern überschüttet? Haben wir die Grenzen dieses Königreiches der Nacht schon ausgemessen? Ich kann nicht verlangen, mein Herr, daß Sie einer Fremden Ihre Zeit opfern sollen; aber meinen Glauben muß ich aussprechen, daß Ihre Nähe wahrscheinlich überaus vorteilhaft wirken würde. Können Sie nicht einige Tage hier verweilen?«

Ich wußte nicht, was ich antworten sollte. Übermorgen war der Tag, zu welchem mich mein Gönner nach Frankfurt beschieden hatte. Ich sagte dem Arzte den morgenden Tag zu. Das ist freilich nicht viel, versetzte er. Ich bat ihn, mich während eines Paroxismus zu seiner Kranken gelangen zu lassen. Er entdeckte mir, daß sie am folgenden Tage vormittags elf Uhr einschlafen werde; so habe sie es vorher gesagt, und mir solle werden, was ich erbeten habe.

Ich habe in der folgenden Nacht wenig geschlafen. Aus unruhigem Morgenschlummer durch das Tageslicht emporgeschreckt, glaubte ich geträumt zu haben, und als ich auf meinen Füßen stand, und als ich mich der Wirklichkeit dessen, was ich erlebt hatte, erinnerte, löste sich mir die Wirklichkeit in einen Traum auf. Ein Lohn-kutscher meldete sich, der mich nach Frankfurt fahren wollte; ich hieß ihn seines Weges gehn. Ich wollte, ich mußte heute noch in Ems bleiben; ich mußte mich ihr nahen, sie sehen, sprechen; meine Einbildungskraft war von nichts erfüllt als von ihrem Bilde. Sollte ich mich ihr anmelden lassen? Dann lehnte sie vielleicht meinen Besuch ab. Mein Verlangen war zu heftig; ich wagte es auf ihren Unwillen hin, die Form zu verletzen. Nachdem ich die Galakleider, die eigentlich bis Frankfurt hatten im Mantelsack bleiben sollen, hervorgeholt und vor dem Spiegel eine Toilette gemacht hatte, die, ich muß gestehen, sorgfältiger ausfiel, als gewöhnlich, schritt ich beklommen über den Gang zu ihrer Türe. Ich horchte: Niemand sprach, sie war allein. Ich klopfte: »Herein!« rief die mir von ge-stern bekannte melodische Stimme.
Die Schöne saß morgenhaft leicht gekleidet im Sopha. Sie erschrak, und meine Verlegenheit wurde durch ihren Anblick nicht geringer. »Wie kommt es, mein Herr...?« sagte sie errötend; das Weitere erstarb ihr im Munde. Sie hatte sich erhoben, – wir standen einan-der schweigend gegenüber. Endlich gelang es mir, mich zu fassen und Worte zu finden, die mir gut und schicklich zu sein schienen. »*Eine* Kühnheit kann hier nur durch die *andere* gerechtfertigt wer-den«, rief ich aus. »Lassen Sie mich Ihnen sagen, Gräfin, daß ich Alles weiß! Steht mein Wesen zu dem Ihrigen in dem wunderbaren Verhältnisse, von dem mir Ihr Arzt erzählt hat, so wird Sie meine Offenheit nicht beleidigen. Vielleicht bin ich ungeschickt in dem, was ich vorbringe; wenn Sie aber dem einfachen Worte eines arg-losen Mannes vertrauen wollen, so glauben Sie, daß Sie mir einen schnellen und aufrichtigen Anteil an Ihrem Schicksale abgewonnen haben!«
Sie schien von der Wärme, mit der ich redete, tief ergriffen zu sein.

Eine Träne trat in ihr Auge; sie blickte mich lange wie in großer Trauer an; dann sagte sie: »Ja, mein Herr, ich bin eine Kranke, und Heilung tut mir not. Wie aber diese finden, wenn eine fremde Gewalt unsern Mund verschließt, daß wir den Sitz des Übels nicht offenbaren dürfen? O glauben Sie mir, ich bin sehr unglücklich!« Mein Interesse an dieser sonderbaren Dame wuchs mit jedem Augenblicke; ich sagte ihr das Treuherzigste, was ich wußte; ich suchte alle Tröstungen zusammen, die man ohne Kenntnis des besondern Falls aufbringen kann. Es kam mir vor, als ob meine Worte sie etwas beruhigten; ich bat sie, mir zu erlauben, daß ich noch bei ihr verweilen dürfe. Sie gab es zu, nötigte mich aber nicht zum Sitzen; eine innere heftige Bewegung schien sie, daß ich mich des Ausdrucks bediene, *vergehen* zu wollen; denn sie wanderte mit mir im Zimmer auf und ab. Es kam eine Art von Gespräch zu Stande; sie zwang sich, von allgemeinen Dingen zu reden. Ich mußte die Feinheit ihres Urteils, die Wahl ihrer Worte bewundern. Und doch war sie mir, leidenschaftlich aufgeregt, noch anziehender vorgekommen, und doch suchte ich, aus Torheit oder Selbstsucht, die Unterredung wieder auf das Thema ihrer Person zurückzuspielen. – »Leiden Sie schon lange?« fragte ich voll Teilnahme. »Schon lange war ich beklagenswert«, versetzte sie; »seit gestern bin ich elend!« Sie bereute diese Worte, sobald sie dieselben hervorgestoßen hatte. Sie wollte mich glauben machen, daß ihr Nervenübel sie gestern mit verdoppelter Stärke angefallen, und daß die Schmerzen sie heute noch nicht verlassen hätten. Ich ließ diese Auslegung gelten; der Himmel vergebe mir die andere, welche ich mir selbst im Stillen machte! Sidonie war so schön. – Meine Lippen bebten, mir wurde sehr warm. Ich war im Begriff, eine Albernheit zu begehn, als sie auf einmal, mit beiden Händen die meinigen ergreifend, niedergeschlagenen Blicks zu mir sagte: »Ich lese in Ihrer Seele! Aber ich bitte Sie, machen Sie eine Ausnahme von Ihrem Geschlechte: sein Sie kein roher, eitler Mann! Ich gestehe Ihnen, unser gestriges Zusammentreffen hat entschiedenen Einfluß auf mich geübt. Aber bei der Tugend Ihrer Mutter, lassen Sie alle törichten Einbildungen fahren! Ist es wahr, darf ich glauben, daß ein rasches Gefühl der Freundschaft Sie zu mir hingezogen hat, o, so achten Sie auf das Wort einer Freundin! Bestellen Sie in dieser Stunde, in diesem

Augenblicke Postpferde! Fliehen Sie meine Nähe, die Ihnen verderblich ist! Niemand tritt zu seinem Heile in meinen Kreis. «

Ehe ich noch etwas auf diese unerwartete Anrede versetzen konnte, war die Tür aufgegangen und der Arzt eingetreten. Sidonie riß ihre Hände aus den meinigen los und warf sich mit einem Schrei des Entsetzens in den Sopha. Der Arzt warf einen Blick, den man wirklich durchbohrend nennen konnte, auf die Leidende; dann strich er sich mit der Hand über die Stirn und erschien nun als ein verwandelter Mensch. Im sanftesten höflichsten Welttone wandte er sich zu der Armen, die vernichtet im Sopha lag, und sagte: »Wie oft habe ich Sie gebeten, teure Gräfin, sich nicht so haltungslos krampfhaften Empfindungen hinzugeben! Was soll unter solchen Stürmen aus unsrer Kur werden?« – Er ging zu ihr, beugte sich über sie hinab und flüsterte ihr einige Worte ins Ohr. Sie sträubte sich, unter ihm schaudernd, wie ein gequälter Wurm; dann erhob sie sich und wankte, schlotternd, als ob keine Muskel ihre Kraft behalten hätte, bleich, die Augen zwei Tränenbäche, am Tisch, an der Wand sich stützend, langsam aus dem Zimmer.

Als wir allein waren, sagte der Arzt: »Zweifeln Sie noch, daß die Dame an den Nerven leidet?« – »Sie sieht eher aus wie eine Verzweifelnde!« rief ich heftig. – Er, ohne auf meine Worte zu achten, ließ seine Uhr repetieren und sagte gleichgültig: »Elf! Wie ist's, wollen Sie nun einen Blick hinter den Schleier der Isis tun?« – Voll Mitleid und Grauen machte ich mich mit dem Manne auf den Weg nach ihrem Schlafzimmer. – Sein durchbohrender Blick, seine nachherige Freundlichkeit – diese Kontraste hatten etwas Fürchterliches. – Ich will doch heute Nachmittag abreisen, sagte ich zu mir selber, als wir über Gänge und Stiegen nach dem entlegensten Teile des Gasthofes schritten.

Wir traten in ein grünverhangenes Stübchen, das der Magnetiseur zu seinen Operationen ausersehen hatte, weil es entfernt von allem Geräusche lag. Querdurch war ein Schirm gestellt. Er hieß mich leise auftreten, führte mich hinter den Schirm, – siehe da, die Somnambule lag, die Augen fest geschlossen, das Haupt zurückgebogen, im Lehnsessel! Als wir uns ihr näherten, zuckte sie zusammen. – »Sie merkt Ihre Nähe, obgleich ich sie nicht berührt habe«, sprach der Arzt, – »wunderbar, höchst wunderbar! Treten Sie ihr doch noch etwas näher!« – Ich trat dicht vor die Schlafende. Ein heftiges Zittern durchflog ihren Körper. – »Die Wirkung ist so gewaltsam«, sagte der Arzt, »was bedeutet das? Haben Sie vielleicht Metall bei sich?« – Ich nahm Uhr, Messer und dergleichen, was ich in der Tasche hatte, heraus. Diese Gegenstände mußte ich auf Geheiß des Magnetiseurs ablegen, und zwar außerhalb des Schirms, der, wie er sagte, ebenfalls magnetisiert war. Er erzählte mir, daß man über die Anwendbarkeit der Metalle sich noch sehr im Dunkeln befinde; die Erfahrungen kreuzten und widersprächen sich: zuweilen hätten diese Stoffe sehr heilsam gewirkt; in andern Fällen wären schon durch die geringfügigsten Dinge, z. B. durch ein Stückchen Draht oder durch einen Kupferdreier, tödliche Krämpfe hervorgebracht worden. – »Nun müssen wir eine Hauptprobe machen«, fuhr er fort. »Ich werde Sie mit Sidonien allein lassen. Mein Einfluß höre ganz auf! Ich werde aus dem Zimmer gehn und meine Gedanken von Ihnen, von der Kranken ab, auf ganz andere Dinge wenden. Nach den bisherigen Beobachtungen könnten Sie, könnten Hunderte unter diesen Umständen zugegen sein, unsre Hellseherin würde nichts davon merken. Von gestern und heute aber scheint eine neue Epoche in der Geschichte des Magnetismus anzubrechen. Es ist, als gäbe es Rapports, unabhängig von aller Manipulation, – ich möchte sie Urrapports nennen. Wir wollen das Faktum mit Ruhe und Aufmerksamkeit festzustellen suchen. Setzen Sie sich zu ihr, sprechen Sie mit ihr! Antwortet sie Ihnen, so können wir einen Teil unsers Systems zu den Fabeln schicken.« – Er drückte beide Daumen einige Sekunden lang auf die Herzgrube der Schläferin, dies nannte er Calmiren; ich hörte ihn wieder ihr etwas zuflüstern, was ich nicht verstehen konnte. Ich mußte mir einen Sessel neben ihren Fauteuil stellen. Als ich bei der Kranken saß, empfahl er mir dringend die höchste Aufmerksamkeit und Ruhe, und ich war mit Sidonien allein.

Aber wie anders, wie verschieden erschien sie mir jetzt. An die Stelle der Bewegung, die ich im wachenden Zustande an ihr wahrgenommen hatte, war eine völlige Regungslosigkeit getreten. Ich fragte sie, ob sie mich sehe, höre – wie sie sich befinde. Keine Antwort erfolgte aus den fest geschlossenen Lippen. Ich forderte sie auf, zu reden; dasselbe Schweigen! Ich legte die Fläche meiner Hand sanft auf ihre Hände, die dicht in einander gefaltet ihr im Schoße ruhten, und fühlte die Kälte des Todes. Erschrocken berührte ich ihre Wange; auch diese war kalt. Hätte nicht ihr Atem, ängstlich wie das Stöhnen des Schwererkrankten, meine starr auf sie gehefteten Augen gestreift, ich würde das Schlimmste haben fürchten müssen.

So brachte ich einige angstvolle Minuten in der ungewissen Dämmerung dieser Schweigenden, Bleichen, Kalten gegenüber zu. Ich wünschte herzlich, daß der Arzt zurückkehren möge. Endlich trat er hinter den Schirm. – »Hat sie Ihnen geantwortet?« fragte er eifrig. Und als ich verneinte: »So sind wir denn in einem wahren Labyrinthe! Indessen müssen wir uns an das halten, was sie selbst gesagt hat. Das Wasser von der Bäderley aus Ihrer Hand verordnete sie sich. Diese Worte können nicht trügen, oder die Natur ist eine Lüge. Wann reisen Sie?« – »Heute Nachmittag drei Uhr.« – »So bitte ich Sie im Namen der Gräfin, ihr noch eine Flasche von jenem Wasser zu schöpfen.« – Er drang auf meine schleunige Entfernung: er fürchte, sagte er, daß meine Nähe doch nicht günstig wirken möge; wenigstens könne er nicht verantworten, mit einem Agens, dessen Bedeutung er noch nicht übersehe, frevelhaft weiter zu experimentieren. Ich mußte seine Besorgnisse ehren. Ich bat ihn, mir zu sagen, wann die Gräfin erwachen werde. »Heute Nachmittag vier Uhr«, versetzte er. – »So sehe ich sie denn nicht wieder! Sagen Sie ihr, daß ich sie innig bedaure; sagen Sie ihr, daß mir *der* Tag ein Festtag sein wird, an dem ich höre, daß es ihr wohl geht, daß sie von ihren Leiden befreit ist!« – »Ja doch! Ja doch!« antwortete der Arzt, ließ mir kaum Zeit, das abgelegte Metall wieder zu mir zu stecken, schob mich hinaus; hinter mir hörte ich den Riegel ins Schloß springen.

Verdrießlich, verworren ging ich – nach der Bäderley, meine Flasche unterm Rocke. Unterwegs fiel mir erst ein, daß, wenn ich vor dem Erwachen der Gräfin abreiste, ihr das Wasser nicht selbst reichte, dieses unschuldige Mittel ganz ohne Wirkung bleiben würde. Wer das Erste tut, darf das Zweite nicht lassen. Ich sagte dem Kellner, als ich heiß und müde von meiner Wallfahrt auf die

Felsen zurückkehrte, er möge nur die Postpferde wieder abbestellen lassen. Der Mensch schüttelte den Kopf und sah mir lächelnd nach, wie ich mit meiner Wasserflasche die Treppe hinaufstieg. In meinem Zimmer war es mir zu eng, zu ängstlich. Ich schämte mich, ich weiß nicht weshalb; ich wünschte, ich weiß nicht was; ich war verstimmt, ich weiß nicht worüber. Unwillkürlich schweiften meine Gedanken nach dem Schlafzimmer der Somnambule; ich sah den Arzt sich mit ihr beschäftigen, sie berühren. Der geistige Zwang, den in diesem Zustande ein Wesen über das andere sich anmaßt, die schrankenlose Hingebung eines Weibes in den Willen des Mannes kam mir unnatürlich, widerlich vor, und doch wäre ich gerne an der Stelle des Magnetiseurs gewesen. Ich glaubte damals, ich sei nicht fein genug organisiert, um mich in jenes Naturgeheimnis ganz hineinzuführen; jetzt, wo ich aus der Erinnerung diese Sachen niederschreibe, muß ich bekennen, daß ich war, was man im gemeinen Leben eifersüchtig nennt. Um mich zu zerstreuen, wollte ich ein Buch aus meiner Kommode nehmen: – wer beschreibt meine unangenehme Überraschung, als ich aufschloß und in dem Fache zwar, was ich suchte, fand, aber meine Schatulle nicht sah, die daneben gestanden hatte? Irrte ich mich? Ich kehrte alle meine Sachen um, ich riß die andern Schubfächer auf, ich schüttelte den Mantelsack aus, – die Schatulle war verschwunden. Ich rannte einige Male fast ohne Besinnung auf und nieder, ich schlug mich vor den Kopf; es sprang kein verständiger Gedanke heraus. Heftig riß ich an der Klingel. »Der Wirt soll kommen!« donnerte ich den erschrockenen Jungen an, der, über meinen Ton entsetzt, sich fast rücklings überschlug. – »Ich bin in Ihrem Haus bestohlen worden. Vierzig Pistolen sind mir entwendet!« rief ich dem Wirt entgegen. – »O Gott, meine Reputation!« schrie der Mann. Ich polterte heraus, daß ich die Schlüssel nie von mir getan, sie wenigstens nie aus der Acht gelassen hätte; die Schlösser mußten mit einem Instrumente geöffnet sein; es müsse ein Hausdieb in seinem Gasthofe stecken. – »Freilich, freilich«, rief der Wirt, »das haben der Herr Doktor auch schon gesagt! Denselben ist auch Geld weggekommen, wie Dieselben mir heute Morgen sagten. Sackerment! Wo befindet sich diese Canaille unter uns?« – Er war in der größten Angst um den guten Ruf seines Hauses, er bat mich inständigst, vor der Hand still zu sein; er nannte mich Graf und zuletzt Exzellenz. »Es soll sich vor Eurer Durchlaucht Alles faselnackt ausziehn, Knechte, Mägde, meine Kinder und Alles; wir wollen visitieren, oben und unten, hinten und vorne, im ganzen Hause! Nur kein Aufsehen, nur keine Gespräche, damit ich nicht in Mißkredit gerate! Es geht jetzt gerade die beste Zeit an. Niemals hat man sonst in der Regel bei mir gestohlen. « – Das konnte mir nun freilich in diesem Ausnahmsfalle nicht viel helfen. Ich sagte ihm, er möge seine fünf Sinne zusammennehmen und mir mein Geld wiederschaffen.

In diesem Augenblicke schickt mir der Arzt einen Zettel. Die Schrift ist noch feucht; ich lese: »So eben sagt mir unsre Schlafende, die ich über Sie ausfrage: Man hat ihm seine Schatulle entwendet; sie liegt aber unter dem großen Walnußbaum am Hause. Ich schreibe Ihnen diese höchst sonderbare Äußerung; sehen Sie doch aus Vorsicht nach Ihrem Gelde! Ich habe ebenfalls heute etwas vermißt. Ich darf die Gräfin nicht verlassen, sonst käme ich selbst zu Ihnen. « – »Haben Sie einen Walnußbaum an Ihrem Hause?« fragte ich den Wirt. – »Ja wohl. « – »Führen Sie mich sogleich hin!« – Wir gingen durch den Hof in einen Baumgarten, der an das Hintergebäude stieß. Ein großer prächtiger Nußbaum breitete fast dicht an der Wandseite seine schattenden Zweige aus. – »Da liegt wahrhaftig etwas!« rief der Wirt. Ich flog auf den Baum zu. Das Unglaubliche war wirklich: am Fuße des Stammes lag meine Kassette. Ich hob sie auf; aber die Freude, sie wiederzubesitzen, war kurz. Der Dieb hatte sie erbrochen; das Schlößchen hing kläglich am letzten Nagel. Meine goldene Hoffnung war aufgeflogen; ich hielt das Kästchen leer wie Pandorens Büchse in der Hand. Ich machte ein betrübtes und, wie ich glaube, einfältiges Gesicht. Ein Specht erhob von dem Wipfel des Baums sein Gelächter; das Tier schien mich zu verhöhnen. Von der andern Seite rief der Kuckuck. Ja, wohin sollte ich gucken, um meinen Dieb zu erspähen? Ich blickte empor; da sah ich nichts als die Fenster des Hintergebäudes. Der alberne Wirt erschöpfte sich, wie das bei solchen Gelegenheiten zu geschehen pflegt, in den ungereimtesten Vermutungen über die Art und Weise, wie die Schatulle in den Baumgarten geschafft sei. Über den Hof, meinte er, könne der Dieb nicht gegangen sein; er habe sich den ganzen Morgen über in der Packkammer aufgehalten, von wo man den Hof übersehen könne; er habe aber nichts Verdächtiges bemerkt. Der Baumgarten sei rings umschlossen. – »Nun«, rief ich ungeduldig, »ist sie etwa durch die Luft gereiset?« – »Könnte wohl sein«, versetzte er geheimnisvoll. Er sollte mir sagen, was er meine, war aber nicht zu bewegen, sich deutlicher zu erklären. – »Nein!« rief er, »bei solchen Sachen kann man sich gar zu leicht in der Regel das Maul verbrennen!« – Seines Aberwitzes müde, befahl ich ihm, die Visitation anzustellen. Wir durchsuchten Stunden lang Kisten und Kasten, Säckel und Taschen. Mein Geld blieb verschwunden. Gegen Abend traf ich in der großen Allee den Arzt, der mir gleich mit Feuer zurief: »Nun, Sie haben Ihre Schatulle wiedergefunden?« – Ohne auf meine Erklärung, daß mir unter den obwaltenden Umständen der Fund nicht viel helfen könne, zu achten, überließ er sich seiner Ekstase über die Untrüglichkeit der Clairvoyance und wurde mir damit überaus lästig. Ich unterbrach ihn. – »Sie erwähnten«, sagte ich, »daß Sie ebenfalls Geld vermißt hätten. Haben Sie die Schlafende nicht nach dem Täter befragt?« – »Allerdings«, versetzte der Arzt. »Ihr Dieb und der meinige sind eine und dieselbe Person. Sie beschrieb ihn als einen starken, pockennarbigen, braungelben Mann. Als ich noch mehr wissen wollte, ist sie wieder erwacht.« – Ich machte mich von dem Magnetiseur los und ging meines Weges. Jedes Menschengesicht ärgerte mich. Das hatte ich nun von meinem Verweilen, Gehenlassen, Hingeben an Andere! Heute Morgen, als ich aufgestanden war, hatte ich die Schatulle noch gesehen; wäre ich, meinem Vorsatze getreu, abgereist, so würde ich sie ohne Zweifel behalten haben. Es dämmerte, als ich mein Zimmer wieder betrat. Noch sollten die Überraschungen nicht zu Ende sein. In meinem Gemache befand sich eine Seitentüre, die zum Zimmer der Somnambule führte. Kaum war ich eingetreten, so hörte ich an jener Türe von jenseits husten, als würde mir ein Zeichen gegeben. Ich lege mein Ohr an das Schlüsselloch; man flüstert mir zu, ich solle den Riegel auf meiner Seite wegtun. Es geschieht, und durch die nun ungesperrte Türe tritt – Sidonie in mein Zimmer.

»Um Gottes willen«, rief sie in fliegender Hast, »denken Sie wegen dieses Schrittes nicht schlimm von mir! Ich muß Ihnen nützlich sein und habe keinen andern Weg, zu Ihnen zu gelangen.« – »Wie?«

fragte ich ganz verstört. – »Es ist keine Zeit zu Erklärungen«, sagte sie eilig; »wir können in jedem Augenblicke überrascht werden. Armer, Rechtschaffener, Betrogener! Haben Sie Alles verloren?« – »Nein«, versetzte ich, »der Hauptfang ist durch ein glückliches Ungefähr den Krallen des Bösewichts entgangen.« – Ich sagte ihr, daß ich meine Fonds zum größern Teile in einigen bedeutenden Papieren bei mir führe, daß ich dieses Päckchen in meiner Brieftasche trage, daß diese nicht in der Kommode gelegen, sondern in meiner Rocktasche sich befunden habe, daß der Verlust, den ich erlitten, mehr verdrießlich als wichtig sei. Sie schlug ihre Hände wie vor Entzücken zusammen und rief: »Gott sei Dank! Geben Sie mir die Papiere zum Aufheben! Sie sind so arglos, so zutraulich, wenn man auch darum Sie noch brächte!« – Und da ich auf diese wunderliche Bitte einige Momente zaudernd stand: »O Gott!« rief sie, »ich will etwas Gutes tun, und er vertraut mir nicht!« – Ihre Stimme zitterte. Überwältigt von der Güte dieser Unerklärlichen, sank ich vor ihr auf die Kniee und reichte ihr die Papiere hin. Sie barg das Päckchen unter dem Tuche auf ihrem Busen. – »An meinem Herzen verwahre ich Dich; mit meinem Leben will ich Dich verteidigen!« rief sie, sagte mir, der ich noch immer wie ein Narr auf den Knieen lag, eine süße gute Nacht und war hinweg. Ich sprang auf, wollte ihr nacheilen; aber die Türe wich keinem Drücken, Klinken und Klopfen.

Der Arzt ließ mich fragen, ob er zu mir kommen dürfe. Wie gerne hätte ich seinen Besuch abgelehnt; indessen wollte ich nicht so unhöflich sein. Er war nun teilnehmender als vorher; er erkundigte sich wie Sidonie, ob ich Alles verloren habe. Mein Herz wußte von dem Unglück kaum noch etwas; ich war im Geiste mit süßen Dingen beschäftigt. Ich bat ihn, sich meinetwegen zu beruhigen; das Beste sei dem Diebe entgangen und befinde sich in guter Verwahrung. Ob ich diese Worte mit einem besondern Akzent ausgesprochen, ob ich einen unvorsichtigen Blick auf die verhängnisvolle Seitentüre geworfen habe, – ich weiß es nicht. Er sah, indem sein Gesicht sich verlängerte, zornig jene Türe an und erwiderte nichts als ein gedehntes: »So?« – Nach einigen gleichgültigen Reden wollte er sich entfernen; ich hielt ihn zurück und fragte, auf die Flasche mit Wasser deutend, die ich geholt hatte und die noch ungebraucht auf dem Tische stand, was denn damit werden solle? – »Was Ihnen beliebt!« rief er und suchte vergebens eine große Aufregung zu verbergen. Er ging; ich hörte ihn draußen an der Tür der Gräfin klinken; ich hörte, wie diese sagte: »Geben Sie sich keine Mühe! Die Pforte ist verwahrt; ich lasse Niemand mehr zu mir.« – Es war mir, als vernehme ich einen dumpfen Fluch; heftige Schritte dröhnten über den Gang. Ich wußte nicht, was ich aus allen diesen sonderbaren Ereignissen machen sollte. Nur das empfand ich deutlich. Der Bezug, in welchem ich zur Wachenden zu stehen schien, war mir lieber und interessanter als mein Rapport zu ihrem somnambulen und magnetischen Leben, von welchem mir der Arzt gesagt hatte.

Bis hieher hatte ich mit ziemlich gesetzter Stimme lesen können; jetzt legte ich das Buch aus der Hand und bat meine Frau, mir den Vortrag des Übrigen zu erlassen. – »Nein«, sagte sie in einer Mischung von Ärger und Spott, »ich will die saubere Geschichte aushören. Ihr schönen Herren! Von einem armen Mädchen wird immer das ganze volle Herz verlangt und die erste Liebe und das unerprobte Gefühl; – aber was bekommt sie? Einen Gasthof, worin schon Unzählige vor ihr logiert haben. Lies nur weiter! Du sollst Deinen Karneval mit einer Generalbeichte erkaufen.«
Was war zu tun? Ich las weiter, aber sehr beklommen und verlegen, wie folgt.

Der Morgen dampfte über dem Tale; endlich siegte die Sonne und spiegelte ihr Bild im Tau. Die Felsen standen beleuchtet von scharfem Licht; zwischen ihnen spielte die Lahn mit dem wunderbaren Leben ihrer tausend Quellen und Quellchen, Sprudel und Bläschen. Ich eilte ins Freie. Wohin sollte dieses Abenteuer führen? Und doch dachte ich nur *sie*, und doch drängte es mich mit unwiderstehlicher Gewalt, mein ganzes Herz vor ihr auszuschütten. Ich rannte über die Brücke; der Pfad lief durch Wiesen und Tal, wo mächtige Eichen und Buchen eine grüne tiefe Einsamkeit schufen. Ich entfernte mich immer weiter von dem Geräusche der Menschen, von dem Hause, in dem sie wohnte, und doch meinte ich, sie müsse mir im nächsten Augenblicke unter diesen Bäumen entgegentreten. Am stillsten, heimlichsten Waldplätzchen, im verschwiegenen Säuseln der Äste übermannte mich mein Gefühl; laut rief ich: »Sidonie! Geliebte Sidonie!« und drückte das Gesicht ins Tuch. War es Täuschung der erhitzten Sinne? – »Hier bin ich!« antwortete eine Stimme hinter mir.

Ich drehe mich um; Sidonie eilt mir nach, durch die Bäume entgegen. Ihr weißes Gewand wehte, ihr Antlitz glühte; in der Hand hielt sie das Päckchen, welches ich ihr gestern gegeben hatte. – »Nehmen Sie!« rief sie atemlos. »Ich hoffe, es wird nichts daran fehlen«, setzte sie mit einem trüben Lächeln hinzu. »Und nun noch einmal: Lassen Sie sich erflehen! Reisen Sie auf der Stelle ab! Ich werde nicht ruhig, bis ich Sie aus meiner Nähe weiß.« – Mir vergingen die Sinne; ich wußte nicht, was ich tat; ich rief: »Dich verlassen, himmlische Güte? Nimmermehr!« – Ich bewegte mich gegen sie; sie wich mit einem Schrei des Schreckens vor mir zurück; aber – schon hielt ich sie in meinen Armen! Ich bedeckte ihre Lippen mit Küssen; ihr anfänglicher Widerstand brach wie an innern gewaltigen Krämpfen zusammen, die sich in den Schlägen ihrer heftig arbeitenden Brust offenbarten. Sie ruhte mir am Herzen; sie schlang die Arme um mich, als wollte sie mit mir zusammenwachsen. – »Sei die Meine!« rief ich außer mir. – »Hätte ich Dich früher gesehen!« flüsterte sie aus der tiefsten Seele.

Sie richtete sich empor; ihr müdes Auge blickte mich sehnsuchtsvoll an: »Wir wollen uns verloben«, sagte sie, »aber nicht auf Vereinigung und Glück, sondern auf Trennung und Reue! Nimm diesen Ring! Er ist ein Erbstück meiner Mutter; er wird wohl so viel wert sein, als Du eingebüßt hast.« – Sie streifte einen kostbaren Brillantring vom Finger; ich empfing ihn wie ein Träumender. Sie sagte: »Der Spruch, mit dem ich Dir den Ring reiche, lautet: Du sollst nicht richten! Richte nicht, wenn Du von mir hörst, – was Du auch von mir hören magst! Gib mir ein Pfand, daß Du nicht richten willst!« – Ich gab ihr einen Ring, den ich trug, und sagte: »Was Du auch Dir vorzuwerfen hast, mir bist Du edel, gütig und liebevoll begegnet. Ich werde Deiner mit schwerem Herzen denken! Vertraue Dich mir! Ist keine Hoffnung, daß dieses sonderbare Begegnen zum Glücke führt?« – »Keine!« versetzte sie langsam und fest. – Ernster und trüber sind wohl nie Ringe gewechselt worden. – Ein

Geräusch machte mich aufsehn. Der Arzt stand vor uns. Dieselbe Szene, wie gestern! Derselbe fürchterliche durchbohrende Blick, dann dieselbe sanfte Höflichkeit. Sidonie wankte; ich empfing sie in meinen Armen. – »Sehen Sie wohl, meine gnädigste Gräfin«, sprach der Arzt in jenem abscheulichen glatten Tone, »wie gefährlich Ihnen Morgenspaziergänge sind? Sie schwindeln; der Tau ist Ihnen auf die Nerven gefallen. Sie müssen wahrhaftig dergleichen Ausschweifungen unterlassen und besseres Regime halten.« – Sidonie drückte mir heftig die Hand, sah gen Himmel und rief: »Räche mich!« – Dann ging sie, ohne mich anzublicken, den Waldpfad, der zum Bade führte, zurück. – »Sie haben meinem Zutrauen wenig entsprochen«, sagte der Arzt zu mir. »Sie haben Leidenschaft und Verworrenheit in den heiligsten Kreis getragen. Schon gestern ahnte ich, daß Sie die Reizbarkeit einer nervösen Natur selbstsüchtig zu entzünden gewußt hatten; schon gestern zürnte ich Ihnen. Wissen Sie nicht, daß der magnetische Rapport nur von der Unschuld, von dem ruhigen Frieden des Gemüts beschützt wird?« – Er verließ mich nach diesen Worten, die er mit einer unerhörten Festigkeit zu mir gesprochen hatte, ohne meine Antwort zu erwarten; ich sah ihn Sidonien folgen. – Ich wollte nach; hatte sie sich nicht mir zu eigen gegeben? Trug ich nicht ihren Ring? Ich mußte mich zurückhalten; hatte der Arzt nicht Recht? –

Zu irgend einem vernünftigen Entschlusse zu kommen, setzte ich mich auf einen Stein zu Füßen einer mächtigen Eiche, das Haupt in der Hand. Was bedeuteten ihre Reden? Was sollte ich tun? Was mußte ich lassen? – Auf einmal fühle ich, daß mir etwas blitzschnell unter den Armen durch um den Leib greift oder fährt; ich schrecke auf: Himmel und Hölle, was ist das? Ein dickes Seil ist mir um den Leib gezogen; ich will empor, – umsonst! hinter dem Baume wird daran gedreht, geknüpft, – ich bin fest am Stamme. Ich rufe: Räuber! Mörder! Hilfe! Ich sträube mich, ich reiße mich mit allen meinen Kräften; die Schmerzen hatte ich davon, aber das Seil wich nicht. Endlich sagt eine tiefe Baßstimme hinter dem Stamme: »Jetzt sitzt der Knoten; wenn sie ihn nicht losschneiden, kommt er nicht los.« Eine baumstarke Figur, mit Augen unter breiter Schirmkappe aus einem braunen Gesichte wie die Kohlen hervorglühend, trat mir in die Sonne. – »Was habe ich Dir getan?« schrie ich den grünröckigen Schurken an. – »Nichts!« versetzte der Bösewicht. – »Warum bindest du mich?« – »Darum!« sagte der lakonische Spitz- bube und raffte die Papiere auf, die ich vor Schreck hatte zu Boden fallen lassen. – »Laß mir mein Eigentum!« rief ich. – »Bewahre!« sagte der einsilbige Schelm und schlug sich seitwärts mit dem Raube in die Büsche. Ich hörte ihn noch eine Weile durch das Strauchwerk brechen und treten; dann wurde der Schall schwä- cher, und endlich war ich mit dem Stillschweigen in meinem Walde allein.

Da saß ich nun wie Andrea, den Don Quixote zu seinem Unheil aus den Händen des Bauern befreite, angebunden an einen Eichen- baum. O gemeines Ende romantischer Stunden! Nun wußte ich auf einmal, was ich zu tun hatte, nämlich: stillzusitzen; ich wußte, was ich lassen sollte, nämlich: fortgehn. Woher war der Verruchte nur so unbemerkt gekommen? Ach, ich gestehe meine Schwachheit, ich dachte nicht mehr an Sidoniens Geschick; ich dachte, ich wollte nichts als von dem unseligen Stricke los. Keine Möglichkeit! Dicht um den Baum und um meinen Leib lag die Fessel; ich meinte zu verzweifeln. Die Sonne stieg, sie beleuchtete einen angebundenen Mann; die Sonne begann zu sinken, ihre Strahlen führten noch im- mer den Retter nicht herbei. Endlich kam ein Engländer, der auf seinem einsamen Abendspaziergange laut aus einem Buche die Verse las:

> To sit on rocks, to muse o'er flood and fell,
> To slowly trace the forests shady scene,
> Where things that own not man's dominion dwell,
> And mortal foot hath ne'er or rarely been,
> To climb the trackless mountain all unseen,
> With the wild flock that never needs a fold,
> Alone o'er steps and foaming falls to lean;
> This is not solitude; 't is but to hold
> Converse with Nature's charms, and view her
> stores unroll'd!

»Pray, Sir!« rief ich den Gentleman an, »untie me!« – Er nahte sich mir ohne Zeichen des Erstaunens; er prüfte hinten den Knoten und sagte ruhig: »'t is impossible, Sir, and I got no knife.« Ich bat ihn, in der nächsten menschlichen Wohnung Lärm zu machen. Er entfernte sich, indem er, ohne sich weiter stören zu lassen, seine gefühlvolle und melancholische Lektüre im *Childe Harold* fortsetzte. Endlich erschien mein Engel in Gestalt eines alten Holzhackers. Er trennte mit einem Streiche seiner Axt meine Bande; ich sprang auf wie ein erlöster Prometheus. Ich wollte ihm Geld geben, – ach, ich hatte ja nichts mehr! Der Alte sagte, es sei auch so gut und nicht des Dankes wert; er wolle den Spitzbuben, wenn er ihn treffe, vor den Kopf schlagen, daß er liegen bleibe.

Was habe ich weiter zu erzählen? Im Gasthofe erfuhr ich, die Dame sei mir am Morgen eilig nachgegangen, der Arzt ebenso eilig der Dame, als er von ihrer Promenade gehört habe. Nach zwei Stunden habe der Doktor die Gräfin, die tief verschleiert gewesen, zurückgebracht. Bald darauf waren Beide abgereist, man konnte nicht sagen, wohin. Der Doktor hatte mich beim Abschied recht herzlich grüßen lassen, als sei nichts vorgefallen, und sehr bedauert, mich nicht noch einmal gesprochen zu haben. Von dem Strauchdiebe, wie ich ihn beschrieb, wollte Niemand etwas wissen.

Solchen Ausgang gewann meine Badegeschichte. Zum Glück fand ich am andern Tage einen Bekannten, der mir vorstreckte, sonst hätte ich wie ein insolventer Student nicht abreisen können; denn ich war von Allem entblößt. Ich fuhr aus Ems mit einem geschenkten Ringe, einem bewegten Herzen, einer ausgeleerten Kasse und mit vermehrter Einsicht in die Geheimnisse des tierischen Magnetismus. In Frankfurt kam ich um einen Tag zu spät an; ich hatte ein bedeutendes Glück verscherzt. Von Gräfin Sidonien und dem Arzte habe ich nie wieder etwas gehört. –

Der arme Spielmann

In Wien ist der Sonntag nach dem Vollmonde im Monat Juli jedes Jahres samt dem darauf folgenden Tage ein eigentliches Volksfest, wenn je ein Fest diesen Namen verdient hat. Das Volk besucht es und gibt es selbst; und wenn Vornehmere dabei erscheinen, so können sie es nur in ihrer Eigenschaft als Glieder des Volks. Da ist keine Möglichkeit der Absonderung; wenigstens vor einigen Jahren noch war keine.

An diesem Tage feiert die mit dem Augarten, der Leopoldstadt, dem Prater in ununterbrochener Lustreihe zusammenhängende Brigittenau ihre Kirchweihe. Von Brigittenkirchtag zu Brigittenkirchtag zählt seine guten Tage das arbeitende Volk. Lange erwartet, erscheint endlich das saturnalische Fest. Da entsteht Aufruhr in der gutmütig ruhigen Stadt. Eine wogende Menge erfüllt die Straßen. Geräusch von Fußtritten, Gemurmel von Sprechenden, das hie und da ein lauter Ausruf durchzuckt. Der Unterschied der Stände ist verschwunden; Bürger und Soldaten teilt die Bewegung. An den Toren der Stadt wächst der Drang. Genommen, verloren und wiedergewonnen, ist endlich der Ausgang erkämpft. Aber die Donaubrücke bietet neue Schwierigkeiten. Auch hier siegreich, ziehen endlich zwei Ströme, die alte Donau und die geschwollnere Woge des Volks, sich kreuzend quer unter- und übereinander, die Donau ihrem alten Flußbette nach, der Strom des Volkes, der Eindämmung der Brücke entnommen, ein weiter, tosender See, sich ergießend in alles deckender Überschwemmung. Ein neu Hinzugekommener fände die Zeichen bedenklich. Es ist aber der Aufruhr der Freude, die Losgebundenheit der Lust.

Schon zwischen Stadt und Brücke haben sich Korbwagen aufgestellt für die eigentlichen Hierophanten dieses Weihfestes: die Kinder der Dienstbarkeit und der Arbeit. Überfüllt und dennoch im Galopp durchfliegen sie die Menschenmasse, die sich hart vor ihnen öffnet und hinter ihnen schließt, unbesorgt und unverletzt. Denn es ist in Wien ein stillschweigender Bund zwischen Wagen und Men-

schen: nicht zu überfahren, selbst im vollen Lauf; und nicht überfahren werden, auch ohne alle Aufmerksamkeit.

Von Sekunde zu Sekunde wird der Abstand zwischen Wagen und
Wagen kleiner. Schon mischen sich einzelne Equipagen der Vornehmeren in den oft unterbrochenen Zug. Die Wagen fliegen nicht
mehr. Bis endlich fünf bis sechs Stunden vor Nacht die einzelnen
Pferde- und Kutschen-Atome sich zu einer kompakten Reihe verdichten, die sich selber hemmend und durch Zufahrende aus allen
Quergassen gehemmt, das alte Sprichwort: »Besser schlecht gefahren, als zu Fuß gegangen«, offenbar zuschanden macht. Begafft,
bedauert, bespottet, sitzen die geputzten Damen in den scheinbar
stille stehenden Kutschen. Des immerwährenden Anhaltens unge-
wohnt, bäumt sich der Holsteiner Rappe, als wollte er seinen,
durch den ihm vorgehenden Korbwagen gehemmten Weg ohnehin
über diesen hinaus nehmen, was auch die schreiende Weiber- und
Kinderbevölkerung des Plebejer-Fuhrwerks offenbar zu befürchten scheint. Der schnell dahinschießende Fiaker, zum ersten Male
seiner Natur ungetreu, berechnet ingrimmig den Verlust, auf
einem Wege drei Stunden zubringen zu müssen, den er sonst in fünf
Minuten durchflog. Zank, Geschrei, wechselseitige Ehrenangriffe
der Kutscher, mitunter ein Peitschenhieb.

Endlich, wie wenn in dieser Welt jedes noch so hartnäckige Stehenbleiben doch nur ein unvermerktes Weiterrücken ist, erscheint auch
diesem status quo ein Hoffnungsstrahl. Die ersten Bäume des Augartens und der Brigittenau werden sichtbar. Land! Land! Land!
Alle Leiden sind vergessen. Die zu Wagen Gekommenen steigen
aus und mischen sich unter die Fußgänger, Töne entfernter Tanz-
musik schallen herüber, vom Jubel der neu Ankommenden beantwortet. Und so fort und immer weiter, bis endlich der breite Hafen
der Lust sich auftut und Wald und Wiese, Musik und Tanz, Wein
und Schmaus, Schattenspiel und Seiltänzer, Erleuchtung und
Feuerwerk sich zu einem pays de cocagne, einem Eldorado, einem
eigentlichen Schlaraffenlande vereinigen, das leider, oder glück-
licherweise, wie man es nimmt, nur einen und den nächst darauffolgenden Tag dauert, dann aber verschwindet, wie der Traum einer
Sommernacht, und nur in der Erinnerung zurückbleibt und allenfalls in der Hoffnung.

Ich versäume nicht leicht, diesem Feste beizuwohnen. Als ein leidenschaftlicher Liebhaber der Menschen, vorzüglich des Volkes, so daß mir selbst als dramatischen Dichter der rückhaltslose Ausbruch eines überfüllten Schauspielhauses immer zehnmal interessanter, ja belehrender war, als das zusammengeklügelte Urteil eines an Leib und Seele verkrüppelten, von dem Blut ausgesogener Autoren spinnenartig aufgeschwollenen literarischen Matadors; – als ein Liebhaber der Menschen, sage ich, besonders wenn sie in Massen für einige Zeit der einzelnen Zwecke vergessen und sich als Teile des Ganzen fühlen, in dem denn doch zuletzt das Göttliche liegt – als einem solchen ist mir jedes Volksfest ein eigentliches Seelenfest, eine Wallfahrt, eine Andacht. Wie aus einem aufgerollten, ungeheuren, dem Rahmen des Buches entsprungenen Plutarch, lese ich aus den heitern und heimlich bekümmerten Gesichtern, dem lebhaften oder gedrückten Gange, dem wechselseitigen Benehmen der Familienglieder, den einzelnen halb unwillkürlichen Äußerungen, mir die Biographien der unberühmten Menschen zusammen, und wahrlich! man kann die Berühmten nicht verstehen, wenn man die Obskuren nicht durchgefühlt hat. Von dem Wortwechsel weinerhitzter Karrenschieber spinnt sich ein unsichtbarer, aber ununterbrochener Faden bis zum Zwist der Göttersöhne, und in der jungen Magd, die, halb wider Willen, dem drängenden Liebhaber seitab vom Gewühl der Tanzenden folgt, liegen als Embryo die Julien, die Didos und die Medeen.

Auch vor zwei Jahren hatte ich mich, wie gewöhnlich, den lustgierigen Kirchweihgästen als Fußgänger mit angeschlossen. Schon waren die Hauptschwierigkeiten der Wanderung überwunden, und ich befand mich bereits am Ende des Augartens, die ersehnte Brigittenau hart vor mir liegend. Hier ist nun noch ein, wenngleich der letzte Kampf zu bestehen. Ein schmaler Damm, zwischen undurchdringlichen Befriedungen hindurchlaufend, bildet die einzige Verbindung der beiden Lustorte, deren gemeinschaftliche Grenze ein in der Mitte befindliches hölzernes Gittertor bezeichnet. An gewöhnlichen Tagen und für gewöhnliche Spaziergänger bietet dieser Verbindungsweg überflüssigen Raum; am Kirchweihfeste aber würde seine Breite, auch vierfach genommen, noch immer zu schmal sein für die endlose Menge, die heftig nachdrängend und von Rückkehrenden im entgegengesetzten Sinne durchkreuzt, nur durch die allseitige Gutmütigkeit der Lustwandelnden sich am Ende doch leidlich zurecht findet.

Ich hatte mich mit dem Zug der Menge hingegeben und befand mich in der Mitte des Dammes, bereits auf klassischem Boden, nur leider zu stets erneutem Stillestehen, Ausbeugen und Abwarten genötigt. Da war denn Zeit genug, das seitwärts am Wege Befindliche zu betrachten. Damit es nämlich der genußlechzenden Menge nicht an einem Vorschmack der zu erwartenden Seligkeit mangle, hatten sich links am Abhang der erhöhten Dammstraße einzelne Musiker aufgestellt, die, wahrscheinlich die große Konkurrenz scheuend, hier an den Propyläen die Erstlinge der noch unabgenützten Freigebigkeit einernten wollten. Eine Harfenspielerin mit widerlich starrenden Augen. Ein alter invalider Stelzfuß, der auf einem entsetzlichen, offenbar von ihm selbst verfertigten Instrumente, halb Hackbrett und halb Drehorgel, die Schmerzen seiner Verwundung dem allgemeinen Mitleid auf eine analoge Weise empfindbar machen wollte. Ein lahmer, verwachsener Knabe, er und seine Violine einen einzigen ununterscheidbaren Knäuel bildend, der endlos fortrollende Walzer mit all der hektischen Heftigkeit seiner verbildeten Brust herabspielte. Endlich – und er zog meine ganze Aufmerksamkeit auf sich – ein alter, leicht siebzigjähriger Mann in einem fadenscheinigen, aber nicht unreinlichen Moltonüberrock mit lächelnder, sich selbst Beifall gebender Miene. Barhäuptig und kahlköpfig stand er da, nach Art der Leute, den Hut als Sammelbüchse vor sich auf dem Boden, und so bearbeitete er eine alte vielzersprungene Violine, wobei er den Takt nicht nur durch Aufheben und Niedersetzen des Fußes, sondern zugleich durch übereinstimmende Bewegung des ganzen gebückten Körpers markierte. Aber all diese Bemühung, Einheit in seine Leistung zu bringen, war fruchtlos, denn was er spielte, schien eine unzusammenhängende Folge von Tönen ohne Zeitmaß und Melodie. Dabei war er ganz in sein Werk vertieft: die Lippen zuckten, die Augen waren starr auf das vor ihm befindliche Notenblatt gerichtet – ja wahrhaftig Notenblatt! Denn indes alle andern, ungleich mehr zu Dank spielenden Musiker sich auf ihr Gedächtnis verließen, hatte der alte Mann mitten in dem Gewühle ein kleines, leicht tragbares Pult vor sich hingestellt mit schmutzigen, zergriffenen Noten, die das in schönster Ordnung enthalten mochten, was er so außer allem Zusammenhange zu hören gab. Gerade das Ungewöhnliche dieser Ausrüstung hatte meine Aufmerksamkeit auf ihn gezogen, so wie es auch die Heiterkeit des vorüberwogenden Haufens erregte, der ihn auslachte und den zum Sammeln hingestellten Hut des alten Mannes leer ließ, indes das übrige Orchester ganze Kupferminen einsackte. Ich war, um das Original ungestört zu betrachten, in einiger Entfernung auf den Seitenabhang des Dammes getreten. Er spielte noch eine Weile fort. Endlich hielt er ein, blickte, wie aus einer langen Abwesenheit zu sich gekommen, nach dem Firmament, das schon die Spuren des nahenden Abends zu zeigen anfing; darauf abwärts in seinen Hut, fand ihn leer, setzte ihn mit ungetrübter Heiterkeit auf, steckte den Geigenbogen zwischen die Saiten; *»sunt certi denique fines«*, sagte er, ergriff sein Notenpult und arbeitete sich mühsam durch die dem Feste zuströmende Menge in entgegengesetzter Richtung, als einer der heimkehrt.

Das ganze Wesen des alten Mannes war eigentlich wie gemacht, um meinen anthropologischen Heißhunger aufs äußerste zu reizen. Die dürftige und doch edle Gestalt, seine unbesiegbare Heiterkeit, so viel Kunsteifer bei so viel Unbeholfenheit; daß er gerade zu einer Zeit heimkehrte, wo für andere seinesgleichen erst die eigentliche Ernte anging; endlich die wenigen, aber mit der richtigsten Betonung, mit völliger Geläufigkeit gesprochenen lateinischen Worte. Der Mann hatte also eine sorgfältigere Erziehung genossen, sich Kenntnisse eigen gemacht, und nun – ein Bettelmusikant! Ich zitterte vor Begierde nach dem Zusammenhange.

Aber schon befand sich ein dichter Menschenwall zwischen mir und ihm. Klein, wie er war, und durch das Notenpult in seiner Hand nach allen Seiten hin störend, schob ihn einer dem andern zu, und schon hatte ihn das Ausgangsgitter aufgenommen, indes ich noch in der Mitte des Dammes mit der entgegenströmenden Menschenwoge kämpfte. So entschwand er mir, und als ich endlich selbst ins ruhige Freie gelangte, war nach allen Seiten weit und breit kein Spielmann mehr zu sehen.

Das verfehlte Abenteuer hatte mir die Lust an dem Volksfest genommen. Ich durchstrich den Augarten nach allen Richtungen und beschloß endlich, nach Hause zu kehren.

In die Nähe des kleinen Türchens gekommen, das aus dem Augarten nach der Taborstraße führt, hörte ich plötzlich den bekannten Ton der alten Violine wieder. Ich verdoppelte meine Schritte, und siehe da! der Gegenstand meiner Neugier stand, aus Leibeskräften spielend, im Kreise einiger Knaben, die ungeduldig einen Walzer von ihm verlangten. »Einen Walzer spiel!« riefen sie; »einen Walzer, hörst du nicht?« Der Alte geigte fort, scheinbar ohne auf sie zu achten, bis ihn die kleine Zuhörerschar schmähend und spottend verließ, sich um einen Leiermann sammelnd, der seine Drehorgel in der Nähe aufgestellt hatte.

»Sie wollen nicht tanzen«, sagte wie betrübt der alte Mann, seine Musikgeräte zusammenlesend. Ich war ganz nahe zu ihm getreten. »Die Kinder kennen eben keinen andern Tanz als den Walzer«, sagte ich. »Ich spielte einen Walzer«, versetzte er, mit dem Geigenbogen den Ort des soeben gespielten Stückes auf seinem Notenblatte bezeichnend. ʼ

»Man muß derlei auch führen, der Menge wegen. Aber die Kinder haben kein Ohr«, sagte er, indem er wehmütig den Kopf schüttelte. – »Lassen Sie mich wenigstens ihren Undank wieder gut machen«, sprach ich, ein Silberstück aus der Tasche ziehend und ihm hinreichend. – »Bitte! bitte!« rief der alte Mann, wobei er mit den Händen ängstlich abwehrende Bewegungen machte, »in den Hut! in den Hut!« – Ich legte das Geldstück in den vor ihm stehenden Hut, aus dem es unmittelbar darauf der Alte herausnahm und ganz zufrieden einsteckte, »das heißt einmal mit reichem Gewinn nach Hause gehen«, sagte er schmunzelnd. – »Eben recht«, sprach ich, »erinnern Sie mich auf einen Umstand, der schon früher meine Neugier rege machte! Ihre heutige Einnahme scheint nicht die beste gewesen zu sein, und doch entfernen Sie sich in einem Augenblicke, wo eben die eigentliche Ernte angeht. Das Fest dauert, wissen Sie wohl, die ganze Nacht, und Sie könnten da leicht mehr gewinnen als an acht gewöhnlichen Tagen. Wie soll ich mir das erklären?«

»Wie Sie sich das erklären sollen?« versetzte der Alte. »Verzeihen Sie, ich weiß nicht, wer Sie sind, aber Sie müssen ein wohltätiger Herr sein und ein Freund der Musik«, dabei zog er das Silberstück noch einmal aus der Tasche und drückte es zwischen seine gegen die Brust gehobenen Hände. »Ich will Ihnen daher nur die Ursachen angeben, obgleich ich oft deshalb verlacht worden bin. Erstens war ich nie ein Nachtschwärmer und halte es auch nicht für recht, andere durch Spiel und Gesang zu einem solchen widerlichen Vergehen anzureizen; zweitens muß sich der Mensch in allen Dingen eine gewisse Ordnung festsetzen, sonst gerät er ins Wilde und Unaufhaltsame. Drittens endlich – Herr! ich spiele den ganzen Tag für die lärmenden Leute und gewinne kaum kärglich Brot dabei; aber der Abend gehört mir und meiner armen Kunst.«

»Abends halte ich mich zu Hause und« – dabei ward seine Rede immer leiser, Röte überzog sein Gesicht, sein Auge suchte den Boden – »da spiele ich denn aus der Einbildung, so für mich ohne Noten. Phantasieren, glaub ich, heißt es in den Musikbüchern.«

Wir waren beide ganz still geworden. Er, aus Beschämung über das verratene Geheimnis seines Innern; ich, voll Erstaunen, den Mann von den höchsten Stufen der Kunst sprechen zu hören, der nicht imstande war, den leichtesten Walzer faßbar wiederzugeben. Er bereitete sich indes zum Fortgehen.

»Wo wohnen Sie?« sagte ich. »Ich möchte wohl einmal Ihren einsamen Übungen beiwohnen.« – »Oh«, versetzte er fast flehend, »Sie wissen wohl, das Gebet gehört ins Kämmerlein.« – »So will ich Sie denn einmal am Tage besuchen«, sagte ich. – »Den Tag über«, erwiderte er, »gehe ich meinem Unterhalt bei den Leuten nach.« – »Also des Morgens denn.« – »Sieht es doch beinahe aus«, sagte der Alte lächelnd, »als ob Sie, verehrter Herr, der Beschenkte wären, und ich, wenn es mir erlaubt ist zu sagen, der Wohltäter; so freundlich sind Sie, und so widerwärtig ziehe ich mich zurück. Ihr vornehmer Besuch wird meiner Wohnung immer eine Ehre sein; nur bäte ich, daß Sie den Tag Ihrer Dahinkunft mir großgünstig im voraus bestimmten, damit weder Sie durch Ungehörigkeit aufgehalten, noch ich genötigt werde, ein zur Zeit etwa begonnenes Geschäft unziemlich zu unterbrechen. Mein Morgen nämlich hat auch seine Bestimmung. Ich halte es jedenfalls für meine Pflicht, meinen Gönnern und Wohltätern für ihr Geschenk eine nicht ganz unwürdige Gegengabe darzureichen. Ich will kein Bettler sein, verehrter Herr. Ich weiß wohl, daß die übrigen öffentlichen Musikleute sich damit begnügen, einige auswendig gelernte Gassenhauer, Deutschwalzer, ja wohl gar Melodien von unartigen Liedern, immer wieder von denselben anfangend, fort und fort herab zu spielen, so daß man ihnen gibt, um ihrer los zu werden, oder weil ihr Spiel die Erinnerung genossener Tanzfreuden oder sonst unordentlicher Ergötzlichkeiten wieder lebendig macht. Daher spielen sie auch aus dem Gedächtnis und greifen falsch mitunter, ja häufig. Von mir aber sei fern zu betrügen. Ich habe deshalb, teils weil mein Gedächtnis überhaupt nicht das beste ist, teils weil es für jeden schwierig sein dürfte, verwickelte Zusammensetzungen geachteter Musikverfasser Note für Note bei sich zu behalten, diese Hefte mir selbst ins Reine geschrieben. « Er zeigte dabei durchblätternd auf sein Musikbuch, in dem ich zu meinem Entsetzen mit sorgfältiger, aber widerlich steifer Schrift ungeheuer schwierige Kompositionen alter berühmter Meister, ganz schwarz von Passagen und Doppelgriffen erblickte. Und derlei spielte der alte Mann mit seinen ungelenken Fingern! »Indem ich nun diese Stücke spiele«, fuhr er fort, »bezeige ich meine Verehrung den nach Stand und Würden geachteten, längst nicht mehr lebenden Meistern und Verfassern, tue mir selbst genug und lebe der angenehmen Hoffnung, daß die mir mildest gereichte Gabe nicht ohne Entgelt bleibt durch Veredlung des Geschmackes und Herzens der ohnehin von so vielen Seiten gestörten und irregeleiteten Zuhörerschaft. Da derlei aber, auf daß ich bei meiner Rede bleibe« – und dabei überzog ein selbstgefälliges Lächeln seine Züge – »da derlei aber eingeübt sein will, sind meine Morgenstunden ausschließlich diesem Exerzitium bestimmt. Die drei ersten Stunden des Tages der Übung, die Mitte dem Broterwerb, und der Abend mir und dem lieben Gott, das heißt nicht unehrlich geteilt«, sagte er, und dabei glänzten seine Augen wie feucht; er lächelte aber. »Gut denn«, sagte ich, »so werde ich Sie einmal morgens überraschen. Wo wohnen Sie?« Er nannte mir die Gärtnergasse. – »Hausnummer?« – »Nummer 34 im ersten Stocke. « – »In der Tat!« rief ich, »im Stockwerke der Vornehmen?« – »Das Haus«, sagte er, »hat zwar eigentlich nur ein Erdgeschoß; es ist aber oben neben der Bodenkammer noch ein kleines Zimmer, das bewohne ich gemeinschaftlich mit zwei Handwerksgesellen. « – »Ein Zimmer zu dreien?« – »Es ist abgeteilt«, sagte er, »und ich habe mein eigenes Bette. «

»Es wird spät«, sprach ich, »und Sie wollen nach Hause. Auf Wiedersehen denn!« und dabei fuhr ich in die Tasche, um das früher gereichte, gar zu kleine Geldgeschenk allenfalls zu verdoppeln. Er aber hatte mit der einen Hand das Notenpult, mit der andern seine Violine angefaßt und rief hastig: »Was ich devotest verbitten muß. Das Honorarium für mein Spiel ist mir bereits in Fülle zuteil geworden, eines andern Verdienstes aber bin ich mir zur Zeit nicht bewußt.« Dabei machte er mir mit einer Abart vornehmer Leichtigkeit einen ziemlich linkischen Kratzfuß und entfernte sich, so schnell ihn seine alten Beine trugen.

Ich hatte, wie gesagt, die Lust verloren, dem Volksfeste für diesen Tag länger beizuwohnen, ich ging daher heimwärts, den Weg nach der Leopoldstadt einschlagend, und, von Staub und Hitze erschöpft, trat ich in einen der dortigen vielen Wirtsgärten, die, an gewöhnlichen Tagen überfüllt, heute ihre ganze Kundschaft der Brigittenau abgegeben hatten. Die Stille des Ortes, im Abstich der lärmenden Volksmenge, tat mir wohl, und mich verschiedenen Gedanken überlassend, an denen der alte Spielmann nicht den letzten Anteil hatte, war es völlige Nacht geworden, als ich endlich des Nachhausegehens gedachte, den Betrag meiner Rechnung auf den Tisch legte und der Stadt zuschritt.

In der Gärtnergasse, hatte der alte Mann gesagt, wohne er. »Ist hier in der Nähe eine Gärtnergasse?« fragte ich einen kleinen Jungen, der über den Weg lief. »Dort, Herr!« versetzte er, indem er auf eine Querstraße hinwies, die, von der Häusermasse der Vorstadt sich entfernend, gegen das freie Feld hinaus lief. Ich folgte der Richtung. Die Straße bestand aus zerstreuten einzelnen Häusern, die, zwischen großen Küchengärten gelegen, die Beschäftigung der Bewohner und den Ursprung des Namens Gärtnergasse augenfällig darlegten. In welcher dieser elenden Hütten wohl mein Original wohnen mochte? Ich hatte die Hausnummer glücklich vergessen, auch war in der Dunkelheit an das Erkennen irgendeiner Bezeichnung kaum zu denken. Da schritt, auf mich zukommend, ein mit Küchengewächsen schwer beladener Mann an mir vorüber. »Kratzt der Alte einmal wieder«, brummte er, »und stört die ordentlichen Leute in ihrer Nachtruhe.« Zugleich, wie ich vorwärts ging, schlug der leise, langgehaltene Ton einer Violine an mein

Ohr, der aus dem offen stehenden Bodenfenster eines wenig entfernten ärmlichen Hauses zu kommen schien, das niedrig und ohne Stockwerk wie die übrigen sich durch dieses in der Umgrenzung des Daches liegende Giebelfenster vor den andern auszeichnete. Ich stand stille. Ein leiser, aber bestimmt gegriffener Ton schwoll bis zur Heftigkeit, senkte sich, verklang, um gleich darauf wieder bis zum lautesten Gellen emporzusteigen, und zwar immer derselbe Ton mit einer Art genußreichen Daraufberuhen wiederholt. Endlich kam ein Intervall. Es war die Quarte. Hatte der Spieler sich vorher an dem Klange des einzelnen Tones geweidet, so war nun das gleichsam wollüstige Schmecken dieses harmonischen Verhältnisses noch ungleich fühlbarer. Sprungweise gegriffen, zugleich gestrichen, durch die dazwischen liegende Stufenreihe höchst holperig verbunden, die Terz markiert, wiederholt. Die Quinte daran gefügt, einmal mit zitterndem Klang, wie ein stilles Weinen, ausgehalten, verhallend, dann in wirbelnder Schnelligkeit ewig wiederholt, immer dieselben Verhältnisse, die nämlichen Töne. – Und das nannte der alte Mann Phantasieren! – Obgleich es im Grunde allerdings ein Phantasieren war, für den Spieler nämlich, nur nicht auch für den Hörer.

Ich weiß nicht, wie lange das gedauert haben mochte und wie arg es geworden war, als plötzlich die Türe des Hauses aufging, ein Mann, nur mit dem Hemde und lose eingeknöpftem Beinkleide angetan, von der Schwelle bis in die Mitte der Straße trat und zu dem Giebelfenster emporrief: »Soll das heute einmal wieder gar kein Ende nehmen?« Der Ton der Stimme war dabei unwillig, aber nicht hart oder beleidigend. Die Violine verstummte, ehe die Rede noch zu Ende war. Der Mann ging ins Haus zurück, das Giebelfenster schloß sich, und bald herrschte eine durch nichts unterbrochene Totenstille um mich her. Ich trat, mühsam in den mir unbekannten Gassen mich zurechtfindend, den Heimweg an, wobei ich auch phantasierte, aber niemand störend, für mich, im Kopfe.

Die Morgenstunden haben für mich immer einen eigenen Wert gehabt. Es ist, als ob es mir Bedürfnis wäre, durch die Beschäftigung mit etwas Erhebendem, Bedeutendem in den ersten Stunden des Tages mir den Rest desselben gewissermaßen zu heiligen. Ich kann mich daher nur schwer entschließen, am frühen Morgen mein Zimmer zu verlassen, und wenn ich ohne vollgültige Ursache mich einmal dazu nötige, so habe ich für den übrigen Tag nur die Wahl zwischen gedankenloser Zerstreuung und selbstquälerischem Trübsinn. So kam es, daß ich durch einige Tage den Besuch bei dem alten Manne, der verabredetermaßen in den Morgenstunden stattfinden sollte, verschob. Endlich ward die Ungeduld meiner Herr, und ich ging. Die Gärtnergasse war leicht gefunden, ebenso das Haus. Die Töne der Violine ließen sich auch diesmal hören, aber durch das geschlossene Fenster bis zum Ununterscheidbaren gedämpft. Ich trat ins Haus. Eine vor Erstaunen halb sprachlose Gärtnersfrau wies mich eine Bodentreppe hinauf. Ich stand vor einer niedern und halb schließenden Türe, pochte, erhielt keine Antwort, drückte endlich die Klinke und trat ein.

Ich befand mich in einer ziemlich geräumigen, sonst aber höchst elenden Kammer, deren Wände von allen Seiten den Umrissen des spitz zulaufenden Daches folgten. Hart neben der Türe ein schmutziges, widerlich verstörtes Bette, von allen Zutaten der Unordentlichkeit umgeben; mir gegenüber, hart neben dem schmalen Fenster eine zweite Lagerstätte, dürftig, aber reinlich, und höchst sorgfältig gebettet und bedeckt. Am Fenster ein kleines Tischchen mit Notenpapier und Schreibgeräte, im Fenster ein paar Blumentöpfe. Die Mitte des Zimmers von Wand zu Wand war am Boden mit einem dicken Kreidestriche bezeichnet, und man kann sich kaum einen grellern Abstich von Schmutz und Reinlichkeit denken, als diesseits und jenseits der gezogenen Linie, dieses Äquators einer Welt im Kleinen, herrschte.

Hart an dem Gleicher hatte der alte Mann sein Notenpult hingestellt und stand, völlig und sorgfältig gekleidet, davor und – exerzierte. Es ist schon bis zum Übelklang so viel von den Mißklängen meines und, ich fürchte beinahe, nur meines Lieblings die Rede gewesen, daß ich den Leser mit der Beschreibung dieses höllischen Konzertes verschonen will. Da die Übung größtenteils aus Passagen bestand, so war an ein Erkennen der gespielten Stücke nicht zu denken, was übrigens auch sonst nicht leicht gewesen sein möchte. Einige Zeit Zuhörens ließ mich endlich den Faden durch dieses Labyrinth erkennen, gleichsam die Methode in der Tollheit. Der Alte genoß, indem er spielte. Seine Auffassung unterschied hierbei aber schlechthin nur zweierlei, den Wohlklang und den Übelklang, von denen der erstere ihn erfreute, ja entzückte, indes er dem letztern, auch dem harmonisch begründeten, nach Möglichkeit aus dem Wege ging. Statt nun in einem Musikstücke nach Sinn und Rhythmus zu betonen, hob er heraus, verlängerte er die dem Gehör wohltuenden Noten und Intervalle, ja nahm keinen Anstand, sie willkürlich zu wiederholen, wobei sein Gesicht oft geradezu den Ausdruck der Verzückung annahm. Da er nun zugleich die Dissonanzen so kurz als möglich abtat, überdies die für ihn zu schweren Passagen, von denen er aus Gewissenhaftigkeit nicht eine Note fallen ließ, in einem gegen das Ganze viel zu langsamen Zeitmaß vortrug, so kann man sich wohl leicht eine Idee von der Verwirrung machen, die daraus hervorging. Mir ward es nachgerade selbst zu viel. Um ihn aus seiner Abwesenheit zurückzubringen, ließ ich absichtlich den Hut fallen, nachdem ich mehrere Mittel schon fruchtlos versucht hatte. Der alte Mann fuhr zusammen, seine Knie zitterten, kaum konnte er die zum Boden gesenkte Violine halten. Ich trat hinzu. »Ah, Sie sinds, gnädiger Herr!« sagte er, gleichsam zu sich selbst kommend. »Ich hatte nicht auf Erfüllung Ihres hohen Versprechens gerechnet.« Er nötigte mich zu sitzen, räumte auf, legte hin, sah einigemal verlegen im Zimmer herum, ergriff dann plötzlich einen auf einem Tische neben der Stubentür stehenden Teller und ging mit demselben zu jener hinaus. Ich hörte ihn draußen mit der Gärtnersfrau sprechen. Bald darauf kam er wieder verlegen zur Tür herein, wobei er den Teller hinter dem Rücken verbarg und heimlich wieder hinstellte. Er hatte offenbar Obst verlangt, um mich zu bewirten, es aber nicht erhalten können. »Sie wohnen hier recht hübsch«, sagte ich, um seiner Verlegenheit ein Ende zu machen. »Die Unordnung ist verwiesen. Sie nimmt ihren Rückzug durch die Türe, wenn sie auch derzeit noch nicht über die Schwelle ist. – Meine Wohnung reicht nur bis zu dem Striche«, sagte der Alte, wobei er auf die Kreidelinie in der Mitte des Zimmers zeigte. »Dort drüben wohnen zwei Handwerksgesellen.« – »Und respektieren diese Ihre Bezeichnung?« – »Sie nicht, aber ich«, sagte er. »Nur die Türe ist gemeinschaftlich.« – »Und werden Sie nicht gestört von Ihrer Nachbarschaft?« – »Kaum«, meinte er. »Sie kommen des Nachts spät nach Hause, und wenn sie mich da auch ein

wenig im Bette aufschrecken, so ist dafür die Lust des Wiederein-
schlafens um so größer. Des Morgens aber wecke *ich* sie, wenn ich
mein Zimmer in Ordnung bringe. Da schelten sie wohl ein wenig
und gehen.«

Ich hatte ihn während dessen betrachtet. Er war höchst reinlich gekleidet, die Gestalt gut genug für seine Jahre, nur die Beine etwas zu
kurz. Hand und Fuß von auffallender Zartheit. – »Sie sehen mich
an«, sagte er, »und haben dabei Ihre Gedanken?« – »Daß ich nach
Ihrer Geschichte lüstern bin«, versetzte ich – »Geschichte?« wiederholte er. »Ich habe keine Geschichte. Heute wie gestern, und morgen wie heute. Übermorgen freilich und weiter hinaus, wer kann
das wissen? Doch Gott wird sorgen, der weiß es.« – »Ihr jetziges
Leben mag wohl einförmig genug sein«, fuhr ich fort; »aber Ihre
früheren Schicksale – Wie es sich fügte« – »Daß ich unter die Musikleute kam?« fiel er in die Pause ein, die ich unwillkürlich gemacht
hatte. Ich erzählte ihm nun, wie er mir beim ersten Anblicke aufgefallen; den Eindruck, den die von ihm gesprochenen lateinischen
Worte auf mich gemacht hätten. »Lateinisch«, tönte er nach. »Lateinisch? das habe ich freilich auch einmal gelernt oder vielmehr
hätte es lernen sollen und können. Loqueris latine?« wandte er sich
gegen mich, »aber ich könnte es nicht fortsetzen. Es ist gar zu lange
her. Das also nennen Sie meine Geschichte? Wie es kam? – Ja so! da
ist denn freilich allerlei geschehen; nichts Besonderes, aber doch
allerlei. Möchte ich mirs doch selbst einmal wieder erzählen. Ob
ichs noch gar nicht vergessen habe. Es ist noch früh am Morgen«,
fuhr er fort, wobei er in die Uhrtasche griff, in der sich freilich keine
Uhr befand. – Ich zog die meine, es war kaum neun Uhr. – »Wir
haben Zeit, und fast kommt mich die Lust zu schwatzen an.« Er
war während des Letzten zusehends ungezwungener geworden.
Seine Gestalt verlängerte sich. Er nahm mir ohne zu große Umstände den Hut aus der Hand und legte ihn aufs Bette; schlug sitzend ein Bein über das andere und nahm überhaupt die Lage eines
mit Bequemlichkeit Erzählenden an.

»Sie haben« – hob er an – »ohne Zweifel von dem Hofrate – gehört?« Hier nannte er den Namen eines Staatsmannes, der in der
zweiten Hälfte des vorigen Jahrhunderts unter dem bescheidenen
Titel eines Bureauchefs einen ungeheuren, beinahe Minister-ähn-

lichen Einfluß ausgeübt hatte. Ich bejahte meine Kenntnis des Mannes. – »Er war mein Vater«, fuhr er fort. – Sein Vater? des alten Spielmanns? des Bettlers? Der Einflußreiche, der Mächtige, sein Vater? Der Alte schien mein Erstaunen nicht zu bemerken, sondern spann, sichtbar vergnügt, den Faden seiner Erzählung weiter. »Ich war der Mittlere von drei Brüdern, die in Staatsdiensten hoch hinauf kamen, nun aber schon beide tot sind; ich allein lebe noch«, sagte er und zupfte dabei an seinen fadenscheinigen Beinkleidern, mit niedergeschlagenen Augen einzelne Federchen davon herablesend. »Mein Vater war ehrgeizig und heftig. Meine Brüder taten ihm genug. Mich nannte man einen langsamen Kopf; und ich war langsam. Wenn ich mich recht erinnere«, sprach er weiter, und dabei senkte er, seitwärts gewandt, wie in eine weite Ferne hinausblickend, den Kopf gegen die unterstützende linke Hand – »wenn ich mich recht erinnere, so wäre ich wohl imstande gewesen, allerlei zu erlernen, wenn man mir nur Zeit und Ordnung gegönnt hätte. Meine Brüder sprangen wie Gemsen von Spitze zu Spitze in den Lehrgegenständen herum, ich konnte aber durchaus nichts hinter mir lassen, und wenn mir ein einziges Wort fehlte, mußte ich von vorne anfangen. So ward ich denn immer gedrängt. Das Neue sollte auf den Platz, den das Alte noch nicht verlassen hatte, und ich begann stockisch zu werden. So hatten sie mir die Musik, die jetzt die Freude und zugleich der Stab meines Lebens ist, geradezu verhaßt gemacht. Wenn ich abends im Zwielicht die Violine ergriff, um mich nach meiner Art ohne Noten zu vergnügen, nahmen sie mir das Instrument und sagten, das verdirbt die Applikatur, klagten über Ohrfolter und verwiesen mich auf die Lehrstunde, wo die Folter für mich anging. Ich habe zeitlebens nichts und niemand so gehaßt, wie ich damals die Geige haßte.

Mein Vater, aufs äußerste unzufrieden, schalt mich häufig und drohte, mich zu einem Handwerke zu geben. Ich wagte nicht zu sagen, wie glücklich mich das gemacht hätte. Ein Drechsler oder Schriftsetzer wäre ich gar zu gerne gewesen. Er hätte es ja aber doch nicht zugelassen, aus Stolz. Endlich gab eine öffentliche Schulprüfung, der man, um ihn zu begütigen, meinen Vater beizuwohnen beredet hatte, den Ausschlag. Ein unredlicher Lehrer bestimmte im voraus, was er mich fragen werde, und so ging alles vortrefflich.

Endlich aber fehlte mir, es waren auswendig zu sagende Verse des Horaz – ein Wort. Mein Lehrer, der kopfnickend und meinen Vater anlächelnd zugehört hatte, kam meinem Stocken zu Hilfe und flüsterte es mir zu. Ich aber, der das Wort in meinem Innern und im Zusammenhange mit dem übrigen suchte, hörte ihn nicht. Er wiederholte es mehrere Male; umsonst. Endlich verlor mein Vater die Geduld. Cachinnum! (so hieß das Wort), schrie er mir donnernd zu. Nun wars geschehen. Wußte ich das eine, so hatte ich dafür das übrige vergessen. Alle Mühe, mich auf die rechte Bahn zu bringen, war verloren. Ich mußte mit Schande aufstehen, und als ich, der Gewohnheit nach, hinging, meinem Vater die Hand zu küssen, stieß er mich zurück, erhob sich, machte der Versammlung eine kurze Verbeugung und ging. Ce gueux schalt er mich, was ich damals nicht war, aber jetzt bin. Die Eltern prophezeien, wenn sie reden! Übrigens war mein Vater ein guter Mann. Nur heftig und ehrgeizig.

Von diesem Tage an sprach er kein Wort mehr mit mir. Seine Befehle kamen mir durch die Hausgenossen zu. So kündigte man mir gleich des nächsten Tages an, daß es mit meinem Studium ein Ende habe. Ich erschrak heftig, weil ich wußte, wie bitter es meinen Vater kränken mußte. Ich tat den ganzen Tag nichts, als weinen und dazwischen jene lateinischen Verse rezitieren, die ich nun aufs Und wußte, mit den vorhergehenden und nachfolgenden dazu. Ich versprach, durch Fleiß den Mangel an Talent zu ersetzen, wenn man mich noch ferner die Schule besuchen ließe, mein Vater nahm aber nie einen Entschluß zurück.

Eine Weile blieb ich nun unbeschäftigt im väterlichen Hause. Endlich tat man mich versuchsweise zu einer Rechenbehörde. Rechnen war aber nie meine Stärke gewesen. Den Antrag, ins Militär einzutreten, wies ich mit Abscheu zurück. Ich kann noch jetzt keine Uniform ohne innerlichen Schauder ansehen. Daß man werte Angehörige allenfalls auch mit Lebensgefahr schützt, ist wohl gut und begreiflich; aber Blutvergießen und Verstümmlung als Stand, als Beschäftigung. Nein! Nein! Nein!« Und dabei fuhr er mit beiden Händen über die Arme, als fühlte er stechend eigene und fremde Wunden.

»Ich kam nun in die Kanzlei unter die Abschreiber. Da war ich recht an meinem Platze. Ich hatte immer das Schreiben mit Lust getrieben, und noch jetzt weiß ich mir keine angenehmere Unterhaltung, als mit guter Tinte auf gutem Papier Haar- und Schattenstriche aneinander zu fügen zu Worten oder auch nur zu Buchstaben. Musiknoten sind nun gar überaus schön. Damals dachte ich aber noch an keine Musik.

Ich war fleißig, nur aber zu ängstlich. Ein unrichtiges Unterscheidungszeichen, ein ausgelassenes Wort im Konzepte, wenn es sich auch aus dem Sinne ergänzen ließ, machte mir bittere Stunden. Im Zweifel, ob ich mich genau ans Original halten oder aus Eigenem beisetzen sollte, verging die Zeit angstvoll, und ich kam in den Ruf, nachlässig zu sein, indes ich mich im Dienst abgequält wie keiner. So brachte ich ein paar Jahre zu, und zwar ohne Gehalt, da, als die Reihe der Beförderung an mich kam, mein Vater im Rate einem andern seine Stimme gab und die übrigen ihm zufielen aus Ehrfurcht.

Um diese Zeit – Sieh nur«, unterbrach er sich, »es gibt denn doch eine Art Geschichte. Erzählen wir die Geschichte! Um diese Zeit ereigneten sich zwei Begebenheiten: die traurigste und die freudigste meines Lebens. Meine Entfernung aus dem väterlichen Hause nämlich und das Wiederkehren zur holden Tonkunst, zu meiner Violine, die mir treu geblieben ist bis auf diesen Tag.

Ich lebte in dem Hause meines Vaters, unbeachtet von den Hausgenossen, in einem Hinterstübchen, das in den Nachbars-Hof hinausging. Anfangs aß ich am Familientische, wo niemand ein Wort an mich richtete. Als aber meine Brüder auswärts befördert wurden und mein Vater beinahe täglich zu Gast geladen war – die Mutter lebte seit lange nicht mehr – fand man es unbequem, meinetwegen eine eigene Küche zu führen. Die Bedienten erhielten Kostgeld; ich auch, das man mir aber nicht auf die Hand gab, sondern monatweise im Speisehaus bezahlte. Ich war daher wenig in meiner Stube, die Abendstunden ausgenommen; denn mein Vater verlangte, daß ich längstens eine halbe Stunde nach dem Schluß der Kanzlei zu Hause sein sollte. Da saß ich denn, und zwar, meiner schon damals angegriffenen Augen halber, in der Dämmerung ohne Licht. Ich dachte auf das und jenes und war nicht traurig und nicht froh.

Wenn ich nun so saß, hörte ich auf dem Nachbarshofe ein Lied singen. Mehrere Lieder, heißt das, worunter mir aber eines vorzüglich gefiel. Es war so einfach, so rührend und hatte den Nachdruck so auf der rechten Stelle, daß man die Worte gar nicht zu hören brauchte. Wie ich denn überhaupt glaube, die Worte verderben die Musik.« Nun öffnete er den Mund und brachte einige heisere rauhe Töne hervor. »Ich habe von Natur keine Stimme«, sagte er und griff nach seiner Violine. Er spielte, und zwar diesmal mit richtigem Ausdruck, die Melodie eines gemütlichen, übrigens gar nicht ausgezeichneten Liedes, wobei ihm die Finger auf den Saiten zitterten und endlich einzelne Tränen über die Backen liefen.

»Das war das Lied«, sagte er, die Violine hinlegend. »Ich hörte es immer mit neuem Vergnügen. So sehr es mir aber im Gedächtnis lebendig war, gelang es mir doch nie, mit der Stimme auch nur zwei Töne davon richtig zu treffen. Ich ward fast ungeduldig von Zuhören. Da fiel mir meine Geige in die Augen, die aus meiner Jugend her, wie ein altes Rüststück, ungebraucht an der Wand hing. Ich griff darnach und – es mochte sie wohl der Bediente in meiner Abwesenheit benützt haben – sie fand sich richtig gestimmt. Als ich nun mit dem Bogen über die Saiten fuhr, Herr, da war es, als ob Gottes Finger mich angerührt hätte. Der Ton drang in mein Inneres hinein und aus dem Innern wieder heraus. Die Luft um mich war wie geschwängert mit Trunkenheit. Das Lied unten im Hofe und die Töne von meinen Fingern an mein Ohr, Mitbewohner meiner Einsamkeit. Ich fiel auf die Knie und betete laut und konnte nicht begreifen, daß ich das holde Gotteswesen einmal gering geschätzt, ja gehaßt in meiner Kindheit, und küßte die Violine und drückte sie an mein Herz und spielte wieder fort.

Das Lied im Hofe – es war eine Weibsperson, die sang – tönte derweile unausgesetzt; mit dem Nachspielen ging es aber nicht so leicht.

Ich hatte das Lied nämlich nicht in Noten. Auch merkte ich wohl, daß ich das Wenige der Geigenkunst, was ich etwa einmal wußte, so ziemlich vergessen hatte. Ich konnte daher nicht das und das, sondern nur überhaupt spielen. Obwohl mir das jeweilige Was der Musik, mit Ausnahme jenes Liedes, immer ziemlich gleichgültig war und auch geblieben ist bis zum heutigen Tag. Sie spielen den Wolfgang Amadeus Mozart und den Sebastian Bach, aber den lieben Gott spielt keiner. Die ewige Wohltat und Gnade des Tons und Klangs, seine wundertätige Übereinstimmung mit dem durstigen, zerlechzenden Ohr, das« – fuhr er leiser und schamrot fort – »der dritte Ton zusammenstimmt mit dem ersten und der fünfte desgleichen und die Nota sensibilis hinaufsteigt, wie eine erfüllte Hoffnung, die Dissonanz herabgebeugt wird als wissentliche Bosheit oder vermessener Stolz und die Wunder der Bindung und Umkehrung, wodurch auch die Sekunde zur Gnade gelangt in den Schoß des Wohlklangs. – Mir hat das alles, obwohl viel später, ein Musiker erklärt. Und, wovon ich aber nichts verstehe, die fuga und das punctum contra punctum, und der canon a duo, a tre, und so fort, ein ganzes Himmelsgebäude, eines ins andere greifend, ohne Mörtel verbunden, und gehalten von Gottes Hand. Davon will niemand etwas wissen bis auf wenige. Vielmehr stören sie dieses Ein- und Ausatmen der Seelen durch Hinzufügung allenfalls auch zu sprechender Worte, wie die Kinder Gottes sich verbanden mit den Töchtern der Erde; daß es hübsch angreife und eingreife in ein schwieliges Gemüt. Herr«, schloß er endlich, halb erschöpft, »die Rede ist dem Menschen notwendig wie Speise, man sollte aber auch den Trank rein erhalten, der da kommt von Gott.«

Ich kannte meinen Mann beinahe nicht mehr, so lebhaft war er geworden. Er hielt ein wenig inne. »Wo blieb ich nur in meiner Geschichte?« sagte er endlich. »Ei ja, bei dem Liede und meinen Versuchen, es nachzuspielen. Es ging aber nicht. Ich trat ans Fenster, um besser zu hören. Da ging eben die Sängerin über den Hof. Ich sah sie nur von rückwärts, und doch kam sie mir bekannt vor. Sie trug einen Korb, mit, wie es schien, noch ungebackenen Kuchenstücken. Sie trat in ein Pförtchen in der Ecke des Hofes, da wohl ein Backofen inne sein mochte, denn immer fortsingend, hörte ich mit hölzernen Geräten scharren, wobei die Stimme einmal dumpfer und einmal heller klang, wie eines, das sich bückt und in eine Höhlung hineinsingt, dann wieder erhebt und aufrecht dasteht. Nach einer Weile kam sie zurück, und nun merkte ich erst, warum sie mir vorher bekannt vorkam. Ich kannte sie nämlich wirklich seit längerer Zeit. Und zwar aus der Kanzlei.

Damit verhielt es sich so. Die Amtsstunden fingen früh an und währten über den Mittag hinaus. Mehrere von den jüngeren Beamten, die nun entweder wirklich Hunger fühlten, oder eine halbe Stunde damit vor sich bringen wollten, pflegten gegen elf Uhr eine Kleinigkeit zu sich zu nehmen. Die Gewerbsleute, die alles zu ihrem Vorteile zu benutzen wissen, ersparten den Leckermäulern den Weg und brachten ihre Feilschaften ins Amtsgebäude, wo sie sich auf Stiege und Gang damit hinstellten. Ein Bäcker verkaufte kleine Weißbrote, die Obstfrau Kirschen. Vor allem aber waren gewisse Kuchen beliebt, die eines benachbarten Grieslers Tochter selbst verfertigte und noch warm zu Markt brachte. Ihre Kunden traten zu ihr auf den Gang hinaus, und nur selten kam sie, gerufen, in die Amtsstube, wo dann der etwas grämliche Kanzleivorsteher, wenn er ihrer gewahr wurde, ebenso selten ermangelte, sie wieder zur Türe hinauszuweisen, ein Gebot, dem sie sich nur mit Groll, und unwillige Worte murmelnd, fügte.

Das Mädchen galt bei meinen Kameraden nicht für schön. Sie fanden sie zu klein, wußten die Farbe ihrer Haare nicht zu bestimmen. Daß sie Katzenaugen habe, bestritten einige, Pockengruben aber gaben alle zu. Nur von ihrem stämmigen Wuchs sprachen alle mit Beifall, schalten sie aber grob, und einer wußte viel von einer Ohrfeige zu erzählen, deren Spuren er noch acht Tage nachher gefühlt haben wollte.

Ich selbst gehörte nicht unter ihre Kunden. Teils fehlte mirs an Geld, teils habe ich Speise und Trank wohl immer – oft nur zu sehr – als ein Bedürfnis anerkennen müssen. Lust und Vergnügen darin zu suchen aber ist mir nie in den Sinn gekommen. Wir nahmen daher keine Notiz von einander. Einmal nur, um mich zu necken, machten ihr meine Kameraden glauben, ich hätte nach ihren Eßwaren verlangt. Sie trat zu meinem Arbeitstisch und hielt mir ihren Korb hin. Ich kaufe nichts, liebe Jungfer, sagte ich. Nun, warum bestellen Sie dann die Leute? rief sie zornig. Ich entschuldigte mich, und so wie ich die Schelmerei gleich weg hatte, erklärte ich ihrs aufs beste. Nun, so schenken Sie mir wenigstens einen Bogen Papier, um meine Kuchen darauf zu legen, sagte sie. Ich machte ihr begreiflich, daß das Kanzleipapier sei und nicht mir gehöre, zu Hause aber hätte ich welches, das mein wäre, davon wollt ich ihr bringen. Zu Hause habe ich selbst genug, sagte sie spöttisch und schlug eine kleine Lache auf, indem sie fortging.

Das war nur vor wenigen Tagen geschehen, und ich gedachte aus dieser Bekanntschaft sogleich Nutzen für meinen Wunsch zu ziehen. Ich knöpfte daher des andern Morgens ein ganzes Buch Papier, an dem es bei uns zu Hause nie fehlte, unter den Rock und ging auf die Kanzlei, wo ich, um mich nicht zu verraten, meinen Harnisch mit großer Unbequemlichkeit auf dem Leibe behielt, bis ich gegen Mittag aus dem Ein- und Ausgehen meiner Kameraden und dem Geräusch der kauenden Backen merkte, daß die Kuchenverkäuferin gekommen war, und glauben konnte, daß der Hauptandrang der Kunden vorüber sei. Dann ging ich hinaus, zog mein Papier hervor, nahm mir ein Herz und trat zu dem Mädchen hin, die, den Korb vor sich auf dem Boden und den rechten Fuß auf einen Schemel gestellt, auf dem sie gewöhnlich zu sitzen pflegte, dastand, leise summend und mit dem auf den Schemel gestützten Fuß den Takt dazu tretend. Sie maß mich vom Kopf bis zu den Füßen, als ich näher kam, was meine Verlegenheit vermehrte. Liebe Jungfer, fing ich endlich an, Sie haben neulich von mir Papier begehrt, als keines zur Hand war, das mir gehörte. Nun habe ich welches von Hause mitgebracht und – damit hielt ich ihr mein Papier hin. Ich habe Ihnen schon neulich gesagt, erwiderte sie, daß ich selbst Papier zu Hause habe. Indes, man kann alles brauchen. Damit nahm sie mit einem leichten Kopfnicken mein Geschenk und legte es in den Korb. Von den Kuchen wollen Sie nicht? sagte sie, unter ihren Waren herummusternd, auch ist das Beste schon fort. Ich dankte, sagte aber, daß ich eine andere Bitte hätte. Nu, allenfalls? sprach sie, mit dem Arm in die Handhabe des Korbes fahrend und aufgerichtet dastehend, wobei sie mich mit heftigen Augen anblitzte. Ich fiel rasch ein, daß ich ein Liebhaber der Tonkunst sei, obwohl erst seit kurzem, daß ich sie so schöne Lieder singen gehört, besonders eines. Sie? Mich? Lieder? fuhr sie auf, und wo? Ich erzählte ihr weiter, daß ich in ihrer Nachbarschaft wohne und sie auf dem Hofe bei der Arbeit belauscht hätte. Eines ihrer Lieder gefiele mir besonders, so daß ichs schon versucht hätte, auf der Violine nachzuspielen. Wären Sie etwa gar derselbe, rief sie aus, der so kratzt auf der Geige? – Ich war damals, wie ich bereits sagte, nur Anfänger und habe erst später mit vieler Mühe die nötige Geläufigkeit in diese Finger gebracht«, unterbrach sich der alte Mann, wobei er mit der linken

Hand, als einer, der geigt, in der Luft herumfingerte. »Mir war es«, setzte er seine Erzählung fort, »ganz heiß ins Gesicht gestiegen, und ich sah auch ihr an, daß das harte Wort sie gereute. Werte Jungfer, sagte ich, das Kratzen rührt von daher, daß ich das Lied nicht in Noten habe, weshalb ich auch höflichst um die Abschrift gebeten haben wollte. Um die Abschrift? sagte sie. Das Lied ist gedruckt und wird an den Straßenecken verkauft. Das Lied? entgegnete ich. Das sind wohl nur die Worte. – Nun ja, die Worte, das Lied. – Aber der Ton, in dem mans singt. – Schreibt man denn derlei auch auf? fragte sie. Freilich! war meine Antwort, das ist ja eben die Hauptsache. Und wie haben denn Sies erlernt, werte Jungfer? – Ich hörte es singen, und da sang ichs nach. – Ich erstaunte über das natürliche Ingenium; wie denn überhaupt die ungelernten Leute oft die meisten Talente haben. Es ist aber doch nicht das Rechte, die eigentliche Kunst. Ich war nun neuerdings in Verzweiflung. Aber welches Lied ist es denn eigentlich? sagte sie. Ich weiß so viele. – Alle ohne Noten? – Nun freilich; also welches war es denn? – Es ist gar so schön, erklärte ich mich. Steigt gleich anfangs in die Höhe, kehrt dann in sein Inwendiges zurück und hört ganz leise auf. Sie singens auch am öftesten. Ach, das wird wohl das sein! sagte sie, setzte den Korb wieder ab, stellte den Fuß auf den Schemel und sang nun mit ganz leiser und doch klarer Stimme das Lied, wobei sie das Haupt duckte, so schön, so lieblich, daß, ehe sie noch zu Ende war, ich nach ihrer herabhängenden Hand fuhr. Oho! sagte sie, den Arm zurückziehend, denn sie meinte wohl, ich wollte ihre Hand unziemlicherweise anfassen, aber nein, küssen wollte ich sie, obschon sie nur ein armes Mädchen war. – Nun, ich bin ja jetzt auch ein armer Mann.

Da ich nun vor Begierde, das Lied zu haben, mir in die Haare fuhr, tröstete sie mich und sagte: der Organist der Peterskirche käme öfter um Muskatnuß in ihres Vaters Gewölbe, den wolle sie bitten, alles auf Noten zu bringen. Ich könnte es nach ein paar Tagen dort abholen. Hierauf nahm sie ihren Korb und ging, wobei ich ihr das Geleite bis zur Stiege gab. Auf der obersten Stufe die letzte Verbeugung machend, überraschte mich der Kanzleivorsteher, der mich an meine Arbeit gehen hieß und auf das Mädchen schalt, an dem, wie er behauptete, kein gutes Haar sei. Ich war darüber heftig er-

zürnt und wollte ihm eben antworten, daß ich, mit seiner Erlaubnis, vom Gegenteile überzeugt sei, als ich bemerkte, daß er bereits
in sein Zimmer zurückgegangen war, weshalb ich mich faßte und
ebenfalls an meinen Schreibtisch ging. Doch ließ er sich seit dieser
Zeit nicht nehmen, daß ich ein liederlicher Beamter und ein aus-
schweifender Mensch sei.

Ich konnte auch wirklich desselben und die darauffolgenden Tage
kaum etwas Vernünftiges arbeiten, so ging mir das Lied im Kopfe
herum, und ich war wie verloren. Ein paar Tage vergangen, wußte
ich wieder nicht, ob es schon Zeit sei, die Noten abzuholen oder
nicht. Der Organist, hatte das Mädchen gesagt, kam in ihres Vaters
Laden, um Muskatnuß zu kaufen; die konnte er nur zu Bier gebrauchen. Nun war seit einiger Zeit kühles Wetter und daher wahrscheinlich, daß der wackere Tonkünstler sich eher an den Wein halten und daher so bald keine Muskatnuß bedürfen werde. Zu schnell
anfragen schien mir unhöfliche Zudringlichkeit, allzu langes Warten konnte für Gleichgültigkeit ausgelegt werden. Mit dem Mädchen auf dem Gange zu sprechen, getraute ich mir nicht, da unsere
erste Zusammenkunft bei meinen Kameraden ruchbar geworden
war, und sie vor Begierde brannten, mir einen Streich zu spielen.

Ich hatte inzwischen die Violine mit Eifer wieder aufgenommen
und übte vorderhand das Fundament gründlich durch, erlaubte mir
wohl auch von Zeit zu Zeit, aus dem Kopfe zu spielen, wobei ich
aber das Fenster sorgfältig schloß, da ich wußte, daß mein Vortrag
mißfiel. Aber wenn ich das Fenster auch öffnete, bekam ich mein
Lied doch nicht wieder zu hören. Die Nachbarin sang teils gar
nicht, teils so leise und bei verschlossener Türe, daß ich nicht zwei
Töne unterscheiden konnte.

Endlich – es waren ungefähr drei Wochen vergangen – vermocht
ichs nicht mehr auszuhalten. Ich hatte zwar schon durch zwei
Abende mich auf die Gasse gestohlen – und das ohne Hut, damit die
Dienstleute glauben sollten, ich suchte nur nach etwas im Hause –
sooft ich aber in die Nähe des Grieslerladens kam, überfiel mich ein
so heftiges Zittern, daß ich umkehren mußte, ich mochte wollen
oder nicht. Endlich aber – wie gesagt – konnte ichs nicht mehr aushalten. Ich nahm mir ein Herz und ging eines Abends – auch diesmal ohne Hut – aus meinem Zimmer die Treppe hinab und festen

Schrittes durch die Gasse bis zu dem Grieslerladen, wo ich vorderhand stehen blieb und überlegte, was weiter zu tun sei. Der Laden war erleuchtet und ich hörte Stimmen darin. Nach einigem Zögern beugte ich mich vor und lugte von der Seite hinein. Ich sah das Mädchen hart vor dem Ladentische am Lichte sitzen und in einer hölzernen Mulde Erbsen oder Bohnen lesen. Vor ihr stand ein derber, rüstiger Mann, die Jacke über die Schulter gehängt, eine Art Kittel in der Hand, ungefähr wie ein Fleischhauer. Die beiden sprachen, offenbar in guter Stimmung, denn das Mädchen lachte einigemale laut auf, ohne sich aber in ihrer Arbeit zu unterbrechen oder auch nur aufzusehen. War es meine gezwungene vorgebeugte Stellung, oder sonst was immer, mein Zittern begann wieder zu kommen; als ich mich plötzlich von rückwärts mit derber Hand angefaßt und nach vorwärts geschleppt fühlte. In einem Nu stand ich im Gewölbe, und als ich, losgelassen, mich umschaute, sah ich, daß es der Eigentümer selbst war, der, von auswärts nach Hause kehrend, mich auf der Lauer überrascht und als verdächtig gehalten hatte. Element! schrie er, da sieht man, wo die Pflaumen hinkommen und die Handvoll Erbsen und Rollgerste, die im Dunkeln aus den Auslagkörben gemaust werden. Da soll ja gleich das Donnerwetter dreinschlagen. Und damit ging er auf mich los, als ob er wirklich dreinschlagen wolle.

Ich war wie vernichtet, wurde aber durch den Gedanken, daß man an meiner Ehrlichkeit zweifle, bald wieder zu mir selbst gebracht. Ich verbeugte mich daher ganz kurz und sagte dem Unhöflichen, daß mein Besuch nicht seinen Pflaumen oder seiner Rollgerste, sondern seiner Tochter gelte. Da lachte der in der Mitte des Ladens stehende Fleischer laut auf und wendete sich zu gehen, nachdem er vorher dem Mädchen ein paar Worte leise zugeflüstert hatte, die sie gleichfalls lachend durch einen schallenden Schlag mit der flachen Hand auf seinen Rücken beantwortete. Der Griesler gab dem Weggehenden das Geleit zur Tür hinaus. Ich hatte derweil schon wieder all meinen Mut verloren und stand dem Mädchen gegenüber, die gleichgültig ihre Erbsen und Bohnen las, als ob das Ganze sie nichts anginge. Da polterte der Vater wieder zur Türe herein. Mordtausendelement noch einmal, sagte er, Herr, was solls mit meiner Tochter? Ich versuchte, ihm den Zusammenhang und den Grund meines Besuches zu erklären. Was Lied? sagte er, ich will euch Lieder singen! wobei er den rechten Arm sehr verdächtig auf und ab bewegte. – Dort liegt es, sprach das Mädchen, indem sie, ohne die Mulde mit Hülsenfrüchten wegzusetzen, sich samt dem Sessel seitwärts überbeugte und mit der Hand auf den Ladentisch hinwies. Ich eilte hin und sah ein Notenblatt liegen. Es war das Lied. Der Alte war mir aber zuvorgekommen. Er hielt das schöne Papier zerknitternd in der Hand. Ich fragte, sagte er, was das abgibt? Wer ist der Mensch? Es ist ein Herr aus der Kanzlei, erwiderte sie, indem sie eine wurmstichige Erbse etwas weiter als die anderen von sich warf. Ein Herr aus der Kanzlei? rief er, im Dunkeln, ohne Hut? Den Mangel des Hutes erklärte ich durch den Umstand, daß ich ganz in der Nähe wohnte, wobei ich das Haus bezeichnete. Das Haus weiß ich, rief er. Da wohnt niemand drinnen als der Hofrat – hier nannte er den Namen meines Vaters – und die Bedienten kenne ich alle. Ich bin der Sohn des Hofrats, sagte ich, leise, als obs eine Lüge wäre. – Mir sind im Leben viele Veränderungen vorgekommen, aber noch keine so plötzlich, als bei diesen Worten in dem ganzen Wesen des Mannes vorging. Der zum Schmähen geöffnete Mund blieb offen stehen, die Augen drohten noch immer, aber um den untern Teil des Gesichtes fing an eine Art Lächeln zu spielen, das sich immer mehr Platz machte. Das Mädchen blieb in ihrer Gleichgültigkeit und gebückten Stellung, nur daß sie sich die losgegangenen Haare, fortarbeitend, hinter die Ohren zurückstrich. Der Sohn des Herrn Hofrats? schrie endlich der Alte, in dessen Gesichte die Aufheiterung vollkommen geworden war. Wollen Euer Gnaden sichs vielleicht bequem machen? Barbara, einen Stuhl! Das Mädchen bewegte sich widerwillig auf dem ihren. Nu, wart, Tuckmauser! sagte er, indem er selbst einen Korb von seinem Platze hob und den darunter gestellten Sessel mit dem Vortuche vom Staube reinigte. Hohe Ehre, fuhr er fort. Der Herr Hofrat – der Herr Sohn, wollt ich sagen, praktizieren also auch die Musik? Singen vielleicht, wie meine Tochter, oder vielmehr ganz anders, nach Noten, nach der Kunst? Ich erklärte ihm, daß ich von Natur keine Stimme hätte. Oder schlagen Klavizimbel, wie die vornehmen Leute zu tun pflegen? Ich sagte, daß ich die Geige spiele. Habe auch in meiner Jugend gekratzt auf der Geige, rief er. Bei dem Worte kratzen blickte ich unwillkürlich auf das Mädchen hin und sah, daß sie ganz spöttisch lächelte, was mich sehr verdroß.

Sollten sich des Mädels annehmen, heißt das in Musik, fuhr er fort. Singt eine gute Stimme, hat auch sonst ihre Qualitäten, aber das Feine, lieber Gott, wo solls herkommen? wobei er Daumen und Zeigefinger der rechten Hand wiederholt übereinander schob. Ich war ganz beschämt, daß man mir unverdienterweise so bedeutende musikalische Kenntnisse zutraute, und wollte eben den wahren Stand der Sache auseinander setzen, als ein außen Vorübergehender in den Laden hereinrief: Guten Abend alle miteinander! Ich erschrak, denn es war die Stimme eines der Bedienten unseres Hauses. Auch der Griesler hatte sie erkannt. Die Spitze der Zunge vorschiebend und die Schulter emporgehoben, flüsterte er: Waren einer der Bedienten des gnädigen Papa. Konnten Sie aber nicht erkennen, standen mit dem Rücken gegen die Türe. Letzteres verhielt sich wirklich so. Aber das Gefühl des Heimlichen, Unrechten ergriff mich qualvoll. Ich stammelte nur ein paar Worte zum Abschied und ging. Ja selbst mein Lied hätte ich vergessen, wäre mir nicht der Alte auf die Straße nachgesprungen, wo er mirs in die Hand steckte.

So gelangte ich nach Hause, auf mein Zimmer, und wartete der Dinge, die da kommen sollten. Und sie blieben nicht aus. Der Bediente hatte mich dennoch erkannt. Ein paar Tage darauf trat der Sekretär meines Vaters zu mir auf die Stube und kündigte mir an, daß ich das elterliche Haus zu verlassen hätte. Alle meine Gegenreden waren fruchtlos. Man hatte mir in einer entfernten Vorstadt ein Kämmerchen gemietet, und so war ich denn ganz aus der Nähe der Angehörigen verbannt. Auch meine Sängerin bekam ich nicht mehr zu sehen. Man hatte ihr den Kuchenhandel auf der Kanzlei eingestellt, und ihres Vaters Laden zu betreten, konnte ich mich nicht entschließen, da ich wußte, daß es dem meinigen mißfiel. Ja, als ich dem alten Griesler zufällig auf der Straße begegnete, wandte er sich mit einem grimmigen Gesichte von mir ab, und ich war wie niedergedonnert. Da holte ich denn, halbe Tage lang allein, meine Geige hervor und spielte und übte. Es sollte aber noch schlimmer kommen. Das Glück unseres Hauses ging abwärts. Mein jüngster Bruder, ein eigenwilliger, ungestümer Mensch, Offizier bei den

Dragonern, mußte eine unbesonnene Wette, infolge der er, vom Ritt erhitzt, mit Pferd und Rüstung durch die Donau schwamm – es war tief in Ungarn – mit dem Leben bezahlen. Der ältere, geliebteste, war in einer Provinz am Ratstisch angestellt. In immerwährender Widersetzlichkeit gegen seinen Landesvorgesetzten und, wie sie sagten, heimlich dazu von unserem Vater aufgemuntert, erlaubte er sich sogar unrichtige Angaben, um seinen Gegner zu schaden. Es kam zur Untersuchung, und mein Bruder ging heimlich aus dem Lande. Die Feinde unseres Vaters, deren viele waren, benützten den Anlaß, ihn zu stürzen. Von allen Seiten angegriffen und ohnehin ingrimmig über die Abnahme seines Einflusses, hielt er täglich die angreifendsten Reden in der Ratssitzung. Mitten in einer derselben traf ihn ein Schlagfluß. Er wurde sprachlos nach Hause gebracht. Ich selbst erfuhr nichts davon. Des andern Tages auf der Kanzlei bemerkte ich wohl, daß sie heimlich flüsterten und mit den Fingern nach mir wiesen. Ich war aber derlei schon gewohnt und hatte kein Arges. Freitags darauf – es war Mittwochs gewesen – wurde mir plötzlich ein schwarzer Anzug mit Flor auf die Stube gebracht. Ich erstaunte und fragte und erfuhr. Mein Körper ist sonst stark und widerhältig, aber da fiels mich an mit Macht. Ich sank besinnungslos zu Boden. Sie trugen mich ins Bette, wo ich fieberte und irre sprach den Tag hindurch und die ganze Nacht. Des andern Morgens hatte die Natur die Oberhand gewonnen, aber mein Vater war tot und begraben.

Ich hatte ihn nicht mehr sprechen können; ihn nicht um Verzeihung bitten wegen all des Kummers, den ich ihm gemacht; nicht mehr danken für die unverdienten Gnaden – ja Gnaden! denn seine Meinung war gut, und ich hoffe ihn einst wiederzufinden, wo wir nach unsern Absichten gerichtet werden und nicht nach unsern Werken.

Ich blieb mehrere Tage auf meinem Zimmer, kaum, daß ich Nahrung zu mir nahm. Endlich ging ich doch hervor, aber gleich nach Tische wieder nach Hause, und nur des Abends irrte ich in den dunkeln Straßen umher, wie Kain, der Brudermörder. Die väterliche Wohnung war mir dabei ein Schreckbild, dem ich sorgfältigst aus dem Wege ging. Einmal aber, gedankenlos vor mich hinstarrend, fand ich mich plötzlich in der Nähe des gefürchteten Hauses.

Meine Kniee zitterten, daß ich mich anhalten mußte. Hinter mir an die Wand greifend, erkenne ich die Türe des Grieslerladens und darin sitzend Barbara, einen Brief in der Hand, neben ihr das Licht auf dem Ladentische und hart dabei in aufrechter Stellung ihr Vater, der ihr zuzusprechen schien. Und wenn es mein Leben gegolten hätte, ich mußte eintreten. Niemanden zu haben, dem man sein Leid klagen kann, niemanden, der Mitleid fühlt! Der Alte, wußte ich wohl, war auf mich erzürnt, aber das Mädchen sollte mir ein gutes Wort geben. Doch kam es ganz entgegengesetzt. Barbara stand auf, als ich eintrat, warf mir einen hochmütigen Blick zu und ging in die Nebenkammer, deren Tür sie abschloß. Der Alte aber faßte mich bei der Hand, hieß mich niedersitzen, tröstete mich, meinte aber auch, ich sei nun ein reicher Mann und hätte mich um niemanden mehr zu kümmern. Er fragte, wieviel ich geerbt hätte. Ich wußte das nicht. Er forderte mich auf, zu den Gerichten zu gehen, was ich versprach. In den Kanzleien, meinte er, sei nichts zu machen. Ich sollte meine Erbschaft im Handel anlegen. Knoppern und Früchte würfen guten Profit ab; ein Kompagnon, der sich darauf verstände, könnte Groschen in Gulden verwandeln. Er selbst habe sich einmal viel damit abgegeben. Dabei rief er wiederholt nach dem Mädchen, die aber kein Lebenszeichen von sich gab. Doch schien mir, als ob ich an der Türe zuweilen rascheln hörte. Da sie aber immer nicht kam, und der Alte nur vom Gelde redete, empfahl ich mich endlich und ging, wobei der Mann bedauerte, mich nicht begleiten zu können, da er allein im Laden sei. Ich war traurig über meine verfehlte Hoffnung und doch wunderbar getröstet. Als ich auf der Straße stehenblieb und nach dem Hause meines Vaters hinüberblickte, hörte ich plötzlich hinter mir eine Stimme, die gedämpft und im Tone des Unwillens sprach: Trauen Sie nicht gleich jedermann, man meint es nicht gut mit Ihnen. So schnell ich mich umkehrte, sah ich doch niemand; nur das Klirren eines Fensters im Erdgeschosse, das zu des Grieslers Wohnung gehörte, belehrte mich, wenn ich auch die Stimme nicht erkannt hätte, daß Barbara die geheime Warnerin war. Sie hatte also doch gehört, was im Laden gesprochen worden. Wollte sie mich vor ihrem Vater warnen? oder war ihr zu Ohren gekommen, daß gleich nach meines Vaters Tode, teils Kollegen aus der Kanzlei, teils andere ganz unbekannte

Leute mich mit Bitten um Unterstützung und Nothilfe angegangen, ich auch zugesagt, wenn ich erst zu Geld kommen würde. Was einmal versprochen, mußte ich halten, in Zukunft aber beschloß ich, vorsichtiger zu sein. Ich meldete mich wegen meiner Erbschaft. Es war weniger, als man geglaubt hatte, aber doch sehr viel, nahe an elftausend Gulden. Mein Zimmer wurde den ganzen Tag von Bittenden und Hilfesuchenden nicht leer. Ich war aber beinahe hart geworden und gab nur, wo die Not am größten war. Auch Barbaras Vater kam. Er schmälte, daß ich sie schon drei Tage nicht besucht, worauf ich der Wahrheit gemäß erwiderte, daß ich fürchte, seiner Tochter zur Last zu sein. Er aber sagte, das sollte mich nicht kümmern, er habe ihr schon den Kopf zurecht gesetzt, wobei er auf eine boshafte Art lachte, so daß ich erschrak. Dadurch an Barbaras Warnung rückerinnert, verhehlte ich, als wir bald im Gespräche darauf kamen, den Betrag meiner Erbschaft; auch seinen Handelsvorschlägen wich ich geschickt aus.

Wirklich lagen mir bereits andere Aussichten im Kopfe. In der Kanzlei, wo man mich nur meines Vaters wegen geduldet hatte, war mein Platz bereits durch einen andern besetzt, was mich, da kein Gehalt damit verbunden war, wenig kümmerte. Aber der Sekretär meines Vaters, der durch die letzten Ereignisse brotlos geworden, teilte mir den Plan zur Errichtung eines Auskunfts-, Kopier- und Übersetzungs-Comptoirs mit, wozu ich die ersten Einrichtungskosten vorschießen sollte, indes er selbst die Direktion zu übernehmen bereit war. Auf mein Andringen wurden die Kopierarbeiten auch auf Musikalien ausgedehnt, und nun war ich in meinem Glücke. Ich gab das erforderliche Geld, ließ mir aber, schon vorsichtig geworden, eine Handschrift darüber ausstellen. Die Kaution für die Anstalt, die ich gleichfalls vorschoß, schien, obgleich beträchtlich, kaum der Rede wert, da sie bei den Gerichten hinterlegt werden mußte und dort mein blieb, als hätte ich sie in meinem Schranke.

Die Sache war abgetan, und ich fühlte mich erleichtert, erhoben, zum ersten Male in meinem Leben selbständig, ein Mann. Kaum daß ich meines Vaters noch gedachte. Ich bezog eine bessere Wohnung, änderte einiges in meiner Kleidung, und ging, als es Abend geworden, durch wohlbekannte Straßen nach dem Grieslerladen, wobei ich mit den Füßen schlenkerte und mein Lied zwischen den Zähnen summte, obwohl nicht ganz richtig. Das B in der zweiten Hälfte habe ich mit der Stimme nie treffen können. Froh und guter Dinge langte ich an, aber ein eiskalter Blick Barbaras warf mich sogleich in meine frühere Zaghaftigkeit zurück. Der Vater empfing mich aufs beste, sie aber tat, als ob niemand zugegen wäre, fuhr fort Papierdüten zu wickeln und mischte sich mit keinem Worte in unser Gespräch. Nur als die Rede auf meine Erbschaft kam, fuhr sie mit halbem Leibe empor, und sagte fast drohend, Vater! worauf der Alte sogleich den Gegenstand änderte. Sonst sprach sie den ganzen Abend nichts, gab mir keinen zweiten Blick, und als ich mich endlich empfahl, klang ihr: Guten Abend! beinahe wie ein Gott sei Dank!

Aber ich kam wieder und wieder, und sie gab allmählich nach. Nicht als ob ich ihr irgend etwas zu Danke gemacht hätte. Sie schalt und tadelte mich unaufhörlich. Alles war ungeschickt; Gott hatte mir zwei linke Hände erschaffen; mein Rock saß wie an einer Vogelscheuche; ich ging wie die Enten, mit einer Anmahnung an den Haushahn. Besonders zuwider war ihr meine Höflichkeit gegen die Kunden. Da ich nämlich bis zur Eröffnung der Kopieranstalt ohne Beschäftigung war und überlegte, daß ich dort mit dem Publikum zu tun haben würde, so nahm ich, als Vorübung, an dem Kleinverkauf im Grieslergewölbe tätigen Anteil, was mich oft halbe Tage lang festhielt. Ich wog Gewürz ab, zählte den Knaben Nüsse und Welkpflaumen zu, gab klein Geld heraus; letzteres nicht ohne häufige Irrungen, wo denn immer Barbara dazwischen fuhr, gewalttätig wegnahm, was ich eben in den Händen hielt, und mich vor den Kunden verlachte und verspottete. Machte ich einem der Käufer einen Bückling und empfahl mich ihnen, so sagte sie barsch, ehe die Leute noch zur Türe hinaus waren: Die Ware empfiehlt! und kehrte mir den Rücken. Manchmal aber wieder war sie ganz Güte. Sie hörte mir zu, wenn ich erzählte, was in der Stadt vorging; aus meinen Kinderjahren; von dem Beamtenwesen in der Kanzlei, wo wir uns zuerst kennengelernt. Dabei ließ sie mich aber immer allein sprechen, und gab nur durch einzelne Worte ihre Billigung oder – was öfter der Fall war – ihre Mißbilligung zu erkennen.

Von Musik oder Gesang war nie die Rede. Erstlich meinte sie, man müsse entweder singen oder das Maul halten, zu reden sei da nichts. Das Singen selbst aber ging nicht an. Im Laden war es unziemlich, und die Hinterstube, die sie und ihr Vater gemeinschaftlich bewohnten, durfte ich nicht betreten. Einmal aber, als ich unbemerkt zur Türe hereintrat, stand sie, auf den Zehenspitzen emporgerichtet, den Rücken mir zugekehrt und mit den erhobenen Händen, wie man nach etwas sucht, auf einem der höheren Stellbretter herumtastend. Und dabei sang sie leise in sich hinein.

Es war das Lied, mein Lied! – Sie aber zwitscherte wie eine Grasmücke, die am Bache das Hälslein wäscht und das Köpfchen herumwirft und die Federn sträubt und wieder glättet mit dem Schnäblein. Mir war, als ginge ich auf grünen Wiesen. Ich schlich näher und näher und war schon so nahe, daß das Lied nicht mehr von außen, daß es aus mir herauszutönen schien, ein Gesang der Seelen. Da konnte ich mich nicht mehr halten und faßte mit beiden Händen ihren in der Mitte nach vorn strebenden und mit den Schultern gegen mich gesenkten Leib. Da aber kams. Sie wirbelte wie ein Kreisel um sich selbst. Glutrot vor Zorn im Gesichte, stand sie vor mir da; ihre Hand zuckte, und ehe ich mich entschuldigen konnte –

Sie hatten, wie ich schon früher berichtet, auf der Kanzlei öfter von einer Ohrfeige erzählt, die Barbara, noch als Kuchenhändlerin, einem Zudringlichen gegeben. Was sie da sagten von der Stärke des eher klein zu nennenden Mädchens und der Schwungkraft ihrer Hand, schien höchlich und zum Scherze übertrieben. Es verhielt sich aber wirklich so, und ging ins Riesenhafte. Ich stand wie vom Donner getroffen. Die Lichter tanzten mir vor den Augen. – Aber es waren Himmelslichter. Wie Sonne, Mond und Sterne; wie die Engelein, die Versteckens spielen und dazu singen. Ich hatte Erscheinungen, ich war verzückt. Sie aber, kaum minder erschrocken als ich, fuhr mit ihrer Hand wie begütigend über die geschlagene Stelle. Es mag wohl zu stark ausgefallen sein, sagte sie, und – wie ein zweiter Blitzstrahl – fühlte ich plötzlich ihren warmen Atem auf meiner Wange und ihre zwei Lippen, und sie küßte mich; nur leicht, leicht; aber es war ein Kuß auf diese meine Wange, hier!« Dabei klatschte der alte Mann auf seine Backe, und die Tränen traten ihm aus den Augen. »Was nun weiter geschah, weiß ich nicht«, fuhr er fort. »Nur daß ich auf sie losstürzte und sie in die Wohnstube lief und die Glastüre zuhielt, während ich von der andern Seite nachdrängte. Wie sie nun, zusammengekrümmt und mit aller Macht sich entgegenstemmend, gleichsam an dem Türfenster klebte, nahm ich mir ein Herz, verehrtester Herr, und gab ihr ihren Kuß heftig zurück, durch das Glas.

Oho, hier gehts lustig her! hörte ich hinter mir rufen. Es war der Griesler, der eben nach Hause kam. Nu, was sich neckt – sagte er. Komm nur heraus, Bärbe, und mach keine Dummheiten! Einen Kuß in Ehren kann niemand wehren. – Sie aber kam nicht. Ich selbst entfernte mich nach einigen halb bewußtlos gestotterten Worten, wobei ich den Hut des Grieslers statt des meinigen nahm, den er lachend mir in der Hand austauschte. Das war, wie ich ihn schon früher nannte, der Glückstag meines Lebens. Fast hätte ich gesagt: der einzige, was aber nicht wahr wäre, denn der Mensch hat viele Gnaden von Gott.

Ich wußte nicht recht, wie ich im Sinne des Mädchens stand. Sollte ich sie mir mehr erzürnt oder mehr begütigt denken? Der nächste Besuch kostete einen schweren Entschluß. Aber sie war gut. Demütig und still, nicht auffahrend wie sonst, saß sie da bei einer Arbeit. Sie winkte mit dem Kopfe auf einen nebenstehenden Schemmel, daß ich mich setzen und ihr helfen sollte. So saßen wir denn und arbeiteten. Der Alte wollte hinausgehen. Bleibt doch da, Vater, sagte sie; was Ihr besorgen wollt, ist schon abgetan. Er trat mit dem Fuße hart auf den Boden und blieb. Ab- und zugehend sprach er von diesem und jenem, ohne daß ich mich in das Gespräch zu mischen wagte. Da stieß das Mädchen plötzlich einen kleinen Schrei aus. Sie hatte sich beim Arbeiten einen Finger geritzt, und, obgleich sonst gar nicht weichlich, schlenkerte sie mit der Hand hin und her. Ich wollte zusehen, aber sie bedeutete mich fortzufahren. Alfanzerei und kein Ende! brummte der Alte, und vor das Mädchen hintretend, sagte er mit starker Stimme: Was zu besorgen war, ist noch gar nicht getan! und so ging er schallenden Trittes zur Türe hinaus. Ich wollte nun anfangen, mich von gestern her zu entschuldigen; sie aber unterbrach mich und sagte: Lassen wir das und sprechen wir jetzt von gescheiten Dingen.

Sie hob den Kopf empor, maß mich vom Scheitel bis zur Zehe und fuhr in ruhigem Tone fort: Ich weiß kaum selbst mehr den Anfang unserer Bekanntschaft, aber Sie kommen seit einiger Zeit öfter und öfter, und wir haben uns an Sie gewöhnt. Ein ehrliches Gemüt wird Ihnen niemand abstreiten, aber Sie sind schwach, immer auf Nebendinge gerichtet, so daß Sie kaum imstande wären, Ihren eigenen Sachen selbst vorzustehen. Da wird es denn Pflicht und Schuldigkeit von Freunden und Bekannten, ein Einsehen zu haben, damit Sie nicht zu Schaden kommen. Sie versitzen hier halbe Tage im Laden, zählen und wägen, messen und markten; aber dabei kommt nichts heraus. Was gedenken Sie in Zukunft zu tun, um Ihr Fortkommen zu haben? Ich erwähnte der Erbschaft meines Vaters. Die mag recht groß sein, sagte sie. Ich nannte den Betrag. Das ist viel und wenig, erwiderte sie. Viel, um etwas damit anzufangen; wenig, um vom Breiten zu zehren. Mein Vater hat Ihnen zwar einen Vorschlag getan, ich riet Ihnen aber ab. Denn einmal hat er schon selbst Geld bei derlei Dingen verloren, dann, setzte sie mit gesenkter Stimme hinzu, ist er so gewohnt, von Fremden Gewinn zu ziehen, daß er es Freunden vielleicht auch nicht besser machen würde. Sie müssen jemand an Ihrer Seite haben, der es ehrlich meint. – Ich wies auf sie. – Ehrlich bin ich, sagte sie. Dabei legte sie die Hand auf die Brust, und ihre Augen, die sonst ins Graulichte spielten, glänzten hellblau, himmelblau. Aber mit mir hats eigene Wege. Unser Geschäft wirft wenig ab, und mein Vater geht mit dem Gedanken um, einen Schenkladen aufzurichten. Da ist denn kein Platz für mich. Mir bliebe nur Handarbeit, denn dienen mag ich nicht. Und dabei sah sie aus wie eine Königin. Man hat mir zwar einen andern Antrag gemacht, fuhr sie fort, indem sie einen Brief aus der Schürze zog und halb widerwillig auf den Ladentisch warf; aber da müßte ich fort von hier. – Und weit? fragte ich. – Warum? was kümmert Sie das? – Ich erklärte, daß ich an denselben Ort hinziehen wollte. – Sind Sie ein Kind! sagte sie. Das ginge nicht an und wären ganz andere Dinge. Aber wenn Sie Vertrauen zu mir haben und gerne in meiner Nähe sind, so bringen Sie den Putzladen an sich, der hier nebenan zu Verkauf steht. Ich verstehe das Werk, und um den bürgerlichen Gewinn aus Ihrem Geld dürften Sie nicht verlegen sein. Auch fänden Sie selbst mit Rechnen und Schreiben eine ordentliche Beschäftigung. Was sich etwa noch weiter ergäbe, davon wollen

wir jetzt nicht reden. – Aber ändern müßten Sie sich! Ich hasse die
weibischen Männer. Ich war aufgesprungen und griff nach meinem
Hute. Was ist? wo wollen Sie hin? fragte sie. Alles abbestellen,
sagte ich mit kurzem Atem. – Was denn? – Ich erzählte ihr nun
meinen Plan zur Errichtung eines Schreib- und Auskunfts-Comp-
toirs. Da kommt nicht viel heraus, meinte sie. Auskunft einziehen
kann ein jeder selbst und schreiben hat auch ein jeder gelernt in der
Schule. Ich bemerkte, daß auch Musikalien kopiert werden sollten,
was nicht jedermanns Sache sei. Kommen Sie schon wieder mit
solchen Albernheiten? fuhr sie mich an. Lassen Sie das Musizieren
und denken Sie auf die Notwendigkeit! Auch wären Sie nicht imstande, einem Geschäfte selbst vorzustehen. Ich erklärte, daß ich
einen Compagnon gefunden hätte. Einen Compagnon? rief sie aus.
Da will man Sie gewiß betrügen! Sie haben doch noch kein Geld
hergegeben? – Ich zitterte, ohne zu wissen, warum. – Haben Sie
Geld gegeben? fragte sie noch einmal. Ich gestand die dreitausend
Gulden zur ersten Einrichtung. – Dreitausend Gulden? rief sie, so
vieles Geld! – Das übrige, fuhr ich fort, ist bei den Gerichten hinterlegt und jedenfalls sicher. – Also noch mehr? schrie sie auf. – Ich gab
den Betrag der Kaution an. – Und haben Sie die selbst bei den Gerichten angelegt? – Es war durch meinen Compagnon geschehen. –
Sie haben doch einen Schein darüber? – Ich hatte keinen Schein. –
Und wie heißt Ihr sauberer Compagnon? fragte sie weiter. Ich war
einigermaßen beruhigt, ihr den Sekretär meines Vaters nennen zu
können.
Gott der Gerechte! rief sie aufspringend und die Hände zusammen-
schlagend. Vater! Vater! – Der Alte trat herein. – Was habt Ihr heute
aus den Zeitungen gelesen? – Von dem Sekretarius? sprach er. –
Wohl, wohl! – Nun, der ist durchgegangen, hat Schulden über
Schulden hinterlassen und die Leute betrogen. Sie verfolgen ihn mit
Steckbriefen! – Vater, rief sie, er hat ihm auch sein Geld anvertraut.
Er ist zugrunde gerichtet. – Potz Dummköpfe und kein Ende!
schrie der Alte. Hab ichs nicht immer gesagt? Aber das war ein
Entschuldigen. Einmal lachte sie über ihn, dann war er wieder ein
redliches Gemüt. Aber ich will dazwischen fahren! Ich will zeigen,
wer Herr im Hause ist. Du, Barbara, marsch hinein in die Kammer!
Sie aber, Herr, machen Sie, daß Sie fortkommen, und verschonen

uns künftig mit Ihren Besuchen. Hier wird kein Almosen gereicht. – Vater, sagte das Mädchen, seid nicht hart gegen ihn, er ist ja doch unglücklich genug. – Eben darum, rief der Alte, will ichs nicht auch werden. Das, Herr, fuhr er fort, indem er auf den Brief zeigte, den Barbara vorher auf den Tisch geworfen hatte, das ist ein Mann! Hat Grütz im Kopfe und Geld im Sack. Betrügt niemanden, läßt sich aber auch nicht betrügen; und das ist die Hauptsache bei der Ehrlichkeit. – Ich stotterte, daß der Verlust der Kaution noch nicht gewiß sei. – Ja, rief er, wird ein Narr gewesen sein, der Sekretarius! Ein Schelm ist er, aber pfiffig. Und nun gehen Sie nur rasch, vielleicht holen Sie ihn noch ein! Dabei hatte er mir die flache Hand auf die Schulter gelegt und schob mich gegen die Türe. Ich wich dem Drucke seitwärts aus und wendete mich gegen das Mädchen, die, auf den Ladentisch gestützt, dastand, die Augen auf den Boden gerichtet, wobei die Brust heftig auf und niederging. Ich wollte mich ihr nähern, aber sie stieß zornig mit dem Fuße auf den Boden, und als ich meine Hand ausstreckte, zuckte sie mit der ihren halb empor, als ob sie mich wieder schlagen wollte. Da ging ich, und der Alte schloß die Türe hinter mir zu.

Ich wankte durch die Straßen zum Tor hinaus, ins Feld. Manchmal fiel mich die Verzweiflung an, dann kam aber wieder Hoffnung. Ich erinnerte mich, bei Anlegung der Kaution den Sekretär zum Handelsgericht begleitet zu haben. Dort hatte ich unter dem Torwege gewartet, und er war allein hinaufgegangen. Als er herabkam, sagte er, alles sei berichtigt, der Empfangsschein werde mir ins Haus geschickt werden. Letzteres war freilich nicht geschehen, aber Möglichkeit blieb noch immer. Mit anbrechendem Tage kam ich zur Stadt zurück. Mein erster Gang war in die Wohnung des Sekretärs. Aber die Leute lachten und fragten, ob ich die Zeitungen nicht gelesen hätte? Das Handelsgericht lag nur wenige Häuser davon ab. Ich ließ in den Büchern nachschlagen, aber weder sein Name noch meiner kam darin vor. Von einer Einzahlung keine Spur. So war denn mein Unglück gewiß. Ja, beinahe wäre es noch schlimmer gekommen. Denn da ein Gesellschaftskontrakt bestand, wollten mehrere seiner Gläubiger auf meine Person greifen. Aber die Gerichte gaben es nicht zu. Lob und Dank sei ihnen dafür gesagt! Obwohl es auf eines herausgekommen wäre.

In all diesen Widerwärtigkeiten war mir, gestehe ichs nur, der Griesler und seine Tochter ganz in den Hintergrund getreten. Nun da es ruhiger wurde und ich anfing zu überlegen, was etwa weiter geschehen sollte, kam mir die Erinnerung an den letzten Abend lebhaft zurück. Den Alten, eigennützig, wie er war, begriff ich ganz wohl, aber das Mädchen. Manchmal kam mir in den Sinn, daß, wenn ich das Meinige zu Rate gehalten und ihr eine Versorgung hätte anbieten können, sie wohl gar – Aber sie hätte mich nicht gemocht.« – Dabei besah er mit auseinanderfallenden Händen seine ganze dürftige Gestalt. – »Auch war ihr mein höfliches Benehmen gegen jedermann immer zuwider. So verbrachte ich ganze Tage, sann und überlegte. Eines Abends im Zwielicht – es war die Zeit, die ich gewöhnlich im Laden zuzubringen pflegte – saß ich wieder und versetzte mich in Gedanken an die gewohnte Stelle. Ich hörte sie sprechen, auf mich schmähen, ja es schien, sie verlachten mich. Da raschelte es plötzlich an der Türe, sie ging auf, und ein Frauenzimmer trat herein. – Es war Barbara. – Ich saß auf meinem Stuhl angenagelt, als ob ich ein Gespenst sähe. Sie war blaß und trug ein Bündel unter dem Arme. In die Mitte des Zimmers gekommen, blieb sie stehen, sah rings an den kahlen Wänden umher, dann nach abwärts auf das ärmliche Geräte und seufzte tief. Dann ging sie an den Schrank, der zur Seite an der Mauer stand, wickelte ihr Paket auseinander, das einige Hemden und Tücher enthielt – sie hatte in der letzten Zeit meine Wäsche besorgt – zog die Schublade heraus, schlug die Hände zusammen, als sie den spärlichen Inhalt sah, fing aber gleich darauf an, die Wäsche in Ordnung zu bringen und die mitgebrachten Stücke einzureihen. Darauf trat sie ein paar Schritte vom Schranke hinweg, und die Augen auf mich gerichtet, wobei sie mit dem Finger auf die offene Schublade zeigte, sagte sie: Fünf Hemden und drei Tücher. So viel habe ich gehabt, so viel bringe ich zurück. Dann drückte sie langsam die Schublade zu, stützte sich mit der Hand auf den Schrank und fing laut an zu weinen. Es schien fast, als ob ihr schlimm würde, denn sie setzte sich auf einen Stuhl neben dem Schranke, verbarg das Gesicht in ihr Tuch, und ich hörte aus den stoßweise geholten Atemzügen, daß sie noch immer fort- weinte. Ich war leise in ihre Nähe getreten und faßte ihre Hand, die sie mir gutwillig ließ. Als ich aber, um ihre Blicke auf mich zu

ziehen, an dem schlaff hängenden Arme bis zum Ellbogen empor-
rückte, stand sie rasch auf, machte ihre Hand los und sagte in gefaß-
tem Tone: Was nützt das alles? es ist nun einmal so. Sie haben es selbst
gewollt, sich und uns haben Sie unglücklich gemacht; aber freilich
sich selbst am meisten. Eigentlich verdienen Sie kein Mitleid – hier
wurde sie immer heftiger – wenn man so schwach ist, seine eigenen
Sachen nicht in Ordnung halten zu können; so leichtgläubig, daß
man jedem traut, gleichviel ob es ein Spitzbube ist oder ein ehrlicher
Mann. – Und doch tuts mir leid um Sie. Ich bin gekommen, um
Abschied zu nehmen. Ja, erschrecken Sie nur. Ists doch Ihr Werk. Ich
muß nun hinaus unter die groben Leute, wogegen ich mich so lange
gesträubt habe. Aber da ist kein Mittel. Die Hand habe ich Ihnen
schon gegeben, und so leben Sie wohl – für immer. Ich sah, daß ihr
die Tränen wieder ins Auge traten, aber sie schüttelte unwillig mit
dem Kopfe und ging. Mir war, als hätte ich Blei in den Gliedern.
Gegen die Türe gekommen, wendete sie sich noch einmal um und
sagte: Die Wäsche ist jetzt in Ordnung. Sehen Sie zu, daß nichts
abgeht. Es werden harte Zeiten kommen. Und nun hob sie die Hand
auf, machte wie ein Kreuzeszeichen in die Luft und rief: Gott mit dir,
Jakob! – In alle Ewigkeit, Amen! setzte sie leiser hinzu und ging.
Nun erst kam mir der Gebrauch meiner Glieder zurück. Ich eilte ihr
nach, und auf dem Treppenabsatze stehend, rief ich ihr nach: Barbara! Ich hörte, daß sie auf der Stiege stehen blieb. Wie ich aber die
erste Stufe hinabstieg, sprach sie von unten herauf: Bleiben Sie! und
ging die Treppe vollends hinab und zum Tore hinaus.
Ich habe seitdem harte Tage erlebt, keinen aber wie diesen; selbst der
darauf folgende war es minder. Ich wußte nämlich doch nicht so
recht, wie ich daran war, und schlich daher am kommenden Morgen
in der Nähe des Grieslerladens herum, ob mir vielleicht einige Aufklärung würde. Da sich aber nichts zeigte, blickte ich endlich seitwärts in den Laden hinein und sah eine fremde Frau, die abwog und
Geld herausgab und zuzählte. Ich wagte mich hinein und fragte, ob
sie den Laden an sich gekauft hätte? Zur Zeit noch nicht, sagte sie. –
Und wo die Eigentümer wären? – Die sind heute frühmorgens nach
Langenlebarn gereist. – Die Tochter auch? stammelte ich. – Nun
freilich auch, sagte sie, sie macht ja Hochzeit dort.
Die Frau mochte mir nun alles erzählt haben, was ich in der Folge von

andern Leuten erfuhr. Der Fleischer des genannten Ortes nämlich – derselbe, den ich zur Zeit meines ersten Besuches im Laden antraf – hatte dem Mädchen seit lange Heiratsanträge gemacht, denen sie immer auswich, bis sie endlich in den letzten Tagen, von ihrem Vater gedrängt und an allem übrigen verzweifelnd, einwilligte. Desselben Morgens waren Vater und Tochter dahin abgereist, und in dem Augenblick, da wir sprachen, war Barbara des Fleischers Frau.

Die Verkäuferin mochte mir, wie gesagt, das alles erzählt haben, aber ich hörte nicht und stand regungslos, bis endlich Kunden kamen, die mich zur Seite schoben, und die Frau mich anfuhr, ob ich noch sonst etwas wollte, worauf ich mich entfernte.

Sie werden glauben, verehrtester Herr«, fuhr er fort, »daß ich mich nun als den unglücklichsten aller Menschen fühlte. Und so war es auch im ersten Augenblicke. Als ich aber aus dem Laden heraustrat und, mich umwendend, auf die kleinen Fenster zurückblickte, an denen Barbara gewiß oft gestanden und herausgesehen hatte, da kam eine selige Empfindung über mich. Daß sie nun alles Kummers los war, Frau im eigenen Hause, und nicht nötig hatte, wie wenn sie ihre Tage an einen Herd- und Heimatlosen geknüpft hätte, Kummer und Elend zu tragen, das legte sich wie ein lindernder Balsam auf meine Brust, und ich segnete sie und ihre Wege.

Wie es nun mit mir immer mehr herabkam, beschloß ich, durch Musik mein Fortkommen zu suchen; und solange der Rest meines Geldes währte, übte und studierte ich mir die Werke großer Meister, vorzüglich der alten, ein, welche ich abschrieb; und als nun der letzte Groschen ausgegeben war, schickte ich mich an, von meinen Kenntnissen Vorteil zu ziehen, und zwar anfangs in geschlossenen Gesellschaften, wozu ein Gastgebot im Hause meiner Mietfrau den ersten Anlaß gab. Als aber die von mir vorgetragenen Kompositionen dort keinen Anklang fanden, stellte ich mich in die Höfe der Häuser, da unter so vielen Bewohnern doch einige sein mochten, die das Ernste zu schätzen wußten – ja endlich auf die öffentlichen Spaziergänge, wo ich denn wirklich die Befriedigung hatte, daß einzelne stehen blieben, zuhörten, mich befragten und nicht ohne Anteil weitergingen. Daß sie mir dabei Geld hinlegten, beschämte mich nicht. Denn einmal war gerade das mein Zweck, dann sah ich auch, daß berühmte Virtuosen, welche erreicht zu haben ich mir nicht schmeicheln konnte, sich für ihre Leistungen, und mitunter sehr hoch, honorieren ließen. So habe ich mich, obzwar ärmlich, aber redlich fortgebracht bis diesen Tag.

Nach Jahren sollte mir noch ein Glück zuteil werden. Barbara kam zurück. Ihr Mann hatte Geld verdient und ein Fleischhauergewerbe in einer der Vorstädte an sich gebracht. Sie war Mutter von zwei Kindern, von denen das älteste Jakob heißt, wie ich. Meine Berufsgeschäfte und die Erinnerung an alte Zeiten erlaubten mir nicht, zudringlich zu sein, endlich ward ich aber selbst ins Haus bestellt, um dem ältesten Knaben Unterricht auf der Violine zu geben. Er hat zwar nur wenig Talent, kann auch nur an Sonntagen spielen, da ihn in der Woche der Vater beim Geschäft verwendet, aber Barbaras Lied, das ich ihn gelehrt, geht doch schon recht gut; und wenn wir so üben und hantieren, singt manchmal die Mutter mit darein. Sie hat sich zwar sehr verändert in den vielen Jahren, ist stark geworden und kümmert sich wenig mehr um Musik, aber es klingt noch immer so hübsch wie damals.« Und damit ergriff der Alte seine Geige und fing an, das Lied zu spielen, und spielte fort und fort, ohne sich weiter um mich zu kümmern. Endlich hatte ichs satt, stand auf, legte ein paar Silberstücke auf den nebenstehenden Tisch und ging, während der Alte eifrig immer fortgeigte.

Bald darauf trat ich eine Reise an, von der ich erst mit einbrechendem Winter zurückkam. Die neuen Bilder hatten die alten verdrängt, und mein Spielmann war so ziemlich vergessen. Erst bei Gelegenheit des furchtbaren Eisganges im nächsten Frühjahre und der damit in Verbindung stehenden Überschwemmung der niedrig gelegenen Vorstädte erinnerte ich mich wieder an ihn. Die Umgegend der Gärtnergasse war zum See geworden. Für des alten Mannes Leben schien nichts zu besorgen, wohnte er doch hoch oben am Dache, indes unter den Bewohnern der Erdgeschoße sich der Tod seine nur zu häufigen Opfer ausersehen hatte. Aber entblößt von aller Hilfe, wie groß mochte seine Not sein! Solange die Überschwemmung währte, war nichts zu tun, auch hatten die Behörden nach Möglichkeit auf Schiffen Nahrung und Beistand den Abgeschnittenen gespendet. Als aber das Wasser verlaufen und die Straßen gangbar geworden waren, beschloß ich, meinen Anteil an der in Gang gebrachten, zu unglaublichen Summen angewachsenen Kollekte persönlich an die mich zunächst angehende Adresse zu befördern.

Der Anblick der Leopoldstadt war grauenhaft. In den Straßen zerbrochene Schiffe und Gerätschaften, in den Erdgeschossen zum Teil noch stehendes Wasser und schwimmende Habe. Als ich, dem Gedränge ausweichend, an ein zugelehntes Hoftor hintrat, gab dieses nach und zeigte im Torwege eine Reihe von Leichen, offenbar behufs der amtlichen Inspektion zusammengebracht und hingelegt; ja, im Innern der Gemächer waren noch hie und da, aufrechtstehend und an die Gitterfenster angekrallt, verunglückte Bewohner zu sehen, die – es fehlte eben an Zeit und Beamten, die gerichtliche Konstatierung so vieler Todesfälle vorzunehmen.

So schritt ich weiter und weiter. Von allen Seiten Weinen und Trauergeläute, suchende Mütter und irregehende Kinder. Endlich kam ich an die Gärtnergasse. Auch dort hatten sich die schwarzen Begleiter eines Leichenzuges aufgestellt, doch, wie es schien, entfernt von dem Hause, das ich suchte. Als ich aber näher trat, bemerkte ich wohl eine Verbindung von Anstalten und Hin- und Hergehenden zwischen dem Trauergeleite und der Gärtnerswohnung. Am Haustor stand ein wacker aussehender, ältlicher, aber noch kräftiger Mann. In hohen Stiefeln, gelben Lederhosen und langherabgehendem Leibrocke sah er einem Landfleischer ähnlich. Er gab Aufträge, sprach aber dazwischen ziemlich gleichgültig mit den Nebenstehenden. Ich ging an ihm vorbei und trat in den Hofraum. Die alte Gärtnerin kam mir entgegen, erkannte mich auf der Stelle wieder und begrüßte mich unter Tränen. »Geben Sie uns auch die Ehre?« sagte sie. »Ja, unser armer Alter! der musiziert jetzt mit den lieben Engeln, die auch nicht viel besser sein können, als er es war. Die ehrliche Seele saß da oben sicher in seiner Kammer. Als aber das Wasser kam und er die Kinder schreien hörte, da sprang er herunter und rettete und schleppte und trug und brachte in Sicherheit, daß ihm der Atem ging wie ein Schmiedegebläs. Ja – wie man denn nicht überall seine Augen haben kann – als sich ganz zuletzt zeigte, daß mein Mann seine Steuerbücher und die paar Gulden Papiergeld im Wandschrank vergessen hatte, nahm der Alte ein Beil, ging ins Wasser, das ihm schon an die Brust reichte, erbrach den Schrank und brachte alles treulich. Da hatte er sich wohl verkältet, und wie im ersten Augenblicke denn keine Hilfe zu haben war, griff er in die Phantasie und wurde immer schlechter, ob wir ihm gleich beistanden nach Möglichkeit und mehr dabei litten, als er selbst. Denn er musizierte in einem fort, mit der Stimme nämlich, und schlug den Takt und gab Lektionen. Als sich das Wasser ein wenig verlaufen hatte und wir den Bader holen konnten und den Geistlichen, richtete er sich plötzlich im Bette auf, wendete Kopf und Ohr seitwärts, als ob er in der Entfernung etwas gar Schönes hörte, lächelte, sank zurück und war tot. Gehen Sie nur hinauf, er hat oft von Ihnen gesprochen. Die Madame ist auch oben. Wir haben ihn auf unsere Kosten begraben lassen wollen, die Frau Fleischermeisterin gab es aber nicht zu.«

Sie drängte mich die steile Treppe hinauf bis zur Dachstube, die offen stand und ganz ausgeräumt war bis auf den Sarg in der Mitte, der, bereits geschlossen, nur der Träger wartete. An dem Kopfende saß eine ziemlich starke Frau, über die Hälfte des Lebens hinaus, im buntgedruckten Kattunüberrocke, aber mit schwarzem Halstuch und schwarzem Band auf der Haube. Es schien fast, als ob sie nie schön gewesen sein konnte. Vor ihr standen zwei ziemlich erwachsene Kinder, ein Bursche und ein Mädchen, denen sie offenbar Unterricht gab, wie sie sich beim Leichenzuge zu benehmen hätten. Eben, als ich eintrat, stieß sie dem Knaben, der sich ziemlich tölpisch auf den Sarg gelehnt hatte, den Arm herunter und glättete sorgfältig die herausstehenden Kanten des Leichentuches wieder zurecht. Die Gärtnersfrau führte mich vor; da fingen aber unten die Posaunen an zu blasen, und zugleich erscholl die Stimme des Fleischers von der Straße herauf: Barbara, es ist Zeit! Die Träger erschienen, ich zog mich zurück, um Platz zu machen. Der Sarg ward erhoben, hinabgebracht, und der Zug setzte sich in Bewegung. Voraus die Schuljugend mit Kreuz und Fahne, der Geistliche mit dem Kirchendiener. Unmittelbar nach dem Sarge die beiden Kinder des Fleischers und hinter ihnen das Ehepaar. Der Mann bewegte unausgesetzt, als in Andacht, die Lippen, sah aber dabei links und rechts um sich. Die Frau las eifrig in ihrem Gebetbuche, nur machten ihr die beiden Kinder zu schaffen, die sie einmal vorschob, dann wieder zurückhielt, wie ihr denn überhaupt die Ordnung des Leichenzuges sehr am Herzen zu liegen schien. Immer aber kehrte sie wieder zu ihrem Buche zurück. So kam das Geleite zum Friedhof. Das Grab war geöffnet. Die Kinder warfen die ersten Handvoll Erde hinab. Der Mann tat stehend dasselbe. Die Frau kniete und hielt ihr Buch nahe an die Augen. Die Totengräber vollendeten ihr Geschäft, und der Zug, halb aufgelöst, kehrte zurück. An der Türe gab es noch einen kleinen Wortwechsel, da die Frau eine Forderung des Leichenbesorgers offenbar zu hoch fand. Die Begleiter zerstreuten sich nach allen Richtungen. Der alte Spielmann war begraben.

Ein paar Tage darauf – es war ein Sonntag – ging ich, von meiner psychologischen Neugierde getrieben, in die Wohnung des Fleischers und nahm zum Vorwande, daß ich die Geige des Alten als Andenken zu besitzen wünschte. Ich fand die Familie beisammen, ohne Spur eines zurückgebliebenen besondern Eindrucks. Doch hing die Geige mit einer Art Symmetrie geordnet neben dem Spiegel, einem Kruzifix gegenüber, an der Wand. Als ich mein Anliegen erklärte und einen verhältnismäßig hohen Preis anbot, schien der Mann nicht abgeneigt, ein vorteilhaftes Geschäft zu machen. Die Frau aber fuhr vom Stuhle empor und sagte: »Warum nicht gar! Die Geige gehört unserem Jakob, und auf ein paar Gulden mehr oder weniger kommt es uns nicht an!« Dabei nahm sie das Instrument von der Wand, besah es von allen Seiten, blies den Staub herab und legte es in die Schublade, die sie, wie einen Raub befürchtend, heftig zustieß und abschloß. Ihr Gesicht war dabei von mir abgewandt, so daß ich nicht sehen konnte, was etwa darauf vorging. Da nun zu gleicher Zeit die Magd mit der Suppe eintrat und der Fleischer, ohne sich durch den Besuch stören zu lassen, mit lauter Stimme sein Tischgebet anhob, in das die Kinder gellend einstimmten, wünschte ich gesegnete Mahlzeit und ging zur Türe hinaus. Mein letzter Blick traf die Frau. Sie hatte sich umgewendet, und die Tränen liefen ihr stromweise über die Backen.

Die Judenbuche

Ein Sittengemälde aus dem gebirgichten Westfalen
(Rüschhaus 1837–1841)

Wo ist die Hand so zart, daß ohne Irren
Sie sondern mag beschränkten Hirnes Wirren,
So fest, daß ohne Zittern sie den Stein
Mag schleudern auf ein arm verkümmert Sein?
Wer wagt es, eitlen Blutes Drang zu messen,
Zu wägen jedes Wort, das unvergessen
In junge Brust die zähen Wurzeln trieb,
Des Vorurteils geheimen Seelendieb?
Du Glücklicher, geboren und gehegt
Im lichten Raum, von frommer Hand gepflegt,
Leg hin die Waagschal, nimmer dir erlaubt!
Laß ruhn den Stein – er trifft dein eignes Haupt!

Friedrich Mergel, geboren 1738, war der einzige Sohn eines sogenannten Halbmeiers oder Grundeigentümers geringerer Klasse im
Dorfe B., das, so schlecht gebaut und rauchig es sein mag, doch das
Auge jedes Reisenden fesselt durch die überaus malerische Schönheit seiner Lage in der grünen Waldschlucht eines bedeutenden und
geschichtlich merkwürdigen Gebirges. Das Ländchen, dem es an-
gehörte, war damals einer jener abgeschlossenen Erdwinkel ohne
Fabriken und Handel, ohne Heerstraßen, wo noch ein fremdes Gesicht Aufsehen erregte und eine Reise von dreißig Meilen selbst den
Vornehmeren zum Ulysses seiner Gegend machte – kurz, ein Fleck,
wie es deren sonst so viele in Deutschland gab, mit all den Mängeln
und Tugenden, all der Originalität und Beschränktheit, wie sie nur
in solchen Zuständen gedeihen. Unter höchst einfachen und häufig
unzulänglichen Gesetzen waren die Begriffe der Einwohner von
Recht und Unrecht einigermaßen in Verwirrung geraten, oder viel-

mehr, es hatte sich neben dem gesetzlichen ein zweites Recht gebildet, ein Recht der öffentlichen Meinung, der Gewohnheit und der durch Vernachlässigung entstandenen Verjährung. Die Gutsbesitzer, denen die niedere Gerichtsbarkeit zustand, straften und belohnten nach ihrer in den meisten Fällen redlichen Einsicht; der Untergebene tat, was ihm ausführbar und mit einem etwas weiten Gewissen verträglich schien, und nur dem Verlierenden fiel es zuweilen ein, in alten staubichten Urkunden nachzuschlagen.

Es ist schwer, jene Zeit unparteiisch ins Auge zu fassen; sie ist seit ihrem Verschwinden entweder hochmütig getadelt oder albern gelobt worden, da den, der sie erlebte, zuviel teure Erinnerungen blenden und der Spätergeborene sie nicht begreift. Soviel darf man indessen behaupten, daß die Form schwächer, der Kern fester, Vergehen häufiger, Gewissenlosigkeit seltener waren. Denn wer nach seiner Überzeugung handelt, und sei sie noch so mangelhaft, kann nie ganz zugrunde gehen, wogegen nichts seelentötender wirkt, als gegen das innere Rechtsgefühl das äußere Recht in Anspruch nehmen.

Ein Menschenschlag, unruhiger und unternehmender als alle seine Nachbarn, ließ in dem kleinen Staate, von dem wir reden, manches weit greller hervortreten als anderswo unter gleichen Umständen. Holz- und Jagdfrevel waren an der Tagesordnung, und bei den häufig vorfallenden Schlägereien hatte sich jeder selbst seines zerschlagenen Kopfes zu trösten. Da jedoch große und ergiebige Waldungen den Hauptreichtum des Landes ausmachten, ward allerdings scharf über die Forsten gewacht, aber weniger auf gesetzlichem Wege als in stets erneuten Versuchen, Gewalt und List mit gleichen Waffen zu überbieten.

Das Dorf B. galt für die hochmütigste, schlauste und kühnste Gemeinde des ganzen Fürstentums. Seine Lage inmitten tiefer und stolzer Waldeinsamkeit mochte schon früh den angeborenen Starrsinn der Gemüter nähren; die Nähe eines Flusses, der in die See mündete und bedeckte Fahrzeuge trug, groß genug, um Schiffbauholz bequem und sicher außer Land zu führen, trug sehr dazu bei, die natürliche Kühnheit der Holzfrevler zu ermutigen, und der Umstand, daß alles umher von Förstern wimmelte, konnte hier nur aufregend wirken, da bei den häufig vorkommenden Scharmützeln der Vorteil meist auf seiten der Bauern blieb. Dreißig, vierzig Wagen zogen zugleich aus in den schönen Mondnächten mit ungefähr doppelt soviel Mannschaft jedes Alters, vom halbwüchsigen Knaben bis zum siebzigjährigen Ortsvorsteher, der als erfahrener Leitbock den Zug mit gleich stolzem Bewußtsein anführte, als er seinen Sitz in der Gerichtsstube einnahm. Die Zurückgebliebenen horchten sorglos dem allmählichen Verhallen des Knarrens und Stoßens der Räder in den Hohlwegen und schliefen sacht weiter. Ein gelegentlicher Schuß, ein schwacher Schrei ließen wohl einmal eine junge Frau oder Braut auffahren; kein anderer achtete darauf. Beim ersten Morgengrau kehrte der Zug ebenso schweigend heim, die Gesichter glühend wie Erz, hier und dort einer mit verbundenem Kopf, was weiter nicht in Betracht kam, und nach ein paar Stunden war die Umgegend voll von dem Mißgeschick eines oder mehrerer Forstbeamten, die aus dem Walde getragen wurden, zerschlagen, mit Schnupftabak geblendet und für einige Zeit unfähig, ihrem Berufe nachzukommen.

In diesen Umgebungen ward Friedrich Mergel geboren, in einem Hause, das durch die stolze Zugabe eines Rauchfangs und minder kleiner Glasscheiben die Ansprüche seines Erbauers sowie durch seine gegenwärtige Verkommenheit die kümmerlichen Umstände des jetzigen Besitzers bezeugte. Das frühere Geländer um Hof und Garten war einem vernachlässigten Zaune gewichen, das Dach schadhaft, fremdes Vieh weidete auf den Triften, fremdes Korn wuchs auf dem Acker zunächst am Hofe, und der Garten enthielt, außer ein paar holzichten Rosenstöcken aus besserer Zeit, mehr Unkraut als Kraut. Freilich hatten Unglücksfälle manches hiervon herbeigeführt; doch war auch viel Unordnung und böse Wirtschaft im Spiel. Friedrichs Vater, der alte Hermann Mergel, war in seinem Junggesellenstande ein sogenannter ordentlicher Säufer, das heißt einer, der nur an Sonn- und Festtagen in der Rinne lag und die Woche hindurch so manierlich war wie ein anderer. So war denn auch seine Bewerbung um ein recht hübsches und wohlhabendes Mädchen ihm nicht erschwert. Auf der Hochzeit gings lustig zu. Mergel war gar nicht so arg betrunken, und die Eltern der Braut gingen abends vergnügt heim; aber am nächsten Sonntage sah man die junge Frau schreiend und blutrünstig durchs Dorf zu den Ihrigen rennen, alle ihre guten Kleider und neues Hausgerät im Stich lassend. Das war freilich ein großer Skandal und Ärger für Mergel, der allerdings Trostes bedurfte. So war denn auch am Nachmittage keine Scheibe an seinem Haus mehr ganz, und man sah ihn noch bis spät in die Nacht vor der Türschwelle liegen, einen abgebrochenen Flaschenhals von Zeit zu Zeit zum Munde führend und sich Gesicht und Hände jämmerlich zerschneidend. Die junge Frau blieb bei ihren Eltern, wo sie bald verkümmerte und starb. Ob nun den Mergel Reue quälte oder Scham, genug, er schien der Trostmittel immer bedürftiger unf fing bald an, den gänzlich verkommenen Subjekten zugezählt zu werden.

Die Wirtschaft verfiel; fremde Mägde brachten Schimpf und Schaden; so verging Jahr auf Jahr. Mergel war und blieb ein verlegener und zuletzt ziemlich armseliger Witwer, bis er mit einemmale wieder als Bräutigam auftrat. War die Sache an und für sich unerwartet, so trug die Persönlichkeit der Braut noch dazu bei, die Verwunderung zu erhöhen. Margreth Semmler war eine brave, anständige Person, so in den Vierzigen, in ihrer Jugend eine Dorfschönheit und noch jetzt als sehr klug und wirtlich geachtet, dabei nicht unvermögend; und so mußte es jedem unbegreiflich sein, was sie zu diesem Schritte getrieben. Wir glauben den Grund eben in dieser ihrer selbstbewußten Vollkommenheit zu finden. Am Abend vor der Hochzeit soll sie gesagt haben: »Eine Frau, die von ihrem Manne übel behandelt wird, ist dumm oder taugt nicht: wenns mir schlecht geht, so sagt, es liege an mir.« Der Erfolg zeigte leider, daß sie ihre Kräfte überschätzt hatte. Anfangs imponierte sie ihrem Manne; er kam nicht nach Hause oder kroch in die Scheune, wenn er sich übernommen hatte; aber das Joch war zu drückend, um lange getragen zu werden, und bald sah man ihn oft genug quer über die Gasse ins Haus taumeln, hörte drinnen sein wüstes Lärmen und sah Margreth eilends Tür und Fenster schließen. An einem solchen Tage – keinem Sonntage mehr – sah man sie abends aus dem Hause stürzen, ohne Haube und Halstuch, das Haar wild um den Kopf hängend, sich im Garten neben ein Krautbeet niederwerfen und die Erde mit den Händen aufwühlen, dann ängstlich um sich schauen, rasch ein Bündel Kräuter brechen und damit langsam wieder dem Hause zugehen, aber nicht hinein, sondern in die Scheune.

Es hieß, an diesem Tage habe Mergel zuerst Hand an sie gelegt, obwohl das Bekenntnis nie über ihre Lippen kam.

Das zweite Jahr dieser unglücklichen Ehe ward mit einem Sohne – man kann nicht sagen – erfreut; denn Margreth soll sehr geweint haben, als man ihr das Kind reichte. Dennoch, obwohl unter einem Herzen voll Gram getragen, war Friedrich ein gesundes hübsches Kind, das in der frischen Luft kräftig gedieh. Der Vater hatte ihn sehr lieb, kam nie nach Hause, ohne ihm ein Stückchen Wecken oder dergleichen mitzubringen, und man meinte sogar, er sei seit der Geburt des Knaben ordentlicher geworden; wenigstens ward der Lärm im Hause geringer.

Friedrich stand in seinem neunten Jahre. Es war um das Fest der heiligen drei Könige, eine harte, stürmische Winternacht. Hermann war zu einer Hochzeit gegangen und hatte sich schon beizeiten auf den Weg gemacht, da das Brauthaus dreiviertel Meilen entfernt lag. Obgleich er versprochen hatte, abends wiederzukommen, rechnete Frau Mergel doch um so weniger darauf, da sich nach Sonnenuntergang dichtes Schneegestöber eingestellt hatte. Gegen zehn Uhr schürte sie die Asche am Herde zusammen und machte sich zum Schlafengehen bereit. Friedrich stand neben ihr, schon halb entkleidet, und horchte auf das Geheul des Windes und das Klappen der Bodenfenster.

»Mutter, kommt der Vater heute nicht?« fragte er. – »Nein, Kind, morgen.« – »Aber warum nicht, Mutter? Er hats doch versprochen.« – »Ach Gott, wenn der das alles hielte, was er verspricht! Mach, mach voran, daß du fertig wirst!«

Sie hatten sich kaum niedergelegt, so erhob sich eine Windsbraut, als ob sie das Haus mitnehmen wollte. Die Bettstatt bebte, und im Schornstein rasselte es wie ein Kobold. – »Mutter – es pocht draußen!« – »Still, Fritzchen, das ist das lockere Brett im Giebel, das der Wind jagt.« – »Nein, Mutter, an der Tür!« – »Sie schließt nicht; die Klinke ist zerbrochen. Gott, schlaf doch! Bring mich nicht um das armselige bißchen Nachtruhe.« – »Aber wenn nun der Vater kommt?« – Die Mutter drehte sich heftig im Bett um. – »Den hält der Teufel fest genug!« – »Wo ist der Teufel, Mutter?« – »Wart, du Unrast! Er steht vor der Tür und will dich holen, wenn du nicht ruhig bist!«

Friedrich ward still; er horchte noch ein Weilchen und schlief dann ein. Nach einigen Stunden erwachte er. Der Wind hatte sich gewendet und zischte jetzt wie eine Schlange durch die Fensterritze an seinem Ohr. Seine Schulter war erstarrt; er kroch tief unters Deckbett und lag aus Furcht ganz still. Nach einer Weile bemerkte er, daß die Mutter auch nicht schlief. Er hörte sie weinen und mitunter: »Gegrüßt seist du, Maria!« und »bitte für uns arme Sünder!« Die Kügelchen des Rosenkranzes glitten an seinem Gesicht hin. – Ein unwillkürlicher Seufzer entfuhr ihm. – »Friedrich, bist du wach?« – »Ja, Mutter.« – »Kind, bete ein wenig – du kannst ja schon das halbe Vaterunser – daß Gott uns bewahre vor Wasser- und Feuersnot.« Friedrich dachte an den Teufel, wie der wohl aussehen möge. Das mannigfache Geräusch und Getöse im Hause kam ihm wunderlich vor. Er meinte, es müsse etwas Lebendiges drinnen sein und draußen auch. »Hör, Mutter, gewiß, da sind Leute, die pochen.« – »Ach nein, Kind; aber es ist kein altes Brett im Hause, das nicht klappert.« – »Hör! hörst du nicht? Er ruft! Hör doch!« Die Mutter richtete sich auf; das Toben des Sturms ließ einen Augenblick nach. Man hörte deutlich an den Fensterläden pochen und mehrere Stimmen: »Margreth! Frau Margreth, heda, aufgemacht!« – Margreth stieß einen heftigen Laut aus: »Da bringen sie mir das Schwein wieder!«

Der Rosenkranz flog klappernd auf den Brettstuhl, die Kleider wurden herbeigerissen. Sie fuhr zum Herde, und bald darauf hörte Friedrich sie mit trotzigen Schritten über die Tenne gehen. Margreth kam gar nicht wieder; aber in der Küche war viel Gemurmel und fremde Stimmen. Zweimal kam ein fremder Mann in die Kammer und schien ängstlich etwas zu suchen. Mit einemmale ward eine Lampe hereingebracht; zwei Männer führten die Mutter. Sie war weiß wie Kreide und hatte die Augen geschlossen. Friedrich meinte, sie sei tot; er erhob ein fürchterliches Geschrei, worauf ihm jemand eine Ohrfeige gab, was ihn zur Ruhe brachte, und nun begriff er nach und nach aus den Reden der Umstehenden, daß der Vater von Ohm Franz Semmler und dem Hülsmeyer tot im Holze gefunden sei und jetzt in der Küche liege.

Sobald Margreth wieder zur Besinnung kam, suchte sie die fremden Leute loszuwerden. Der Bruder blieb bei ihr, und Friedrich, dem bei strenger Strafe im Bett zu bleiben geboten war, hörte die ganze Nacht hindurch das Feuer in der Küche knistern und ein Geräusch wie von Hin- und Herrutschen und Bürsten. Gesprochen ward wenig und leise, aber zuweilen drangen Seufzer herüber, die dem Knaben, so jung er war, durch Mark und Bein gingen. Einmal verstand er, daß der Oheim sagte: »Margreth, zieh dir das nicht zu Gemüt; wir wollen jeder drei Messen lesen lassen, und um Ostern gehen wir zusammen eine Bittfahrt zur Mutter Gottes von Werl.«

Als nach zwei Tagen die Leiche fortgetragen wurde, saß Margreth am Herde, das Gesicht mit der Schürze verhüllend. Nach einigen Minuten, als alles still geworden war, sagte sie in sich hinein: »Zehn Jahre, zehn Kreuze! Wir haben sie doch zusammen getragen, und jetzt bin ich allein!« Dann lauter: »Fritzchen, komm her!« – Friedrich kam scheu heran; die Mutter war ihm ganz unheimlich geworden mit den schwarzen Bändern und den verstörten Zügen. »Fritzchen«, sagte sie, »willst du jetzt auch fromm sein, daß ich Freude an dir habe, oder willst du unartig sein und lügen, oder saufen und stehlen?« – »Mutter, Hülsmeyer stiehlt.« – »Hülsmeyer? Gott bewahre! Soll ich dir auf den Rücken kommen? Wer sagt dir so schlechtes Zeug?« – »Er hat neulich den Aaron geprügelt und ihm sechs Groschen genommen.« – »Hat er dem Aaron Geld genommen, so hat ihn der verfluchte Jude gewiß zuvor darum betrogen. Hülsmeyer ist ein ordentlicher angesessener Mann, und die Juden sind alle Schelme.« – »Aber, Mutter, Brandis sagt auch, daß er Holz und Rehe stiehlt.« – »Kind, Brandis ist ein Förster.« – »Mutter, lügen die Förster?«

Margreth schwieg eine Weile, dann sagte sie: »Höre, Fritz, das Holz läßt unser Herrgott frei wachsen, und das Wild wechselt aus eines Herren Lande in das andere; die können niemand angehören. Doch das verstehst du noch nicht; jetzt geh in den Schuppen und hole mir Reisig.«

Friedrich hatte seinen Vater auf dem Stroh gesehen, wo er, wie man sagt, blau und fürchterlich ausgesehen haben soll. Aber davon erzählte er nie und schien ungern daran zu denken. Überhaupt hatte die Erinnerung an seinen Vater eine mit Grausen gemischte Zärtlichkeit in ihm zurückgelassen, wie denn nichts so fesselt wie die

Liebe und Sorgfalt eines Wesens, das gegen alles übrige verhärtet scheint, und bei Friedrich wuchs dieses Gefühl mit den Jahren durch das Gefühl mancher Zurücksetzung von seiten anderer. Es war ihm äußerst empfindlich, wenn, solange er Kind war, jemand des Verstorbenen nicht allzu löblich gedachte; ein Kummer, den ihm das Zartgefühl der Nachbarn nicht ersparte. Es ist gewöhnlich in jenen Gegenden, den Verunglückten die Ruhe im Grabe abzusprechen. Der alte Mergel war das Gespenst des Brederholzes geworden; einen Betrunkenen führte er als Irrlicht bei einem Haar in den Zellerkolk; die Hirtenknaben, wenn sie nachts bei ihren Feuern kauerten und die Eulen in den Gründen schrieen, hörten zuweilen in abgebrochenen Tönen ganz deutlich dazwischen sein »Hör mal an, feins Liseken«, und ein unprivilegierter Holzhauer, der unter der breiten Eiche eingeschlafen und dem es darüber Nacht geworden war, hatte beim Erwachen sein geschwollenes blaues Gesicht durch die Zweige lauschen sehen. Friedrich mußte von andern Knaben vieles darüber hören; dann heulte er, schlug um sich, stach auch einmal mit seinem Messerchen und wurde bei dieser Gelegenheit jämmerlich geprügelt. Seitdem trieb er seiner Mutter Kühe allein an das andere Ende des Tales, wo man ihn oft stundenlang in derselben Stellung im Grase liegen und den Thymian aus dem Boden rupfen sah.

Er war zwölf Jahre alt, als seine Mutter einen Besuch von ihrem jüngeren Bruder erhielt, der in Brede wohnte und seit der törichten Heirat seiner Schwester ihre Schwelle nicht betreten hatte. Simon Semmler war ein kleiner, unruhiger, magerer Mann mit vor dem Kopf liegenden Fischaugen und überhaupt einem Gesicht wie ein Hecht, ein unheimlicher Geselle, bei dem dicktuende Verschlossenheit oft mit ebenso gesuchter Treuherzigkeit wechselte, der gern einen aufgeklärten Kopf vorgestellt hätte und statt dessen für einen fatalen, Händel suchenden Kerl galt, dem jeder um so lieber aus dem Wege ging, je mehr er in das Alter trat, wo ohnehin beschränkte Menschen leicht an Ansprüchen gewinnen, was sie an Brauchbarkeit verlieren. Dennoch freute sich die arme Margreth, die sonst keinen der Ihrigen mehr am Leben hatte.

»Simon, bist du da?« sagte sie und zitterte, daß sie sich am Stuhle halten mußte. »Willst du sehen, wie es mir geht und meinem schmutzigen Jungen?« – Simon betrachtete sie ernst und reichte ihr die Hand: »Du bist alt geworden, Margreth!« – Margreth seufzte: »Es ist mir derweil oft bitterlich gegangen mit allerlei Schicksalen.« – »Ja, Mädchen, zu spät gefreit hat immer gereut! Jetzt bist du alt, und das Kind ist klein. Jedes Ding hat seine Zeit. Aber wenn ein altes Haus brennt, da hilft kein Löschen.« – Über Margreths ver- grämtes Gesicht flog eine Flamme, so rot wie Blut.

»Aber ich höre, dein Junge ist schlau und gewichst«, fuhr Simon fort. – »Ei nun, so ziemlich, und dabei fromm.« – »Hum, 's hat mal einer eine Kuh gestohlen, der hieß auch Fromm. Aber er ist still und nachdenklich, nicht wahr? Er läuft nicht mit den anderen Buben?« – »Er ist ein eigenes Kind«, sagte Margreth wie für sich, »es ist nicht gut.« – Simon lachte hell auf: »Dein Junge ist scheu, weil ihn die anderen ein paarmal gut durchgedroschen haben. Das wird ihnen der Bursche schon wieder bezahlen. Hülsmeyer war neulich bei mir, der sagte: ›Es ist ein Junge wie 'n Reh.‹«

Welcher Mutter geht das Herz nicht auf, wenn sie ihr Kind loben hört? Der armen Margreth ward selten so wohl, jedermann nannte ihren Jungen tückisch und verschlossen. Die Tränen traten ihr in die Augen. »Ja, gottlob, er hat gerade Glieder.« – »Wie sieht er aus?« fuhr Simon fort. – »Er hat viel von dir, Simon, viel.«

Simon lachte: »Ei, das muß ein rarer Kerl sein, ich werde alle Tage schöner. An der Schule soll er sich wohl nicht verbrennen. Du läßt ihn die Kühe hüten? Ebenso gut. Es ist doch nicht halb wahr, was der Magister sagt. Aber wo hütet er? Im Telgengrund? im Roder- holze? im Teutoburger Wald? auch des Nachts und früh?« – »Die ganzen Nächte durch; aber wie meinst du das?«

Simon schien dies zu überhören; er reckte den Hals zur Türe hinaus: »Ei, da kommt der Gesell! Vaterssohn! Er schlenkert gerade so mit den Armen wie dein seliger Mann. Und schau mal an! Wahrhaftig, der Junge hat meine blonden Haare!«

In der Mutter Züge kam ein heimliches, stolzes Lächeln; ihres Friedrichs blonde Locken und Simons rötliche Bürsten! Ohne zu antworten, brach sie einen Zweig von der nächsten Hecke und ging ihrem Sohne entgegen, scheinbar, eine träge Kuh anzutreiben, im Grunde aber, ihm einige rasche, halbdrohende Worte zuzuraunen; denn sie kannte seine störrische Natur, und Simons Weise war ihr heute einschüchternder vorgekommen als je. Doch ging alles über Erwarten gut; Friedrich zeigte sich weder verstockt noch frech, vielmehr etwas blöde und sehr bemüht, dem Ohm zu gefallen. So kam es denn dahin, daß nach einer halbstündigen Unterredung Simon eine Art Adoption des Knaben in Vorschlag brachte, vermöge deren er denselben zwar nicht gänzlich seiner Mutter entziehen, aber doch über den größten Teil seiner Zeit verfügen wollte, wofür ihm dann am Ende des alten Junggesellen Erbe zufallen solle, das ihm freilich ohnedies nicht entgehen konnte. Margreth ließ sich geduldig auseinandersetzen, wie groß der Vorteil, wie gering die Entbehrung ihrerseits bei dem Handel sei. Sie wußte am besten, was eine kränkliche Witwe an der Hülfe eines zwölfjährigen Knaben entbehrt, den sie bereits gewöhnt hat, die Stelle einer Tochter zu ersetzen. Doch sie schwieg und gab sich in alles. Nur bat sie den Bruder, streng, doch nicht hart gegen den Knaben zu sein.

»Er ist gut«, sagte sie, »aber ich bin eine einsame Frau; mein Kind ist nicht wie einer, über den Vaterhand regiert hat.« Simon nickte schlau mit dem Kopf: »Laß mich nur gewähren, wir wollen uns schon vertragen, und weißt du was? Gib mir den Jungen gleich mit, ich habe zwei Säcke aus der Mühle zu holen; der kleinste ist ihm grad recht, und so lernt er mir zur Hand gehen. Komm, Fritzchen, zieh deine Holzschuh an!« – Und bald sah Margreth den beiden nach, wie sie fortschritten, Simon voran, mit seinem Gesicht die Luft durchschneidend, während ihm die Schöße des roten Rocks wie Feuerflammen nachzogen. So hatte er ziemlich das Ansehen eines feurigen Mannes, der unter dem gestohlenen Sacke büßt; Friedrich ihm nach, fein und schlank für sein Alter, mit zarten, fast edlen Zügen und langen, blonden Locken, die besser gepflegt waren, als sein übriges Äußere erwarten ließ; übrigens zerlumpt, sonneverbrannt und mit dem Ausdruck der Vernachlässigung und einer gewissen rohen Melancholie in den Zügen. Dennoch war eine große Familienähnlichkeit beider nicht zu verkennen, und wie Friedrich so langsam seinem Führer nachtrat, die Blicke fest auf denselben geheftet, der ihn gerade durch das Seltsame seiner Erscheinung anzog, erinnerte er unwillkürlich an jemand, der in einem Zauberspiegel das Bild seiner Zukunft mit verstörter Aufmerksamkeit betrachtet.

Jetzt nahten die beiden sich der Stelle des Teutoburger Waldes, wo das Brederholz den Abhang des Gebirges niedersteigt und einen sehr dunklen Grund ausfüllt. Bis jetzt war wenig gesprochen worden. Simon schien nachdenkend, der Knabe zerstreut, und beide keuchten unter ihren Säcken. Plötzlich fragte Simon: »Trinkst du gern Branntwein?« – Der Knabe antwortete nicht. »Ich frage, trinkst du gern Branntwein? Gibt dir die Mutter zuweilen welchen?« – »Die Mutter hat selbst keinen«, sagte Friedrich. – »So, so, desto besser! – Kennst du das Holz da vor uns?« – »Das ist das Brederholz.« – »Weißt du auch, was darin vorgefallen ist?« – Friedrich schwieg. Indessen kamen sie der düstern Schlucht immer näher. »Betet die Mutter noch so viel?« hob Simon wieder an. – »Ja, jeden Abend zwei Rosenkränze.« – »So? Und du betest mit?« – Der Knabe lachte halb verlegen mit einem durchtriebenen Seitenblick. – »Die Mutter betet in der Dämmerung vor dem Essen den einen Rosenkranz, dann bin ich meist noch nicht wieder da mit den Kühen, und den andern im Bette, dann schlaf ich gewöhnlich ein.« – »So, so, Geselle!« – Diese letzten Worte wurden unter dem Schirme einer weiten Buche gesprochen, die den Eingang der Schlucht überwölbte. Es war jetzt ganz finster, das erste Mondviertel stand am Himmel, aber seine schwachen Schimmer dienten nur dazu, den Gegenständen, die sie zuweilen durch eine Lücke des Zweiges berührten, ein fremdartiges Ansehen zu geben. Friedrich hielt sich dicht hinter seinem Ohm; sein Odem ging schnell, und wer seine Züge hätte unterscheiden können, würde den Ausdruck einer ungeheuren, doch mehr phantastischen als furchtsamen Spannung darin wahrgenommen haben. So schritten beide rüstig voran, Simon mit dem festen Schritt des abgehärteten Wanderers, Friedrich schwankend und wie im Traum. Es kam ihm vor, als ob alles sich bewegte und die Bäume in den einzelnen Mondstrahlen bald zusammen, bald voneinander schwankten. Baumwurzeln und schlüpfrige Stellen, wo sich das Regenwasser gesammelt, machten seinen Schritt unsicher; er war einige Male nahe daran, zu fallen. Jetzt schien sich in einiger Entfernung das Dunkel zu brechen, und bald traten beide in eine ziemlich große Lichtung. Der Mond schien klar hinein und zeigte, daß hier noch vor kurzem die Axt unbarmherzig gewütet hatte. Überall ragten Baumstümpfe hervor, manche mehrere Fuß über der Erde, wie sie gerade in der Eile am bequemsten zu durchschneiden gewesen waren; die verpönte Arbeit mußte unversehens unterbrochen worden sein, denn eine Buche lag quer über dem Pfad, in vollem Laube, ihre Zweige hoch über sich streckend und im Nachtwinde mit den noch frischen Blättern zitternd. Simon blieb einen Augenblick stehen und betrachtete den gefällten Stamm mit Aufmerksamkeit. In der Mitte der Lichtung stand eine alte Eiche, mehr breit als hoch; ein blasser Strahl, der durch die Zweige auf ihren Stamm fiel, zeigte, daß er hohl sei, was ihn wahrscheinlich vor der allgemeinen Zerstörung geschützt hatte. Hier ergriff Simon plötzlich des Knaben Arm.

»Friedrich, kennst du den Baum? Das ist die breite Eiche.« – Friedrich fuhr zusammen und klammerte sich mit kalten Händen an seinen Ohm. »Sieh«, fuhr Simon fort, »hier haben Ohm Franz und der Hülsmeyer deinen Vater gefunden, als er in der Betrunkenheit ohne Buße und Ölung zum Teufel gefahren war.« – »Ohm, Ohm!« keuchte Friedrich. – »Was fällt dir ein? Du wirst dich doch nicht fürchten? Satan von einem Jungen, du kneipst mir den Arm! Laß los, los!« – Er suchte den Knaben abzuschütteln. – »Dein Vater war übrigens eine gute Seele; Gott wirds nicht so genau mit ihm nehmen. Ich hatt ihn so lieb wie meinen eigenen Bruder.« – Friedrich ließ den Arm des Ohms los; beide legten schweigend den übrigen Teil des Waldes zurück, und das Dorf Brede lag vor ihnen mit seinen Lehmhütten und den einzelnen bessern Wohnungen von Ziegelsteinen, zu denen auch Simons Haus gehörte.

Am nächsten Abend saß Margreth schon seit einer Stunde mit ihrem Rocken vor der Tür und wartete auf ihren Knaben. Es war die erste Nacht, die sie zugebracht hatte, ohne den Atem ihres Kindes neben sich zu hören, und Friedrich kam noch immer nicht. Sie war ärgerlich und ängstlich und wußte, daß sie beides ohne Grund war. Die Uhr im Turm schlug sieben, das Vieh kehrte heim; er war noch immer nicht da, und sie mußte aufstehen, um nach den Kühen zu schauen. Als sie wieder in die dunkle Küche trat, stand Friedrich am Herde; er hatte sich vornüber gebeugt und wärmte die Hände an den Kohlen. Der Schein spielte auf seinen Zügen und gab ihnen ein widriges Ansehen von Magerkeit und ängstlichem Zucken. Margreth blieb in der Tennentür stehen, so seltsam verändert kam ihr das Kind vor.

»Friedrich, wie gehts dem Ohm?« Der Knabe murmelte einige unverständliche Worte und drängte sich dicht an die Feuermauer. – »Friedrich, hast du das Reden verlernt? Junge, tu das Maul auf! Du weißt ja doch, daß ich auf dem rechten Ohr nicht gut höre.« – Das Kind erhob seine Stimme und geriet dermaßen ins Stammeln, daß Margreth es um nichts mehr begriff. – »Was sagst du? Einen Gruß von Meister Semmler? Wieder fort? Wohin? Die Kühe sind schon zu Hause. Verfluchter Junge, ich kann dich nicht verstehen. Wart, ich muß einmal sehen, ob du keine Zunge im Munde hast.« – Sie trat heftig einige Schritte vor. Das Kind sah zu ihr auf mit dem Jammerblick eines armen, halbwüchsigen Hundes, der Schildwacht stehen lernt, und begann in der Angst mit den Füßen zu stampfen und den Rücken an der Feuermauer zu reiben.

Margreth stand still; ihre Blicke wurden ängstlich. Der Knabe erschien ihr wie zusammengeschrumpft, auch seine Kleider waren nicht dieselben, nein, das war ihr Kind nicht! und dennoch –. »Friedrich, Friedrich!« rief sie.

In der Schlafkammer klappte eine Schranktür, und der Gerufene trat hervor, in der einen Hand eine sogenannte Holschenvioline, das heißt einen alten Holzschuh, mit drei bis vier zerschabten Geigensaiten überspannt, in der anderen einen Bogen, ganz des Instrumentes würdig. So ging er gerade auf sein verkümmertes Spiegelbild zu, seinerseits mit einer Haltung bewußter Würde und Selbständigkeit, die in diesem Augenblicke den Unterschied zwischen beiden sonst merkwürdig ähnlichen Knaben stark hervortreten ließ.

»Da, Johannes!« sagte er und reichte ihm mit einer Gönnermiene das Kunstwerk, »da ist die Violine, die ich dir versprochen habe. Mein Spielen ist vorbei, ich muß jetzt Geld verdienen.« – Johannes warf noch einmal einen scheuen Blick auf Margreth, streckte dann langsam seine Hand aus, bis er das Dargebotene fest ergriffen hatte, und brachte es wie verstohlen unter die Flügel seines armseligen Jäckchens.

Margreth stand ganz still und ließ die Kinder gewähren. Ihre Gedanken hatten eine andere, sehr ernste Richtung genommen, und sie blickte mit unruhigem Auge von einem auf den andern. Der fremde Knabe hatte sich wieder über die Kohlen gebeugt mit einem

Ausdruck augenblicklichen Wohlbehagens, der an Albernheit grenzte, während in Friedrichs Zügen der Wechsel eines offenbar mehr selbstischen als gutmütigen Mitgefühls spielte und sein Auge in fast glasartiger Klarheit zum erstenmale bestimmt den Ausdruck jenes ungebändigten Ehrgeizes und Hanges zum Großtun zeigte, der nachher als so starkes Motiv seiner meisten Handlungen hervortrat. Der Ruf seiner Mutter störte ihn aus Gedanken, die ihm ebenso neu als angenehm waren. Sie saß wieder am Spinnrade.

»Friedrich«, sagte sie zögernd, »sag einmal –« und schwieg dann. Friedrich sah auf und wandte sich, da er nichts weiter vernahm, wieder zu seinem Schützling. – »Nein, höre –« und dann leiser: »Was ist das für ein Junge? Wie heißt er?« – Friedrich antwortete ebenso leise: »Das ist des Ohms Simon Schweinehirt, der eine Botschaft an den Hülsmeyer hat. Der Ohm hat mir ein paar Schuhe und eine Weste von Drillich gegeben, die hat mir der Junge unterwegs getragen; dafür habe ich ihm meine Violine versprochen; er ist ja doch ein armes Kind; Johannes heißt er. « – »Nun?« sagte Margreth. – »Was willst du, Mutter?« – »Wie heißt er weiter?« – »Ja – weiter nicht – oder warte – doch: Niemand, Johannes Niemand heißt er. – Er hat keinen Vater«, fügte er leiser hinzu.

Margreth stand auf und ging in die Kammer. Nach einer Weile kam sie heraus mit einem harten, finstern Ausdruck in den Mienen. »So, Friedrich«, sagte sie, »laß den Jungen gehen, daß er seine Bestellung machen kann. – Junge, was liegst du da in der Asche? Hast du zu Hause nichts zu tun?« – Der Knabe raffte sich mit der Miene eines Verfolgten so eilfertig auf, daß ihm alle Glieder im Wege standen und die Holschenvioline bei einem Haar ins Feuer gefallen wäre. – »Warte, Johannes«, sagte Friedrich stolz, »ich will dir mein halbes Butterbrot geben, es ist mir doch zu groß, die Mutter schneidet allemal übers ganze Brot. « – »Laß doch«, sagte Margreth, »er geht ja nach Hause. « – »Ja, aber er bekommt nichts mehr; Ohm Simon ißt um 7 Uhr. « Margreth wandte sich zu dem Knaben: »Hebt man dir nichts auf? Sprich: wer sorgt für dich?« – »Niemand«, stotterte das Kind. – »Niemand?« wiederholte sie; »da nimm, nimm!« fügte sie heftig hinzu; »du heißt Niemand, und niemand sorgt für dich! Das sei Gott geklagt! Und nun mach dich fort! Friedrich, geh nicht mit ihm, hörst du, geht nicht zusammen durchs Dorf.« – »Ich will ja nur Holz holen aus dem Schuppen«, antwortete Friedrich. – Als beide Knaben fort waren, warf sich Margreth auf einen Stuhl und schlug die Hände mit dem Ausdruck des tiefsten Jammers zusammen. Ihr Gesicht war bleich wie ein Tuch. »Ein falscher Eid, ein falscher Eid!« stöhnte sie. »Simon, Simon, wie willst du vor Gott bestehen!«

So saß sie eine Weile, starr mit geklemmten Lippen, wie in völliger Geistesabwesenheit. Friedrich stand vor ihr und hatte sie schon zweimal angeredet. »Was ists? Was willst du?« rief sie auffahrend. – »Ich bringe Euch Geld«, sagte er, mehr erstaunt als erschreckt. – »Geld? Wo?« Sie regte sich, und die kleine Münze fiel klingend auf den Boden. Friedrich hob sie auf. – »Geld vom Ohm Simon, weil ich ihm habe arbeiten helfen. Ich kann mir nun selber was verdienen.« – »Geld vom Simon? Wirfs fort, fort! – Nein, gibs den Armen. Doch nein, behalts«, flüsterte sie kaum hörbar, »wir sind selber arm; wer weiß, ob wir bei dem Betteln vorbeikommen!« – »Ich soll Montag wieder zum Ohm und ihm bei der Einsaat helfen.« – »Du wieder zu ihm? Nein, nein, nimmermehr!« – Sie umfaßte ihr Kind mit Heftigkeit. – »Doch«, fügte sie hinzu, und ein Tränenstrom stürzte ihr plötzlich über die eingefallenen Wangen, »geh, er ist mein einziger Bruder, und die Verleumdung ist groß! Aber halt Gott vor Augen und vergiß das tägliche Gebet nicht!«

Margreth legte das Gesicht an die Mauer und weinte laut. Sie hatte manche harte Last getragen, ihres Mannes üble Behandlung, noch schwerer seinen Tod, und es war eine bittere Stunde, als die Witwe das letzte Stück Ackerland einem Gläubiger zur Nutznießung überlassen mußte und der Pflug vor ihrem Hause stillstand. Aber so war ihr nie zumute gewesen; dennoch, nachdem sie einen Abend durchweint, eine Nacht durchwacht hatte, war sie dahin gekommen, zu denken, ihr Bruder Simon könne so gottlos nicht sein, der Knabe gehöre gewiß nicht ihm, Ähnlichkeiten wollen nichts beweisen. Hatte sie doch selbst vor vierzig Jahren ein Schwesterchen verloren, das genau dem fremden Hechelkrämer glich. Was glaubt man nicht gern, wenn man so wenig hat und durch Unglauben dies wenige verlieren soll!

Von dieser Zeit an war Friedrich selten mehr zu Hause. Simon schien alle wärmeren Gefühle, deren er fähig war, dem Schwestersohn zugewendet zu haben; wenigstens vermißte er ihn sehr und ließ nicht nach mit Botschaften, wenn ein häusliches Geschäft ihn auf einige Zeit bei der Mutter hielt. Der Knabe war seitdem wie verwandelt, das träumerische Wesen gänzlich von ihm gewichen, er trat fest auf, fing an, sein Äußeres zu beachten und bald in den Ruf eines hübschen, gewandten Burschen zu kommen. Sein Ohm, der nicht wohl ohne Projekte leben konnte, unternahm mitunter ziemlich bedeutende öffentliche Arbeiten, zum Beispiel beim Wegbau, wo Friedrich für einen seiner besten Arbeiter und überall als seine rechte Hand galt; denn obgleich dessen Körperkräfte noch nicht ihr volles Maß erreicht hatten, kam ihm doch nicht leicht jemand an Ausdauer gleich. Margreth hatte bisher ihren Sohn nur geliebt, jetzt fing sie an, stolz auf ihn zu werden und sogar eine Art Hochachtung vor ihm zu fühlen, da sie den jungen Menschen so ganz ohne ihr Zutun sich entwickeln sah, sogar ohne ihren Rat, den sie, wie die meisten Menschen, für unschätzbar hielt und deshalb die Fähigkeiten nicht hoch genug anzuschlagen wußte, die eines so kostbaren Förderungsmittels entbehren konnten.

In seinem achtzehnten Jahre hatte Friedrich sich bereits einen bedeutenden Ruf in der jungen Dorfwelt gesichert durch den Ausgang einer Wette, infolge deren er einen erlegten Eber über zwei Meilen weit auf seinem Rücken trug, ohne abzusetzen. Indessen war der Mitgenuß des Ruhms auch so ziemlich der einzige Vorteil, den Margreth aus diesen günstigen Umständen zog, da Friedrich immer mehr auf sein Äußeres verwandte und allmählich anfing, es schwer zu verdauen, wenn Geldmangel ihn zwang, irgend jemand im Dorf darin nachzustehen. Zudem waren alle seine Kräfte auf den auswärtigen Erwerb gerichtet; zu Hause schien ihm, ganz im Widerspiel mit seinem sonstigen Rufe, jede anhaltende Beschäftigung lästig, und er unterzog sich lieber einer harten, aber kurzen Anstrengung, die ihm bald erlaubte, seinem früheren Hirtenamte wieder nachzugehen, was bereits begann, seinem Alter unpassend zu werden, und ihm gelegentlichen Spott zuzog, vor dem er sich aber durch ein paar derbe Zurechtweisungen mit der Faust Ruhe verschaffte. So gewöhnte man sich daran, ihn bald geputzt und fröhlich als anerkannten Dorfelegant an der Spitze des jungen Volks zu sehen, bald wieder als zerlumpten Hirtenbuben einsam und träumerisch hinter den Kühen herschleichend oder in einer Waldlichtung liegend, scheinbar gedankenlos und das Moos von den Bäumen rupfend.

Um diese Zeit wurden die schlummernden Gesetze doch einigermaßen aufgerüttelt durch eine Bande von Holzfrevlern, die unter dem Namen der Blaukittel alle ihre Vorgänger so weit an List und Frechheit übertraf, daß es dem Langmütigsten zuviel werden mußte. Ganz gegen den gewöhnlichen Stand der Dinge, wo man die stärksten Böcke der Herde mit dem Finger bezeichnen konnte, war es hier trotz aller Wachsamkeit bisher nicht möglich gewesen, auch nur *ein* Individuum namhaft zu machen. Ihre Benennung erhielten sie von der ganz gleichförmigen Tracht, durch die sie das Erkennen erschwerten, wenn etwa ein Förster noch einzelne Nachzügler im Dickicht verschwinden sah. Sie verheerten alles wie die Wanderraupe, ganze Waldstrecken wurden in einer Nacht gefällt und auf der Stelle fortgeschafft, so daß man am andern Morgen nichts fand als Späne und wüste Haufen von Topholz, und der Umstand, daß nie Wagenspuren einem Dorfe zuführten, sondern immer vom Flusse her und dorthin zurück, bewies, daß man unter dem Schutze und vielleicht mit dem Beistande der Schiffeigentümer handelte. In der Bande mußten sehr gewandte Spione sein, denn die Förster konnten wochenlang umsonst wachen; in der ersten Nacht, gleichviel, ob stürmisch oder mondhell, wo sie vor Übermüdung nachließen, brach die Zerstörung ein. Seltsam war es, daß das Landvolk umher ebenso unwissend und gespannt schien als die Förster selber. Von einigen Dörfern ward mit Bestimmtheit gesagt, daß sie nicht zu den Blaukitteln gehörten, aber keines konnte als dringend verdächtig bezeichnet werden, seit man das verdächtigste von allen, das Dorf B., freisprechen mußte. Ein Zufall hatte dies bewirkt, eine Hochzeit, auf der fast alle Bewohner dieses Dorfes notorisch die Nacht zugebracht hatten, während zu eben dieser Zeit die Blaukittel eine ihrer stärksten Expeditionen ausführten. Der Schaden in den Forsten war indes allzugroß, deshalb wurden die Maßregeln dagegen auf eine bisher unerhörte Weise gesteigert; Tag und Nacht wurde patrouilliert, Ackerknechte, Hausbediente mit Gewehren versehen und den Forstbeamten zugesellt. Dennoch war der Erfolg nur gering, und die

Wächter hatten oft kaum das eine Ende des Forstes verlassen, wenn die Blaukittel schon zum andern einzogen. Das währte länger als ein volles Jahr, Wächter und Blaukittel, Blaukittel und Wächter, wie Sonne und Mond immer abwechselnd im Besitz des Terrains und nie zusammentreffend.

Es war im Juli 1756 früh um drei; der Mond stand klar am Himmel, aber sein Glanz fing an zu ermatten, und im Osten zeigte sich bereits ein schmaler gelber Streif, der den Horizont besäumte und den Eingang einer engen Talschlucht wie mit einem Goldbande schloß. Friedrich lag im Grase, nach seiner gewohnten Weise, und schnitzelte an einem Weidenstabe, dessen knotigem Ende er die Gestalt eines ungeschlachten Tieres zu geben versuchte. Er sah übermüdet aus, gähnte, ließ mitunter seinen Kopf an einem verwitterten Stammknorren ruhen und Blicke, dämmeriger als der Horizont, über den mit Gestrüpp und Aufschlag fast verwachsenen Eingang des Grundes streifen. Ein paarmal belebten sich seine Augen und nahmen den ihnen eigentümlichen glasartigen Glanz an, aber gleich nachher schloß er sie wieder halb und gähnte und dehnte sich, wie es nur faulen Hirten erlaubt ist. Sein Hund lag in einiger Entfernung nah bei den Kühen, die, unbekümmert um die Forstgesetze, ebenso oft den jungen Baumspitzen als dem Grase zusprachen und in die frische Morgenluft schnaubten. Aus dem Walde drang von Zeit zu Zeit ein dumpfer, krachender Schall; der Ton hielt nur einige Sekunden an, begleitet von einem langen Echo an den Bergwänden, und wiederholte sich etwa alle fünf bis acht Minuten. Friedrich achtete nicht darauf; nur zuweilen, wenn das Getöse ungewöhnlich stark oder anhaltend war, hob er den Kopf und ließ seine Blicke langsam über die verschiedenen Pfade gleiten, die ihren Ausgang in dem Talgrunde fanden.

Es fing bereits stark zu dämmern an; die Vögel begannen leise zu zwitschern, und der Tau stieg fühlbar aus dem Grunde. Friedrich war an dem Stamm hinabgeglitten und starrte, die Arme über den Kopf verschlungen, in das leise einschleichende Morgenrot. Plötzlich fuhr er auf: über sein Gesicht fuhr ein Blitz, er horchte einige Sekunden mit vorgebeugtem Oberleib wie ein Jagdhund, dem die Luft Witterung zuträgt. Dann schob er schnell zwei Finger in den Mund und pfiff gellend und anhaltend. – »Fidel, du verfluchtes

Tier!« – Ein Steinwurf traf die Seite des unbesorgten Hundes, der, vom Schlafe aufgeschreckt, zuerst um sich biß und dann heulend auf drei Beinen dort Trost suchte, von wo das Übel ausgegangen war. In demselben Augenblicke wurden die Zweige eines nahen Gebüsches fast ohne Geräusch zurückgeschoben, und ein Mann trat heraus, im grünen Jagdrock, den silbernen Wappenschild am Arm, die gespannte Büchse in der Hand. Er ließ schnell seine Blicke über die Schlucht fahren und sie dann mit besonderer Schärfe auf dem Knaben verweilen, trat dann vor, winkte nach dem Gebüsch, und allmählich wurden sieben bis acht Männer sichtbar, alle in ähnlicher Kleidung, Weidmesser im Gürtel und die gespannten Gewehre in der Hand.

»Friedrich, was war das?« fragte der zuerst Erschienene. – »Ich wollte, daß der Racker auf der Stelle krepierte. Seinetwegen können die Kühe mir die Ohren vom Kopf fressen.« – »Die Canaille hat uns gesehen«, sagte ein anderer. »Morgen sollst du auf die Reise mit einem Stein am Halse«, fuhr Friedrich fort und stieß nach dem Hunde. – »Friedrich, stell dich nicht an wie ein Narr! Du kennst mich, und du verstehst mich auch!« – Ein Blick begleitete diese Worte, der schnell wirkte. – »Herr Brandis, denkt an meine Mutter!« – »Das tu ich. Hast du nichts im Walde gehört?« – »Im Walde?« – Der Knabe warf einen raschen Blick auf des Försters Gesicht. – »Eure Holzfäller, sonst nichts.« – »Meine Holzfäller!« Die ohnehin dunkle Gesichtsfarbe des Försters ging in tiefes Braunrot über. »Wie viele sind ihrer, und wo treiben sie ihr Wesen?« – »Wohin Ihr sie geschickt habt; ich weiß es nicht.« – Brandis wandte sich zu seinen Gefährten: »Geht voran; ich komme gleich nach.« Als einer nach dem andern im Dickicht verschwunden war, trat Brandis dicht vor den Knaben: »Friedrich«, sagte er mit dem Ton unterdrückter Wut, »meine Geduld ist zu Ende; ich möchte dich prügeln wie einen Hund, und mehr seid ihr auch nicht wert. Ihr Lumpenpack, dem kein Ziegel auf dem Dach gehört! Bis zum Betteln habt ihr es, gottlob, bald gebracht, und an meiner Tür soll deine Mutter, die alte Hexe, keine verschimmelte Brotrinde bekommen. Aber vorher sollt ihr mir noch beide ins Hundeloch.« Friedrich griff krampfhaft nach einem Aste. Er war totenbleich, und seine Augen schienen wie Kristallkugeln aus dem Kopfe schießen zu wollen. Doch nur einen Augenblick. Dann kehrte die größte, an Erschlaffung grenzende Ruhe zurück. »Herr«, sagte er fest, mit fast sanfter Stimme, »Ihr habt gesagt, was Ihr nicht verantworten könnt, und ich vielleicht auch. Wir wollen es gegeneinander aufgehen lassen, und nun will ich Euch sagen, was Ihr verlangt. Wenn Ihr die Holzfäller nicht selbst bestellt habt, so müssen es die Blaukittel sein; denn aus dem Dorfe ist kein Wagen gekommen; ich habe den Weg ja vor mir, und vier Wagen sind es. Ich habe sie nicht gesehen, aber den Hohlweg hinauffahren hören.« Er stockte einen Augenblick. – »Könnt Ihr sagen, daß ich je einen Baum in Eurem Revier gefällt habe? Überhaupt, daß ich je anderwärts gehauen habe als auf Bestellung? Denkt nach, ob Ihr das sagen könnt.«

Ein verlegenes Murmeln war die ganze Antwort des Försters, der nach Art der meisten rauhen Menschen leicht bereute. Er wandte sich unwirsch und schritt dem Gebüsche zu. – »Nein, Herr«, rief Friedrich, »wenn Ihr zu den anderen Förstern wollt, die sind dort an der Buche hinaufgegangen.« – »An der Buche?« sagte Brandis zweifelhaft, »nein, dort hinüber, nach dem Mastergrunde.« – »Ich sage Euch, an der Buche; des langen Heinrich Flintenriemen blieb noch am krummen Ast dort hängen; ich habs ja gesehen!«

Der Förster schlug den bezeichneten Weg ein. Friedrich hatte die ganze Zeit hindurch seine Stellung nicht verlassen; halb liegend, den Arm um einen dürren Ast geschlungen, sah er dem Fortgehenden unverrückt nach, wie er durch den halbverwachsenen Steig glitt, mit den vorsichtigen, weiten Schritten seines Metiers, so geräuschlos, wie ein Fuchs die Hühnersteige erklimmt. Hier sank ein Zweig hinter ihm, dort einer; die Umrisse seiner Gestalt schwanden immer mehr. Da blitzte es noch einmal durchs Laub. Es war ein Stahlknopf seines Jagdrocks; nun war er fort. Friedrichs Gesicht hatte während dieses allmählichen Verschwindens den Ausdruck seiner Kälte verloren, und seine Züge schienen zuletzt unruhig bewegt. Gereute es ihn vielleicht, den Förster nicht um Verschweigung seiner Angaben gebeten zu haben? Er ging einige Schritte voran, blieb dann stehen. »Es ist zu spät«, sagte er vor sich hin und griff nach seinem Hute. Ein leises Picken im Gebüsche, nicht zwanzig Schritte von ihm. Es war der Förster, der den Flintenstein schärfte. Friedrich horchte. – »Nein!« sagte er dann mit entschlossenem Ton, raffte seine Siebensachen zusammen und trieb das Vieh eilfertig die Schlucht entlang.

Um Mittag saß Frau Margreth am Herd und kochte Tee. Friedrich war krank heimgekommen, er klagte über heftige Kopfschmerzen und hatte auf ihre besorgte Nachfrage erzählt, wie er sich schwer geärgert über den Förster, kurz den ganzen eben beschriebenen Vorgang mit Ausnahme einiger Kleinigkeiten, die er besser fand für sich zu behalten. Margreth sah schweigend und trübe in das siedende Wasser. Sie war es wohl gewohnt, ihren Sohn mitunter klagen zu hören, aber heute kam er ihr so angegriffen vor wie sonst nie. Sollte wohl eine Krankheit im Anzuge sein? Sie seufzte tief und ließ einen eben ergriffenen Holzblock fallen.

»Mutter!« rief Friedrich aus der Kammer. – »Was willst du?« – »War das ein Schuß?« – »Ach nein, ich weiß nicht, was du meinst.« – »Es pocht mir wohl nur so im Kopfe«, versetzte er. Die Nachbarin trat herein und erzählte mit leisem Flüstern irgendeine unbedeutende Klatscherei, die Margreth ohne Teilnahme anhörte. Dann ging sie. – »Mutter!« rief Friedrich. Margreth ging zu ihm hinein. »Was erzählte die Hülsmeyer?« – »Ach gar nichts, Lügen, Wind!« – Friedrich richtete sich auf. – »Von der Gretchen Siemers; du weißt ja wohl, die alte Geschichte; und ist doch nichts Wahres dran.« – Friedrich legte sich wieder hin. »Ich will sehen, ob ich schlafen kann«, sagte er. Margreth saß am Herde; sie spann und dachte wenig Erfreuliches. Im Dorfe schlug es halb zwölf; die Tür klinkte, und der Gerichtsschreiber Kapp trat herein. – »Guten Tag, Frau Mergel«, sagte er, »könnt Ihr mir einen Trunk Milch geben? Ich komme von M.« – Als Frau Mergel das Verlangte brachte, fragte er: »Wo ist Friedrich?« Sie war gerade beschäftigt, einen Teller hervorzulangen, und überhörte die Frage. Er trank zögernd und in kurzen Absätzen. »Wißt Ihr wohl«, sagte er dann, »daß die Blaukittel in dieser Nacht wieder im Masterholze eine ganze Strecke so kahl gefegt haben, wie meine Hand?« – »Ei, du frommer Gott!« versetzte sie gleichgültig. »Die Schandbuben«, fuhr der Schreiber fort, »ruinieren alles; wenn sie noch Rücksicht nähmen auf das junge Holz, aber Eichenstämmchen wie mein Arm dick, wo nicht einmal eine Ruderstange drin steckt! Es ist, als ob ihnen anderer Leute Schaden ebenso lieb wäre wie ihr Profit!« – »Es ist schade!« sagte Margreth.

Der Amtsschreiber hatte getrunken und ging noch immer nicht. Er schien etwas auf dem Herzen zu haben. »Habt Ihr nichts von Brandis gehört?« fragte er plötzlich. – »Nichts; er kommt niemals hier ins Haus. « – »So wißt Ihr nicht, was ihm begegnet ist?« – »Was denn?« fragte Margreth gespannt. – »Er ist tot!« – »Tot!« rief sie, »was tot? Um Gottes willen! Er ging ja noch heute morgen ganz gesund hier vorüber mit der Flinte auf dem Rücken!« – »Er ist tot«, wiederholte der Schreiber, sie scharf fixierend, »von den Blaukitteln erschlagen. Vor einer Viertelstunde wurde die Leiche ins Dorf gebracht.« Margreth schlug die Hände zusammen. – »Gott im Himmel, geh nicht mit ihm ins Gericht! Er wußte nicht, was er tat!« – »Mit ihm?« rief der Amtsschreiber, »mit dem verfluchten Mörder, meint Ihr?« Aus der Kammer drang ein schweres Stöhnen. Margreth eilte hin, und der Schreiber folgte ihr. Friedrich saß aufrecht im Bette, das Gesicht in die Hände gedrückt und ächzte wie ein Sterbender. – »Friedrich, wie ist dir?« sagte die Mutter. – »Wie ist dir?« wiederholte der Amtsschreiber. – »O mein Leib, mein Kopf!« jammerte er. – »Was fehlt ihm?« – »Ach, Gott weiß es«, versetzte sie; »er ist schon um vier mit den Kühen heimgekommen, weil ihm so übel war.« – »Friedrich, Friedrich, antworte doch! Soll ich zum Doktor?« – »Nein, nein«, ächzte er, »es ist nur Kolik, es wird schon besser.« Er legte sich zurück; sein Gesicht zuckte krampfhaft vor Schmerz; dann kehrte die Farbe wieder. »Geht«, sagte er matt, »ich muß schlafen, dann gehts vorüber.« – »Frau Mergel«, sagte der Amtsschreiber ernst, »ist es gewiß, daß Friedrich um vier zu Hause kam und nicht wieder fortging?« – Sie sah ihn starr an. »Fragt jedes Kind auf der Straße. Und fortgehen? – wollte Gott, er könnt es!« – »Hat er Euch nichts von Brandis erzählt?« – »In Gottes Namen, ja, daß er ihn im Walde geschimpft und unsere Armut vorgeworfen hat, der Lump! – Doch Gott verzeih mir, er ist tot! – Geht!« fuhr sie heftig fort; »seid Ihr gekommen, um ehrliche Leute zu beschimpfen? Geht!« – Sie wandte sich wieder zu ihrem Sohne; der Schreiber ging. – »Friedrich, wie ist dir?« sagte die Mutter. »Hast du wohl gehört? Schrecklich, schrecklich! Ohne Beichte und Absolution!« – »Mutter, Mutter, um Gottes willen, laß mich schlafen; ich kann nicht mehr!« In diesem Augenblick trat Johannes Niemand in die Kammer; dünn und lang wie eine Hopfenstange, aber zerlumpt und scheu, wie wir ihn vor fünf Jahren gesehen. Sein Gesicht war noch bleicher als gewöhnlich. »Friedrich«, stotterte er, »du sollst sogleich zum Ohm kommen, er hat Arbeit für dich; aber sogleich.« – Friedrich drehte sich gegen die Wand. – »Ich komme nicht«, sagte er barsch, »ich bin krank.« – »Du mußt aber kommen«, keuchte Johannes, »er hat gesagt, ich müßte dich mitbringen.« Friedrich lachte höhnisch auf: »Das will ich doch sehen!« – »Laß ihn in Ruhe, er kann nicht«, seufzte Margreth, »du siehst ja, wie es steht.« – Sie ging auf einige Minuten hinaus; als sie zurückkam, war Friedrich bereits angekleidet. – »Was fällt dir ein?« rief sie, »du kannst, du sollst nicht gehen!« – »Was sein muß, schickt sich wohl«, versetzte er und war schon zur Türe hinaus mit Johannes. – »Ach Gott«, seufzte die Mutter, »wenn die Kinder klein sind, treten sie uns in den Schoß, und wenn sie groß sind, ins Herz!«

Die gerichtliche Untersuchung hatte ihren Anfang genommen, die Tat lag klar am Tage; über den Täter aber waren die Anzeichen so schwach, daß, obschon alle Umstände die Blaukittel dringend verdächtigten, man doch nicht mehr als Mutmaßungen wagen konnte. Eine Spur schien Licht geben zu wollen: doch rechnete man aus Gründen wenig darauf. Die Abwesenheit des Gutsherrn hatte den Gerichtsschreiber genötigt, auf eigene Hand die Sache einzuleiten. Er saß am Tische; die Stube war gedrängt voll von Bauern, teils neugierigen, teils solchen, von denen man in Ermangelung eigentlicher Zeugen einigen Aufschluß zu erhalten hoffte. Hirten, die in derselben Nacht gehütet, Knechte, die den Acker in der Nähe bestellt, alle standen stramm und fest, die Hände in den Taschen, gleichsam als stillschweigende Erklärung, daß sie nicht einzuschreiten gesonnen seien. Acht Forstbeamte wurden vernommen. Ihre Aussagen waren völlig gleichlautend: Brandis habe sie am zehnten abends zur Runde bestellt, da ihm von einem Vorhaben der Blaukittel müsse Kunde zugekommen sein; doch habe er sich nur unbestimmt darüber geäußert. Um zwei Uhr in der Nacht seien sie ausgezogen und auf manche Spuren der Zerstörung gestoßen, die den Oberförster sehr übel gestimmt; sonst sei alles still gewesen. Gegen vier Uhr habe Brandis gesagt: »Wir sind angeführt, laßt uns heimgehen.« Als sie nun um den Bremerberg gewendet und zugleich der Wind umgeschlagen, habe man deutlich im Masterholz fällen gehört und aus der schnellen Folge der Schläge geschlossen, daß die Blaukittel am Werk seien. Man habe nun eine Weile beratschlagt, ob es tunlich sei, mit so geringer Macht die kühne Bande anzugreifen, und sich dann ohne bestimmten Entschluß dem Schalle langsam genähert. Nun folgte der Auftritt mit Friedrich. Ferner: nachdem Brandis sie ohne Weisung fortgeschickt, seien sie eine Weile vorangeschritten und dann, als sie bemerkt, daß das Getöse im noch ziemlich weit entfernten Wald gänzlich aufgehört, stille gestanden, um den Oberförster zu erwarten. Die Zögerung habe sie verdrossen, und nach etwa zehn Minuten seien sie weitergegangen und so bis an den Ort der Verwüstung. Alles sei vorüber gewesen, kein Laut mehr im Walde, von zwanzig gefällten Stämmen noch acht vorhanden, die übrigen bereits fortgeschafft. Es sei ihnen unbegreiflich, wie man dieses ins Werk gestellt, da keine Wagenspuren zu finden gewesen. Auch habe die Dürre der Jahreszeit und der mit Fichtennadeln bestreute Boden keine Fußstapfen unterscheiden lassen, obgleich der Grund ringsumher wie festgestampft war. Da man nun überlegt, daß es zu nichts nützen könne, den Oberförster zu erwarten, sei man rasch der andern Seite des Waldes zugeschritten, in der Hoffnung, vielleicht noch einen Blick von den Frevlern zu erhaschen. Hier habe sich einem von ihnen beim Ausgange des Waldes die Flaschenschnur im Brombeerranken verstrickt, und als er umgeschaut, habe er etwas im Gestrüpp blitzen sehen; es war die Gurtschnalle des Oberförsters, den man nun hinter den Ranken liegend fand, grad ausgestreckt, die rechte Hand um den Flintenlauf geklemmt, die andere geballt und die Stirn von einer Axt gespalten.

Dies waren die Aussagen der Förster; nun kamen die Bauern an die Reihe, aus denen jedoch nichts zu bringen war. Manche behaupteten, um vier Uhr noch zu Hause oder anderswo beschäftigt gewesen zu sein, und keiner wollte etwas bemerkt haben. Was war zu machen? Sie waren sämtlich angesessene, unverdächtige Leute. Man mußte sich mit ihren negativen Zeugnissen begnügen.

Friedrich ward hereingerufen. Er trat ein mit einem Wesen, das sich durchaus nicht von seinem gewöhnlichen unterschied, weder gespannt noch keck. Das Verhör währte ziemlich lange, und die Fragen waren mitunter ziemlich schlau gestellt; er beantwortete sie jedoch alle offen und bestimmt und erzählte den Vorgang zwischen ihm und dem Oberförster ziemlich der Wahrheit gemäß, bis auf das Ende, das er geratener fand, für sich zu behalten. Sein Alibi zur Zeit des Mordes war leicht erwiesen. Der Förster lag am Ausgange des Masterholzes; über dreiviertel Stunden Weges von der Schlucht, in der er Friedrich um vier Uhr angeredet und aus der dieser seine Herde schon zehn Minuten später ins Dorf getrieben. Jedermann hatte dies gesehen; alle anwesenden Bauern beeiferten sich, es zu bezeugen; mit diesem hatte er geredet, jenem zugenickt.

Der Gerichtsschreiber saß unmutig und verlegen da. Plötzlich fuhr er mit der Hand hinter sich und brachte etwas Blinkendes vor Friedrichs Auge. »Wem gehört dies?« – Friedrich sprang drei Schritt zurück. »Herr Jesus! Ich dachte, Ihr wolltet mir den Schädel einschlagen.« Seine Augen waren rasch über das tödliche Werkzeug gefahren und schienen momentan auf einem ausgebrochenen Splitter am Stiele zu haften. »Ich weiß es nicht«, sagte er fest. – Es war die Axt, die man in dem Schädel des Oberförsters eingeklammert gefunden hatte. – »Sieh sie genau an«, fuhr der Gerichtsschreiber fort. Friedrich faßte sie mit der Hand, besah sie oben, unten, wandte sie um. »Es ist eine Axt wie andere«, sagte er dann und legte sie gleichgültig auf den Tisch. Ein Blutfleck ward sichtbar; er schien zu schaudern, aber er wiederholte noch einmal sehr bestimmt: »Ich kenne sie nicht.« Der Gerichtsschreiber seufzte vor Unmut. Er selbst wußte nun nichts mehr und hatte nur einen Versuch zu möglicher Entdeckung durch Überraschung machen wollen. Es blieb nichts übrig, als das Verhör zu schließen.

Denjenigen, die vielleicht auf den Ausgang dieser Begebenheit gespannt sind, muß ich sagen, daß diese Geschichte nie aufgeklärt wurde, obwohl noch viel dafür geschah und diesem Verhöre mehrere folgten. Den Blaukitteln schien durch das Aufsehen, das der Vorgang gemacht, und die darauf folgenden geschärften Maßregeln der Mut genommen; sie waren von nun an wie verschwunden, und obgleich späterhin noch mancher Holzfrevler erwischt wurde, fand man doch nie Anlaß, ihn der berüchtigten Bande zuzuschreiben. Die Axt lag zwanzig Jahre nachher als unnützes corpus delicti im Gerichtsarchiv, wo sie wohl noch jetzt ruhen mag mit ihren Rostflecken. Es würde in einer erdichteten Geschichte unrecht sein, die Neugier des Lesers so zu täuschen. Aber dies alles hat sich wirklich zugetragen; ich kann nichts davon oder dazutun.

Am nächsten Sonntage stand Friedrich sehr früh auf, um zur Beichte zu gehen. Es war Mariä Himmelfahrt und die Pfarrgeistlichen schon vor Tagesanbruch im Beichtstuhle. Nachdem er sich im Finstern angekleidet, verließ er so geräuschlos wie möglich den engen Verschlag, der ihm in Simons Hause eingeräumt war. In der Küche mußte sein Gebetbuch auf dem Sims liegen, und er hoffte, es mit Hülfe des schwachen Mondlichts zu finden; es war nicht da. Er warf die Augen suchend umher und fuhr zusammen; in der Kammertür stand Simon, fast unbekleidet; seine dürre Gestalt, sein ungekämmtes, wirres Haar und die vom Mondschein verursachte Blässe des Gesichts gaben ihm ein schauerlich verändertes Ansehen. »Sollte er nachtwandeln?« dachte Friedrich und verhielt sich ganz still. – »Friedrich, wohin?« flüsterte der Alte. – »Ohm, seid Ihrs? Ich will beichten gehen.« – »Das dacht ich mir; geh in Gottes Namen, aber beichte wie ein guter Christ.« – »Das will ich«, sagte Friedrich. – »Denk an die zehn Gebote: du sollst kein Zeugnis ablegen gegen deinen Nächsten.« – »Kein falsches!« – »Nein, gar keines; du bist schlecht unterrichtet; wer einen andern in der Beichte anklagt, der empfängt das Sakrament unwürdig.«

Beide schwiegen. – »Ohm, wie kommt Ihr darauf?« sagte Friedrich dann; »Eu'r Gewissen ist nicht rein; Ihr habt mich belogen.« – »Ich? So?« – »Wo ist Eure Axt?« – »Meine Axt? Auf der Tenne.« – »Habt Ihr einen neuen Stiel hineingemacht? Wo ist der alte?« – »Den kannst du heute bei Tage im Holzschuppen finden. Geh«, fuhr er verächtlich fort, »ich dachte, du seist ein Mann; aber du bist ein altes Weib, das gleich meint, das Haus brennt, wenn ihr Feuertopf raucht. Sieh«, fuhr er fort, »wenn ich mehr von der Geschichte weiß als der Türpfosten da, so will ich ewig nicht selig werden. Längst war ich zu Haus«, fügte er hinzu. – Friedrich stand beklemmt und zweifelnd. Er hätte viel darum gegeben, seines Ohms Gesicht sehen zu können. Aber während sie flüsterten, hatte der Himmel sich bewölkt.

»Ich habe schwere Schuld«, seufzte Friedrich, »daß ich ihn den unrechten Weg geschickt – obgleich – doch, dies hab ich nicht gedacht; nein, gewiß nicht. Ohm, ich habe Euch ein schweres Gewissen zu danken.« – »So geh, beicht!« flüsterte Simon mit bebender Stimme; »verunehre das Sakrament durch Angeberei und setze armen Leuten einen Spion auf den Hals, der schon Wege finden wird, ihnen das Stückchen Brot aus den Zähnen zu reißen, wenn er gleich nicht reden darf – geh!« – Friedrich stand unschlüssig; er hörte ein leises Geräusch; die Wolken verzogen sich, das Mondlicht fiel wieder auf die Kammertür; sie war geschlossen. Friedrich ging an diesem Morgen nicht zur Beichte.

Der Eindruck, den dieser Vorfall auf Friedrich gemacht, erlosch leider nur zu bald. Wer zweifelt daran, daß Simon alles tat, seinen Adoptivsohn dieselben Wege zu leiten, die er selber ging? Und in Friedrich lagen Eigenschaften, die dies nur zu sehr erleichterten: Leichtsinn, Erregbarkeit, und vor allem ein grenzenloser Hochmut, der nicht immer den Schein verschmähte und dann alles daran setzte, durch Wahrmachung des Usurpierten möglicher Beschämung zu entgehen. Seine Natur war nicht unedel, aber er gewöhnte sich, die innere Schande der äußern vorzuziehen. Man darf nur sagen, er gewöhnte sich zu prunken, während seine Mutter darbte.

Diese unglückliche Wendung seines Charakters war indessen das Werk mehrerer Jahre, in denen man bemerkte, daß Margreth immer stiller über ihren Sohn ward und allmählich in einen Zustand der Verkommenheit versank, den man früher bei ihr für unmöglich gehalten hätte. Sie wurde scheu, saumselig, sogar unordentlich, und manche meinten, ihr Kopf habe gelitten. Friedrich ward desto lauter; er versäumte keine Kirchweih oder Hochzeit, und da ein sehr empfindliches Ehrgefühl ihn die geheime Mißbilligung mancher nicht übersehen ließ, war er gleichsam immer unter Waffen, der öffentlichen Meinung nicht sowohl Trotz zu bieten, als sie den Weg zu leiten, der ihm gefiel. Er war äußerlich ordentlich, nüchtern, anscheinend treuherzig, aber listig, prahlerisch und oft roh, ein Mensch, an dem niemand Freude haben konnte, am wenigsten seine Mutter, und der dennoch durch seine gefürchtete Kühnheit und noch mehr gefürchtete Tücke ein gewisses Übergewicht im Dorfe erlangt hatte, das um so mehr anerkannt wurde, je mehr man sich bewußt war, ihn nicht zu kennen und nicht berechnen zu können, wessen er am Ende fähig sei. Nur *ein* Bursch im Dorf, Wilm Hülsmeyer, wagte im Bewußtsein seiner Kraft und guter Verhältnisse ihm die Spitze zu bieten; und da er gewandter in Worten war als Friedrich und immer, wenn der Stachel saß, einen Scherz daraus zu machen wußte, so war dies der einzige, mit dem Friedrich ungern zusammentraf.

Vier Jahre waren verflossen; es war im Oktober; der milde Herbst von 1760, der alle Scheunen mit Korn und alle Keller mit Wein füllte, hatte seinen Reichtum auch über diesen Erdwinkel strömen lassen, und man sah mehr Betrunkene, hörte von mehr Schlägereien und dummen Streichen als je. Überall gabs Lustbarkeiten; der blaue Montag kam in Aufnahme, und wer ein paar Taler erübrigt hatte, wollte gleich eine Frau dazu, die ihm heute essen und morgen hungern helfen könne. Da gab es im Dorfe eine tüchtige solide Hochzeit, und die Gäste durften mehr erwarten als eine verstimmte Geige, ein Glas Branntwein und was sie an guter Laune selber mitbrachten. Seit früh war alles auf den Beinen; vor jeder Tür wurden Kleider gelüftet, und B. glich den ganzen Tag einer Trödlerbude. Da viele Auswärtige erwartet wurden, wollte jeder gern die Ehre des Dorfes oben halten.

Es war sieben Uhr abends und alles in vollem Gange; Jubel und Gelächter an allen Enden, die niederen Stuben zum Ersticken angefüllt mit blauen, roten und gelben Gestalten, gleich Pfandställen, in denen eine zu große Herde eingepfercht ist. Auf der Tenne ward getanzt, das heißt: wer zwei Fuß Raum erobert hatte, drehte sich darauf immer rundum und suchte durch Jauchzen zu ersetzen, was an Bewegung fehlte. Das Orchester war glänzend, die erste Geige als anerkannte Künstlerin prädominierend, die zweite und eine große Baßvioline mit drei Saiten von Dilettanten ad libitum gestrichen; Branntwein und Kaffee in Überfluß, alle Gäste von Schweiß triefend; kurz, es war ein köstliches Fest. – Friedrich stolzierte umher wie ein Hahn, im neuen himmelblauen Rock, und machte sein Recht als erster Elegant geltend. Als auch die Gutsherrschaft anlangte, saß er gerade hinter der Baßgeige und strich die tiefste Saite mit großer Kraft und vielem Anstand.

»Johannes!« rief er gebieterisch, und heran trat sein Schützling von dem Tanzplatze, wo er auch seine ungelenken Beine zu schlenkern und eins zu jauchzen versucht hatte. Friedrich reichte ihm den Bogen, gab durch eine stolze Kopfbewegung seinen Willen zu erkennen und trat zu den Tanzenden. »Nun lustig, Musikanten: den Papen von Istrup!«–Der beliebte Tanz ward gespielt, und Friedrich machte Sätze vor den Augen seiner Herrschaft, daß die Kühe an der Tenne die Hörner zurückzogen und Kettengeklirr und Gebrumm an ihren Ständern herlief. Fußhoch über die anderen tauchte sein blonder Kopf auf und nieder, wie ein Hecht, der sich im Wasser überschlägt; an allen Enden schrien Mädchen auf, denen er zum Zeichen der Huldigung mit einer raschen Kopfbewegung sein langes Flachshaar ins Gesicht schleuderte.

»Jetzt ist es gut!« sagte er endlich und trat schweißtriefend an den Kredenztisch; »die gnädigen Herrschaften sollen leben und alle die hochadeligen Prinzen und Prinzessinnen, und wers nicht mittrinkt, den will ich an die Ohren schlagen, daß er die Engel singen hört!« – Ein lautes Vivat beantwortete den galanten Toast. – Friedrich machte seinen Bückling. – »Nichts für ungut, gnädige Herrschaften; wir sind nur ungelehrte Bauersleute!«–In diesem Augenblick erhob sich ein Getümmel am Ende der Tenne, Geschrei, Schelten, Gelächter, alles durcheinander. »Butterdieb, Butterdieb!« riefen ein paar Kinder, und heran drängte sich, oder vielmehr ward geschoben Johannes Niemand, den Kopf zwischen die Schultern ziehend und mit aller Macht nach dem Ausgange strebend. – »Was ists? Was habt ihr mit unserem Johannes?« rief Friedrich gebieterisch.

»Das sollt Ihr früh genug gewahr werden«, keuchte ein altes Weib mit der Küchenschürze und einem Wischhader in der Hand. – Schande! Johannes, der arme Teufel, dem zu Hause das Schlechteste gut genug sein mußte, hatte versucht, sich ein halbes Pfündchen Butter für die kommende Dürre zu sichern, und ohne daran zu denken, daß er es, sauber in sein Schnupftuch gewickelt, in der Tasche geborgen, war er ans Küchenfeuer getreten, und nun rann das Fett schmählich die Rockschöße entlang. – Allgemeiner Aufruhr; die Mädchen sprangen zurück, aus Furcht, sich zu beschmutzen, oder stießen den Delinquenten vorwärts. Andere machten Platz, sowohl aus Mitleid als Vorsicht. Aber Friedrich trat vor: »Lumpenhund!« rief er; ein paar derbe Maulschellen trafen den geduldigen Schützling; dann stieß er ihn an die Tür und gab ihm einen tüchtigen Fußtritt mit auf den Weg.

Er kehrte niedergeschlagen zurück; seine Würde war verletzt, das allgemeine Gelächter schnitt ihm durch die Seele; ob er sich gleich durch einen tapfern Juchheschrei wieder in den Gang zu bringen suchte – es wollte nicht mehr recht gehen. Er war im Begriff, sich wieder hinter die Baßviole zu flüchten; doch zuvor noch ein Knall-effekt: er zog seine silberne Taschenuhr hervor, zu jener Zeit ein seltener und kostbarer Schmuck. »Es ist bald zehn«, sagte er. »Jetzt den Brautmenuett! Ich will Musik machen.«

»Eine prächtige Uhr!« sagte der Schweinehirt und schob sein Gesicht in ehrfurchtsvoller Neugier vor. – »Was hat sie gekostet?« rief Wilm Hülsmeyer, Friedrichs Nebenbuhler. – »Willst du sie bezahlen?« fragte Friedrich. – »Hast *du* sie bezahlt?« antwortete Wilm. Friedrich warf einen stolzen Blick auf ihn und griff in schweigender Majestät zum Fiedelbogen. – »Nun, nun«, sagte Hülsmeyer, »dergleichen hat man schon erlebt. Du weißt wohl, der Franz Ebel hatte auch eine schöne Uhr, bis der Jude Aaron sie ihm wieder abnahm.« – Friedrich antwortete nicht, sondern winkte stolz der ersten Violine, und sie begannen aus Leibeskräften zu streichen.

Die Gutsherrschaft war indessen in die Kammer getreten, wo der Braut von den Nachbarfrauen das Zeichen ihres neuen Standes, die weiße Stirnbinde, umgelegt wurde. Das junge Blut weinte sehr, teils weil es die Sitte so wollte, teils aus wahrer Beklemmung. Sie sollte einem verworrenen Haushalt vorstehen, unter den Augen eines mürrischen alten Mannes, den sie noch obendrein lieben sollte. Er stand neben ihr, durchaus nicht wie der Bräutigam des hohen Liedes, der »in die Kammer tritt wie die Morgensonne«. – »Du hast nun genug geweint«, sagte er verdrießlich; »bedenk, du bist es nicht, die mich glücklich macht, ich mache dich glücklich!« – Sie sah demütig zu ihm auf und schien zu fühlen, daß er recht habe. – Das Geschäft war beendigt; die junge Frau hatte ihrem Manne zugetrunken, junge Spaßvögel hatten durch den Dreifuß geschaut, ob die Binde gerade sitze; und man drängte sich wieder der Tenne zu, von wo unauslöschliches Gelächter und Lärm herüberschallte. Friedrich war nicht mehr dort. Eine große, unerträgliche Schmach hatte ihn getroffen, da der Jude Aaron, ein Schlächter und gelegentlicher Althändler aus dem nächsten Städtchen, plötzlich erschienen war und nach einem kurzen, unbefriedigenden Zwiegespräch ihn laut vor allen Leuten um den Betrag von zehn Talern für eine schon um Ostern gelieferte Uhr gemahnt hatte. Friedrich war wie vernichtet fortgegangen und der Jude ihm gefolgt, immer schreiend: »O weh mir! Warum hab ich nicht gehört auf vernünftige Leute! Haben sie mir nicht hundertmal gesagt, Ihr hättet all Eu'r Gut am Leibe und kein Brot im Schranke!« – Die Tenne tobte von Gelächter; manche hatten sich auf den Hof nachgedrängt. – »Packt den Juden! Wiegt ihn gegen ein Schwein!« riefen einige; andere waren ernst geworden. – »Der Friedrich sah so bloß aus wie ein Tuch«, sagte eine alte Frau, und die Menge teilte sich, wie der Wagen des Gutsherrn in den Hof lenkte.

Herr von S. war auf dem Heimwege verstimmt, die jedesmalige Folge, wenn der Wunsch, seine Popularität aufrecht zu erhalten, ihn bewog, solchen Festen beizuwohnen. Er sah schweigend aus dem Wagen. »Was sind denn das für ein paar Figuren?« – Er deutete auf zwei dunkle Gestalten, die vor dem Wagen rannten wie Strauße. Nun schlüpften sie ins Schloß. – »Auch ein paar selige Schweine aus unserm eigenen Stall!« seufzte Herr von S. – Zu Hause angekommen, fand er die Hausflur vom ganzen Dienstpersonal eingenommen, das zwei Kleinknechte umstand, welche sich blaß und atemlos auf der Stiege niedergelassen hatten. Sie behaupteten, von des alten Mergels Geist verfolgt worden zu sein, als sie durchs Brederholz heimkehrten. Zuerst hatte es über ihnen an der Höhe gerauscht und geknistert; darauf hoch in der Luft ein Geklapper wie von aneinander geschlagenen Stöcken; plötzlich ein gellender Schrei und ganz deutlich die Worte: »O weh, meine arme Seele!« hoch von oben herab. Der eine wollte auch glühende Augen durch die Zweige funkeln gesehen haben, und beide waren gelaufen, was ihre Beine vermochten.

»Dummes Zeug!« sagte der Gutsherr verdrießlich und trat in die Kammer, sich umzukleiden. Am anderen Morgen wollte die Fontäne im Garten nicht springen, und es fand sich, daß jemand eine Röhre verrückt hatte, augenscheinlich um nach dem Kopfe eines vor vielen Jahren hier verscharrten Pferdegerippes zu suchen, der für ein bewährtes Mittel wider allen Hexen- und Geisterspuk gilt. »Hm«, sagte der Gutsherr, »was die Schelme nicht stehlen, das verderben die Narren.«

Drei Tage später tobte ein furchtbarer Sturm. Es war Mitternacht, aber alles im Schlosse außer dem Bett. Der Gutsherr stand am Fenster und sah besorgt ins Dunkle, nach seinen Feldern hinüber. An den Scheiben flogen Blätter und Zeige her; mitunter fuhr ein Ziegel hinab und schmetterte auf das Pflaster des Hofes. »Furchtbares Wetter!« sagte Herr von S. Seine Frau sah ängstlich aus. »Ist das Feuer auch gewiß gut verwahrt?« sagte sie; »Gretchen, sieh noch einmal nach, gieß es lieber ganz aus! – Kommt, wir wollen das Evangelium Johannis beten.« Alles kniete nieder, und die Hausfrau begann: »Im Anfang war das Wort, und das Wort war bei Gott, und Gott war das Wort.« – Ein furchtbarer Donnerschlag. Alle fuhren zusammen; dann furchtbares Geschrei und Getümmel die Treppe heran. – »Um Gottes willen! Brennt es?« rief Frau von S. und sank mit dem Gesichte auf den Stuhl. Die Türe ward aufgerissen, und herein stürzte die Frau des Juden Aaron, bleich wie der Tod, das Haar wild um den Kopf, von Regen triefend. Sie warf sich vor dem Gutsherrn auf die Knie. »Gerechtigkeit!« rief sie, »Gerechtigkeit! Mein Mann ist erschlagen!« und sank ohnmächtig zusammen.

Es war nur zu wahr, und die nachfolgende Untersuchung bewies, daß der Jude Aaron durch einen Schlag an die Schläfe mit einem stumpfen Instrumente, wahrscheinlich einem Stabe, sein Leben verloren hatte, durch einen einzigen Schlag. An der linken Schläfe war der blaue Fleck, sonst keine Verletzung zu finden. Die Aussagen der Jüdin und ihres Knechtes Samuel lauteten so: Aaron war vor drei Tagen am Nachmittage ausgegangen, um Vieh zu kaufen, und hatte dabei gesagt, er werde wohl über Nacht ausbleiben, da noch einige böse Schuldner in B. und S. zu mahnen seien. In diesem Falle werde er in B. beim Schlächter Salomon übernachten. Als er am folgenden Tage nicht heimkehrte, war seine Frau sehr besorgt geworden und hatte sich endlich heute um drei nachmittags in Begleitung ihres Knechtes und des großen Schlächterhundes auf den Weg gemacht. Beim Juden Salomon wußte man nichts von Aaron; er war gar nicht da gewesen. Nun waren sie zu allen Bauern gegangen, von denen sie wußten, daß Aaron einen Handel mit ihnen im Auge hatte. Nur zwei hatten ihn gesehen, und zwar an demselben Tage, an welchem er ausgegangen. Es war darüber sehr spät geworden. Die große Angst trieb das Weib nach Haus, wo sie ihren Mann wiederzufinden eine schwache Hoffnung nährte. So waren sie im Brederholz vom Gewitter überfallen worden und hatten unter einer großen, am Berghange stehenden Buche Schutz gesucht; der Hund hatte unterdessen auf eine auffallende Weise umhergestöbert und sich endlich, trotz allem Locken, im Walde verlaufen. Mit einemmale sieht die Frau beim Leuchten des Blitzes etwas Weißes neben sich im Moose. Es ist der Stab ihres Mannes, und fast im selben Augenblicke bricht der Hund durchs Gebüsch und trägt etwas im Maule: es ist der Schuh ihres Mannes. Nicht lange, so ist in einem mit dürrem Laube gefüllten Graben der Leichnam des Juden gefunden. – Dies war die Angabe des Knechtes, von der Frau nur im allgemeinen unterstützt; ihre übergroße Spannung hatte nachgelassen, und sie schien jetzt halb verwirrt oder vielmehr stumpfsinnig. – »Aug um Auge, Zahn um Zahn!« dies waren die einzigen Worte, die sie zuweilen hervorstieß.

In derselben Nacht noch wurden die Schützen aufgeboten, um Friedrich zu verhaften. Der Anklage bedurfte es nicht, da Herr von S. selbst Zeuge eines Auftritts gewesen war, der den dringendsten Verdacht auf ihn werfen mußte; zudem die Gespenstergeschichte von jenem Abende, das Aneinanderschlagen der Stäbe im Brederholz, der Schrei aus der Höhe. Da der Amtsschreiber gerade abwesend war, so betrieb Herr von S. selbst alles rascher, als sonst geschehen wäre. Dennoch begann die Dämmerung bereits anzubrechen, bevor die Schützen so geräuschlos wie möglich das Haus der armen Margreth umstellt hatten. Der Gutsherr selber pochte an; es währte kaum eine Minute, bis geöffnet ward und Margreth völlig gekleidet in der Türe erschien. Herr von S. fuhr zurück; er hätte sie fast nicht erkannt, so blaß und steinern sah sie aus. »Wo ist Friedrich?« fragte er mit unsicherer Stimme. – »Sucht ihn«, antwortete sie und setzte sich auf einen Stuhl. Der Gutsherr zögerte noch einen Augenblick. »Herein, herein!« sagte er dann barsch; »worauf warten wir?« Man trat in Friedrichs Kammer. Er war nicht da, aber das Bett noch warm. Man stieg auf den Söller, in den Keller, stieß ins Stroh, schaute hinter jedes Faß, sogar in den Backofen; er war nicht da. Einige gingen in den Garten, sahen hinter den Zaun und in die Apfelbäume hinauf; er war nicht zu finden. – »Entwischt!« sagte der Gutsherr mit sehr gemischten Gefühlen; der Anblick der alten

Frau wirkte gewaltig auf ihn. »Gebt den Schlüssel zu jenem Koffer.« – Margreth antwortete nicht. – »Gebt den Schlüssel!« wiederholte der Gutsherr und merkte jetzt erst, daß der Schlüssel steckte. Der Inhalt des Koffers kam zum Vorschein: des Entflohenen gute Sonntagskleider und seiner Mutter ärmlicher Staat; dann zwei Leichenhemden mit schwarzen Bändern, das eine für einen Mann, das andere für eine Frau gemacht. Herr von S. war tief erschüttert. Ganz zu unterst auf dem Boden des Koffers lag die silberne Uhr und einige Schriften von sehr leserlicher Hand; eine derselben von einem Manne unterzeichnet, den man in starkem Verdacht der Verbindung mit den Holzfrevlern hatte. Herr von S. nahm sie mit zur Durchsicht, und man verließ das Haus, ohne daß Margreth ein anderes Lebenszeichen von sich gegeben hätte, als daß sie unaufhörlich die Lippen nagte und mit den Augen zwinkerte.

Im Schlosse angelangt, fand der Gutsherr den Amtsschreiber, der schon am vorigen Abend heimgekommen war und behauptete, die ganze Geschichte verschlafen zu haben, da der gnädige Herr nicht nach ihm geschickt. – »Sie kommen immer zu spät«, sagte Herr von S. verdrießlich. »War denn nicht irgendein altes Weib im Dorfe, das Ihrer Magd die Sache erzählte? Und warum weckt man Sie dann nicht?« – »Gnädiger Herr«, versetzte Kapp, »allerdings hat meine Anne Marie den Handel um eine Stunde früher erfahren als ich; aber sie wußte, daß Ihro Gnaden die Sache selbst leiteten, und dann«, fügte er mit klagender Miene hinzu, »daß ich so todmüde war!« – »Schöne Polizei!« murmelte der Gutsherr, »jede alte Schachtel im Dorf weiß Bescheid, wenn es recht geheim zugehen soll.« Dann fuhr er heftig fort: »Das müßte wahrhaftig ein dummer Teufel von Delinquenten sein, der sich packen ließe!«

Beide schwiegen eine Weile. »Mein Fuhrmann hatte sich in der Nacht verirrt«, hob der Amtsschreiber wieder an; »über eine Stunde lang hielten wir im Walde; es war ein Mordwetter; ich dachte, der Wind werde den Wagen umreißen. Endlich, als der Regen nachließ, fuhren wir in Gottes Namen darauf los, immer in das Zellerfeld hinein, ohne eine Hand vor den Augen zu sehen. Da sagte der Kutscher: ›Wenn wir nur nicht den Steinbrüchen zu nahe kommen!‹ Mir war selbst bange; ich ließ halten und schlug Feuer, um wenigstens etwas Unterhaltung an meiner Pfeife zu haben. Mit einemmale hörten wir ganz nah, perpendikulär unter uns die Glocke schlagen. Euer Gnaden mögen glauben, daß mir fatal zumute wurde. Ich sprang aus dem Wagen, denn seinen eigenen Beinen kann man trauen, aber denen der Pferde nicht. So stand ich, in Kot und Regen, ohne mich zu rühren, bis es gottlob sehr bald anfing zu dämmern. Und wo hielten wir? Dicht an der Heerser Tiefe und den Turm von Heerse gerade unter uns. Wären wir noch zwanzig Schritt weiter gefahren, wir wären alle Kinder des Todes gewesen.« – »Das war in der Tat kein Spaß«, versetzte der Gutsherr, halb versöhnt.

Er hatte unterdessen die mitgenommenen Papiere durchgesehen. Es waren Mahnbriefe um geliehene Gelder, die meisten von Wucherern. – »Ich hätte nicht gedacht«, murmelte er, »daß die Mergels so tief drin steckten.« – »Ja, und daß es so an den Tag kommen muß«, versetzte Kapp, »das wird kein kleiner Ärger für Frau Margreth sein.« – »Ach Gott, die denkt jetzt daran nicht!« Mit diesen Worten stand der Gutsherr auf und verließ das Zimmer, um mit Herrn Kapp die gerichtliche Leichenschau vorzunehmen. – Die Untersuchung war kurz, gewaltsamer Tod erwiesen, der vermutliche Täter entflohen, die Anzeichen gegen ihn zwar gravierend, doch ohne persönliches Geständnis nicht beweisend, seine Flucht allerdings sehr verdächtig. So mußte die gerichtliche Verhandlung ohne genügenden Erfolg geschlossen werden.

Die Juden der Umgegend hatten großen Anteil gezeigt. Das Haus der Witwe ward nie leer von Jammernden und Ratenden. Seit Menschengedenken waren nicht so viel Juden beisammen in L. gesehen worden. Durch den Mord ihres Glaubensgenossen aufs äußerste erbittert, hatten sie weder Mühe noch Geld gespart, dem Täter auf die Spur zu kommen. Man weiß sogar, daß einer derselben, gemeinhin der Wucherjoel genannt, einem seiner Kunden, der ihm mehrere Hunderte schuldete und den er für einen besonders listigen Kerl hielt, Erlaß der ganzen Summe angeboten hatte, falls er ihm zur Verhaftung des Mergel verhelfen wolle; denn der Glaube war allgemein unter den Juden, daß der Täter nur mit guter Beihülfe entwischt und wahrscheinlich noch in der Umgegend sei. Als dennoch alles nichts half und die gerichtliche Verhandlung für beendet erklärt worden war, erschien am nächsten Morgen eine Anzahl der angesehensten Israeliten im Schlosse, um dem gnädigen

Herrn einen Handel anzutragen. Der Gegenstand war die Buche, unter der Aarons Stab gefunden und wo der Mord wahrscheinlich verübt worden war. – »Wollt ihr sie fällen? So mitten im vollen Laube?« fragte der Gutsherr. – »Nein, Ihro Gnaden, sie muß stehenbleiben im Winter und Sommer, solange ein Span dran ist.« – »Aber, wenn ich nun den Wald hauen lasse, so schadet es dem jungen Aufschlag.« – »Wollen wir sie doch nicht um gewöhnlichen Preis.« Sie boten zweihundert Taler. Der Handel ward geschlossen und allen Förstern streng eingeschärft, die Judenbuche auf keine Weise zu schädigen. – Darauf sah man an einem Abende wohl gegen sechzig Juden, ihren Rabbiner an der Spitze, in das Brederholz ziehen, alle schweigend und mit gesenkten Augen. – Sie blieben über eine Stunde im Walde und kehrten dann ebenso ernst und feierlich zurück, durch das Dorf B. bis in das Zellerfeld, wo sie sich zerstreuten und jeder seines Weges ging. – Am nächsten Morgen stand an der Buche mit dem Beil eingehauen:

אם תעמור במקום הזה יפכע בך באשר אתח עשית לי

Und wo war Friedrich? Ohne Zweifel fort, weit genug, um die kurzen Arme einer so schwachen Polizei nicht mehr fürchten zu dürfen. Er war bald verschollen, vergessen. Ohm Simon redete selten von ihm, und dann schlecht; die Judenfrau tröstete sich am Ende und nahm einen anderen Mann. Nur die arme Margreth blieb ungetröstet.

Etwa ein halbes Jahr nachher las der Gutsherr einige eben erhaltene Briefe in Gegenwart des Amtsschreibers. – »Sonderbar, sonderbar!« sagte er. »Denken Sie sich, Kapp, der Mergel ist vielleicht unschuldig an dem Morde. Soeben schreibt mir der Präsident des Gerichtes zu P.: ›Le vrai n'est pas toujours vraisemblable‹; das erfahre ich oft in meinem Berufe und jetzt neuerdings. Wissen Sie wohl, daß Ihr lieber Getreuer, Friedrich Mergel, den Juden mag ebensowenig erschlagen haben als ich oder Sie? Leider fehlen die Beweise, aber die Wahrscheinlichkeit ist groß. Ein Mitglied der Schlemmingschen Bande (die wir jetzt, nebenbei gesagt, größtenteils unter Schloß und Riegel haben), Lumpenmoises genannt, hat im letzten Verhöre ausgesagt, daß ihn nichts so sehr gereue als der Mord eines Glaubensgenossen, Aaron, den er im Walde erschlagen und doch nur sechs Groschen bei ihm gefunden habe. Leider ward das Verhör durch die Mittagsstunde unterbrochen, und während wir tafelten, hat sich der Hund von einem Juden an seinem Strumpfband erhängt. Was sagen Sie dazu? Aaron ist zwar ein verbreiteter Name usw.« – »Was sagen Sie dazu?« wiederholte der Gutsherr: »und weshalb wäre der Esel von einem Burschen denn gelaufen?« – Der Amtsschreiber dachte nach. – »Nun, vielleicht der Holzfrevel wegen, mit denen wir ja gerade in Untersuchung waren. Heißt es nicht: der Böse läuft vor seinem eigenen Schatten? Mergels Gewissen war schmutzig genug auch ohne diesen Flekken.«

Dabei beruhigte man sich. Friedrich war hin, verschwunden und – Johannes Niemand, der arme, unbeachtete Johannes, am gleichen Tage mit ihm. – –

Eine schöne lange Zeit war verflossen, achtundzwanzig Jahre, fast die Hälfte eines Menschenlebens; der Gutsherr war sehr alt und grau geworden, sein gutmütiger Gehülfe Kapp längst begraben. Menschen, Tiere und Pflanzen waren entstanden, gereift, vergangen, nur Schloß B. sah immer gleich grau und vornehm auf die Hütten herab, die wie alte hektische Leute immer fallen zu wollen schienen und immer standen. Es war am Vorabende des Weihnachtsfestes, den 24. Dezember 1788. Tiefer Schnee lag in den Hohlwegen, wohl an zwölf Fuß hoch, und eine durchdringende Frostluft machte die Fensterscheiben in der geheizten Stube gefrieren. Mitternacht war nahe, dennoch flimmerten überall matte Lichtchen auf den Schneehügeln, und in jedem Hause lagen die Einwohner auf den Knien, um den Eintritt des heiligen Christfestes mit Gebet zu erwarten, wie dies in katholischen Ländern Sitte ist oder wenigstens damals allgemein war. Da bewegte sich von der Breder Höhe herab eine Gestalt langsam gegen das Dorf; der Wanderer schien sehr matt oder krank; er stöhnte schwer und schleppte sich äußerst mühsam durch den Schnee.

An der Mitte des Hanges stand er still, lehnte sich auf seinen Krückenstab und starrte unverwandt auf die Lichtpunkte. Es war so still überall, so tot und kalt; man mußte an Irrlichter auf Kirchhöfen denken. Nun schlug es zwölf im Turm; der letzte Schlag verdröhnte langsam, und im nächsten Hause erhob sich ein leiser Gesang, der, von Hause zu Hause schwellend, sich über das ganze Dorf zog:

Ein Kindelein so löbelich
Ist uns geboren heute,
Von einer Jungfrau säuberlich,
Des freun sich alle Leute;
Und wär das Kindelein nicht geborn,
So wären wir alle zusammen verlorn:
Das Heil ist unser aller.
O du mein liebster Jesu Christ,
Der du als Mensch geboren bist,
Erlös uns von der Hölle!

Der Mann am Hange war in die Knie gesunken und versuchte mit zitternder Stimme einzufallen: es ward nur ein lautes Schluchzen daraus, und schwere, heiße Tropfen fielen in den Schnee. Die zweite Strophe begann; er betete leise mit; dann die dritte und vierte. Das Lied war geendigt, und die Lichter in den Häusern begannen sich zu bewegen. Da richtete der Mann sich mühselig auf und schlich langsam hinab in das Dorf. An mehreren Häusern keuchte er vorüber, dann stand er vor einem still und pochte leise an.

»Was ist denn das?« sagte drinnen eine Frauenstimme; »die Türe klappert, und der Wind geht doch nicht.« – Er pochte stärker. – »Um Gottes willen, laßt einen halberfrorenen Menschen ein, der aus der türkischen Sklaverei kommt!« – Geflüster in der Küche. »Geht ins Wirtshaus«, antwortete eine andere Stimme, »das fünfte Haus von hier!« – »Um Gottes Barmherzigkeit willen, laßt mich ein! Ich habe kein Geld.« Nach einigem Zögern ward die Tür geöffnet, und ein Mann leuchtete mit der Lampe hinaus. – »Kommt nur herein«, sagte er dann. »Ihr werdet uns den Hals nicht abschneiden.«

In der Küche befanden sich außer dem Manne eine Frau in den mittleren Jahren, eine alte Mutter und fünf Kinder. Alle drängten sich um den Eintretenden her und musterten ihn mit scheuer Neugier. Eine armselige Figur! Mit schiefem Halse, gekrümmtem Rücken, die ganze Gestalt gebrochen und kraftlos; langes schneeweißes Haar hing um sein Gesicht, das den verzogenen Ausdruck langen Leidens trug. Die Frau ging schweigend an den Herd und legte frisches Reisig zu. – »Ein Bett können wir Euch nicht geben«, sagte sie; »aber ich will hier eine gute Streu machen; Ihr müßt Euch schon so behelfen.« – »Gott's Lohn!« versetzte der Fremde; »ich bins wohl schlechter gewohnt.« – Der Heimgekehrte ward als Johannes Niemand erkannt, und er selbst bestätigte, daß er derselbe sei, der einst mit Friedrich Mergel entflohen.

Das Dorf war am folgenden Tage voll von den Abenteuern des so lange Verschollenen. Jeder wollte den Mann aus der Türkei sehen, und man wunderte sich beinahe, daß er noch aussehe wie andere Menschen. Das junge Volk hatte zwar keine Erinnerungen von ihm, aber die Alten fanden seine Züge noch ganz wohl heraus, so erbärmlich entstellt er auch war.

»Johannes, Johannes, was seid Ihr grau geworden!« sagte eine alte Frau. »Und woher habt Ihr den schiefen Hals?« – »Vom Holz- und Wassertragen in der Sklaverei«, versetzte er. – »Und was ist aus Mergel geworden? Ihr seid doch zusammen fortgelaufen?« – »Freilich wohl; aber ich weiß nicht, wo er ist, wir sind voneinander gekommen. Wenn Ihr an ihn denkt, betet für ihn«, fügte er hinzu, »er wird es wohl nötig haben.«

Man fragte ihn, warum Friedrich sich denn aus dem Staube gemacht, da er den Juden doch nicht erschlagen? – »Nicht?« sagte Johannes und horchte gespannt auf, als man ihm erzählte, was der Gutsherr geflissentlich verbreitet hatte, um den Fleck von Mergels Namen zu löschen. – »Also ganz umsonst«, sagte er nachdenkend, »ganz umsonst so viel ausgestanden!« Er seufzte tief und fragte nun seinerseits nach manchem. Simon war lange tot, aber zuvor noch ganz verarmt durch Prozesse und böse Schuldner, die er nicht gerichtlich belangen durfte, weil es, wie man sagte, zwischen ihnen keine reine Sache war. Er hatte zuletzt Bettelbrot gegessen und war in einem fremden Schuppen auf dem Stroh gestorben. Margreth hatte länger gelebt, aber in völliger Geistesstumpfheit. Die Leute im Dorf waren es bald müde geworden, ihr beizustehen, da sie alles verkommen ließ, was man ihr gab, wie es denn die Art der Menschen ist, gerade die Hülflosesten zu verlassen, solche, bei denen der

Beistand nicht nachhaltig wirkt und die der Hülfe immer gleich bedürftig bleiben. Dennoch hatte sie nicht eigentlich Not gelitten; die Gutsherrschaft sorgte sehr für sie, schickte ihr täglich das Essen und ließ ihr auch ärztliche Behandlung zukommen, als ihr kümmerlicher Zustand in völlige Abzehrung übergegangen war. In ihrem Hause wohnte jetzt der Sohn des ehemaligen Schweinehirten, der an jenem unglücklichen Abende Friedrichs Uhr so sehr bewundert hatte. – »Alles hin, alles tot!« seufzte Johannes.

Am Abend, als es dunkel geworden war und der Mond schien, sah man ihn im Schnee auf dem Kirchhofe umherhumpeln; er betete bei keinem Grabe, ging auch an keines dicht hinan, aber auf einige schien er aus der Ferne starre Blicke zu heften. So fand ihn der Förster Brandis, der Sohn des Erschlagenen, den die Gutsherrschaft abgeschickt hatte, ihn ins Schloß zu holen.

Beim Eintritt in das Wohnzimmer sah er scheu umher, wie vom Licht geblendet, und dann auf den Baron, der sehr zusammengefallen in seinem Lehnstuhl saß, aber noch immer mit den hellen Augen und dem roten Käppchen auf dem Kopfe wie vor achtundzwanzig Jahren; neben ihm die gnädige Frau, auch alt, sehr alt geworden.

»Nun, Johannes«, sagte der Gutsherr, »erzähl mir einmal recht ordentlich von deinen Abenteuern. Aber«, er musterte ihn durch die Brille, »du bist ja erbärmlich mitgenommen in der Türkei!« – Johannes begann: wie Mergel ihn nachts von der Herde abgerufen und gesagt, er müsse mit ihm fort. – »Aber warum lief der dumme Junge denn? Du weißt doch, daß er unschuldig war?« – Johannes sah vor sich nieder: »Ich weiß nicht recht, mich dünkt, es war wegen Holzgeschichten. Simon hatte so allerlei Geschäfte; mir sagte man nichts davon, aber ich glaube nicht, daß alles war, wie es sein sollte.« – »Was hat denn Friedrich dir gesagt?« – »Nichts, als daß wir laufen müßten, sie wären hinter uns her. So liefen wir bis Heerse; da war es noch dunkel, und wir versteckten uns hinter das große Kreuz am Kirchhofe, bis es etwas heller würde, weil wir uns vor den Steinbrüchen am Zellerfelde fürchteten, und wie wir eine Weile gesessen hatten, hörten wir mit einem Male über uns schnauben und stampfen und sahen lange Feuerstrahlen in der Luft gerade über dem Heerser Kirchturm.

Wir sprangen auf und liefen, was wir konnten, in Gottes Namen gerade aus, und wie es dämmerte, waren wir wirklich auf dem rechten Wege nach P.«

Johannes schien noch vor der Erinnerung zu schaudern, und der Gutsherr dachte an seinen seligen Kapp und dessen Abenteuer am Heerser Hange. – »Sonderbar!« lachte er, »so nah wart ihr einander! Aber fahr fort.« – Johannes erzählte nun, wie sie glücklich durch P. und über die Grenze gekommen. Von da an hatten sie sich als wandernde Handwerksburschen durchgebettelt bis Freiburg im Breisgau. »Ich hatte meinen Brotsack bei mir«, sagte er, »und Friedrich ein Bündelchen; so glaubte man uns.« – In Freiburg hatten sie sich von den Österreichern anwerben lassen; ihn hatte man nicht gewollt, aber Friedrich bestand darauf. So kam er unter den Train. »Den Winter über blieben wir in Freiburg«, fuhr er fort, »und es ging uns ziemlich gut; mir auch, weil Friedrich mich oft erinnerte und mir half, wenn ich etwas verkehrt machte. Im Frühling mußten wir marschieren, nach Ungarn, und im Herbst ging der Krieg mit den Türken los. Ich kann nicht viel davon nachsagen, denn ich wurde gleich in der ersten Affäre gefangen und bin seitdem sechsundzwanzig Jahre in der türkischen Sklaverei gewesen!« – »Gott im Himmel! Das ist doch schrecklich!« sagte Frau von S. – »Schlimm genug, die Türken halten uns Christen nicht besser als Hunde: das schlimmste war, daß meine Kräfte unter der harten Arbeit vergingen; ich ward auch älter und sollte noch immer tun wie vor Jahren.«

Er schwieg eine Weile. »Ja«, sagte er dann, »es ging über Menschenkräfte und Menschengeduld; ich hielt es auch nicht aus. – Von da kam ich auf ein holländisches Schiff.« – »Wie kamst du denn dahin?« fragte der Gutsherr. – »Sie fischten mich auf, aus dem Bosporus«, versetzte Johannes. Der Baron sah ihn befremdet an und hob den Finger warnend auf; aber Johannes erzählte weiter. Auf dem Schiff war es ihm nicht viel besser gegangen. »Der Skorbut riß ein; wer nicht ganz elend war, mußte über Macht arbeiten, und das Schiffstau regierte ebenso streng wie die türkische Peitsche. Endlich«, schloß er, »als wir nach Holland kamen, nach Amsterdam, ließ man mich frei, weil ich unbrauchbar war, und der Kaufmann, dem das Schiff gehörte, hatte auch Mitleiden mit mir und wollte mich zu seinem Pförtner machen. Aber« – er schüttelte den Kopf – »ich bettelte mich lieber durch bis hierher.« – »Das war dumm genug«, sagte der Gutsherr. Johannes seufzte tief: »O Herr, ich habe mein Leben zwischen Türken und Ketzern zubringen müssen; soll ich nicht wenigstens auf einem katholischen Kirchhofe liegen?« Der Gutsherr hatte seine Börse gezogen: »Da, Johannes, nun geh und komm bald wieder. Du mußt mir das alles noch ausführlicher erzählen; heute ging es etwas konfus durcheinander. – Du bist wohl noch sehr müde?« – »Sehr müde«, versetzte Johannes; »und« – er deutete auf seine Stirn – »meine Gedanken sind zuweilen so kurios, ich kann nicht recht sagen, wie es so ist.« – »Ich weiß schon«, sagte der Baron, »von alter Zeit her. Jetzt geh! Hülsmeyers behalten dich wohl noch die Nacht über, morgen komm wieder.«

Herr von S. hatte das innigste Mitleiden mit dem armen Schelm: bis zum folgenden Tage war überlegt worden, wo man ihn einmieten könne; essen sollte er täglich im Schlosse, und für Kleidung fand sich auch wohl Rat. – »Herr«, sagte Johannes, »ich kann auch noch wohl etwas tun; ich kann hölzerne Löffel machen, und Ihr könnt mich auch als Boten schicken.« – Herr von S. schüttelte mitleidig den Kopf: »Das würde doch nicht sonderlich ausfallen.« – »O doch, Herr, wenn ich erst im Gange bin – es geht nicht schnell, aber hin komme ich doch, und es wird mir auch nicht sauer, wie man denken sollte.« – »Nun«, sagte der Baron zweifelnd, »willst du's versuchen? Hier ist ein Brief nach P. Es hat keine sonderliche Eile.«

Am folgenden Tage bezog Johannes sein Kämmerchen bei einer Witwe im Dorfe. Er schnitzelte Löffel, aß auf dem Schlosse und machte Botengänge für den gnädigen Herrn. Im ganzen gings ihm leidlich; die Herrschaft war sehr gütig, und Herr von S. unterhielt sich oft lange mit ihm über die Türkei, den österreichischen Dienst und die See. – »Der Johannes könnte viel erzählen«, sagte er zu seiner Frau, »wenn er nicht so grundeinfältig wäre.« – »Mehr tiefsinnig als einfältig«, versetzte sie; »ich fürchte immer, er schnappt noch über.« – »Ei bewahre!« antwortete der Baron, »er war sein Leben lang ein Simpel; simple Leute werden nie verrückt.«

Nach einiger Zeit blieb Johannes auf einem Botengange über Gebühr lange aus. Die gute Frau von S. war sehr besorgt um ihn und wollte schon Leute aussenden, als man ihn die Treppe heraufstelzen hörte. – »Du bist lange ausgeblieben, Johannes«, sagte sie; »ich dachte schon, du hättest dich im Brederholz verirrt.« – »Ich bin durch den Föhrengrund gegangen.« – »Das ist ja ein weiter Umweg; warum gingst du nicht durchs Brederholz?« – Er sah trübe zu ihr auf: »Die Leute sagten mir, der Wald sei gefällt, und jetzt seien so viele Kreuz- und Querwege darin, da fürchtete ich, nicht wieder hinauszukommen. Ich werde alt und duselig«, fügte er langsam hinzu. – »Sahst du wohl«, sagte Frau von S. nachher zu ihrem Manne, »wie wunderlich und quer er aus den Augen sah? Ich sage dir, Ernst, das nimmt noch ein schlimmes Ende.«

Indessen nahte der September heran. Die Felder waren leer, das Laub begann abzufallen, und mancher Hektische fühlte die Schere an seinem Lebensfaden. Auch Johannes schien unter dem Einflusse des nahen Äquinoktiums zu leiden; die ihn in diesen Tagen sahen, sagen, er habe auffallend verstört ausgesehen und unaufhörlich leise mit sich selber geredet, was er auch sonst mitunter tat, aber selten. Endlich kam er eines Abends nicht nach Hause. Man dachte, die Herrschaft habe ihn verschickt; am zweiten auch nicht; am dritten Tage ward seine Hausfrau ängstlich. Sie ging ins Schloß und fragte nach. – »Gott bewahre«, sagte der Gutsherr, »ich weiß nichts von ihm; aber geschwind den Jäger gerufen und Försters Wilhelm! Wenn der armselige Krüppel«, setzte er bewegt hinzu, »auch nur in einen trockenen Graben gefallen ist, so kann er nicht wieder heraus. Wer weiß, ob er nicht gar eines von seinen schiefen Beinen gebrochen hat! – Nehmt die Hunde mit«, rief er den abziehenden Jägern nach, »und sucht vor allem in den Gräben; seht in die Steinbrüche!« rief er lauter.

Die Jäger kehrten nach einigen Stunden heim; sie hatten keine Spur gefunden. Herr von S. war in großer Unruhe: »Wenn ich mir denke, daß einer so liegen muß wie ein Stein und kann sich nicht helfen! Aber er kann noch leben; drei Tage hälts ein Mensch wohl ohne Nahrung aus.« Er machte sich selbst auf den Weg; in allen Häusern wurde nachgefragt, überall in die Hörner geblasen, gerufen, die Hunde zum Suchen angehetzt – umsonst! – Ein Kind hatte ihn gesehen, wie er am Rande des Brederholzes saß und an einem Löffel schnitzelte. »Er schnitt ihn aber ganz entzwei«, sagte das kleine Mädchen. Das war vor zwei Tagen gewesen. Nachmittags fand sich wieder eine Spur; abermals ein Kind, das ihn an der anderen Seite des Waldes bemerkt hatte, wo er im Gebüsch gesessen, das Gesicht auf den Knien, als ob er schliefe. Das war noch am vorigen Tage. Es schien, er hatte sich immer um das Brederholz herumgetrieben. »Wenn nur das verdammte Buschwerk nicht so dicht wäre! da kann keine Seele hindurch«, sagte der Gutsherr. Man trieb die Hunde in den jungen Schlag; man blies und hallote und kehrte endlich mißvergnügt heim, als man sich überzeugt, daß die Tiere den ganzen Wald abgesucht hatten. – »Laßt nicht nach! Laßt nicht nach!« bat Frau von S.; »besser ein paar Schritte umsonst, als daß etwas versäumt wird.« Der Baron war fast ebenso beängstigt wie sie. Seine Unruhe trieb ihn sogar nach Johannes' Wohnung, obwohl er sicher war, ihn dort nicht zu finden. Er ließ sich die Kammer des Verschollenen aufschließen. Da stand sein Bett noch ungemacht, wie er es verlassen hatte, dort hing sein guter Rock, den ihm die gnädige Frau aus dem alten Jagdkleide des Herrn hatte machen lassen; auf dem Tische ein Napf, sechs neue hölzerne Löffel und eine Schachtel. Der Gutsherr öffnete sie; fünf Groschen lagen darin, sauber in Papier gewickelt, und vier silberne Westenknöpfe; der Gutsherr betrachtete sie aufmerksam. »Ein Andenken von Mergel«, murmelte er und trat hinaus, denn ihm ward ganz beengt in dem dumpfen, engen Kämmerchen. Die Nachsuchungen wurden fortgesetzt, bis man sich überzeugt hatte, Johannes sei nicht mehr in der Gegend, wenigstens nicht lebendig. So war er denn zum zweitenmal verschwunden; ob man ihn wiederfinden würde – vielleicht einmal nach Jahren seine Knochen in einem trockenen Graben? Ihn lebend wiederzusehen, dazu war wenig Hoffnung, und jedenfalls nach achtundzwanzig Jahren gewiß nicht.

Vierzehn Tage später kehrte der junge Brandis morgens von einer Besichtigung seines Reviers durch das Brederholz heim. Es war ein für die Jahreszeit ungewöhnlich heißer Tag, die Luft zitterte, kein Vogel sang, nur die Raben krächzten langweilig aus den Ästen und hielten ihre offenen Schnäbel der Luft entgegen. Brandis war sehr ermüdet. Bald nahm er seine von der Sonne durchglühte Kappe ab, bald setzte er sie wieder auf. Es war alles gleich unerträglich, das Arbeiten durch den kniehohen Schlag sehr beschwerlich. Ringsumher kein Baum außer der Judenbuche. Dahin strebte er denn

auch aus allen Kräften und ließ sich todmatt auf das beschattete Moos darunter nieder. Die Kühle zog so angenehm durch seine Glieder, daß er die Augen schloß. »Schändliche Pilze!« murmelte er halb im Schlaf. Es gibt nämlich in jener Gegend eine Art sehr saftiger Pilze, die nur ein paar Tage stehen, dann einfallen und einen unerträglichen Geruch verbreiten. Brandis glaubte solche unangenehmen Nachbarn zu spüren, er wandte sich ein paarmal hin und her, mochte aber doch nicht aufstehen; sein Hund sprang unterdessen umher, kratzte am Stamm der Buche und bellte hinauf. »Was hast du da, Bello? Eine Katze?« murmelte Brandis. Er öffnete die Wimper halb, und die Judenschrift fiel ihm ins Auge, sehr ausgewachsen, aber doch noch ganz kenntlich. Er schloß die Augen wieder; der Hund fuhr fort zu bellen und legte endlich seinem Herrn die kalte Schnauze ans Gesicht. – »Laß mich in Ruh! Was hast du denn?« Hierbei sah Brandis, wie er so auf dem Rücken lag, in die Höhe, sprang dann mit einem Satze auf und wie besessen ins Gestrüpp hinein. Totenbleich kam er auf dem Schlosse an: in der Judenbuche hänge ein Mensch; er habe die Beine gerade über seinem Gesicht hängen sehen. – »Und du hast ihn nicht abgeschnitten, Esel?« rief der Baron. – »Herr«, keuchte Brandis, »wenn Ew. Gnaden dagewesen wären, so wüßten Sie wohl, daß der Mensch nicht mehr lebt. Ich glaubte anfangs, es seien die Pilze!« Dennoch trieb der Gutsherr zur größten Eile und zog selbst mit hinaus.
Sie waren unter der Buche angelangt. »Ich sehe nichts«, sagte Herr von S. – »Hierher müssen Sie treten, hierher, an diese Stelle!« – Wirklich, dem war so: der Gutsherr erkannte seine eigenen abgetragenen Schuhe. – »Gott, es ist Johannes! – Setzt die Leiter an! – So – nun herunter! Sacht, sacht! Laßt ihn nicht fallen! – Lieber Himmel, die Würmer sind schon daran! Macht dennoch die Schlinge auf und die Halsbinde.« Eine breite Narbe ward sichtbar; der Gutsherr fuhr zurück. – »Mein Gott!« sagte er; er beugte sich wieder über die Leiche, betrachtete die Narbe mit großer Aufmerksamkeit und schwieg eine Weile in tiefer Erschütterung. Dann wandte er sich zu den Förstern: »Es ist nicht recht, daß der Unschuldige für den Schuldigen leide; sagt es nur allen Leuten: der da« – er deutete auf den Toten – »war Friedrich Mergel.« – Die Leiche ward auf dem Schindanger verscharrt.

Dies hat sich nach allen Hauptumständen wirklich so begeben im September des Jahres 1789. – Die hebräische Schrift an dem Baume heißt:

»Wenn du dich diesem Orte nahest, so wird es dir ergehen, wie du mir getan hast.«

Das alte Siegel

1. Die Berghalde

Veit Hugo Evaristus Almot war der einzige Sohn eines uralten noch aus den Zeiten Laudons und Eugens stammenden Kriegers, der ebenfalls den Namen Veit Hugo führte, und welcher Krieger, nachdem er glücklich den Schwertern und Spießen der Türken entgangen war, zuletzt noch in bedeutend vorgerückten Jahren in die Gefangenschaft eines schönen Mädchens geriet, welcher er nicht entging; daher er das Mädchen zur Frau nahm, dieselbe auf seinen Landsitz ins Hochgebirge führte, und mit ihr sein Söhnlein Veit Hugo erzielte. Er lebte darnach noch eine Reihe von Jahren in die Zeit hinein, so daß ihm sogar sein liebes Weiblein, obgleich es viel jünger war, als er, in die Ewigkeit vorausging, so wie ihm bereits alle Kameraden und Freunde vorausgegangen waren.

Ungleich vielen Kriegern seiner Zeit hatte er sich so viele wissenschaftliche und Staatsbildung eigen gemacht, als damals möglich war, und da er seinen Sohn selber unterrichtete und erzog, weil er meinte, daß es Niemand so gut zu tun vermochte, als er, so trug er alles, was er wußte, auf diesen über. Freilich wäre bei dem indessen vorgerückten Stande der Wissenschaften mancher Andere gewesen, der den Unterricht weit besser hätte führen können, als er; allein neben dem Unterrichte gab er seinem Sohne unversehens auch ein anderes Kleinod mit, welches ein Fremder nicht hätte geben können, nämlich sein eigenes einfältiges, metallstarkes, goldreines Männerherz, welches Hugo unsäglich liebte, und unbemerkt in sich sog, so daß er schon als Knabe etwas Eisenfestes und Altkluges an sich hatte, wie ein Obrist des vorigen Jahrhunderts, aber auch noch als Mann von zwanzig Jahren etwas so einsam Unschuldiges, wie es heut zu Tage selbst tief auf dem Lande kaum vierzehnjährige Knaben besitzen. Das Herz und seine Leidenschaften waren bei dem Vater schon entschlummert, daher blieben sie bei dem Sohne ungeweckt und ungebraucht in der Brust liegen, und er hatte von dem Vater sonst nichts geerbt, als den Tag für Tag gleichen Frohsinn und die Freude an der Welt. Von der Mutter hatte er die ungewöhnliche Schönheit des Körpers und Antlitzes bekommen, die sie einst in ihrem Leben ausgezeichnet hatte, und diese Schönheit entwickelte sich an ihm, da er empor wuchs, so daß die Blicke aller Menschen mit Wohlgefallen an dem Knaben hafteten, und daß er als Jüngling, obgleich er selbst noch nichts anderes liebte, als den Vater und die ganze Welt, doch an manchen Stellen, wohin der Himmel seines Auges leuchtete, bereits die heißeste Liebe entzündet hatte, davon er selber nie etwas wußte.

Als er auf diese Weise ein und zwanzig Jahre alt geworden war, gab ihm der Vater ein Päckchen mit Goldstücken, einen Empfehlungsbrief, mehrere gute Lehren, und sagte, daß er mit allem diesem jetzt in die Hauptstadt gehen müsse.

»Veit«, sagte er, »Du hast nun von mir genug gelernt, ich weiß nichts mehr weiter. Du mußt nun in die Welt gehen und auch das Deine tun. Gib diesen Brief da dem alten Feldobristen, auf den er lautet, er wird Dir, wenn er noch lebt, an die Hand gehen; schau auf das Geld, wir haben nicht viel, aber was ein ehrlicher Mann braucht, werde ich Dir immer senden; sieh zu, daß Du noch etwas lernest, das Dir gut tut, denn jetzt braucht man viel mehr, als ehedem, weil die Welt aufgeklärter geworden ist; dann, wenn Du ausgelernt hast, mußt Du auch, wie ich Dir immer gesagt habe, auf der Erde etwas wirken – es sei, was es wolle, ich rede Dir da nichts ein, aber gut muß es sein, und so viel, daß es einer Rede wert ist, wenn man einmal Abends bei seinem eigenen Ofenfeuer beisammen sitzt, hörst Du, Veit! – Dann kannst Du in Dein Haus zurückkommen, es trägt schon so viel, daß davon ein strenger Mann leben kann, und sein Weib auch, und eine Handvoll Kinder auch noch und mancher Gast dazu, der zu Dir übers Gebirge steigt. So – jetzt geh und lasse den gesattelten Rappen nicht zu lange warten, ich konnte das nie leiden, mein Bruder, der Franz, Dein Oheim, hat es immer getan, darum haben sie ihn auch bei Karlowitz niedergeschossen, weil er wieder zu spät aufgebrochen ist, wie sonst. Schreib' oft, Veit, wenigstens jeden Monat einmal und vergiß mich nicht, und sei kein Narr, wenn Du einmal hörst, daß ich gestorben bin.«

Nach diesen Worten stand der Knabe, der schon wußte, daß er jetzt fort ziehen werde, und bereits dazu vollkommen ausgerüstet war, auf, und ging an der Hand des Vaters, der ihn führte, aus dem Hause hinaus. Sie gingen rückwärts durch den Garten und an den Blumenbeeten entlang. Der Rappe stand am Gitter, von dem traurigen Knechte gehalten. Der alte Krieger wollte grimmig darein schauen, um sich selber zu Hilfe zu kommen; aber wie er dem Sohne, der bisher stumm und standhaft den Schmerz nieder gekämpft hatte, die Hand gab, und nun sah, daß dessen gute, junge und unschuldige Augen plötzlich voll Wasser anliefen, so kam auch in die starren, eisengrauen Züge des alten Mannes ein so plötzliches Zucken, daß er es nicht mehr zurück halten konnte. Er sagte nur die ganz verstümmelten Worte: »Dummer Hasenfuß«, und kehrte sich um, indem er heftig mit den Armen schlagend in den Garten zurück ging. Hugo sah es nicht mehr, wie der verlassene Mann, um sich seinem Anblicke zu entziehen, in die allererste Laube hinein ging, und dort die Hände über dem Haupte zusammen schlug: sondern er ließ sich von dem Knechte den Steigbügel halten, schwang sich auf, und ritt mit fester Haltung den Berg hinab, weil er meinte, der Vater sehe ihm nach; aber als er unten angekommen war, und die Haselsträuche ihn deckten, ließ er dem Herzen Luft, und wollte sich halb tot weinen vor ausgelassenem Schmerze. Er hörte noch das Dorfglöcklein klingen, wie es in die Frühmesse läutete, und neben ihr rauschte das grüne klare Wasser des Gebirgsbaches. Das Glöcklein klang, wie es ihm zwanzig Jahre geklungen, der Bach rauschte, wie er zwanzig Jahre gerauscht – und beide Klänge gossen erst recht das heiße Wasser in seine Augen. »Ob es denn«, sagte er gleichsam halblaut zu sich, »in der ganzen Welt einen so lieben Ort und einen so lieben Klang geben könne, und ob ich denn nur noch einmal in meinem Leben diesen Klang wieder hören werde!«

Das Glöcklein hörte endlich auf, nur der Bach hüpfte neben ihm her, und rauschte und plauderte fort.

»Grüße mir den Vater, und das Grab der Mutter«, sagte er, »du liebes Wasser.«

Aber er bedachte nicht, daß ja die Wellen nicht zurückflossen, sondern mit ihm denselben Weg hinaus in die Länder der Menschen gingen. – –

Fuhrleute mit krachenden Wägen begegneten ihm auf der Straße, der graue Gebirgsjäger mit dem Gemsbarte ging über den Weg. Herdenglocken klangen, der Tau glänzte auf den Bergen – Hugo ritt langsam aus einem Tale in das andere, und aus jedem derselben kam ihm ein Bächlein nach, und alle vereinten sich, und zogen als größerer Bach mit ihm des Weges weiter – der Himmel wurde immer blauer, die Sonne immer kräftiger, und das Herz des Reisenden mit. Nachmittags, als ihm die straffe Gebirgsluft schon längst die letzte Träne von dem Auge getrocknet hatte, und seine Gedanken schon weit und breit wieder ihre Wege gingen, dauerte doch noch eine gewisse Weichheit und Sehnsucht fort, die ihm sonst fremd gewesen waren. Er suchte daher, als er seine erste Nachtherberge erreicht hatte, sogleich sein Lager, und entschlummerte todmüde, während in seinen Ohren Heimatglocken klangen und Heimatsbäche rauschten. In der ganzen Nacht hing das Bild des abwesenden Vaters vor den zugemachten Augen.

Deßohngeachtet erwachte er am andern Morgen gestärkter und ruhiger, und jeder Tag, der da folgte, legte sein Körnlein dazu, bis er am Abende des sechsten Tages wohlgemut und staunend in die Herrlichkeit der Hauptstadt einritt.

Hier wußte er nun nicht, was er gleich beginnen sollte. Der einzige Empfehlungsbrief, den er mitbekommen hatte, nämlich der an den alten Feldobristen, war ihm unnütz; denn der Feldobrist war schon längstens gestorben, und so war er also mit sich allein. Das erste, was er vornehmen wollte, bestand darin, daß er sich irgendwo ein Stübchen miete, in dem er lebe, und die Dinge ansähe, wie sie hier sind, damit er erfahre, was er dann weiter zu erringen habe.

Mit dem Pferde, welches er mitgebracht hatte, war er gleich Anfangs in eine große Verlegenheit gekommen. Es war zur Zeit, als er von Hause ging, nicht mehr Sitte, zu Pferde zu reisen, sondern der Reitpferde bediente man sich nur im Heere zum Dienste, und außer demselben, vorzüglich in der Stadt, bloß zu dem einen oder dem andern Spazierritte. Er war daher häufig angeschaut worden, wenn er so auf seinem Rappen die Straße dahin zog, und als er in die Hauptstadt gekommen war, waren alle Reitpferde schöner, waren alle ganz anders gesattelt und gezäumt, als das seine, und überall wo er um ein Zimmer für sich fragte, war kein Stall, in welchen er seinen Rappen hätte tun können. Er gab daher denselben, der noch immer in dem Gasthofe, in welchem er abgestiegen war, weil er ihm von den Fuhrleuten seiner Gegend, die alle dort einkehren, empfohlen wurde, gestanden war, einem Fuhrmanne mit, der in das Tal seines Vaters zurück kehrte, und trug ihm auf, daß er den Rappen hinten an seinen Wagen anhängen, sehr gut auf ihn schauen, und ihn von dem Wirtshause des letzten Dorfes aus nach dem Hause der Gebirgshalde senden möge, wo der Vater ist. Der Fuhrmann versprach alles, und Hugo nahm Abschied von dem Tiere.

In der ersten Woche seines Aufenthaltes in der großen Stadt hatte er eine Stube gefunden, wie er sie wünschte. Sie war zum Studieren abgelegen, und ihre zwei Fenster sahen doch auf ein paar grüne Bäume, wie er sie liebte, obgleich jenseits derselben sogleich wieder Mauern anfingen, die ihm zuwider waren. In diese Stube brachte er seine Sachen, und richtete sich ein. Hier wollte er nun eine Tätigkeit anfangen, von der er wußte, daß sie seinem Vater eine große Freude machen könnte. Die Sache war so: Als sie nämlich, er und sein Vater, zu lernen angefangen hatten, und Hugo bereits schon bedeutende Fortschritte machte, brach die französische Revolution aus. Es bereiteten sich gemach die erschütternden Begebenheiten vor, die dann auf ein Vierteljahrhundert hinaus den Frieden der Welt zerstören sollten. Der alte Veit lebte gleichsam wieder jugendlich auf und ließ sich alle nur denkbaren Zeitungen auf das alte Gebirgshaus bringen. Der Knabe mußte sie ihm vorlesen, sie lebten Jahr nach Jahr diese Bewegungen durch, und als sie auf jene Zeit kamen, in welcher der fremde Eroberer unser Vaterland in Fesseln schlug, und Hugo bereits zu einem Jünglinge aufzublühen begann – da entstand in beiden derselbe Gedanke, daß nämlich eines Tages die gesamte deutsche Jugend aufstehen werde, wie ein Mann, um die deutsche Erde gänzlich zu befreien.

»Dieses Geschlecht«, sagte der alte Veit, »hat den Krieg noch nicht gesehen, es weiß also jetzt, da er da ist, nichts mit ihm anzufangen. Wenn ich nur nicht so alt wäre. Sie merken die große Schande nicht, daß sie immer geschlagen werden, und der Feind, der auch lange keinen Krieg gehabt hat, ist ebenfalls so töricht, diese Schande immer zu mehren, und mit Worten größer zu machen, weil er sie für einen Triumph hält. Aber es kann nicht lange so dauern; wenn das Kraut fort wachsen wird, dann wird er sich über die Blume wundern, die ganz oben stehen wird. Sie muß Ingrimm heißen, diese Blume, und alle alten Sünden müssen getilgt werden, wenn es mit rechten Dingen zugehen soll. Wenn auch die Sünder selber nicht mehr leben, um auszubessern, so wird es die nachwachsende Jugend tun. – Wie wir damals mit dem alten und schon schwachen Eugenius an den Rhein rückten, unser sechzig, unser siebenzig Tausend, lauter blutjunge Burschen! – hätten sie uns damals von Seite des heiligen römischen Reiches nicht so im Stiche gelassen – der alte Eugenius hat ohnehin mit uns Wunder gewirkt. Ich glaube, wenn solche sechzig, oder siebenzig Tausend im Felde stünden, sie würden den Feind über die Grenze zurück werfen. Macht er es in seinem Übermute nur immer so fort, so werden schon mehrere aufstehen, man wird nicht wissen, woher sie gekommen sind, es werden ihrer mehr, als sechzig und siebenzig Tausend sein, diese werden Taten tun – es wird eine Zeit sein, Du kannst sie noch erleben, ich schwerlich – sie werden es nicht mehr ertragen können, und der jetzt an der Zeche sitzt, der wird sehr bald und sehr fürchterlich dafür bezahlen müssen. Merke Dir das, daß ich es gesagt habe, wenn es geschieht und ich vielleicht schon im Grabe liege.«

Durch solche und ähnliche Worte entzündete er das arme Herz des Knaben, daß es sich in heimlicher und einsamer Glut abarbeitete, und dies um so mehr, da es sich von den Dingen der Wirklichkeit auch keine entfernt ähnliche Vorstellung zu machen verstand. Als nach ein paar Jahren darauf der Krieg über ganz Deutschland flutete, obwohl man auf der Berghalde nie einen Feind gesehen hatte, und das alte Haus wie manch andere Stelle im Gebirge gleichsam als eine Insel aus der Flut heraus ragte: faßte Hugo den Entschluß, wenn der Zeitpunkt gekommen wäre, daß sich Deutschlands Jugend gegen den Feind erhebe, auch hinaus zu gehen, und sich in die Reihe der Krieger zu stellen. Er sagte zu seinem Vater nichts von diesen Gedanken. Denn wie die andern mit den kleinen Lastern und Begierden ihres Herzens, so war Hugo verschämt mit der Schönheit des seinigen. Jede Zeile, die er lernte, jeden veralteten Handgriff, den ihm sein Vater beibrachte, berechnete er schon auf jene Zeit. Als er nun von dem Hause Abschied nahm, in die Stadt reiste und die von ihm gemietete abgelegene Stube bezog, nahm er sich vor, in derselben alle kriegerischen Wissenschaften zu betreiben, nebstbei die Bekanntschaft von Männern aus dem Kriegerstande zu suchen, daß sie ihm an die Hand gingen, daß er sich nicht nur aus den Büchern wissenschaftlich, sondern durch Erlernung aller Handgriffe und Übungen auch tatsächlich unterrichtete – und wenn dann der Zeitpunkt der Erhebung gekommen wäre, von dem er eben so fest überzeugt war, daß er kommen müsse, wie sein Vater, würde er demselben schreiben, daß er sich seither für den Kriegerstand gebildet habe, und daß er sich nun dem Aufstande anschließe. Wenn dann die Tat der Befreiung, dachte er, von den vielen hunderttausend deutschen Jünglingen versucht worden, und gelungen wäre, dann wolle er nach Hause gehen, und wolle dem alten Vater alles auseinander setzen, was er gelernt habe, wie er sich vorbereitet habe, wie er eingetreten sei, was er getan habe, – und dann wolle er ihn fragen, ob dieses der Rede wert sei, wenn man Abends einmal bei dem Ofenfeuer beisammen sitze – oder ob er noch hinaus gehen müsse, und noch etwas tun. So wie Hugo mußten sich damals viele vereinzelte Jünglingsherzen, wenn auch nicht tatsächlich, wie er, doch durch Erwägung der Frage, die zu jener Zeit noch ein Unding schien, vorbereitet haben, weil, da gleichwohl die Lösung derselben eintrat, die Flamme nicht ein Herz nach dem andern ergriff, sondern von allen, als hätte sie schon lange darinnen geglimmt, auf einmal und mit einer einzigen Lohe empor schlug.

Seinem Entschlusse gemäß, begann nun Hugo in der gemieteten Stube seine wissenschaftlichen Arbeiten. Gleich in den ersten Tagen, in denen er sehr oft herum ging und öffentliche Orte besuchte, um etwa einen Bekannten zu erwerben, wie er ihn wünschte, machte er wirklich die Bekanntschaft eines Kriegers, die ihm von großem Vorteile war; denn derselbe gab Hugo nicht nur die Werke an, nach denen er seine Bildung beginnen solle, sondern er vermittelte auch bei seinen Obern und Vorgesetzten, daß Hugo nicht nur allen kriegerischen Übungen beiwohnen, sondern auch dieselben, wo es anging, persönlich mitmachen konnte. Hierdurch kam er in die Bekanntschaft fast aller höheren in der Hauptstadt befindlichen Krieger. Er sagte keinem von ihnen seinen eigentlichen Plan, sondern teilte nur das Allgemeine desselben mit, daß er sich nämlich zum Kriege gegen den Landesfeind vorbereite. Ob es einzelne gab, die ihn errieten, oder ob mehrere aus ihnen schon selber an eine Entscheidung der Art dachten, wie sie erst nach mehreren Jahren wirklich eintrat, können wir nicht sagen, weil er trotz des Umganges mit diesen Männern so einsam war, als säße er beständig und ausschließlich in seinem Stübchen, daher ihm der Aufenthalt in der Hauptstadt auch nicht im Geringsten anzusehen war, als wäre er erst gestern Abends von der Gebirgshalde gekommen.

Das erkannte er gleich, daß er hier noch sehr vieles lernen müsse, und schrieb es auch dem Vater. Er schrieb ihm dazu, daß er die Kriegswissenschaften betreibe und sich auf diesem Felde auch tatsächlich übe, wenn er diese Dinge heute oder morgen etwa einmal brauchen könnte. Der Vater antwortete in einem Schreiben, daß er über das, was der Sohn treibe, kein Urteil abgebe, daß er schon gesagt habe, er hätte Freiheit zu tun, wie er wolle, nur gut müsse es sein, und einer Abendrede wert. Was ihm sonst Veit schriebe, wie man die Kriegsdinge jetzt anders betreibe, so sehe er wohl ein, daß die Wissenschaft des Krieges fortgeschritten sei, und jetzt vieles besser ins Werk gestellt werden würde, als zu seiner Zeit, aber die Manneszucht und die Tapferkeit sei heute nicht mehr so, wie in seinen Tagen, das könne er durchaus nicht glauben.

Hugo richtete sich seine Stube zu seinen Zwecken ein. Das Vorstübchen war ganz leer, lag über dem Schwibbogen eines Tores und war daher zu den Fechtübungen sehr tauglich, die er sehr häufig mit seinem Meister, und oft auch mit einem Kameraden anstellte. In der Stube selber hingen seine Scheibengewehre, seine andern Waffen, und, wo noch Platz war, die Landkarten. Auf den vielen Tischen lagen die Bücher, die Pläne, Karten und andern Papiere. Bald, als er den Rappen nach Hause geschickt hatte, kaufte er sich ein anderes Pferd, weil ihm die Übungen in der Reitschule auf den Pferden des Bereiters nicht genügten, sondern weil er sie auf einem edlen, kräftigen, feurigen Pferde, das ihm eigen wäre, selber machen wollte, und weil er einen Rest seiner Zeit in die Pflege eines solchen edlen Pferdes teilen wollte. Er mietete einen Stall dafür, und obwohl es sein Diener in der Obhut hatte, ging er doch täglich hin und leitete die Wartung desselben. Der früheste Morgen – denn Hugo stand schon wenige Stunden nach Mitternacht auf – war den Studien gewidmet. Seine Zeit war strenge eingeteilt, dies hatte er von dem Vater gelernt, und nur im Laufe des Vormittags und des Abends war eine Stunde oder etwas darüber zum Spazierengehen und zur Erholung bestimmt.

So lebte Hugo ein und ein halbes Jahr fort. Er dachte, er könne mit seinen Erwerbungen auf dem betretenen Felde zufrieden sein, als ein Brief kam, und ihm den Tod seines Vaters meldete. Derselbe hatte also nicht mehr erlebt, daß ihm der Sohn die Freude mache, den geliebten Gedanken, den er im hohen Alter noch mit Jugendfeuer ausdachte, aus freiem Antriebe verwirklichen zu helfen, und wenn der Sohn in die Zukunft dachte, und sich selber seine Pläne entwickelte, so war oft der Gedanke da, was der Vater dazu sagen werde, aber daß der Tod dieses Vaters eintreten könnte, das war nie in Rechnung gebracht. Hugo konnte also jetzt nichts tun, als auf der eingeschlagenen Bahn fort zu gehen, und wenn die Tat getan sei, und sein Herz noch unter den Lebendigen schlage, auf das Grab des Vaters zu gehen, dort die Waffen nieder zu legen, und zu fragen, ob die Tat einer Abendrede wert sei – schlägt aber das Herz nicht mehr unter den Lebendigen, dann, hoffe er, würde er doch auch an einen Ort kommen, wo er dem Vater selber sagen könnte, was er getan.

Er hatte das alte Haus geerbt mit den Erträgnissen der dazu gehörigen Felder, Wiesen und Wälder. Das Haus trug er dem noch lebenden Altknechte seines Vaters zur Verwaltung auf, bis er selber kommen werde. In der Stube hingen mehrere verrostete Waffen, die er befahl, daß man sie unberührt und unvermischt hängen lassen solle. Mit dem Briefe, der ihm den Tod des Vaters angezeigt hatte, war zugleich in einem Futterale ein altes Siegel angekommen, über das der Vater verordnet hatte, daß man es sogleich nach seinem Tode dem Sohne einhändigen solle. Er hatte zu Lebzeiten das Siegel immer bei allen seinen Briefen und bei allen andern Papieren und Urkunden, die eines Petschaftes bedurften, geführt. In dem Fache des Siegels lag ein Blättchen Papier mit der eigenen Handschrift des Vaters beschrieben. Das Feld des Siegels, dessen Stiel von kunstreicher Arbeit in Stahl war, trug mit sehr schönen klaren Buchstaben im Halbkreise herum die Worte: *»Servandus tantummodo honos«*, unterhalb des Bogens der Buchstaben war ein ganz blankes Schild, um die Reinheit der Ehre anzuzeigen. Denn die Familie Almot war nicht von Adel und hatte kein Wappen. Auf dem, dem Siegel beigelegten Papiere stand, daß ihm der Vater hier das Siegel übergebe, das man immer in der Familie geführt habe, und daß er ihm die Worte, die darauf stünden, auf das Beste empfehle; denn so lange der Sinnspruch desselben befolgt werde, ist nichts verloren, und man steht vor sich selber und den anderen gerechtfertigt und untadelig da.

»Ja«, dachte Hugo, »das will ich unabänderlich befolgen: so lange ich lebe, soll kein Makel an mein Herz und meine Ehre kommen, es soll kein Einziger sein, der etwas Schimpfliches über mich zu sagen wüßte, und vor allen Andern soll ich selber nicht der Einzige sein, der eine geheime Schuld hätte, und sich dieselbe erzählen könnte. Ich will eine große und nützliche Tat tun helfen, und erst dann, wenn ich mein eigenes Gewissen befragt habe, ob es genug sei, und wenn mein eigenes Gewissen geantwortet hat: wenn der Vater lebte, würde er es einer Rede des Abends für wert halten – dann werde ich nach Hause gehen, das alte Haus in meine Obsorge nehmen, und alle die behüten, die mir untergeben sind, und ein Recht haben auf meinen Schutz und meine Verwaltung.«

Mit dem großen Schmerze in dem Herzen ging er an die Fortsetzung seiner Arbeiten und Bestrebungen. Sie zeigten ihm bald eine neue Seite. Waren sie ihm früher nur Beruf und Mittel zum Ziele gewesen, so wurden sie ihm nun eine Art Trost, gleichsam ein unsichtbares Band mit dem Verstorbenen, der auch diesem Stande angehört hat, und den Kreis dieser Dinge bald ganz, bald zum Teile gleichsam mit hinüber in die Ewigkeit gezogen hat. Er arbeitete sehr fleißig und erst jetzt setzte er seine Studien mit der wahren und rechten Begeisterung fort.

Fast zwei Jahre waren seit dem Tode des Vaters wieder verflossen. Hugo blieb in der Stadt rein und stark, wie eine Jungfrau; denn in dessen Busen ein Gott ist, der wird von den Niedrigkeiten, die die Welt hat, nicht berührt. Obwohl er nun schon im vierten Jahre in der großen Stadt war, lag ihm das Herz noch so einsam in seiner Brust, wie einst auf der Gebirgshalde – nur daß es ihn zuweilen, wenn er auf den Höhen um die große Stadt herum schweifte, wie

Heimweh überkam, oder wie eine traurige Sehnsucht. Er hielt es für Tatendurst; in Wahrheit aber war es, wenn er so die Landschaft übersah, ein sanftes Anpochen seines Herzens, das da fragte: »Wo in dieser großen Weite hast du denn die Sache, die du lieben kannst?« – – Aber die Sache hatte er nicht, der Mahnung achtete er nicht, und so schleiften die Stunden hin, höchstens, daß er in solchen Augenblicken nieder saß und an seinem Tagebuche schrieb, das sonderbar genug, in lauter Briefen an den toten Vater bestand. Anders wußte sich seine Liebe nicht zu helfen; wie hold Mutterliebe sei, hatte er nie erfahren, und wie süß die andere, davon ahnete ihm noch nichts, oder, wenn man es so nimmt, die Briefe an den Vater sind mißgekannte Versuche derselben.

Zu der Zeit, von der wir reden, übrigte er sich täglich auch ein paar Stunden ab, in denen er die schönen Wissenschaften trieb und Dichter und Geschichtschreiber las. Er las aber nur lauter heidnische Alte. Er hatte einen Mann kennen gelernt, der ein inniger Freund des mit Hugo gleiche Wege gehenden Körner war, von dem ihm damals nicht ahnete, daß er ihn so bald durch den Tod verlieren würde. Dieser Mann war ein schwärmender Verehrer der Sprache der Griechen und Römer und führte Hugo in die Gebiete derselben ein und unterrichtete ihn sogar zum Teile darinnen. Hugos feste Einfalt, die er auf der Gebirgshalde bekommen hatte, stimmte vortrefflich mit der der Alten, er pries dieselben unsäglich, und sagte: er wolle nun vorerst in dem Reich derselben verbleiben, bis er es erschöpft und in sein Blut aufgenommen habe. Dann wolle er in das der Neueren übergehen und sehen, was denn diese auf demselben Felde hervorgebracht hätten.

2. Die Kirche von Sanct Peter

Hugo saß eines Tages, wie gewöhnlich, in seiner Stube. Es war eben zwölf Uhr. Er war von dem Spaziergange, den er gerne um zehn Uhr Vormittags machte, zurückgekehrt, und wollte die anderthalb Stunden, die noch bis zu seinem Mittagessen übrig waren, wie er es alle Tage tat, mit Rechnen verbringen. Die zwölfte Stunde war in der Stadt die, in welcher man die eingelaufenen Briefe auszutragen beginnt. An Hugos Tür ward gepocht, der bekannte Briefträger trat ein und brachte ein Schreiben. Als der kleine Betrag dafür entrichtet war, ging er wieder fort. Hugo sah gleich, daß der Brief nicht von dem Altknechte seines Vaters sei, dem einzigen Menschen, von dem er Briefe zu empfangen pflegte. Das Schreiben war auf nicht gar feinem, nicht gar weißem Papiere, und der Umschlag trug eine nicht gar schöne Schrift. Hugo erbrach das Siegel, und las folgenden Inhalt: »Wenn Ihr der junge Mann seid, der so wundersam schöne blonde Haare hat, und sie nicht gar zu kurz, aber auch nicht gar zu lange auf seinen Nacken niedergehend trägt, so erfüllet einem alten Manne die Bitte, und seid morgen zwischen zehn und eilf Uhr in der Kirche von Sanct Peter.«

Der Brief hatte keine Unterschrift, und Hugo hielt ihn verblüfft in seinen Händen. Die Schrift war augenscheinlich die eines Mannes, und zwar eines alten Mannes, wie die festen, starken, aber zitternden Züge verrieten. Allein was der Mann von Hugo wollte und warum er nicht lieber gleich zu ihm in die Stube gekommen sei, war nicht zu enträtseln.

»Wer weiß, ob ich auch der Mann mit den wundersamen schönen blonden Locken bin, oder ob es nicht einen andern gibt, der noch wundersamere, schönere und blondere hat«, sagte Hugo lächelnd zu sich, und wäre bald versucht gewesen in den Spiegel zu schauen. Aber der Name, auf den der Brief lautete, war der seine. Und in der Tat, die Locken, die an den Seiten seiner Stirne nieder gingen, waren wundersam genug. Wenn blonde Locken kräftig sind, und den milden Metallglanz haben, so kann man sich an jungen Menschen kaum etwas schöneres denken. Hugo hatte darunter eine reine Stirne, von zwei geistvollen klaren Augenbogen geschnitten, feines starkes Wangenrot, und die Lippen frisch und kräftig, die noch von keinem Menschen dieser Erde, nicht einmal von einem Kinde geküßt worden sind. Die Augen hatte er von der Mutter, groß und blau. Sie waren so gut, daß, hätten sie sich nicht eben jetzt ins Männliche hinüber verändert, man gesagt haben würde, er hätte sie von einer edlen schönen Frau empfangen. Überhaupt sah er viel jünger aus, als seine Jahre waren, und er hatte von manchem aus dem Kriegerstande, die er bei seinen Übungen kennen gelernt hatte, und die ihn gelegentlich besuchten, einigen Hohn und Scherz zu erfahren, da sie ihn spottweise nur immer den heiligen Aloisius nannten.

Eben, da er so stand, ließen sich klirrende Tritte durch sein Vorstübchen gegen sein Gemach vernehmen. Er riß den Brief, der auf dem Tische lag, an sich, verbarg ihn in der Tasche, und ward so rot, als hätte er eine Schandtat begangen. Es geschahen ein paar nachlässige Schläge an seine Tür, und ohne Umstände trat der Besuch herein. Es war eben so ein junger Mann kriegerischen Ansehens, wie wir oben von ihnen geredet haben. An den Stiefeln tönten die Sporen. Unter einem rauhen »guten Tag, Freund«, legte er den Hut hin, warf sich in den Armsessel, und begann ein Gespräch, das er über den Dienst, über lange Weile, über Theater, Mädchen und Pferde führte. Hugo hörte ihn an, und erwiderte manchmal etwas auf höfliche Weise. Als er endlich fragte, ob sich denn gar nichts neues zugetragen habe, das nur einige Abwechslung in die Zeit bringe, sagte ihm Hugo von dem Briefe nichts, sondern erwiderte, daß sich wahrscheinlich nichts zugetragen habe, was man seiner besondern Aufmerksamkeit wert halten und ihm anvertrauen möchte.

Da Hugos Bekannte schon wußten, daß er sich in seiner gewohnten Einteilung der Zeit nicht irre machen ließe, so trat er auch jetzt an den Tisch, und fing auf seinen großen schwarzen Schiefertafeln aus einem Buche zu rechnen an. Der Mann, der zu Besuche da war, nahm seine Pfeife heraus, rauchte, blätterte in einem Buche, und begleitete endlich Hugo aus dem Hause, da dieser den Griffel weglegte und erklärte, daß er jetzt zu seinem Mittagessen gehen werde. An der Schwelle des Gasthauses, in dem Hugo gewöhnlich aß, trennten sie sich.

Am andern Tage, genau als die Uhr von Sanct Peter zehn schlug, trat Hugo durch das große Tor in die Kirche. Er hatte wohl flüchtig daran gedacht, daß die Bestellung etwa ein Scherz eines seiner Kameraden sein könnte; aber zum Teile stand er mit keinem so, daß dieser Scherz leicht denkbar gewesen wäre, zum andern Teile hatte er sich nichts vergeben, wenn er kam, selbst wenn ein Scherz statt gefunden haben sollte.

Es wurde am Hauptaltare in der Kirche eben eine Messe gelesen, die zu dieser Stunde angesetzt ist. An einem der Seitenaltäre trat gleichfalls ein Priester über. In Stühlen saßen allerlei Menschen herum, andere standen heraußen auf dem Pflaster, wieder andere knieten teils in den Stühlen, teils in den breiten Gängen der Kirche. Hoch oben durch die Fenster wallte ein Sonnenstrom herein, und setzte den ruhig erhabenen Raum in warmes Feuer. Hugo war vor sich selber in einiger Verlegenheit, da ihm sein Gefühl sagte, daß er heute nicht aus Andacht in die Kirche gekommen sei; aber da er entschlossen war, den Vorfall nur zum Guten zu benützen, so beruhigte er sich bald wieder. Er stellte sich in die äußerste Ecke zurück, und es war fast noch die Hälfte seines Körpers durch die Schnörkel eines hölzernen Beichtstuhles verborgen, wie sie gerne in der Tiefe katholischer Kirchen zu stehen pflegen. So stand er einige Minuten, und es war ihm als müßten sogleich alle Augen auf ihn schauen; aber nicht ein einziges tat es, und kein Mensch nahm von seiner Anwesenheit besondere Kenntnis. Die Orgel ging ihren regelmäßigen Gang, und die Melodie des Kirchengesanges wallte sanft durch die Bögen. Es trat ein Kirchendiener zu ihm heran und hielt ihm den Klingelbeutel vor, er warf eine kleine Münze hinein, der Diener dankte, ging zu dem Nachbar, dann zu dem Nachbar des Nachbars, und so weiter – und alles war wieder, wie vorher. Hugo blickte nun auf mehrere Personen – aber alle waren in sich selber vertieft. In der Kirche ließ sich nicht das mindeste Zeichen verspüren, daß heute etwas anderes geschehen solle, als sonst. Wie es in großen Städten zu geschehen pflegt, traten wohl auch während des Gottesdienstes immer Menschen herein und hinaus; aber sie taten, wie sie alle Tage tun: der eine blieb da, der andere schlug ein Kreuz, tat ein kurzes Gebet und ging wieder. Öfter waren es Mädchen der dienenden Klasse, die einen Augenblick benützten. Sie setzten den Korb nieder, manche tat ein leichtfertiges Gebet, manche ein brünstiges – dann nahm sie wieder ihre Last an den Arm und ging. Auch Frauen kamen – mancher ward von einem Diener das Gebetbuch nachgetragen – sie setzten sich in einen Stuhl und versenkten sich in ihre Andacht.

Indessen war die Messe aus geworden, und es kam der Segen. Die schöne Weise des Dreimal heilig mischte sich mit dem Weihrauch, der nun empor stieg, sich oben mit den Sonnenstrahlen vermählte, und von ihnen vergoldet ward. Der Priester wendete sich, segnete mit dem Allerheiligsten, und alle klopften andächtig an die Brust.

Es kam noch ein kurzer Gesang, und dann war der Gottesdienst aus. An den Seitenaltären war auch kein Priester mehr, man löschte nach und nach die Kerzen, und die Menge wendete sich zum Gehen, einer nach dem andern. Viele gingen an der Seitentür hinaus, die meisten bei dem Haupttore, und manche mußten an Hugo vorüber, ohne ihn aber zu betrachten. Nur manches schöne Weiberauge, wenn es zufällig auf seine Züge fiel, war betroffen, und ihm gab es jedesmal einen Stich in das Herz. Die Kirche entvölkerte sich endlich ganz, und nur mehr ein paar unscheinbare Personen knieten in den Stühlen, wie überhaupt in einer großen Stadt eine Kirche in keinem Augenblicke des ganzen Tages vollkommen leer zu sein pflegt. Es war so stille geworden, daß er deutlich von außen herein die drei Glockenschläge vernehmen konnte, welche ihm verkündeten, daß bereits drei Vierteile der ihm anberaumten Zeit abgeflossen seien. Hugo wußte nicht, solle er den Rest noch abwarten, oder solle er fort gehen; aber, seinem Willen getreu, wollte er bis eilf Uhr harren.

Es war so stille geworden, daß man das Rauschen der draußen fahrenden Wägen herein hören konnte.

In diesem Augenblicke vernahm Hugo neben sich Tritte, es ging ein Mann zu ihm hinzu und sagte: »Ich danke Euch recht schön, Herr, daß Ihr die vermessene Bitte eines alten Mannes erhört habt und gekommen seid.«

Der Mann war in der Tat alt, weiße Haare waren auf seinem Haupte und viele Runzeln im Angesichte. Sonst war er einfach und anständig gekleidet, und hatte weiter nichts Auffallendes an sich.

Hugo war etwas unbestimmt über sein von dem nächsten Augenblicke gebotenes Benehmen, und schaute den Alten eine kleine Zeit lang an, dann sagte er: »Ich weiß nicht, wenn ich etwa irre, so verzeiht mir – ich habe für den Fall, daß es nötig sein sollte, eine Kleinigkeit zu mir gesteckt.« – –

»Ich bedarf kein Almosen und bin keines Almosens wegen hierher gekommen«, sagte der Alte.

Hugo wurde mit einer brennenden Röte übergossen und sagte: »Ihr wollt also mit mir sprechen – so sprecht. Aber wäre es nicht besser gewesen, wenn wir nicht die Kirche dazu gewählt hätten – wollt Ihr etwa mit mir in meine Wohnung kommen?«

Der Fremde sah Hugo an und sagte: »Ihr seid so gut, als Ihr schön seid, Herr, ich habe mich in Euch nicht geirrt. Aber ich bedarf auch keines Gespräches mit Euch, so wie ich keines Almosens bedarf. Ihr habt mir eine große Wohltat erwiesen, bloß daß Ihr gekommen seid. Ihr werdet das nicht verstehen, aber es ist doch wahr, daß Ihr mir eine sehr große Wohltat erwiesen habt. Ich kann Euch jetzt gar nicht sagen, warum es so ist, und kann Euch nur bitten, wenn Ihr so gut sein wolltet, sofern es Eure Zeit zuläßt, auch in Zukunft noch manchmal um diese Stunde hierher zu kommen.«

»Das ist seltsam«, sagte Hugo, »und was haben denn meine blonden Haare dabei zu tun, daß Ihr eigens auf dieselben aufmerksam gemacht habt?«

»Ich habe Euch nur daran erkannt«, erwiderte der Mann, »und sie sollten bedeuten, ob der, der über dem Schwibbogen wohnt, der nämliche sei, den ich gemeint habe. Sie sind auch sehr schön, und ich habe diese Haare immer geliebt. – Nun, Herr, sagt mir, ob Ihr wohl wieder einmal kommen werdet?«

»Aber könnt Ihr mir denn nicht erklären, wie das alles zusammenhängt?« fragte Hugo.

»Nein, das kann ich nicht«, antwortete der Mann, »und wenn Ihr nicht freiwillig kommt, so muß ich schon darauf verzichten.«

»Nein, nein, ich komme schon«, sagte Hugo. »Wenn es wahr ist, daß ich Euch durch mein bloßes Kommen eine Wohltat erweise, warum sollte ich es nicht tun? Ich verspreche Euch also, daß ich schon wieder einmal um diese Zeit hierher kommen werde.«

»Ich danke Euch recht schön, Herr, ich danke Euch. Ich habe mich gar nicht geirrt, ich habe gewußt, daß Ihr sehr gut seid. Ich will Eure Zeit nicht mehr rauben, und ich will mich jetzt entfernen. Lebt recht wohl, Herr, lebt wohl.«

»Lebt wohl«, sagte Hugo.

Der Alte verbeugte sich, wendete sich um und ging durch das sehr nahe gelegene große Tor der Kirche hinaus. Hugo sah ihm nach und blieb dann noch eine Weile in dem Raume zurück. Die Sonnenstrahlen, die früher durch die Fenster der Kirche herein gekommen waren, waren verschwunden, nur an den Fensterstäben draußen spann es sich, wie weißglitzerndes Silber senkrecht nieder, wodurch die schwarzen Bilder und die trübe Vergoldung der Kirche noch ernster und düsterer wurden. Einzelne Menschen saßen oder knieten, wie gewöhnlich als Beter herum. Hugo wendete sich nun auch, und schritt zum Tor hinaus. Draußen ward er von der warmen Mittagsluft des Frühlings, der eben auf allen Ländern jenes Erdteils lag, von blendender Helle und von dem Lärmen des Tages empfangen.

Seit diesem Kirchenbesuche war eine geraume Zeit vergangen, als Hugo wieder einmal zufällig in die Nähe des Gotteshauses von Sanct Peter geriet. Es war gegen zehn Uhr, welches gerade die Zeit war, die, wie wir oben sagten, Hugo gewöhnlich zu seinem Vormittagsspaziergange verwendete. Es fiel ihm ein, daß er jetzt sein Versprechen lösen könnte. Er dachte, der Mann, der ihn so sonderbar bestellt habe, sei wahrscheinlich irrsinnig, aber, dachte er hinzu, das könne doch keinen Grund abgeben, daß man ihm sein Wort nicht halten dürfe. Wenn die Freude, Hugo in der Kirche zu sehen, eine eingebildete ist, so sind es zuletzt alle unsere Freuden auch – und wer weiß, welch' glühende, welch' schmerzliche oder süße Bilder seiner Vergangenheit gerade die blonden Haare aus seinem Innern hervor heben mögen, weil er sie so eigentümlich in seinem Briefe bezeichnet hat.

Unter diesen Gedanken trat Hugo in die Kirche hinein. Der ruhige Orgelton und der fromme Kirchengesang wallten ihm auch heute wieder gedämpft entgegen. Da er drinnen war, war es eben auch gerade so, wie das erste Mal. Der Priester las am Hochaltare die Messe, die andächtige Menge aus allen Ständen und Altern saß zerstreut in den Stühlen herum, und sang dieselbe schöne Kirchenweise. Der Diener kam mit dem Klingelbeutel, das Dreimal heilig tönte endlich, der Weihrauch stieg, der Gottesdienst wurde aus, und wieder, wie damals, zerstreute sich die Menge. Aber der alte Mann, den Hugo damals gesehen, und mit dem er gesprochen hatte, war heute nicht zugegen gewesen. Hugo wartete, bis die Kirchenuhr von draußen herein eilf Uhr schlug, und als er eine geraume Weile darnach den alten Mann auch noch nirgends sah, ging er wieder aus der Kirche fort, und hatte das Gefühl mit sich genommen, als hätte er eine gute Tat getan. Und es war auch eine, wenn sie gleich die beabsichtigte Frucht nicht getragen hatte.

Hugo war später noch einige Male um zehn Uhr in der Kirche von

Sanct Peter gewesen. Zum zweiten Male hatte er den Greis wieder gesehen. Er war auf ihn zugegangen, und hatte mit sehr viel Freude in seinen Zügen gesagt: »Ich danke Euch, ich danke Euch recht schön.«

Nach diesen Worten war er wieder hinweg gegangen, und hatte wahrscheinlich die Kirche verlassen.

War Hugo das erste Mal nicht gerade aus Beruf in die Kirche gegangen, um einem Gottesdienste beizuwohnen, so wirkte doch nachher die Ruhe der kirchlichen Feier auf sein Herz, und die Freundlichkeit dieses Tempels gefiel ihm so, daß er später noch mehrere Male freiwillig hin ging, und andächtig da stand, ja andächtiger, als viele andere, die zur Feier des Gottesdienstes gekommen waren. Den Greis aber hatte er nicht mehr gesehen.

Da er nach langer Zeit wieder ein paar Male hinter einander in der Kirche gewesen war, und den alten Mann nicht gesehen hatte, würde sich wahrscheinlich die Gewohnheit, gerade zu dieser Zeit in diese Kirche zu gehen, wieder verloren haben, wenn sich nicht etwas zugetragen hätte, das der Sache eine andere Gestalt gab.

Es geschah eines Tages, daß man an dem Kirchenpflaster des Hauptschiffes etwas ausbesserte, und deshalb einen Querbalken über den Hauptgang zwischen den Stühlen gezogen hatte. Hierdurch wurde eine alte schwarz gekleidete Frau, die Hugo schon öfter bemerkt hatte, daß sie immer vorne am Platze gegen den Hochaltar kniete, verschleiert war und fast beständig die letzte, von einem graugekleideten Mädchen begleitet, die Kirche verließ, genötigt, in dem Seitengange der Kirche fast an der Wand derselben zum Tore zurück zu gehen. Hierbei kam sie an Hugo vorüber. Sie hatte heute den Schleier nicht über das Gesicht herab gelassen, und da sie näher kam, bemerkte er, daß aus den alten und altmodisch geschnittenen schwarzen Kleidern, die sich überall ungeschickt bauschten, ein ganz junges Angesicht mit schönen großen Augen blickte. Er war betroffen und sah sie an. Sie sah ihn auch einen Augenblick an, dann zog sie den Schleier herab, und ging hinaus. Das grau gekleidete Mädchen ging hinter ihr her. Dasselbe hatte die gewöhnlichen Züge einer Magd.

Hugo blieb noch eine Weile in der Kirche stehen. Wie gewöhnlich zu dieser Zeit verlor sich oben an den Fenstern das Sonnenlicht, und die Kirche wurde viel dunkler, als sie während des ganzen Gottesdienstes gewesen war. Das Gerüste der rohen Balken, die quer zwischen den Stühlen gespannt waren, machten das Ganze noch unwirtlicher. Nach einer Zeit schleppte sich neben Hugo ein Bettler herein, und ließ sich von seinen Krücken in einen Stuhl sinken, um zu beten. Hugo reichte dem verkrüppelten Manne eine Gabe und schritt dann durch das große Tor zur Kirche hinaus.

Dies war die Ursache, daß Hugo am andern Tage wieder zur Kirche von Sanct Peter ging. Es schien ihm aber, daß der Zweck, dessentwillen er gekommen war, nicht mehr so gut sei, wie bisher; darum ging er nicht in die Kirche hinein, sondern blieb vor dem Tore stehen, und wartete, bis die schwarz verschleierte Gestalt heraus käme. Er meinte, daß er den Ort entheiligen würde, wenn er drinnen wartet; darum blieb er heraußen. Die kirchliche Feier wurde aus, die Menschen gingen Anfangs dicht, dann immer seltener heraus, und zuletzt, wie immer, kam die schwarze Gestalt in Kleidern, welche die einer uralten Frau waren. Das Haupt hüllte der Schleier ein. Das grau gekleidete Mädchen folgte, aber es trug nur ein Gebetbuch, nämlich das ihrige; die Gebieterin trug ihr eigenes selber.

Von nun an ging er jeden Tag, statt um zehn Uhr, wie er es ein paar Jahre her gehalten hatte, einen Morgenspaziergang zu tun, um diese Zeit zur Kirche von Sanct Peter, und wartete, bis die schwarz gekleidete Gestalt heraus kam. Sie kam auch jedesmal, war jedesmal genau die letzte, und wurde jedesmal von dem grau gekleideten Mädchen begleitet. Ihr Anzug war immer dasselbe altmodische Kleid, und das Haupt war mit dem Schleier verhüllt. Hugo sah sie alle Male an.

So verging eine geraume Zeit, und der Frühling neigte schon gegen den Sommer.

Ob sie ihn auch beobachtete, wußte man nicht; aber wenn sie an seiner Stelle vorüber ging, schien es, als wäre es innerhalb der schwarzen Wolke unruhig.

Bisher war er nur an dem Tore der Kirche gestanden, und wenn nach der Messe, die täglich um zehn Uhr gehalten wurde, die letzte Beterin, die schwarze Gestalt mit ihrem grauen Mädchen heraus gekommen und vorüber war, ging er wieder nach Hause zu seinen

Arbeiten. – Einmal aber, da sie langsam in gerader Richtung vor dem Tore weg durch das andere Volk fort ging, ging er in sehr großer Entfernung hinter ihr her. Sie wandelte auf den großen sehr belebten Platz hinaus, ging durch das bunte Gewühl, ihren Weg verfolgend, hindurch, wendete sich in die noch belebtere Gasse, in welche der Platz seitwärts mündete, ging in derselben eine Strecke fort, und bog dann in eine zwar schöne und breite, aber sehr leblose Gasse ein, in welcher viele Paläste und große Häuser stehen, die aber schon anfingen, sehr entvölkert zu sein, weil ihre Bewohner bereits das Landleben suchten. Die meisten Fenster waren zu, und hinter dem Glase hingen die ruhigen grauleinenen Vorhänge herab. Fast bis gegen die Mitte dieser Gasse folgte ihr Hugo, dann aber wendete er sich um, und ging nach Hause.

So wie er an diesem Tage getan hatte, so tat er nun an jedem der kommenden. Weit hinter ihr gehend folgte er ihr, wenn sie die Kirche verlassen hatte, und sah die schwarze Gestalt durch das Gewimmel des Platzes gehen, sah sie durch einen Teil der belebten Gasse schreiten, sah sie in die einsame einbiegen, folgte ihr beinahe bis in die Hälfte derselben, wendete sich dann um und ging nach Hause.

Eines Tages, da sie in der einsamen Gasse ging, sah er, daß ihr ein weißes Blättchen entflatterte. Es war wie ein Bildchen, derlei man gerne in Gebetbücher zu legen pflegt. Weil in der Gasse schier keine Leute gingen, so blieb das von dem nachfolgenden Mädchen nicht bemerkte Blatt liegen, bis es Hugo erreichte, der seine Schritte darnach verdoppelte. Er hob es auf. Es war wirklich ein solches Bildchen. Er ging ihr nun schneller nach, bis er sie erreichte. Dann ging er ihr vor, zog seinen Hut, und sagte: »Mir scheint, Sie haben etwas verloren.«

Bei diesen Worten reichte er ihr das Blättchen hin.

Als sich aus den weiten Falten die junge Hand hervor arbeitete, um das Blättchen zu empfangen, sah er, daß sie zitterte. Sie sagte noch die Worte: »Ich danke.«

Dann wendete sie sich zum Fortgehen, und Hugo kehrte um.

Er ging an den Häusern der vereinsamten Gasse zurück der oben beschriebenen lebhaften zu. Weit draußen rasselten die Wägen, als wären sie in großer Ferne.

Hugo ging nach Hause, und wie er in seiner Stube saß, war ihm, als sei heute der Inbegriff aller Dinge geschehen, und als sei er zu den größten Erwartungen dieses Lebens berechtigt.

Am andern Tage stand er wieder an dem Tore der Kirche von Sanct Peter. Die Messe war aus, die schwarze altfrauenhafte Gestalt ging heraus, und er sah sie an. Sie ging wieder ihres Weges, und Hugo folgte wieder von großer Ferne, und wendete wieder in der ersten Hälfte der einsamen Gasse um. So dauerte es längere Zeit.

Einmal aber nahm er sich den Mut – ging schneller hinter ihr, ging ihr in der einsamen Gasse vor, und grüßte sie, indem er den Hut abnahm. Er sah, wie sie den Schleier ein wenig seitwärts zog und ihm dankte.

Dieses geschah nun öfter, und endlich alle Tage. Wenn Hugo in die einsame Gasse einbog, sah er deutlich, wie sie die geliebten Schritte hinter sich schallen hörte, daß sie zögere – und wenn er sie eingeholt und scheu gegrüßt hatte, so zog sie den Schleier empor, und ein sehr süßes Lächeln ging in ihrem Antlitze auf. Eines Tages, da sie sich wieder grüßten, trat er versuchend etwas näher. Es schien ihr nicht zu mißfallen, sie verzögerte ihren Schritt, und das begleitende Mädchen blieb auch hinter ihr stehen. Er sprach einige Worte, er wußte nicht was – sie antwortete, man verstand es auch nicht: aber beide hatten sie ein neues Gut erworben, den Klang ihrer Stimmen, und dieses Gut trugen sie sich nach Hause.

Der ganze lange leere Tag war nun übrig.

Wie es das letzte Mal gewesen ist, wurde es nun alle künftigen Male. Eine verschleierte schwarzgekleidete alte Frau ging jeden Tages gegen eilf Uhr Vormittags aus der Kirche von Sanct Peter, sie ging über die belebten Plätze, sie bog in die einsame breite Straße der Paläste ein, und dort trat ein schöner Jüngling auf sie zu. Ihr Schleier legte sich zurück, und ein wunderhaft schönes Mädchenantlitz löste sich aus seinen Falten, um zu grüßen. Dann blieben sie bei einander stehen und redeten mit einander. Sie redeten von verschiedenen Dingen, meistens waren es die gewöhnlichen des Tages, von denen alle anderen Menschen auch reden. Dann grüßten sie noch einmal, und gingen auseinander.

Für Hugo war es eine neue Zeit. Ein Vorhang hatte sich entzwei gerissen, aber er sah noch nicht, was dahinter stand. Das blinde

Leben hatte auf einmal ein schönes Auge aufgeschlagen – aber er verstand den Blick noch nicht.

Er arbeitete in seiner Stube. Der Tag hatte einen einzigen Augenblick: das Andere war die Vorbereitung dazu, und das Nachgefühl davon.

In dieser Zeit geschah es, daß sich dasjenige in Europa allgemach zu nähern begann, was vor wenig Jahren noch von vielen für eine Unmöglichkeit gehalten worden wäre, und woran manche Herzen doch glaubten, und sich darauf vorbereiteten. Die Anzeichen, daß ein Umschwung der Dinge bevorstehe, mehrten sich immer mehr und mehr. Die Stimmen, diese Vorboten der Taten, änderten ihre Worte in Bezug auf das, was bisher immer gewesen ist, und wenn ein neuer Krieg, dessen Anzeichen immer deutlicher wurden, ausbrechen sollte, so war nicht zu verkennen, daß seine Natur eine ganz andere werden würde, als sie bisher immer gegenüber dem gefürchteten, allmächtigen und halb bewunderten Feinde war. Der Haß war sachte und allseitig heran geblüht, und die geschmähte Gottheit der Selbständigkeit und des eigenen Wertes hob allgemach das starke Haupt empor. Es war damals eine große, eine ungeheure Gemütsbewegung in der Welt, eine einzige, in der alle anderen kleineren untersanken.

Als die Tage des Sommers vorrückten, lösete sich einmal bei einer der gewöhnlichen Begegnungen Hugos Herz und Zunge. Da die schwarzgekleidete Unbekannte ihren Schleier zurück geschlagen hatte, und grüßte, da man einige der gewöhnlichen Worte geredet hatte, sagte Hugo, daß er jetzt sehr wahrscheinlich nicht mehr lange in der Stadt bleiben werde; denn wenn, wie es den Anschein gewinne, ein neuer Krieg gegen den Landesfeind erklärt werden würde, so werde er in die Reihe der Krieger gegen denselben treten, und weil sich wahrscheinlich viele tausend Jünglinge insgeheim zu diesem Ziele vorbereitet haben würden, so sei es vielleicht möglich, daß man den Feind aus den Grenzen werfen und das Vaterland für immer befreien könne. Zu dieser Tat habe er sein Herz und sein Leben aufgespart. Er frage sie, ob sie ihm so gut sein könne, als er ihr es sei – sie möchte sich ihm doch einmal, einmal nennen, wer sie sei – nein das brauche er nicht – sie möchte ihm nur sagen, ob sie unabhängig sei, ob sie, wenn sie ihn einmal näher kennen gelernt haben würde, ihm folgen und sein Los mit ihm teilen möge – er werde ihr alles darlegen, wer er sei und woher er stamme – nur die Tat der Vaterlandsbefreiung habe er noch mit zu tun, sie könne ja so lange nicht dauern, weil viele hundert Tausende dazu beihelfen würden – er habe einen traulichen Sitz im fernen Gebirge, dorthin würden sie dann gehen. Oder wenn sie abhängig sei, wäre es dann nicht möglich, daß er zu ihrem Vater, zu ihren Angehörigen käme, sich bei ihnen ausweise, von ihnen kennen gelernt würde, und dann um sie bäte. Sei sie aber frei und ihre eigene Herrin, wäre er denn nicht würdig, ihr Haus zu betreten? Er meine es treu und gut; so lange er lebe, sei keine Faser an ihm gegen irgend einen Menschen falsch gewesen. Sie möchte nun, da er geredet habe, auch reden.

Diese Worte hatte er eilig gesagt, und sie heftete die sanften Augen auf ihn.

Dann aber sagte sie: »Was das Schicksal will, das muß geschehen. Sucht mich eine Woche lang nicht in dieser Gasse, auch nicht vor der Kirche; Ihr werdet mich anderswo sehen. Kommt über acht Tage, genau am heutigen Tage, um zehn Uhr vor das Kirchentor, dort werdet Ihr Nachricht von mir erhalten.«

Nach diesen Worten sagte sie, halb zu ihrer Begleiterin gewendet: »Dionis wird es machen.«

Dann sprach sie wieder zu Hugo: »Vergeßt nicht, was ich gesagt habe, kommt meinen Worten getreu nach, und lebt jetzt wohl!«

Sie wollte den Schleier umnehmen und fortgehen, aber Hugo rief: »Jetzt nicht, nur einen Augenblick noch nicht – – den Namen, nur eine Silbe des Namens!«

»Cöleste«, sagte sie leise.

»Und die Hand, daß wir uns sehen, die Hand, Cöleste!«

Und sie suchte eilig die Hand aus der Kleiderhülle, und reichte sie ihm hin. Er faßte sie, und sie hielten sich einen Augenblick.

Dann ließen sie los, sie zog den Schleier herab, er grüßte noch einmal, und beide gingen sie dann ihre verschiedenen Wege auseinander, wie sie sie bisher immer gegangen waren.

3. Das Lindenhäuschen

Es geht die Sage, daß, wenn in der Schweiz ein tauiger sonnenheller lauer Wintertag über der weichen, klafterdicken Schneehülle der Berge steht, und nun oben ein Glöckchen tönt, ein Maultier schnauft, oder ein Bröselein fällt – sich ein zartes Flöckchen von der Schneehülle löset, und um einen Zoll tiefer rieselt. Der weiche, nasse Flaum, den es unterwegs küsset, legt sich um dasselbe an, es wird ein Knöllchen und muß nun tiefer nieder, als einen Zoll. Das Knöllchen hüpft einige Handbreit weiter auf der Dachsenkung des Berges hinab. Ehe man dreimal die Augen schließen und öffnen kann, springt schon ein riesenhaftes Haupt über die Bergesstufen hinab, von unzähligen Knöllchen umhüpft, die es schleudert, und wieder zu springenden Häuptern macht. Dann schießt's in großen Bögen. Längs der ganzen Bergwand wird es lebendig, und dröhnt. Das Krachen, welches man sodann herauf hört, als ob viele tausend Späne zerbrochen würden, ist der zerschmetterte Wald, das leise Ächzen sind die geschobenen Felsen – dann kommt ein wehendes Sausen, dann ein dumpfer Knall und Schlag – – dann Totenstille – nur daß ein feiner weißer Staub in der Entfernung gegen das reine Himmelsblau empor zieht, ein kühles Lüftchen vom Tal aus gegen die Wange des Wanderers schlägt, der hoch oben auf dem Saumwege zieht, und daß das Echo einen tiefen Donner durch alle fernen Berge rollt. Dann ist es aus, die Sonne glänzt, der blaue Himmel lächelt freundlich, der Wanderer aber schlägt ein Kreuz und denkt schauernd an das Geheimnis, das jetzt tief unten in dem Tale begraben ist.

So wie die Sage das Beginnen des Schneesturzes erzählt, ist es oft mit den Anfängen eines ganzen Geschickes der Menschen. Als Hugo der sonderbaren Bitte des alten Mannes folgte, und in die Kirche von Sanct Peter ging, als er mit dem Manne geredet hatte, und sich dann auf dem Heimwege befand, hielt er das Geschehene für das unbedeutendste Ereignis seines Lebens, ja er hielt es für gar kein Ereignis, und hatte gewiß nicht gedacht, daß das Ding der Anfangspunkt eines Geschickes sei, das bestimmt war, seinem Leben eine ganz andere Gestalt zu geben, als es sonst wahrscheinlich gehabt haben würde.

Jetzt, da er dachte, daß er vielleicht mit seiner Unbekannten in eine nähere Verbindung kommen würde, erkannte er schon die Wichtigkeit, die jener Zufall auf sein künftiges Leben ausüben könnte.

Die acht Tage, welche sie sich bedungen hatte, waren vorüber gegangen, und es war der Tag gekommen, an welchem er vor dem Kirchentore harren sollte. Als die Glocke zehn Uhr schlug, stand er schon an dem Tore. Kurz darauf begannen drinnen die frommen Orgeltöne, und es mischte sich der ruhige Gesang der Kirche unter sie. Ein Glöcklein klang etwas später – es klang, wie jenes Morgenglöcklein, da er vom Vaterhause scheiden mußte. Als nach dem Ende der Messe der Gesang des Dreimal heilig anfing, erinnerte er ihn an den Gesang der Gemeinde, der an Sonntagnachmittagen gerne in der Kirche im Gebirge ertönte, zu welcher das Haus seines Vaters gehörte, und zu welcher sie immer gingen, ihre Andacht zu verrichten.

Der Gesang wurde endlich aus, und in der Kirche geschah der Segen. Aber ehe nach Beendigung des Gottesdienstes der erste Mensch aus dem Tore heraus trat, fuhr ein Wagen rasch vor dasselbe vor, und hielt. Hugo schaute hin, und sah, daß jenes grau gekleidete Mädchen, welches der schwarzen Gestalt immer aus der Kirche gefolgt war, ganz allein darinnen saß, und ihm winkte, hinzu zu kommen. Er ging zu dem Fenster des Wagens hinzu, welches von dem Mädchen herab gelassen worden war, und das Mädchen sagte ihm, daß ihn ihre Gebieterin bitten lasse, in diesen Wagen einzusteigen. Hugo tat es, und als er auf dem Kissen Platz genommen hatte, fuhr der Wagen fort. Das Mädchen zog nun aus dem Beutel, den es am Arme hängen hatte, einen Brief hervor, und sagte, diesen hätte ihr ihre Gebieterin gegeben, damit sie ihm denselben einhändige, und er ihn während des Fahrens lesen möge. Hugo riß schnell das Siegel auf, entfaltete das Papier, und eine sehr schöne fließende Frauenhandschrift trat seinen Augen entgegen. Die Worte aber, welche diese Frauenhandschrift enthielt, lauteten folgender Maßen: »Ich lasse Sie recht gerne in mein Haus eintreten, wie Sie gebeten haben, so wie ich recht gerne Ihren Gruß und Ihre sanften Aufmerksamkeiten vor der Kirche und in jener Gasse angenommen habe. Aber eine Bitte muß ich tun, ehe Sie mein Haus betreten, welche Sie gewiß erfüllen werden, da Sie so sind, wie ich Sie mir gleich, da ich Sie das erste Mal sah, vorgestellt habe. Es walten über meinem Schicksale einige Schwierigkeiten, deren Herr ich nicht bin, wenigstens jetzt noch nicht bin, fragen Sie mich daher nicht, wer ich bin, woher ich gekommen sei, und in welchen Verhältnissen ich lebe. Prüfen Sie in meinen Gesprächen und in meinem Umgange meine Seele und mein Wesen, ob diese für sich genug tun oder nicht. Darnach richten Sie Ihren Entschluß für die Zukunft. Ich werde mich nicht verstellen – man könnte es auch nicht; denn wenn man auch die Seele durch die Lüge einer großen Tatsache verfälschte, so blickt sie doch aus tausend kleinen, die vor dem Beobachter vorfallen, heraus, und zeigt sich, wie sie ist. Wenn Sie mir die Freude machen, in meine Wohnung zu treten, so sehe ich das als ein Zeichen an, daß Sie meine Bitte zu erfüllen gesonnen sind. Sollten Sie aber Ihren Grundsätzen zu Folge diese Bitte nicht erfüllen können, so machen Sie mir lieber den Schmerz, daß ich Sie heute nicht, und in alle Zukunft nicht mehr sehe; denn aus Ihren Fragen würde sehr viel Kummer und sehr viele Traurigkeit hervor gehen. Dann lebe ich fort, wie ich bisher gelebt habe. Ich werde Ihnen, wenn Sie kommen, einstens schon alles enthüllen, wie es meine Pflicht und meine Verbindlichkeit ist. Ich sende Ihnen viele sehr schöne Grüße. Cöleste.«

Hugo faltete das Papier wieder zusammen, zog seine Brieftasche hervor und legte das Schreiben hinein.

Das Mädchen, welches mit ihm fuhr, beobachtete ihn eine Weile, dann sagte es: »Haben Sie den Brief gelesen?«

»Ja«, antwortete Hugo.

»Dann hat mir meine Gebieterin aufgetragen, Sie zu fragen, ob wir zu ihr fahren sollen, oder ob Sie an irgend einer andern Stelle aus diesem Wagen zu steigen wünschen.«

»Wir fahren zu ihr«, antwortete Hugo.

»Dann braucht der Kutscher keine weitere Weisung«, sagte das Mädchen, »er weiß schon, wohin er lenken soll.«

Mit diesen Worten lehnte sie sich wieder in den Wagen zurück, und die beiden Miteinanderfahrenden redeten von nun an keine Silbe mehr zu einander.

Der Wagen rollte indessen sehr rasch dahin, und war bereits, wie Hugo bemerkte, in der Hauptstraße einer der Vorstädte, ziemlich weit von der Stadt entfernt.

Endlich schwangen sich die Pferde von der Straße ab, und fuhren durch das Tor eines Gartens hinein, wie sie in den entfernten Teilen der Vorstädte noch häufig zwischen den Häusern liegen. In dem Garten ging ein breiter langer Sandweg zurück, auf dem man die Räder nicht rollen hörte, und führte einem weißen schönen Häuschen zu, welches zu beiden Seiten und rückwärts mit großen dichten Linden umgeben war, und nur mit der Stirne über die andern niedern Gebüsche des Gartens auf die Straße der Vorstadt hinaus sah. Vor dem Tore dieses Hauses hielt der Wagen. Das Mädchen stieg aus, Hugo folgte, und der Wagen fuhr wieder davon. Das Mädchen führte nun Hugo eine kurze breite Treppe hinauf, schloß zwei Türen auf, und geleitete ihn in die einzige Wohnung, welche das Häuschen im ersten Geschosse enthielt. Es waren vier Zimmer in der Reihe, und ihre Türen waren durch und durch offen. Im zweiten derselben stand sie, die ihn erwartete – es schien, als hätte sie ihm entgegen gehen wollen, von hier aus aber nicht weiter den Mut gehabt – sie stand an einem marmornen Spiegeltische, der an einem Pfeiler war, und hielt sich daran mit der einen Hand. Hugo hatte sie nur immer in dem alten schwarzen Kleide gesehen, heute aber war sie leicht und mit den Kleidern der Jugend angetan: er erschrak ein wenig; denn so schön und so schlank und so groß hatte er sie nicht gedacht. Von dem grauen Seidenkleide, das sie umfloß, blickten die weißen Hände und das lichte Antlitz sanft hervor. In den dunkelbraunen Haaren, welche besonders reich waren, trug sie gar nichts; aber diese Haare waren selber ein Schmuck, sie waren unbeschreiblich rein und glänzend, und die feinen Züge, und die großen Augen sahen darunter wie ein süßer Himmel heraus. Sie war sehr rot geworden, als er eintrat.

Hugo hielt seinen Hut in der Hand, verbeugte sich vor ihr, und sagte gar nichts. Sie sprach auch nicht – und so standen sie einige Augenblicke. Dann fragte sie ihn, ob er nicht in ihr Arbeitszimmer mit ihr gehen wolle. Er ging mit ihr. In dem Zimmer stand ein Stickrahmen am Fenster, in der Ecke war ein Schreibtisch, dann waren die andern Geräte, die gewöhnlich in solchen Zimmern zu sein pflegen, kleine Tischchen, Schemel und dergleichen, an der Rückwand stand ein Sopha mit den dazu gehörigen Sesseln, und davor ein großer Tisch. Der Boden war mit schönen Teppichen belegt. Draußen wiegten sich die grünen Baumzweige der Linden, es spielten Sonnenstrahlen herein, daß gesprenkelter Schatten auf den Teppichen war. Sie setzte sich auf das Sopha, und lud ihn zum Niedersitzen ein. Er legte seinen Hut auf eines der Tischchen, und setzte sich auf einen Sessel vor den Tisch.

Sie sprachen nun von gewöhnlichen Dingen. Hugo sagte, daß sehr viele Menschen auf dem Wege seien, um das Freie zu gewinnen, um dort einen Teil des Tages zuzubringen, der gar so schön sei. Sie lobte die Linden, die vor ihren Fenstern standen, und sagte, daß sie an so heitern Sommertagen, wie der heutige, einen äußerst angenehmen Geruch herein duften. Wenn aber große Hitze herrschte, dann zeigen sie erst ihre Trefflichkeit, weil sie Schatten und beinahe möchte man sagen, ein kühles, erquickendes Lüftchen herein senden.

Nachdem sie eine Weile so gesessen waren, stand Hugo auf, um sich zu empfehlen. Sie begleitete ihn durch die zwei Zimmer – denn das Arbeitszimmer war das dritte – und als sie in das letzte Zimmer hinaus gekommen waren, fragte er sie, ob er die Freude haben könne, sie wieder einmal besuchen zu dürfen. Sie sagte, daß er jeden dritten Tag um die vierte Nachmittagsstunde kommen dürfe, und daß sie sich freuen werde, wenn er komme; nur möchte er jetzt nicht mehr vor der Kirche oder in jener Gasse mit ihr zusammen treffen, wo er sie bisher gesehen, und auch ein paar Male mit ihr gesprochen habe. Hugo sagte, daß er ihre Worte befolgen werde, verbeugte sich und ging fort. In den Vorzimmern, welche ihm das Mädchen aufgeschlossen hatte, das er sonst immer in grauen Kleidern der Gebieterin aus der Kirche folgen gesehen hatte, saß an einer Arbeit dasselbe Mädchen, war aber heute nicht grau, sondern in die gewöhnlichen bunten Kleider ihrer Gattung gekleidet. Es stand auf, da Hugo das Zimmer betrat, öffnete wieder die Schlösser, um ihn hinaus zu geleiten. Unten im Erdgeschosse sah Hugo neben dem Ausgangstore ein Stübchen, dessen Tür zur oberen Hälfte aus Glas bestand. Daraus sah das Gesicht eines Türstehers heraus, und dieser machte, da Hugo heraus ging, demselben eine Verbeugung, und lüftete den Hut. Hugo hatte beim Hereingehen auf jene Stelle nicht hin gesehen.

Draußen standen die Häuser in zwei Reihen dahin und bildeten die

Straße. Staub wogte in ihnen, und die beinahe steilrecht herein fallenden Mittagsstrahlen der Sonne beschienen ihn. Die Menschen wandelten in der Straße hin und zurück, wie sie von ihren Geschäften gezogen wurden. Hugo ging nach Hause und saß in seinem Zimmer nieder. Da die Stunde schlug, in welcher er gewöhnlich zu seinem Mittagessen zu gehen pflegte, stand er auf, und ging in das Gasthaus, wie er es bisher alle Tage getan hatte. Nachmittag saß er bei seinen Arbeiten und am Abende ging er auf den Anhöhen um die Stadt spazieren, wie er bisher getan hatte.

Als die drei Tage vorüber waren, ging er am letzten derselben, da eben die vierte Nachmittagsstunde schlug, in der wohlbekannten Vorstadtstraße dahin. Er kam zu dem Garten, und das weiße Häuschen schimmert ihm aus den Linden, wie ein schönes Geheimnis entgegen. Er öffnete das Gartengitter, das heute eingeklinkt, nicht wie damals, wie er hereinfuhr, geöffnet war, tat es hinter sich zu und ging den bekannten Sandweg entlang. Der Garten hatte nur Grasplätze und Zierbäume, keine Blumen oder Obst tragende Bäume oder Gesträuche. In dem Stübchen unter dem Torwege sah er denselben Türsteher aus dem obern Teile der Glastür heraus sehen. Er war ein schon sehr betagter Mann. Hugo ging die Treppe hinan, klingelte an der äußern Tür der Wohnung, und dasselbe Mädchen, welches sonst immer da war, öffnete ihm auch heute, und geleitete ihn zu der Gebieterin hinein. Diese war ihm bis in das äußerste Zimmer entgegen gekommen, und führte ihn dann, wie das erste Mal, in ihr Arbeitsgemach zurück. Sie war heute wieder nicht in ihr Schwarz, in dem er sie kennen gelernt hatte, gekleidet, sondern, wie das erste Mal mit grauer Seide, war sie heute mit dunkelgrüner angetan. Jedes der Kleider war sehr einfach, aber sehr edel gehalten. Im Stoffe reich, spannten sie um die Hüften, und flossen dann in ruhigen Falten hinab. So wie das vorige Mal hatte sie auch heute gar keinen Schmuck an sich, nicht einmal einen Ring an einem Finger – das Kleid schloß an dem Halse, dann war das Haupt mit den gescheitelten braunen Haaren, und den glanzvollen großen Augen, mit denen sie ihn ansah, als er hereingetreten war. Hugo war nun in dem Zimmer – heute hatte er schon mehr Macht gehabt, die andern Zimmer, durch die er gekommen war, zu betrachten. Sie waren ohne Prunk, fast möchte man sagen, zu dünne, aber sehr vornehm eingerichtet. Er legte seinen Hut ab, und setzte sich auf denselben Sessel, wie das erste Mal. Sie saß in den Kissen des Sophas, und sah auf ihn hin. Sie fragte ihn, ob er, seit sie sich nicht gesehen haben, immer wohl gewesen sei, und ob er ihrer gedacht habe. Er antwortete, daß er wohl sei, und daß er nicht nur ihrer gedacht, sondern daß er fast sonst nichts gedacht habe, als sie. Sie war bei seinem Eintreten wie das erste Mal errötet, und bei diesen Worten errötete sie noch mehr.

Sie hatte ihn das vorige Mal gar nicht um seinen Namen oder etwa um andere Verhältnisse gefragt, sie tat es auch heute nicht. Er aber erzählte ihr freiwillig, daß er ein fernes Haus auf sehr schöner grüner Halde habe, um die hohe Berge mit ehrwürdigen Häuptern stehen – er erzählte ihr von seiner Jugend, die er so vereinsamt verlebt habe, und in der er so glücklich gewesen sei, er erzählte ihr von seinem Vater, der ihn unterrichtet und mehr geliebt habe, als er verdiente, er erzählte ihr von dem Abschiede von diesem Vater, von dem Tode desselben, und von dem Schmerze, dem er sich über diesen Tod hingegeben habe. Von der Mutter könne er ihr wenig erzählen, er habe sie kaum gekannt, aber der Vater habe öfter von ihr gesagt, wie sie gut gewesen, und wie sie für sein Glück viel zu frühe gestorben sei – aus diesen Reden habe er sie auch lieben gelernt, und sei manchmal, nicht bloß mit dem Vater, sondern auch allein zu dem Hügel Erde hin gegangen, unter dem ihre Glieder ruhten. Er erzählte ihr dann ferner, wie er in diese Stadt gekommen sei, wie er sich hier eingerichtet habe, womit er sich beschäftige, und was seine Absichten für die Zukunft seien. Von der Veranlassung, durch die er sie kennen gelernt, so wie überhaupt von dem, was darauf gefolgt ist, sagte er kein Wort.

Sie hörte ihm aufmerksam zu, hatte die Augen auf seine redenden Lippen geheftet, und in dem Angesichte war etwas, wie Rührung, oder beinahe, wie Wehmut gezeichnet. Sie sagte ihm, sie könne ihn aus ihrem Herzen versichern, daß sie eben so einsam, vielleicht noch viel einsamer auf dieser Erde sei, als er. Sie habe bisher Niemanden gehabt, der eine anhängende Neigung gegen sie bewiesen habe, außer Dienstboten, die ihr gut gewesen seien, ihm war ein Vater zur Seite gestanden, an den, wenn er ihn auch verloren habe, er sich erinnern könne. Sie habe nie Jemanden gehabt. Jetzt kenne sie nur ihn. Sie habe ihn beim ersten Sehen gleich als gut erkannt, und als verschieden von allen andern. Und wie sie bemerkt habe, daß er auf sie schaue – und wie er vor der Kirchentür gestanden sei, und wie sie erkannt habe, daß er nur darum da stehe, daß er einen Blick auf sie tun könne, so sei die außerordentlichste Freude in ihr Herz gekommen. Sie habe schwere, schwere Schicksale erlitten.

Beim Abschiede bat sie Hugo, sie möchte ihm ihre Hand reichen. Sie hatte schon damals, als er ihr in der einsamen Gasse das verlorne Blättchen darreichte, keine Handschuhe gehabt, später, da sie ihm aus dem schwarzen Ärmel hervor zum ersten Male die Hand gab, hatte sie auch keine, und eben so hatte sie die beiden Male keine, da er sie besuchte. Sie reichte ihm die Hand, und wie er dieselbe in seine beiden faßte, herzlich drückte, und zum Kusse an seine Lippen führte, rannen reichliche Tränen über ihre Wangen herab.

Wie das erste Mal führte ihn das Mädchen durch die Vorzimmer hinaus, er ging die Treppe hinab, sah den alten Türsteher, ging über den Sandweg des Gartens hervor, und schritt durch das Eisengitter auf die Straße hinaus. Der Gegensatz des Alltäglichen mit dem, was er so eben erlebt hatte, drängte sich ihm auch heute auf. Sie war wieder sehr schön gewesen, und in dem schlanken zarten dunkelgrünen seidenen Kleide, das die kleinen Fältchen auf dem Busen hatte, sehr edel. Es war ihm, wie ein Rätsel, daß sich die Pracht dieser Glieder aus der unheimlichen Kleiderwolke gelöset habe, und daß sie vielleicht sein werden könne.

Er kam, wie es verabredet worden war, am dritten Tage nach diesem Besuche wieder. Es war, wie die beiden Male. Das Eisengitter war eingeklinkt, er öffnete es, ging über den Sandweg, sah den Pförtner sitzen, ging über die Treppe empor, fand das gewöhnliche Mädchen in den Vorzimmern, trat von diesen in die Wohnung ein, und fand dort sie. Sie empfing ihn jedes Mal, wie zu Anfangs, mit derselben Befangenheit. Ihre Kleider, wie sie auch wechselten, waren immer sehr rein, sehr schön und sehr einfach. Vorzüglich liebte sie Seide. Jedes Kleid schloß sich am Halse. Dann war, wie wir oben sagten, das Haupt mit den großen glänzenden Augen. Ihr Sinn für Reinheit erstreckte sich auch auf den Körper; denn das Haar, das sie einfach geordnet als einzige Zierde um das Antlitz trug, war so gänzlich rein gehalten, wie man es sehr selten finden wird. Auch die

Hände und das Stückchen Arm, das etwa sichtbar wurde, waren rein und klar. Sie trug nie Handschuhe, an keinem Finger einen Ring, an dem schönen Arme, der sich, wenn die Ärmel weit waren, am Knöchel zeigte, kein Armband, und auf dem ganzen Körper kein Stückchen Schmuck. Unter dem langen Schoße des Kleides, wie sie häufig die vornehmeren Stände haben, sah die Spitze eines sehr kleinen Fußes hervor.

Sie saßen, wenn Hugo kam, beisammen und sprachen. Sie lernten sich immer mehr kennen – und sie, die auf der Gasse eigentlich schon viel bekannter gewesen waren, waren im Zimmer viel schüchterner, viel fremder, und mußten das Geschäft gegenseitigen Erkennens beginnen. Wenn er fort ging, standen sie wohl im zweiten Zimmer, wo er sie zum ersten Male hier gesehen hatte, und wo der Marmortisch ist, eine Weile bei einander stille, hielten sich an den Händen, und wünschten sich dann eine recht freundliche gute Nacht.

Sie sprachen von verschiedenen Ereignissen des Tages. Am liebsten fragte sie ihn, was er in der Zeit, als sie ihn nicht gesehen, getan habe. Er erzählte ihr mit der Unbefangenheit, die die Natur seines Wandels ihm eingab, wie er gelebt habe, wohin er gegangen sei, und was er in seiner Stube an seinen Arbeiten vollbracht habe. Sie horchte ihm bei diesen Schilderungen recht gerne, weil er vielleicht bei ihnen am reinsten und klarsten erschien. Einmal sagte sie ihm, sie habe ihn auf seinem Pferde gesehen, wie er durch die Stadt gegen das Freie hinaus geritten sei. Er errötete heftig bei dieser Eröffnung; denn obwohl er sie in der Kirche und in jener einsamen Gasse gesehen, und auch gesprochen hatte, hatte er dieses fast vergessen, und konnte sich sie nur in dem Lindenhäuschen, nicht in der Stadt vorstellen, wie sie etwa gehe, oder fahre. Wenn sie so von seinen Arbeiten oder, wie man sie besser nennt, von seinen Vorübungen sprachen, gerieten sie nicht selten auf die Begebenheiten, die eben in jener Zeit vorfielen. Sie fragte ihn um seine Meinung, er setzte sie auseinander, und sie stimmten immer in ihren Ansichten überein. Vorzüglich hegte sie den Glauben und den Wunsch, daß die deutschen Waffen einmal sich vereinen, sich mit andern verstärken, schnell den Sieg und die Entscheidung erringen, und den goldenen sehnlich erwarteten Frieden herbei bringen möchten. Er sagte dann, daß er nicht bloß den Wunsch habe, sondern, daß das ein Ereignis sei, welches ganz gewiß eintreten müsse, daher er seine Lebensrichtung auf dasselbe allein genommen habe. Was sie sonst über die Dinge der Welt und der Menschen, über die Natur und ihre Schönheit sprachen, lautete bei beiden gleich oder ähnlich.

Obwohl er, seinem Versprechen getreu, nie um ihre Verhältnisse fragen zu wollen, sich auch die Frage nicht erlaubte, ob er denn nicht öfter, als nur jeden dritten Tag kommen dürfe, weil er diese Frage für eine verlarvte andere hielt, die das Wesen ihrer Verhältnisse berührte: so konnte er es sich doch nicht versagen, als sie wieder einmal Abschied nehmend bei einander standen, sich an den Händen hielten und sie ihn bat: »Kommen Sie doch nach drei Tagen wieder« – die Worte auszusprechen, daß es ihm eine sehr große Freude, ein Glück sein würde, wenn er nicht bloß in drei Tagen, sondern öfter, ja täglich ihr Angesicht sehen und ihre Worte hören könnte.

»So kommen Sie alle Tage«, sagte sie mit eben so sichtlicher Freude, mit der er es anhörte, »ach, es ist ja mir auch ein Glück, daß ich Sie sehe und Ihre Worte höre. Aber kommen Sie täglich erst um vier Uhr, richten Sie Ihre Beschäftigungen so ein, wenn es nämlich geht, daß es sein kann.«

»Es kann sein«, sagte Hugo, »ich komme gerne, recht gerne.« Und er kam nun täglich. So wie der vierte Glockenschlag Nachmittags von den Türmen fiel, ging er in der Straße der Vorstadt, öffnete das Gitter, und das weiße Häuschen schaute freundlich grüßend aus den dunklen Linden herüber.

Ihr Umgang wurde immer inniger und traulicher.

Was sich ihre Angesichter versprochen hatten, da sie sich noch vor der Kirche und dann in jener einsamen breiten Gasse angeschaut hatten, das war in Erfüllung gegangen. Aus beiden Herzen brach die Liebe hervor. Sie sagten es einander unverhohlen, waren freudig, als wenn eine Last von ihnen genommen wäre, und waren selig in diesem Gefühle und in seinen kleinen unbedeutenden Äußerungen.

Es breitete sich von nun an eine heitere Freude, ein inneres Glück über sie aus, und beide folgten recht gerne dem sanften Zuge dieser Tage.

Dennoch war es zuweilen, wenn Hugo fröhlich von seiner Zukunft sprach, und offen sein unbefangenes Herz hinlegte, daß sie traurig wurde, daß sie wehmütig drein sah, und mehr als ein Mal von ihm mit Tränen in den Augen angetroffen wurde. Er schrieb dieses der Unklarheit ihres Verhältnisses zu, und forschte nicht. Sie hatte alles, was sich nur immer in seinem Leben zugetragen hatte, von ihm erfahren, er aber wußte von ihr nichts. In solchen Tagen gab er ihr nur treuere innigere Beweise seiner Liebe, wodurch sie gewöhnlich nur noch mehr erschüttert wurde.

Er hielt auch sein Versprechen, daß er nie um ihre Schicksale fragen wolle, getreulich. Er entließ kein Wort und keine Anspielung auf diese Dinge. Er hätte wohl irgendwo in der Stadt fragen können, wem das Häuschen gehöre, das in dieser und jener Vorstadt in dem Garten, wo die vielen Linden sind, stehe, er hätte dann den Eigentümer aufsuchen und ihn fragen können, wer das weibliche Wesen sei, das sein Haus bewohne, oder wenigstens in welchen Verhältnissen sie hier stehe – er hätte durch ihre Leute oder andere hinter die Sache zu kommen suchen können, sie hat ihn in jenem Briefe nicht gebeten, es nicht zu tun; sie hat es ihm nicht zugetraut, und darum tat er es auch nicht. So wie es nicht in ihrem Charakter lag, auf diesen Fall zu denken, so lag es nicht in dem seinen, ihn zu benützen, wenn er auch darauf dachte. Unter seinen Bekannten sagte er auch keinem einzigen etwas von seinen Besuchen in dem weißen Häuschen, er erfuhr daher von dieser Seite ebenfalls nichts, und so war er an dem letzten Tage, nachdem er schon bedeutend lange zu ihr gekommen war, über ihre äußeren Verhältnisse eben so unwissend, wie er es an dem ersten Tage gewesen war.

Aber ihre inneren kannte er besser. Wie sie es einstens versprochen hatte, so geschah es. Ihre Seele lag in den vielen Gesprächen, die sie hielten, ohne Rücksicht und meistens unwillkürlich vor ihm – und diese Seele war seinem Sinne ganz recht. Er kam sehr gerne zu ihr, ward sehr gerne empfangen und blieb täglich länger. Beide wurden sie nach und nach immer seliger gegen einander gezogen. Sie neigte ihr süßes Angesicht zu ihm, und es zitterte Freude darin, so wie Freude in ihm zitterte. Wenn er durch die zarte Seide ihre Glieder fühlte, die er sich sonst kaum anzusehen getraut hatte, so floß es wie ein Wunder durch sein Leben.

Er fragte jetzt, da sie in dieser Lage mit einander waren, nicht, wie einstens in der einsamen Gasse, ob sie seine Gattin werden wolle, weil er seines Versprechens eingedenk war, und weil er dachte, sie werde schon einmal alles, alles enthüllen, wie sie es ja versprochen habe.

Das Einzige, was sie äußerte, bestand darin, daß sie schon ein paar Male gesagt hatte, er dürfe sie nie, unter gar keiner Bedingung verlassen, worauf er immer geantwortet hatte, was ihr denn beikomme, das werde nie, nie geschehen. Solches sei ihm fremder, als sich nur immer Feuer und Wasser fliehen können.

Einmal, da sie wieder, während große Zärtlichkeit in ihrem Angesichte schimmerte, dasselbe verlangt hatte, sagte er: »Eine Bedingung gibt es doch.«

»Welche?« fragte sie.

»Diese kann ja nie eintreten«, sagte er gütig.

»Ich möchte sie doch wissen«, fragte sie.

»Wenn ich Untreue erführe«, antwortete er.

»Nein, diese wird nicht eintreten«, sagte sie. – –

Oft, wie die Zeit so dahin floß, war es Hugo, als müsse nun ein Gutes, Frommes, Seliges kommen – – aber es kam nicht. Ein trauriges Herz Cölestens lag oft vor seiner Seele, und eine Unheimlichkeit dauerte fort, obgleich sie ihm mit ihrem ganzen Wesen ergeben war, und er ihr ganzes Wesen in sein tiefstes Herz aufgenommen hatte.

Auch andere Dinge fing er an zu bemerken. Wenn ihn in der Nacht die Unstetigkeit trieb, und er an ihrem Hause vorüberging, sah er nie ein Licht in den Fenstern. Wenn er sie besuchte, sah er, daß in ihrer Wohnung immer alles auf dem alten Platze liege, und daß die Stickerei am Rahmen nicht vorrücke. Oft war eine Luft in den Zimmern, nicht wie die der Wohnlichkeit, sondern wie in verschlossenen Räumen. Wenn er im Laufe des Tages, etwa Vormittags, da er nicht arbeiten konnte, vorbei ging oder ritt, sah er nie Rauch aus dem Schornsteine steigen, so wie er sich nicht erinnern konnte, je Küchenfeuer gesehen oder bemerkt zu haben. Daß er immer nur das Mädchen, welches sonst in grauer Kleidung der Gebieterin aus der Kirche gefolgt war, und im Stübchen unter dem Torwege nur den alten Mann gesehen habe, war ihm schon früher aufgefallen, allein er dachte damals, die andern Leute und die andern zur Häuslichkeit gehörenden Räume werden schon in einem andern Teile der Wohnung sein. Jetzt fiel ihm dieses wieder ein.

Eines Abends, da er zu lange geblieben war, und spät in der Nacht unter einem gewitterzerrissenen Himmel nach Hause ging – schrie es in ihm auf: »Das ist die Liebe nicht, das ist nicht ihr reiner, goldner, seliger Strahl, wie er immer vorgeschwebt, daß er aus einem Engelsherzen brechen werde, und das andere verklären – – nein – nein, das ist er nicht.«

Er hörte in einem der nächtlichen Häuser einen Finken schlagen. Das Tier mußte eingesperrt, vielleicht geblendet sein, und daher die Nacht, weil es sehr stille und gewitterwarm war, nicht kennen. Hugo mußte bei diesen Tönen an das alte Haus auf der Bergeshalde denken, wo diese Vögel am Glanze des Tages freudig auf freien Bäumen geschlagen hatten – und vor dem alten Hause mußte er sich den grauen unschuldigen Vater stehend denken. – Er ging schneller in den Gassen, daß seine Tritte hallten. Obwohl es schon tief im Herbste war, so richtete sich doch ein seltsam verspätetes Gewitter am Himmel zusammen. Seine stillen schwarzen Wolken hingen so tief, daß sie sich fast in die Türme der Stadt drückten. In den Häusern waren keine Lichter, kein Wanderer ging, und von den Uhren der Kirchen fielen einzelne Glockenschläge, die die Stunde schlugen.

Als Hugo nach Hause gekommen war, saß er an dem Tische nieder und ein Strom von Tränen floß aus seinen Augen.

Viele Wochen waren bis jetzt vergangen gewesen, seit denen er täglich das außerordentlich schöne Weib in dem weißen Häuschen besucht hatte, das ihm unschuldig, treu, willenlos, wie ein liebliches Kind hingegeben war. An dem Tage aber, als das Gewitter in der Nacht seinen Regen über die Stadt geschüttet hatte, und nun eine kühle reinliche Luft an dem Himmel stand, ging er zum ersten Male nicht zu ihr, obgleich sie ihn erwarten mußte. Am zweiten und dritten Tage ging er auch nicht.

Am vierten, da die gewöhnliche Stunde schlug, ging er doch gegen das Gittertor zu. Es war, wie sonst, nur eingeklinkt, er ging hindurch, ging über den Sandweg, und kam zu dem Hause. Aber der erste Blick zeigte ihm, daß alles geändert sei. Das Haustor war gewöhnlich geschlossen, und nur ein in dasselbe geschnittener kleinerer Flügel war zum Öffnen gewesen – heute stand das ganze Tor offen. Die Fenster des Stübchens, in welchem immer der Türsteher gesessen war, standen ebenfalls offen, und das Stübchen war leer. Hugo ging nun über die Treppe hinauf, die Flügel der Türen in die Vorzimmer waren offen, und durch die, die in die Wohnung führten, kam er leicht hindurch, weil sie dem ersten Drucke nachgaben – aber in den Vorzimmern war keine Dienerin, noch irgend ein Geräte gewesen – und die Wohnung stand leer. Auf der Treppe hatte er Staub und Kehricht gefunden, durch die Zimmer, in denen er jetzt stand, wehte die Luft des Himmels; denn die Fenster waren offen, und die Wände, an denen sonst die Geräte, der Marmortisch, der Spiegel und anderes gewesen waren, standen nackt. – Hugo meinte, er müsse sich einen Augenblick die Augen zuhalten, bis dieses Blendwerk vorüber sei. Aber es dauerte fort, und die Wohnung sah ihn immer mit derselben Unwirtlichkeit an. Er ging durch alle Räume, er sah jetzt auch die Küche und die anderen zum Hauswesen gehörenden Fächer. Aber die Küche war leer, der Herd kalt, und in den Fächern standen kaum einige der gewöhnlichen Gestelle. Er lief nun die Treppe hinab, um in dem Erdgeschosse nachzusehen: aber hier war es auch wie oben. In dem ganzen leeren Hause war nicht ein einziger Mensch. Hugo ging nun in den Garten. Auf den Wegen lag das von dem Winde des letzten Gewitters herabgeschüttelte sich schon herbstlich färbende Laub, und daneben standen die bereits gelb und rötlich schillernden Gesträuche – aber es war auch im Garten kein einziger Mensch. – Hugo blieb nun nichts übrig, als auf dem breiten bekannten Sandwege, in welchem er heute Räderspuren sah, zurück zu gehen, und durch das Eisengitter hindurch das Freie zu suchen.

Er tat es auch und fragte noch in mehreren Nebenhäusern rechts und links, ob sie nichts von dem Sachverhalte des weißen Häuschens wüßten. Allein sie wußten nichts. Nur den Namen und die Wohnung des Eigentümers des Häuschens konnten sie ihm angeben. Er gedachte nun wohl seines Versprechens, nicht nach den Verhältnissen Cölestens forschen zu wollen, aber unter den gegebenen Umständen hielt er Forschen für erlaubt, ja vielleicht für geboten, da er ihr selber durch sein Ausbleiben den Weg der Eröffnung abgeschnitten hatte. Er nahm sofort einen Wagen, fuhr zu dem Eigentümer des Häuschens, und legte ihm Fragen über das weibliche Wesen vor, das in seinem Hause gewohnt habe.

Der Mann sagte, er wisse wohl, daß eine Dame sein Gartenhaus bewohnt habe, aber gestern seien von dem Haushofmeister derselben, den man Dionis genannt habe, die Gerätschaften fortgebracht worden. Heute habe er die Fenster und Türen öffnen lassen, damit die Wohnung auslüfte, dann denke er sie wieder zu vermieten. Sonst wisse er nichts, Dionis habe gestern den Rest der Miete bezahlt.

»Seit wann ist das Häuschen an die Dame vermietet gewesen?« fragte Hugo.

»Seit dem Frühlinge«, antwortete der Eigentümer.

Hugo fuhr nach diesen Erkundigungen nach Hause, und verbrachte den Rest des Tages in seiner Stube. Am andern Morgen um zehn Uhr ging er in die Kirche von Sanct Peter. Aber die schwarze Gestalt kniete nicht, wie gewöhnlich, an dem Altare. Die Messe wurde aus, alle gingen fort – sie war nicht da gewesen. Den nächsten Tag ging er wieder in die Kirche, er wartete nach der Messe in der einsamen breiten Gasse – aber er sah sie nicht. Dies tat er nun mehrere Wochen hindurch, ohne seinen Zweck zu erreichen. Er war unterdessen auch wieder einmal in dem Garten gewesen, in welchem das Lindenhäuschen stand – aber es wohnten jetzt bereits fremde Leute darinnen. Unter allen seinen Bekannten und unter andern Leuten forschte er herum, allein er hatte sein Geheimnis so gut bewahrt, und von der andern Seite war es so gut bewahrt worden, daß Niemand auch nicht die entfernteste Ahnung von der Bedeutung des Häuschens hatte.

Hugo meinte, es könne gar nicht anders möglich sein, er müsse das schöne, geliebte, durch so lange Zeit her täglich geschaute Angesicht wo sehen!

Aber er sah es nicht.

Nachdem schon das Forschen Monate gedauert hatte, nachdem schon der Winter seine Flocken und seine Eisdecke auf die Stadt herab geworfen hatte, gab er seine Bemühungen auf. Er saß in seinem Zimmer, und hielt das schöne müde Haupt in seinen beiden Händen.

Wie ein warmer Tag des Herbstes die ganze Haide mit den unsichtbaren Fäden des Nachsommers überspinnt, der Morgen nach der Nacht aber, die ihre Tauperlen darauf fallen ließ, das ganze Gewebe weithin sichtbar macht, grau, feucht, blitzend, über alle Gräser gespannt: so hatte sich ein Schleier gewoben durch das ganze deutsche Land, an jedem Jünglingsherzen war ein Faden angeknüpft – und längs dieses Fadens lief die Begeisterung. Wohl ahneten und wußten einzelne Herzen um den Schleier, aber es fehlte nur noch die Sonne, die da aufgehen, das Geschmeide plötzlich darlegen, und allen weithin sichtbar machen sollte, daß es da sei – gleichsam ein Kleinod für das Vaterland, und ein verderbliches Totenhemd für den Feind. Das Morgengrauen für diese Sonne war gekommen, man hatte nicht gewußt wie – und die Sonne stand endlich auch da, man hatte sie nicht aufgehen gesehen. Es kam eine sehr ernste Zeit. Alle Gefühle und Bestrebungen, die sonst gegolten hatten, waren jetzt klein und nichtsbedeutend. Je mehr die entschlossenen Herzen Opfer bringen, hier Vater und Mutter, dort Weib und Kind, oder Schwester und Braut verlassen und von sich ablösen mußten, desto ernster und heiliger wurde die Zeit – und desto ernster und heiliger wurden auch die Herzen. Eines derselben schlug auch in Lust und Bangigkeit in Hugos Brust dem Augenblicke entgegen – in Lust und Bangigkeit – aber nicht mehr so rein. In trüber Trunkenheit war es befangen, und er hatte einst geglaubt, daß er den Tag ganz anders empfangen werde, als er ihn empfing. Wohl wurde auch ihm sein Kummer, den er in dem Gemüte trug, gegenüber von den Ereignissen, die sich vor ihm aufrichteten, klein und fast kindisch, aber ganz tilgen konnte er ihn nicht, und in völliger ungetrübter Freude und Entschlossenheit seinem Ziele entgegen gehen konnte er nicht. Wohl war ihm die Notwendigkeit der Taten wie ein helfender Gott gekommen, und hatte ihn auf seine Füße gestellt, aber einen Rest von seiner Vergangenheit und von seinen Schmerzen nahm er doch in die Taten mit. Es war endlich der Krieg ausgebrochen, und wie sich bald zeigte, er war einer des Volkes, nicht bloß der Mächte, und so wie Hugo hatten viele gefühlt und traten freiwillig gegen den Feind auf. Er ließ eines Morgens durch seinen Diener, der ein Soldat in mittleren Jahren war, alle nicht unmittelbar notwendigen Sachen in einen Koffer packen, und übergab den Koffer einem Freunde zur Aufbewahrung. Das Andere, insbesondere Bücher und Karten wurden in einen Mantelsack geschnallt, die Pferde wurden gesattelt und gezäumt, die kleineren Waffen, Pistolen und dergleichen, was leicht unterzubringen war, mit genommen, und so ritten die zwei Männer aus der Stadt hinaus, in welcher Hugo jetzt so lange gewesen war, um den nächsten Platz zu gewinnen, an dem sie sich dem handelnden Heere zur Verfügung stellen konnten.

Es liegt nicht in unserem Zwecke, die einzelnen Taten, die Hugo nun verrichtete, zu verfolgen, oder gar die Kriegsereignisse jener Zeiten zu beschreiben, sondern wir beschränken uns darauf, die fernere Entwicklung seines Lebens anzudeuten, und dann das zu erzählen, was mit dem, was wir oben geschildert haben, wieder in wesentlicheren Zusammenhang tritt.

Was von Hugos Vater und von vielen Andern vorausgesehen worden war, ist eingetroffen. Es hatte sich lange her vorbereitet. Gegen den einen Mann, der Europas leuchtendster Kriegsstern und dessen größte Geißel geworden war, hatte sich nun fast dieses ganze Europa erhoben – und Hugo stand mit dem glühenden Hasse gegen alles Unrecht, der ihm eigen war, unter der Zahl seiner Feinde.

Es waren große Schlachten vorgefallen, es waren Wunder des wechselnden Glückes geschehen – es hatten sich jene Großtaten ereignet, die das menschliche Herz zerreißen, und es waren düstere Schattenseiten des menschlichen Geschlechtes vorüber gegangen. Hugo hatte oft mitten in dem einen und dem andern geschwebt. Dinge von ganz anderer Art und Wesenheit, als er je gedacht und geahnet, waren über sein Herz gegangen. Hatte er gleich nicht jene großen Taten zu tun vermocht, welche ihm einst seine Kindeseinbildung vorgefabelt hatte, so war er doch ein wirksam Körnlein von dem Gebirge gewesen, das den Mann, der zu stark und gefürchtet geworden war, endlich erdrückte. Hatte sein Vater ein Recht gehabt, seine Waffen als Zeichen der Ehre in der alten Halle aufzubewahren, so hatte der Sohn noch ein größeres. Denn er hatte mehr getan, und war bei größeren Ereignissen ein wirkender Teil. Waren die Kriege durch Vervollständigung der Mittel leichter zu führen geworden, so ist ihr Kreis doch wieder durch den Geist des letzten Meisters so erweitert worden, daß der alte Vater, wenn er noch gelebt hätte, bei den Erzählungen Hugos gestaunt haben würde, wie man denn dieses oder jenes habe ausführen können, ohne in das Äußerste zu geraten. Unter den schweren Entwicklungen jener Zeit war Hugo ein Mann geworden – und jenes finstere Blatt Weltgeschichte, das damals abgehandelt wurde, hatte sein Herz gestählt, daß es jetzt in verhältnismäßig viel jüngern Jahren fester, ernster und kälter gemacht worden war, als das des greisen Kriegers gewesen ist, der ihm als Lehrer und zu allen Zeiten als Muster gedient hatte. Sein einst so schönes, gutmütiges Angesicht hatte einen leisen Zug von Härte bekommen, und sein Auge war strenge geworden. Aber dennoch wurde sein hartes Antlitz und sein strenges Auge von den Untergebenen fast abgöttisch geliebt, weil er immer gerecht war, und von seinen Obern und seines Gleichen hochgeachtet und gefürchtet, weil er immer auf Ehre hielt.

So waren die Jahre, die zu Hugos Taten bestimmt gewesen waren, vorüber gegangen, die große Begebenheit jener Zeit war aus, der Feind war besiegt, Europa hatte den Frieden, und unsere Heere waren auf dem Rückzuge aus Frankreich begriffen. Hugo hatte nun kein anderes Ziel mehr vor Augen, als, wenn der deutsche Boden erreicht, und die Heere in ihre alten Standpunkte eingerückt wären, den Dienst zu verlassen, in das alte Haus auf der Berghalde zurück zu kehren, dort sein Eigentum zu bewirtschaften, und die zu beschützen und zu belehren, die ihm dort als Angehörige anvertraut waren. Sich zu vermählen, war er nicht gesonnen; teils hatte er in den Kriegslagern und in den stetigen Bewegungen jener Jahre nicht Zeit gehabt, irgend ein Mädchen kennen zu lernen, um sie zu wählen, teils hatte er eine gewisse Abneigung gegen das weibliche Geschlecht. Er war auf dem Rückwege aus Frankreich, und sein Diener, derselbe Soldat, den er in den Krieg mitgenommen hatte, war beschäftigt, die Sammlung alter und schöner Waffen, die Hugo auf seinen Zügen erworben hatte, in Ordnung zu bringen, um sie ohne Schaden und Verlust in die Heimat zu schaffen.

In einer kleinen Stadt Frankreichs, deren Namen wir nicht näher anzugeben vermögen, aber sie liegt schon sehr nahe an unserer deutschen Grenze, war es einmal im späten Herbste, daß Hugo mit mehreren Kriegsleuten höheren Ranges auf dem Balkone eines Hauses stand, in dem man ihnen ein unaufrichtiges Fest gegeben hatte. Sie standen, wie es nach einem Mahle gebräuchlich ist, müßig, und ergötzten sich mit Herumschauen und Sprechen. Da fuhr unten ein Wagen vorbei, dessen schöne braune Pferde bewundert wurden. Hugo aber sah in dem Wagen jenen Greis sitzen, der ihn einstens in die Kirche von Sanct Peter zu gehen gebeten hatte. Er hatte den Mann längst vergessen gehabt, aber wie er ihn hier fahren sah, erkannte er ihn augenblicklich wieder. Er fragte die Umstehenden und mehrere aus dem Hause, wem der Wagen gehöre, und wer der Mann sei, der darinnen gesessen ist. Die einen wußten es nicht, und die andern hatten keinen Wagen vorbei fahren gesehen.

Hugo achtete nicht weiter darauf; denn im Kriege war er an ganz andere und wunderlichere Zufälle gewöhnt worden, als daß er einem Dinge Bedeutung zugeschrieben hätte, das ihn nur in seiner Jugend angelockt hatte, eben weil er jung war.

Als man von dem Gespräche auf dem Balkone auseinander gegangen war, wo man noch die Nachricht empfangen hatte, daß in drei Tagen eine erwartete Abteilung eintreffen und man dann vereint den Marsch weiter fortsetzen werde – und als Hugo hierauf in seine Wohnung zurückgekehrt war, fand er dort einen Diener mit einem Briefe auf sich warten. Der Mensch sagte, er müsse eine Antwort mit sich fortnehmen. Hugo öffnete das Blatt und erkannte die Schrift Cölestens. Sie war zwar nicht unterschrieben, aber in den Worten: »wenn er noch an ein Häuschen denke, um welches viele Linden gestanden seien« erkannte er sie, wenn er auch an der Schrift noch gezweifelt hätte. Das Blatt enthielt die Bitte, er möchte, sobald es ihm möglich sei, zu dem Schreiber dieser Zeilen auf Schloß Pre zu Besuch kommen, wenn es auch nur kurz sei, er werde sehnlich erwartet.

Hugo schrieb auf ein Blatt, er werde morgen um drei Uhr Nachmittags, wo ihn der Dienst entlasse, von hier nach Schloß Pre hinüber reiten. Er siegelte das Blatt und gab es dem Diener.

Obgleich im tieferen Frankreich in der Abteilung, bei der Hugo stand, schon zwei Mal der Fall vorgekommen war, daß deutsche Krieger auf unbegreifliche Weise verschwunden waren, weshalb jedes einsame Ausgehen oder Ausreiten verboten war: so ritt er doch, da es drei Uhr des andern Tages Nachmittags schlug, zum Tore des Städtchens hinaus. Er kannte Furcht als Beweggrund nicht. Er ritt sogar ganz allein, und hatte auch vorher Niemanden gesagt, wohin er sich begebe, damit er den Ruf des weiblichen Wesens, von dem er den Brief habe, nicht gefährde.

Außer dem Städtchen dehnte sich eine ziemlich breite Haide, über welche er sprengte, was nur sein Rappe auszugreifen vermochte. Hierauf kam er über die sanfte Wölbung eines baumlosen Rückens, jenseits dessen man ihm Schloß Pre bezeichnet hatte. Die Gegend war sehr öde, und weit und breit war kein Haus. Als er die Schneide des Rückens erreicht hatte, sah er in eine schöne Talwiese hinab, auf welcher viele Eichen standen und unter ihnen das Schloß. Es war ein wenig düster, und mit veralteter schwerer Baupracht der Lehenszeiten blickte es auf die öde Landschaft hinaus. Hugo ließ sein Pferd den Abhang hinab gehen, und kam an dem Schlosse an.

Unter einem leichten Schauer der Erwartung ritt er durch das schwarze Tor ein, das hinter ihm das Gitter fallen ließ, weil man sich noch immer vor streifendem Gesindel fürchtete. Er dachte, da er an dem Mauerwerke des Hofes empor schaute, ob nicht hinter jenen Fenstern oben eben so ein Herz poche, wie hier unten das seine. Derselbe Diener, der ihm den Brief gebracht hatte, nahm ihm das Pferd ab, zwei andere rissen die Türen auf, dahinter erwartete ihn ein feingekleideter Mann, der ihn die schönen Treppen hinauf geleitete, durch prachtvolle Gemächer führte, und endlich auf eine Tür wies, durch die er eintreten möge.

Er trat ein. Ein leichtes »Ach« entglitt unwillkürlich seinen Lippen; denn es waren die vier Zimmer des Lindenhäuschens, in denen er sich befand – sie waren bis in die kleinste Kleinigkeit dieselben, nur daß statt der Linden ungeheure Eichen vor den Fenstern standen. Er ging durch das erste Zimmer – er ging durch das zweite – – im dritten stand eine Frau in grauer Seidenkleidung an dem Marmortische des Spiegels wie einst – sie war etwas stärker geworden – bei dem Geräusche seiner Tritte wendete sie sich – sie war totenblaß – ein Schrei – »Hugo!« »Cöleste!« – und sie lagen sich in den Armen – alles war dahin: das ganze eherne Rad des Krieges war von seinem Herzen, und lange, lange Jahre von dem ihren. Die reinste, wärmste, süßeste Flamme des Kusses wurde gefühlt, der holde Druck des Armes wurde empfunden, wie sie die ihren um seinen Nacken, er die seinen um den ihrigen geschlungen hatte. Es war zuerst gar kein Laut – dann ein Stammeln, ein leises Seufzen zur Erleichterung der Freudenlast – Herz an Herz, Mund an Mund, so gepreßt, als sollten sie nie mehr voneinander lassen. In diesem Augenblicke fühlte Hugo, daß er lange, lange nicht gelebt habe. Da sie sich sanft seinem Arme entwand, rief sie in dem schönen klingenden Deutsch, das sie sonst immer geredet hatte: »Hugo, Hugo, wo bist Du gewesen – drei ganze lange Tage bist Du nicht gekommen – dann hab' ich Dich eilf Jahre – eilf völlige Jahre nicht gesehen! Ich habe Dich gesucht, fast durch unsern ganzen Weltteil habe ich Dich gesucht, mitten in Kriegen und Schlachten habe ich Dich gesucht, und hier, hier, wo alles, was Du rund umher erblicken kannst, mein und Dein ist, hier mußte ich Dich finden. Dionis, der Dich heimlich von Paris her begleitete, schrieb mir erst vor fünf Tagen, daß Ihr in unser Städtchen kommen und hier einige Zeit verweilen werdet. Ich habe den gestrigen Tag, da Ihr Morgens kamt, kaum erwarten können.«

Mit diesen Worten führte sie ihn zu dem Sopha, über dem er ein altes Bild, einen Ritter in wallenden blonden Locken darstellend, hängen sah.

»Blicke nicht hinauf«, sagte sie, »ich werde Dir alles sagen. O Du teurer, Du heiß geliebter Mann! alles, alles hat sich gelöset. Komme, sitze neben mir, wie einst – – o Hugo, ich bin jetzt gut; seit jene Last von mir genommen ist, bin ich so fromm, wie einstens Du. – – Aber Du hast Dich geändert«, unterbrach sie sich, »Du bist so ernst geworden.«

Und sie sah ihn, da sie sich niedergesetzt hatten, mit den Augen so gut und so treu an, wie sie es sonst fast nie getan hatte.

»Bin ich ernster geworden«, sagte er, »so sind auch harte Jahre an mir vorüber gegangen. Cöleste, sei gegrüßt, sei viele tausend Male gegrüßt!«

Bei diesen Worten hatte er zuerst ihre Hände gefaßt, und dann drückten sie sich wieder in die Arme. Hugo tat es etwas zurückhaltender und mit noch feinerer Hochachtung, als sonst. Diese Scheu zierte den Mann nun unendlich schöner, als sie einstens den Jüngling geziert hatte.

Mit sehr weicher Stimme sagte Cöleste: »Ich bitte Dich Hugo, jetzt höre mich an, ich kann es gar nicht erwarten, daß Du alles wissest, was Du einst so großmütig nicht gefragt hast – jetzt darf ich alles sagen – – aber Du wirst nicht viel Zeit haben.«

»Morgen um fünf Uhr beginnt mein Dienst wieder, von dem ich mich noch nicht verabschiedet habe«, antwortete Hugo.

»Ich gebe Dir Leute mit«, sagte Cöleste, »die Dich beschützen, wenn Du in der Nacht in das Städtchen zurückreiten mußt. Ach in dieser Novemberzeit wird es ja kaum später, als in einer Stunde schon Nacht werden.«

»Ich beschütze mich selber«, antwortete Hugo, »lasse diese Dinge mich machen, Cöleste, und verkümmere uns mit ihnen nicht die Minute des Beisammenseins.«

»So höre Hugo, aber ich bitte Dich, höre mich zu Ende, sage nichts, kein Wort, bis alles aus ist, dann rede. Ich bin aus einem, wie sie hier sagen, vornehmen Haus Lothringens. Meine Muttersprache war deutsch; aber nur sie kannte ich, nicht Vater und Mutter, beide waren gestorben, ehe ich denken konnte. Mit fünfzehn Jahren befahl mein Vormund, daß ich vermählt würde, da sich eine Gelegenheit ergäbe, daß ein großes Vermögen zusammen käme und ein glänzendes Haus entstünde. Mein zukünftiger Gatte war fünfzig Jahre alt, und ich, die damals gar nicht wußte, was Liebe und Ehe sei, gehorchte dem Vormunde. – Hugo, höre mich ruhig. – Das glänzende Haus entstand aber nicht. Schon am ersten Tage unserer Ehe, weil damals in Frankreich eben die schweren traurigen Zeiten waren, mußte er sich flüchten, und ich wurde später zu ihm über Eure Grenze geliefert. Seine Güter und auch die meinigen waren in den Händen seiner Gegner. Er war über diese Dinge sehr erbittert. Die große Summe, die er gerettet und mit sich genommen hatte, deuchte ihm nichts, und sein Groll wuchs täglich. Er verachtete seine Gegner unglaublich, und war der Meinung, daß eine Herrschaft dieser Art nur kurz dauern könne, und die alte Ordnung der Dinge sich wieder herstellen werde. Darum sagte er oft, wenn ihn seine Lage peinigte: ›Das alles muß wieder kommen!‹ – Aber über eines war er trostlos und verzweifelnd: ich blieb nämlich kinderlos – – ach, Hugo, dasselbe Weib, das Dein Entzücken und Deine Wonne war, mußte körperliche Mißhandlung dulden. – – Ich lag oft auf den Knieen vor der gebenedeiten Jungfrau, ich, ein wehrloses unschuldiges Opfer, das nie etwas anderes gekannt hatte, als die Mauer meines Erziehungshauses und die starren Mienen meines Gatten, ich lag auf den Knieen, und bat um die Erfüllung seines Wunsches – umsonst – da tat ich das Gelübde, meine Schönheit, auf die ich sonst so eitel gewesen war, zu vertilgen; ich versprach der heiligen Jungfrau, daß ich täglich in den Kleidern einer Matrone, und mit dichtem herabgelassenem Schleier zu Fuße in die Messe gehen und vor dem Altare knieen wolle, bis kein Mensch mehr in der Kirche sei, damit der Himmel den Fluch von mir nehme. – Das tat ich mehrere Jahre – allein der Fluch wurde nicht von mir genommen. Mein Gatte wurde immer härter – ach, Hugo, als ich Dein großes schönes Herz kennen lernte, wußte ich erst, welch' ein Tyrann er gewesen war – aber früher litt ich alles, weil ich nicht anders wußte, als daß er mein Gemahl sei, und daß ich ihm gehorsamen müsse. Er wurde krank, langsam fiel er dem Grabe entgegen – und seine Ungeduld und sein Grimm wuchsen immer mehr. Zwei Dinge waren es, die vorzüglich an seinem Herzen fraßen: zuerst, daß in Frankreich die alte Ordnung immer nicht zurückkehren wollte – und zweitens, daß er mich auf's Tiefste verachtete.

In jener Zeit geschah es, daß er eines Entwurfes willen, in den er sich eingelassen hatte, heimlich nach Frankreich reisen mußte. Er schnürte seine Sachen, bestieg den Wagen, und ließ mich in Eurer Stadt zurück. Damals trat nun der Versucher an mich. – – Ach, Hugo, ich will Dir alles, alles sagen – aber an dem, was Dionis vorschlug, war ich so wahrhaftig unschuldig, so wahrhaftig es eine ewige Seligkeit im Himmel gibt. – Dionis war der Haushofmeister meines Vates gewesen, er wurde nach dem Tode desselben der meinige, und war mein Ratgeber und Freund. Wenn ich sagen sollte, daß er mir bis dahin je das geringste Unrecht vorgeschlagen habe, würde es eine Lüge sein: aber der inbrünstige Haß gegen meinen Gatten, und die große Liebe gegen mich mußten den alten Mann verblendet haben. Da ich durch die Entfernung meines Gemahls allein in seiner Obhut zurückgelassen war, erzählte er mir eines Tages eine Geschichte von einer Frau, die an einen harten greisen Mann geschmiedet gewesen war, und vieles Unglück erduldet habe. Da sei ihr ein schöner Jüngling erschienen, sie habe schöne

Kinder gehabt, und habe das künftige Wohl des Hauses gegründet. Viel später sagte er einmal, daß er einen jungen blonden Mann kenne – weil mein Gatte auch blond war – der so schön und so unschuldig sei; wenn mich dieser einmal erblickte, so würde er gewiß in heißer innerster Liebe gegen mich entbrennen. – Da er aber sah, daß ich die Rede nicht verstand, und befremdet war, schwieg er von da an stille, und ich bemerkte, daß er sich nun von mir zurück zog. – – O Hugo! seine Worte mochten eine Vorbedeutung gewesen sein.«

Dem zuhörenden Manne öffneten sich seine innern Augen, er sah auf das erzählende Weib, unterbrach es aber nicht.

Sie fuhr fort: »Wenige Wochen nach diesem Gespräche, das ich doch nicht ganz vergessen konnte, sah ich Dich! Ich habe an jenem Morgen ernstlich geglaubt, daß Niemand mehr in dem Gotteshause sei, und ging mit gehobenem Schleier, weil es unter demselben schwül war, gegen die Pforte zurück – da standest Du im hintern Teile des Chores – wir sahen uns – ich bemerkte gleich, daß Du mich anblicktest und ließ den Schleier über das Gesicht fallen. – Damals dachte ich mir innerlich oft, wie süß, wie unendlich süß die Liebe sein müsse, und wie lohnend für alles Weh der Erde. Dann sah ich Dein Annähern – – Hugo, ich habe in jener Gasse nicht absichtlich das Blatt fallen gelassen, daß Du mir es bringest – oft hat mich der Gedanke gequält, daß Du dieses glauben könntest – – aber, da Du es brachtest, war mir die Handlung hold – – und es ist im Ernste wahr, wenn Du grüßtest, schwindelten mir die Häuser der Straße vor dem Blicke. Als Du mit mir endlich in der einsamen Gasse geredet hattest, entdeckte ich mich außer meinem Mädchen, das längst mein Inneres kannte, noch Dionis, und fragte ihn um Rat. Der alte Mann zeigte viele Freude, er mietete das Gartenhäuschen, er borgte Geräte und richtete es ein. Ich wohnte nicht dort, Hugo; jeden Vormittag ging ich meinem Gelübde nach in die Kirche, aber es war nicht mehr die von Sanct Peter, in der Du mich zum ersten Male gesehen hast, sondern eine andere; im Nachmittage war ich in dem Häuschen, und Du warst bei mir. Mein Herz, das mir so viel versprochen hatte, belog mich nicht. Ach! – warum mußtest Du denn mehrere Tage nicht kommen! In der Nacht des dritten, an dem ich Dich nicht gesehen hatte, mußte ich fort. Mein

Gatte war in Genf todkrank geworden, er sandte einen Freund, mich augenblicklich zu holen; dieser kam in der Nacht, wechselte die Pferde, ließ mir so viel Zeit, daß das Nötigste gepackt wurde, und nahm mich fort. Ich konnte bloß auswirken, daß mir Dionis erst am nächsten Tage folgen dürfe, damit er Dir alles sage, und damit er mit dem Eigentümer des Häuschens ins Reine käme. Das Letzte tat er, aber ach, das erste nicht, damit Du nicht etwa auf die Spur kämest, wer ich wäre. Wenn sich die Sache wie immer wendete, sagte er, da er mich eingeholt hatte, so kämen wir entweder bald in die Stadt zurück, oder könnten Dir auf eine geschickte Weise Nachricht geben. Der alte Mann fürchtete in der schwebenden Lage für meine Erbschaft. Die Sache wendete sich auch bald. Ich kam nach Genf, mein Gatte starb, und machte mich zur Erbin seines und meines Vermögens. Ich weinte bitterlich an seinem Grabe; denn er war ein sehr armer, armer Mann gewesen. – Als sich meine Lebensgeister wieder gesammelt hatten, richtete ich sogleich alles in Ordnung, und wollte wieder zurück reisen. Allein es war indessen der Krieg ausgebrochen, und hatte sich beinahe mit den Flügeln des Windes über alle Länder ausgebreitet. Ich konnte nicht durch. Mit vieler Mühe und nach langer Zeit verschaffte ich mir Pässe aller Art – die Reise war sehr langsam, da oft keine Pferde waren, oft die Leute sie verläugneten. – – Endlich kam ich an, aber Du warst fort. Wie ich dachte, hattest Du Dich in die Reihe der Krieger gestellt. – Nun forschten wir Jahr nach Jahr, wir wußten nicht, bei welcher Macht, und in welcher Abteilung Du stündest – – die Kriege wälzten sich hierhin und dorthin – – Hugo, viele lange Jahre haben wir geforscht – endlich fanden wir Dich – – Du bist da. « – –

Das Weib hatte das Letzte mit Angst gesagt, und dann hauchte sie beinahe nur noch die Worte hinzu: »Nun, Hugo, rede. «

»Wie sieht denn Dionis aus?« fragte er.

»Es ist ein sehr alter hagerer Mann mit weißen Haaren und blauen Augen«, antwortete sie.

»Ein wenig vorgebeugt?«

»Ein wenig vorgebeugt. «

»Traue ihm nicht mehr«, sagte Hugo, »er war falsch gegen uns beide. «

»Lasse jetzt Dionis«, antwortete sie, »und rede« – –

Aber er redete nicht, seine Augen waren zu Boden geheftet – sie schwieg auch und wartete.

Endlich sagte er: »Heißest Du auch wirklich Cöleste?«

»Ja, ich heiße Cöleste«, antwortete sie.

»Siehe, Cöleste, das hast Du nicht gut gemacht, nicht gegen Deinen Gatten und gegen mich. Ich kann Dir nicht mehr trauen.«

»O meine Ahnung«, kreischte das Weib, indem sie ihr Angesicht in die Kissen des Sophas verbarg, – »eilf Jahre habe ich ihn gefürchtet, diesen Augenblick.«

Eine Zeit lang hielt sie die Glut des Antlitzes gegen die bergenden Kissen gedrückt. Dann hob sie das Haupt wieder, um in seine Züge zu schauen. Er war aufgestanden, sein Angesicht war entfärbt, aber sie konnte nicht erkennen, was in ihm vorgehe. »Hugo, Hugo«, rief sie, »blicke nicht so«, – und halb knieend flehte sie zu ihm: »Lerne mich nun auch als rein kennen, ich bin es – ich werde es sein – o rechtfertige mich vor mir, und lerne mich kennen, daß ich gut bin.« – –

Hugo wurde noch blässer, und sagte: »Ich habe gedacht, ein anderes Leben führen zu wollen, als der Gatte einer Witwe zu sein, von dem sie sagen, daß er schon vor dem Tode ihres Mannes mit ihr im Einverständnisse gewesen sei.«

»Sie werden es nicht sagen, Hugo«, antwortete sie, »denn kein Mensch weiß es.«

»Ich selber würde es sagen«, erwiderte er.

»Du wirst es nicht sagen: denn Du bist unschuldig«, antwortete sie; »weißt Du? Du hattest nie eine Ahnung, daß Du Jemand andern liebest, als ein Mädchen.«

»Dann bist Du desto schuldiger«, sagte er. »Siehe, Cöleste, hättest Du mir gesagt, daß Du ein vermähltes Weib bist – ich wäre Dir ferne gestanden, ich hätte nie eine Andere geliebt, und wenn der Himmel unsere Verbindung möglich gemacht hätte, ohne daß wir schuldig waren, wären wir frei eingegangen vor Gott und der Welt.«

»Ich hatte Angst, Dich zu verlieren«, sagte sie schüchtern. – –
»Wenn Du verziehest.«

»Das verstehst Du nicht, Cöleste«, antwortete er. »Ich verzeihe Dir von Herzen, und beklage uns. Wärest Du die niedrigste Magd, wärest Du die Tochter einer Stalldirne: auf diesen Händen trüg' ich Dich – – aber wie könnte ich jetzt vor mir stehen, der ich nie mit Wissen ein Unrecht an mir litt, wie könnt' ich vor den andern stehen, die mich scheuten und verehrten, und die mir nie die kleinste Mackel sagen durften?!«

»Also könntest Du der sogenannten Ehre das warme, ewige, klare Leben opfern?« fragte sie.

Hugo antwortete nicht, sondern er preßte die Hände an einander, und in dem ganzen Baue seines Körpers war eine Erschütterung, wie wenn Tränen ausbrechen sollten.

Sie sah ihn einige Augenblicke mit den großen Augen an – dann aber sagte sie sehr ernst: »Ich habe Dich nicht umsonst gefürchtet – gehe – möge Dir Gott im Himmel diese harte Tugend lohnen, aber mein Herz verflucht sie: denn es wird gebrochen. – Ja, ich war eine Sünderin, aber die Sünde wurde mir nicht leicht; Du hast nur ihre holde Frucht gesehen, ihre Kämpfe trug ich allein. Meine Sünde ist menschlicher, als Deine Tugend – geh' – so lange die Erde steht, wurde Niemand abgöttischer geliebt, als Du. – – Nun gehe, Mann, gehe!«

»Wir sind beide zu erregt«, sagte Hugo, »wir sehen uns wieder, und ich werde Dir die Sache auseinander setzen.«

»Setze nichts mehr auseinander«, sagte sie, »es ist ja deutlich. Gehe nur.«

Und wie Hugo in Verwirrung sich gegen die Stelle hin wendete, wo sein kriegerischer Hut lag, trat über die Türschwelle ein Kind, ein wundervoll blond gelocktes Mädchen herein, und rief mit kindlich klarer Stimme: »Mutter!« – Aber wie sie diese in Aufregung sah, und den fremden Mann vor ihr stehen, schwieg sie betroffen. Cöleste warf sich, als wäre jetzt erst der fürchterlichste Schlag gefallen, plötzlich mit einem lauten und ausschweifenden Schluchzen in die Kissen des Sophas, als müßte ihr das Herz zerstoßen werden. – Hugo betrachtete das Kind einen Augenblick, dann ging er auf dasselbe zu, und legte unter unendlichen Tränen, die aus seinen Augen flossen, den Arm um den dichten, seidenweichen Lockenwald desselben, beugte sich, und küßte es heftig auf den Scheitel.

Das erschreckte Kind hatte es gelitten – auf dem Sopha hatte das Weinen aufgehört, Cöleste hatte das Haupt empor gehoben, und lauschte hin; aber wie er den Arm von des Kindes Locken lösete, seinen Hut nahm, und sanft hinaus ging – da fiel sie mit dem verzweiflungsvollen Schrei zurück: »Er kennt sie nicht, er kennt sie nicht.«

Hugo hatte kein Wort mehr gesagt, kein einziges; es ist unbekannt, ob er nicht konnte, oder ob er nicht wollte. Unten ließ er sich sein Pferd vorführen, bestieg es, und ritt zu dem Tore hinaus. Es war bereits schon dunkel geworden, und ein harter Novemberwind ging durch seine noch immer schönen blonden Locken, die sein ganzes Schicksal eingeleitet hatten. Als er auf die Anhöhe gekommen war, von der aus man das Schloß erblickt, und hinter welcher die Haide anfängt, hielt er ein wenig stille – die Tränen, welche während der Besteigung des Pferdes und während dem Anfange des Rittes versiegt waren, flossen wieder, und er sagte gleichsam laut zu sich: »Wo in dieser weiten, in dieser großen Welt mag das herrliche, das reine Herz schlagen, das mich beglückt hätte, und das ich beglücken hätte können!?« – –

Aber draußen lagen die kaltblauen schweren Wolken, unter denen er die Landschaft, namentlich den gehauchten blassen Streifen des Ardenerwaldes, den er im Herreiten gesehen hatte, nicht mehr erblicken konnte, und neben ihm säuselte das dürre herbstliche Gras.

Mit den Worten: »Verzeihe dir Gott, du armer, verblendeter Greis, daß du in deiner Leidenschaft zwei Menschen unglücklich gemacht hast, wie ich dir verzeihe, sie erfahre nie, was du eingeleitet hast«, setzte er seinem Pferde die Sporen ein, und ritt langsam den sanften Hang hinunter. In dem nächsten Augenblicke darauf konnte man die hallenden Hufschläge vernehmen, wie er auf der festen Straße der Haide davon ritt, und in die ihn umgebende Nacht hinein jagte.

Er kam spät zu Hause an, legte sich aber nicht nieder, sondern schrieb bis zu dem Morgen an einem Briefe an Cöleste. Was er ihr in demselben schrieb, wie sanfte, gute oder starke Worte er in demselben an sie richtete, ist nie bekannt geworden. Als er mit dem Schreiben fertig war, und das Papier gefaltet und gesiegelt hatte, blickte er auf die Buchstaben des Siegels, die in dem zweifelhaften Scheine des Morgens und seiner Kerze düster da standen, und in dem feinen

roten Wachse die Worte bildeten: »*Servandus tantummodo honos.*«
Dann löschte er die Kerze aus, da der Tag immer klarer herein-
brach, rief seinen Diener, und sagte ihm, daß er diesen Brief sogleich nach Schloß Pre bringen möchte, dann soll er sich im Zurückreiten sputen, damit er einpacken könne. Denn er selber wolle
sich indessen bemühen, daß sie die Erlaubnis bekämen, ihrer Heeresabteilung vorauszureisen zu dürfen.

Der Diener brachte den Brief nach Schloß Pre, kam zurück,
packte ein, da Hugo die angesuchte Erlaubnis erhalten hatte, und
in einer Stunde darauf reiseten sie ab.

Zwei Tage nachher folgte ihnen ihre Heeresabteilung, und da
diese fort war, wurde es wieder so einsam und öde um Schloß Pre,
wie es zuvor gewesen war.

Aber auch einsam und öde war es in dem alten Hause, das auf der
Gebirgshalde stand.

Hugo war aus dem Kriegsdienste getreten, da in der ganzen Welt
der ersehnte Friede heran gekommen war, er hatte sich auf sein
Besitztum begeben, und verwaltete es nun. Er blieb, wie ein Jahr
nach dem andern verging, auf demselben allein, und vermählte
sich nicht. Er versammelte seine Knechte und Leute um sich, gab
ihnen Befehle, verbesserte sein Anwesen, und tat den Leuten, die
in der Gegend wohnten, Gutes. – Später rang er mit Gewissens-
bissen, und da er alt geworden, da sich die Härte des Krieges verloren hatte, und da er weichherzig geworden war, hat er oft bitterlich geweint, und gesagt: »Wie *sie* ist doch keine – wie *sie* ist doch
keine.«

Einmal, da seine Haare schon so weiß waren, wie einstens die seines Vaters, ging er durch die Gerölle gegen den Morigletscher
hinan, den er sonst in der Jugend gerne besucht hatte, und warf
das alte Siegel in eine unzugängliche Schlucht. Als er tot war, kam
das Erbe kraft seines Testamentes in den Besitz fremder Menschen, die außer Deutschland wohnten. Es erschien, um den Besitz der Liegenschaften auf sich schreiben zu lassen, eine äußerst
schöne, junge, blonde Frau auf der Gebirgshalde. Man hatte ihr
Hugos Grab zeigen müssen, und sie war lange mit vielen Tränen
vor demselben gestanden. Später kam sie noch zweimal in zwei
verschiedenen Sommern mit ihrem Gemahle und zwei Kindern,

und wohnte einige Wochen auf der Halde. Nachher aber erschien sie nie mehr, das Haus kam unter die Hände von Mietlingen und begann zu verfallen.

Das Frühglöcklein tönt noch, wie sonst, der Bach rauscht, wie sonst – aber auf dem alten Hause ist es heut zu Tage ein trauriger betrübter Anblick unter den Trümmern der verkommenden Reste.

Nur die Berge stehen noch in alter Pracht und Herrlichkeit – ihre Häupter werden glänzen, wenn wir und andere Geschlechter dahin sind, so wie sie geglänzt haben, als der Römer durch ihre Tale ging und dann der Allemanne, dann der Hunne und dann andere und wieder andere. – – Wie viele werden noch nach uns kommen, denen sie Freude und sanfte Trauer in das betrachtende Herz senken, bis auch sie dahin sind, und vielleicht auch die schöne freundliche Erde, die uns doch jetzt so fest gegründet, und für Ewigkeiten gebaut scheint.

Eine Nacht im Jägerhause

»Kommen wir denn nicht bald nach D.? – rief Otto ungeduldig
seinem Freunde Adolph zu und fuhr heftig mit der Hand nach seiner linken Wange, weil er sich an einem Zweig geritzt hatte, – die
Sonne ist längst hinunter, die Finsternis kann kaum noch größer
werden, und die Beine wollen mich nicht mehr tragen.« »Ich
glaube, daß wir uns verirrt haben – entgegnete Adolph kleinmütig
– wir müssen uns wohl darauf gefaßt machen, die Nacht im Walde
zuzubringen!« »Das habe ich längst gedacht – versetzte Otto ärgerlich – aber du weißt allenthalben Bescheid, auch da, wo du nie gewesen bist. Hungrig bin ich auch, wie der Wolf, wenn er ein Schaf
blöken hört.« »Ich habe noch eine Semmel in der Tasche! – erwiderte Adolph, indem er darnach zu suchen begann – doch nein –
setzte er sogleich hinzu – ich habe sie dem ausgehungerten Schäfer-
hunde zugeworfen, der uns im letzten Dorf vorüberschlich.«
Eine lange Pause, wie sie nur dann unter Studenten möglich ist,
wenn sie bis aufs Blut ermüdet sind, trat ein. Die Freunde wanderten, sich beide gereizt fühlend und sich beide dieser Kleinlichkeit
schämend, bald stumm, bald pfeifend, nebeneinander hin. »Nun
fängts auch noch zu regnen an!« begann Otto endlich wieder. »Wer
eine Haut hat, fühlt es – versetzte Adolph – aber, wenn mich mein
Auge nicht täuscht, so seh ich drüben ein Licht schimmern!« »Ein
Irrlicht, was wohl anders! – sagte Otto halblaut – es wird hier an
Sümpfen nicht fehlen!« Dessen ungeachtet verdoppelte er seine
Schritte. »Wer da?« rief Adolph und stand auf einmal still. Es er-
folgte keine Antwort. »Ich meinte Fußtritte hinter uns zu hören!«
sagte er dann. »Man verhört sich leicht!« entgegnete Otto.
Währenddessen waren sie an ein einsam gelegenes Haus gelangt.
Sie traten unter die Fenster und schauten hinein. Ein weites, ödes
Zimmer zeigte sich ihren Blicken; die schlechten Lehmwände hat-
ten ihre ehemalige Kalk-Besetzung zum Teil verloren, einige
Strohstühle standen umher und über dem halb niedergebrochnen

Ofen hingen zwei Pistolen, nebst einem Hirschfänger. Im Hintergrund saß an einem Tisch ein altes Weib, zahnlos und einäugig, zu ihren Füßen lag ein großer Hund, der sich mit seinen ungeschlachten Pfoten zuweilen kratzte.

»Ich denke, – begann Adolph nach vollbrachter Musterung – wir nehmen unser Quartier lieber unter einem Busch, als in dieser Höhle. Es sieht ja ganz verflucht darin aus!« Otto hatte dieselbe Äußerung auf der Zunge gehabt. Wie aber in solchen Stunden des äußersten Mißbehagens der Mensch sich zu beständigem Widerspruch aufgelegt fühlt, setzte sich seine Meinung schnell in ihr Gegenteil um, und er erwiderte spöttisch, daß er ein altes Weib nicht eben furchtbar fände und in der Tat nicht wisse, warum sie nicht hineingehen sollten. »Es beliebt dir – versetzte Adolph scharf – mich mißzuverstehen. Die Alte sitzt gewiß nicht unsertwegen da, sie wartet auf Gäste, und welcher Art diese sind, ist schwer zu sagen. Sieh nur, was sie sich das Auge, das ihr von der letzten Schlägerei her übrig blieb, reibt, um den Schlaf, der sie beschleicht, zu verscheuchen, und wie sie das zahnlose Maul verzieht! Eine Schenke ists ohnehin, denn drüben in der Ecke stehen Flaschen und Gläser. Aber, wie du, so ich.«

Bevor Otto etwas erwidern konnte, erscholl hinter beiden ein scharfes: »Guten Abend!« und eine Mannsgestalt wurde in dem schwachen Lichtschimmer, der durchs Fenster drang, sichtbar; kurz, gedrungen, mit Augen, die verschlagen und listig von dem einen zum andern wanderten, den Jägerhut tief in die Stirn hinabgedrückt. »Sie haben sich ohne Zweifel verirrt – fuhr der Unbekannte fort – und suchen ein Unterkommen für die Nacht. Danken Sie dem Himmel, daß ich gerade von meiner Streiferei zurückkehre, meine alte Mutter hätte Sie nicht aufgenommen. Wenn Sie vorlieb nehmen wollen, so folgen Sie mir; etwas besser, als hier draußen, werden Sies in der Bodenkammer finden, die ich Ihnen einräumen kann. Bier und Brot steht zu Diensten, und eine Streu zum Schlafen läßt sich aufschütten!«

Der Hund schlug an, und die Alte stand auf und schleppte sich mit schweren Schritten zum Fenster. »Ich bins!« rief der Jäger. »Du, mein Sohn?« erwiderte sie in näselndem Ton und öffnete langsam die inwendig verschlossene Tür. »Nur immer herein!« sagte der

Jäger mit zudringlicher Höflichkeit zu den Freunden. Sie folgten seiner Einladung, nicht ohne Widerwillen, Otto zuerst. Sobald sie die Schwelle überschritten hatten, schloß der Jäger mit sonderbarer Hastigkeit die Tür hinter ihnen ab, während die Alte, ihre Brille zurechtrückend, sie unfreundlich betrachtete. »Noch nicht da?« fragte der Jäger, indem er sie ins Zimmer hineinnötigte, seine Mutter, aber so leise, daß nicht sie, die schwerhörig sein mochte, nur Otto, ihn verstand. Flüsternd trat er nun mit der Alten in eine Ecke und mehr, als einmal, flog ein häßliches Lachen über sein Gesicht. Die Alte ging, einen seltsamen Blick auf die späten Gäste werfend, hinaus und kehrte bald darauf mit Bier, Brot und Käse zurück. Der Jäger schob zwei Stühle an den Tisch; sie lud, sich umsonst zur Freundlichkeit zwingend, mit stummen Gebärden zum Zulangen ein. Hungrig, wie sie waren, ließen die Freunde es sich schmecken; mittlerweile nahm der Jäger die über dem Ofen hängenden Pistolen herab, lud sie, ohne sich an das Befremden seiner Gäste zu kehren, mit großer Förmlichkeit, schüttete sogar Pulver auf die Pfanne und steckte sie zu sich. Stillschweigend ergriff er nun die Lampe und führte die Freunde eine Leiter hinauf in eine alte Bodenkammer hinein, wo sie bereits ein Strohlager vorfanden. Mit einem kurzen: »Gute Nacht!« wollte er sich jetzt wieder mit der Lampe entfernen; beide erklärten ihm aber gleichzeitig ihren Wunsch, mit Licht versehen zu werden. »Mit Licht? – fragte er verwundert – es tut mir leid, aber sie werden bei mir schlafen müssen, wie man im Grabe schläft, nämlich im Dunkeln. Meine Mutter hat selten eine Kerze im Hause, und der Lampe bedürfen wir selbst, um – um« – »Um?« fragte Otto, da er stockte. »Um den Abendsegen zu lesen, natürlich, – versetzte er – nur die Gelehrten wissen ihn auswendig. Doch, wer weiß, vielleicht ist das Glück günstig, und wenn sich nur noch ein Stümpfchen Licht auftreiben läßt, so bringe ich ihnen die Lampe wieder herauf.«

Der Jäger ging und ließ die Freunde im Dunkeln. »Was meinst du?« sagte Otto zu Adolph. »Wir werden entweder gar nicht, oder sehr lange schlafen!« versetzte dieser ernst. »Ist dort nicht ein Fenster im Dach?« fragte Otto. »So scheints – erwiderte Adolph – ich will doch untersuchen, ob mans öffnen kann.« Er tappte zum Fenster und bemühte sich, es aufzumachen. In demselben Augenblick trat der Jäger wieder mit der Lampe ein. Mit finstrem Gesicht rief er Adolph zu: »Das Fenster hat die Klinke nur zum Staat, es ist von außen vernagelt, auch sind eiserne Stangen angebracht, wie ich glaube; an frischer Luft wirds dennoch nicht fehlen, denn drei Scheiben sind entzwei!« Er ging zur Tür zurück, kehrte sich aber noch einmal um und sagte: »Wenn unten auch noch dies und das vorfällt, so lassen Sie sich nur nicht stören, Sie wird niemand beunruhigen!« »Was gibts denn noch so spät?« fragte Adolph heftig. »Ei nun – versetzte der Jäger spöttisch – eine Waldschenke hat bei Nacht den meisten Zuspruch!« »Aber sicher ist man doch?« rief Adolph ergrimmt aus. »Jedenfalls sind wir mit Waffen versehen!« bemerkte Otto mit erkünstelter Ruhe. »Das freut mich!« entgegnete der Jäger, laut lachend, und warf die Tür hinter sich zu, daß die Pfosten bebten und das Fenster krachte. »Harras! – rief er draußen – paß auf!« Der Hund lagerte sich knurrend, dann gähnend hart vor der Tür. »Abgeriegelt!« sagte Otto zu Adolph. Dies ward, da die Tür wirklich mit einem Schubriegel versehen war, leicht vollbracht. »Gottlob, daß die Lampe einen hinreichenden Vorrat Öl enthält – sprach Adolph und leuchtete in der Kammer umher – nun wollen wir sehen, ob sich unter all dem Gerümpel, das hier wüst durcheinander liegt, nicht ein Knittel, oder was es sei, finden läßt, der uns zur Verteidigung dienen kann.«

Jetzt begannen sie die Musterung der vielen in der Kammer aufgeschichteten Sachen. Otto fiel ein alter Kalender in die Hände, den er nur aufnahm, um ihn gleich wieder von sich zu schleudern. Adolph griff nach ihm und durchblätterte ihn. Nach einigen Minuten ließ er ihn mit leichenblassem Gesichte zur Erde fallen und sagte: »Nun weiß ich, wo wir sind. Dies ist das Mordloch des (er nannte einen in ganz Deutschland berüchtigten Missetäter, der erst vor einem halben Jahre in der Universitätsstadt, wo die Freunde ihren Studien oblagen, wegen vielfacher Mordtaten enthauptet worden war), sein Name ist in den Kalender eingeschrieben und vermutlich sind wir die Gäste seines Sohns.« – Sich den Tod mit allen seinen Schrecken und Geheimnissen lebhaft denken, ist schon der halbe Tod. In voller Glut des jugendlich überschäumenden Daseins-Gefühls, das, kaum entfesselt, ungestüm durch alle Adern braust und für die Ewigkeit auszureichen scheint, plötzlich und ohne vorbereitenden Übergang am Rande des vom Meuchelmord aufgeworfenen Grabes stehen, ist gewiß des Entsetzlichen Entsetzlichstes. Die Seele zieht sich zusammen, wie ein Wurm sich zusammenzieht im Schatten des schon erhobenen Fußes, der ihn zu zertreten droht; von allen ihren feurigen Wünschen bleibt ihr nur der einzige, noch einmal, dem Wurm gleich, tierisch und ohnmächtig wütend, ihre Lebenskraft und Lebensfähigkeit durch eine letzte Äußerung derselben, durch einen Stich oder einen Schlag am Mörder selbst dartun. Laut aufjubelten die Freunde, als sie, hinter Brettern versteckt, ein rostiges Beil erblickten, im Triumph zogen sie es hervor und schwangen es, einer nach dem andern, ums Haupt.

»Siehst du – sagte Adolph – es ist mit Blut befleckt!« »Bespritzt, – entgegnete Otto schaudernd – wie eine Schlachter-Axt! Adolph, an eine solche Nacht dachten wir nicht, als wir heute morgen ausgingen, um uns einen vergnügten Tag zu machen. Die Sonne schien so hell und freundlich, ein frischer Wind spielte mit unsern Locken, und wir sprachen von dem, was wir nach drei Jahren tun wollten!« »Wer pocht?« fuhr Adolph auf und ging, das Beil zum Schlage emporhaltend, zur Tür. »Es ist der Hund, der sich kratzt!« bemerkte Otto. »Du hast recht – versetzte Adolph – das Tier schnarcht schon wieder laut. Komm, wir wollen uns auf unser Lager setzen und die Lampe auf jenen Block stellen!« Sie taten dies stillschweigend, Otto blätterte in dem Kalender und las eine Heiligen-Legende, die er enthielt, Adolph sah mit unverwandtem Gesicht in den hellen Schein der Lampe hinein. »Es ist doch schauerlich – sprach er nach einem langen Stillschweigen – an einer Stelle zu sitzen, wo der Mord vielleicht mehr, als einmal, an einem harmlosen Schläfer sein fürchterliches Geschäft verrichtete, während unten wahrscheinlich das Messer geschliffen wird, das uns in der nächsten Stunde die eigene Brust durchbohren soll. Ging nicht die Haustür?« »Offenbar – entgegnete Otto, gespannt aufhorchend – auch höre ich ein Geräusch, wie von verhaltnen Fußtritten; die Helfershelfer stellen sich ein!« »Mir lieb – sagte Adolph und sprang rasch auf – ich mag auf nichts warten, und am wenigsten auf den Tod!« »Wir sind unsrer zwei – versetzte Otto – und sie sollen erst die Leiter hinauf. Ich denke, alles geht noch gut. Freilich gegen Schießgewehr – – die Leiter knarrt, sie kommen, auf, ihnen entgegen!«

Mit schnellem Ruck schob Otto den Riegel der Tür zurück und wollte hinaustreten. Der Hund fletschte grimmig die Zähne und trieb ihn wieder hinein. Da ertönte die Stimme des Jägers. »Pfui, Harras! – rief er hämisch – laß die Herren; wenn sie deinen Schutz zurückweisen, so dränge du ihn nicht auf!« Der Hund ließ die Ohren hängen und schlich gehorsam auf die Seite, Adolph ergriff die Lampe und trat an die Leiter. »Noch nicht eingeschlafen?« fragte der Jäger. »Was wollt Ihr noch?« entgegnete Adolph. »Ja, was nur gleich? – versetzte, anscheinend verlegen, der Jäger – irgend etwas wars doch!« »Ihr seid mir verdächtig!« rief Adolph, und sein Gesicht sprühte Flammen. »Dann sind Sie wohl irgendwo Amtmann? – erwiderte der Jäger – die Herren Amtleute können meine Nase nicht ausstehen, sie sagen, sie sei schief; finden Sies auch?« »Kerl!« rief Adolph, trat so weit vor, als er konnte und setzte die Lampe auf den Boden. »Kein Schimpfwort! – versetzte der Jäger heftig – ich glaube es Ihnen auch so, daß Sie von dem Holz sind, aus dem man Geheimräte schnitzt. Aber – fuhr er, den alten Ton wieder annehmend, fort – schieben Sie die Lampe etwas weiter weg, ich habe Husten, und wenn ich die Flamme aushustete, so wäre es so schlimm, als hätte ich sie ausgeblasen. Sie sehen mich, wie es scheint, nicht gern oben? Nun, dann tun Sie mir den Gefallen und füllen Sie mir dies Maß aus der Kiste, die neben dem Schornstein steht, mit Hafer für meinen kranken Gaul. Ei, da haben Sie ja ein Beil? Wenn Sie das in der Tasche als Waffe bei sich führten, so muß sie geräumig sein!« Otto tat an Adolphs Statt, was der Jäger begehrte. Er zog sich hierauf zurück, die Freunde gingen wieder in die Kammer, auch der Hund nahm seinen alten Platz aufs neue ein.

»Eine wunderliche Nacht! – sagte Otto zu Adolph – am Ende ist der Gauner doch allein im Hause, die Spießgesellen sind ausgeblieben, und er leistet, da die Überrumpelung ihm mißlang, auf die Ausführung des Bubenstücks Verzicht.« »Möglich – erwiderte Adolph und sah nach seiner Uhr – aber noch ists früh.« Ein Schuß fiel. Gleich darauf entstand ein sonderbares Geräusch vor dem Dachfenster. »Wer da?« rief Adolph und leuchtete mit der Lampe hin. Er brach in lautes Lachen aus, denn er erblickte das philisterhaft-vernünftige Gesicht eines Katers, der, wahrscheinlich durch den Schuß erschreckt und vom Licht angezogen, emporgekrochen war und ihn anfangs, von dem hellen Schein der ihm so nah gebrachten Lampe geblendet, unter possierlichen Gebärden anstierte, dann davonsprang. Bald hernach hörten sie unten einen schweren Fall, wie von einem lebendigen Körper, den plötzlich ein Messerstich hinwirft. Dröhnende Schritte ließen sich vernehmen, dazwischen die näselnde Stimme des alten Weibes. »Wie stehts?« fragte sie. »Tot!« antwortete der Jäger dumpf und stieß einen Fluch aus. »Jesus Christus!« rief die Alte rauh und gellend. Es wurde wieder still. Die Freunde wußten nicht, was sie aus dem Vorgang machen sollten. Sie setzten sich aufs Bett. Jeder hing seinen Gedanken nach. Endlich verfielen sie, da alles stumm und lautlos blieb, in einen unruhigen Schlummer. In diesem Zustand halben Wachens und halben Träumens kam es Otto zuletzt vor, als ob er die Lampe erlöschen sähe. Hastig fuhr er auf, glaubte sich aber getäuscht zu haben, da er das von der Lampe verbreitete Dämmerlicht noch fortdauern sah. Da bemerkte er mit unaussprechlicher Freude, daß die Morgensonne rot und golden ins Fenster schien, und weckte den finster aussehenden, schlafenden Freund, der, das Beil noch fest umklammernd, auf die Streu zurückgesunken war. »Was gibts?« rief Adolph und sprang auf. »Sieh, sieh!« sagte Otto und führte ihn zum Fenster. »Gelobt sei Gott! – sprach Adolph – ich hatte einen häßlichen Traum. Ich glaubte schon in Italien zu sein und ging durch einen Wald. Da sprang ein Trupp zerlumpter Gesellen aus dichtem Gebüsch hervor und drang unter wildem Geschrei zu Raub und Mord auf mich ein. Ich, in der Todesgefahr, rufe: hackt denn eine Krähe der andern die Augen aus? Ich bin euresgleichen, seht hier den Beweis! Dabei zieh ich den kleinen, biegsamen Dolch, den ich, wie du weißt, auf der Frankfurter Messe von einem jüdischen Trödler gekauft habe. Die Räuber schenken meiner Rede keinen Glauben und lachen mich aus. Nun kommt plötzlich auf stattlichem Roß ein zweiter Reisender daher, und einer aus dem Trupp tritt vor mich hin und spricht: du bist, was wir sind? Gut, wir nehmen dich unter uns auf, nun geh und mach an jenem dort dein Probestück! In dem Augenblicke wecktest du mich, und jetzt erinnere ich mich, daß dies die alberne Geschichte ist, die mein verstorbener Oheim sooft, als ihm begegnet, erzählte, und die ich ihm niemals glaubte, weil die Frage nach dem Ausgang des verwickelten Handels ihn immer in Verwirrung brachte.«

»Wir wollen diese Nacht und ihre Träume vergessen – sagte Otto – und uns dem vollen, frischen Gefühl des Lebens hingeben, ohne Maß, wie einem Rausch! Zum ersten Mal dürfen wir es als ein, wenn nicht erworbenes, so doch durch Wachsamkeit und Vorsorge erhaltenes kostbares Gut betrachten, nicht mehr als bloßes Geschenk!« Adolph drückte ihm warm und kräftig die Hand. Jetzt erscholl die Stimme der Alten, die mit Andacht ihr Morgenlied absang. Deutlich vernahm man die fromme Gellertsche Strophe:

Wach auf, mein Herz, und singe
Dem Schöpfer aller Dinge,
Dem Geber aller Güter,
Dem treuen Menschenhüter!

Unwillkürlich stimmten die Freunde mit ein und stiegen die Leiter hinunter. Am Fuß derselben trat ihnen, freundlich grüßend, der Jäger entgegen. Sein Gesicht kam ihnen bei weitem nicht mehr so unangenehm vor, wie am Abend vorher und in der Nacht. Sie waren schon geneigt, ihm in ihrem Herzen Abbitte zu tun, da bemerkten sie aufs neue jenen boshaften Zug um den Mund und jenes verdächtige Lächeln, und der Mensch wurde ihnen widerlicher, wie je. Er entschuldigte sich, daß er sie noch spät habe stören müssen. »Freilich – setzte er hinzu – konnte ich nicht wissen, daß Sie mit offenen Augen schliefen, wie die Hasen, und mich, so leise ich auftrat, hören würden.« Dann führte er sie in das Wohnzimmer, wo die Alte bereits mit Bereitung eines Kaffees beschäftigt war, dessen aromatischer Duft ihnen kräftig und stärkend entgegendrang. Schweigend, wie sie es der Klugheit gemäß erachten mußten, genossen sie diesen. Hierauf erkundigten sie sich bei dem Jäger, der seinen Hund wusch und kämmte, nach ihrer Schuldigkeit. Lakonisch, und ohne aufzusehen, versetzte er, er habe sich schon bezahlt gemacht. »Fehlt dir etwas von deinen Sachen?« fragte Adolph, der sich nicht länger halten konnte, seinen Freund mit Spott. Als Otto dies verneinte, sagte er zu dem Jäger: »Auch ich habe das Meinige beisammen, darum nennt die Zeche!« »Meine Herren! – rief der Jäger und leerte, an den Tisch tretend, ein Glas Bier – ich will nicht länger Versteckens mit Ihnen spielen. Sie lagen die Nacht hindurch auf der Folter, und die Folter hat man umsonst!« »Eine Aufrichtigkeit sondergleichen!« versetzte Adolph und sah Otto an. »Nicht wahr – fuhr der Jäger fort – ich irrte mich nicht? Ich bin in Ihren Augen, was der Blutmann in den Augen der Kinder ist?« »Ganz recht, mein Freund – sagte Adolph und klopfte ihm mit unterdrücktem Grimm auf die Schulter – Ihr seid der rechte Sohn Eures Vaters!« »Das verstehe ich nicht – entgegnete der Jäger und erglühte über und über – aber, dies versprech ich mir, nicht ohne Schamröte sollen Sie mein schlechtes Haus verlassen. Sehen Sie die alte Frau dort, die Ihnen gestern abend Brot und Bier brachte und heut morgen den Kaffee? Es ist meine Mutter! Sie hat keine Zähne mehr; auch von den Ihrigen werden Sie zweiunddreißig vermissen, wenn Sie einmal siebzig Jahre zählen. Sie ist einäugig, aber nur, weil die Hand eines bösen Buben ihr das linke Auge ausschlug, als sie in ihrer einsamen Hütte überfallen wurde und ihres Mannes sauer verdienten Sparpfennig nicht gutwillig hergeben wollte. Und nun hören Sie. Ich stand gestern abend schon hinter Ihnen, als Sie, ins Fenster schauend, meine arme Wohnung betrachteten, und wollte Sie eben, zuvorkommend, wie es sich geziemt, zum gastlichen Eintritt einladen, da begannen Sie Ihre schnöden Bemerkungen über meine Mutter, die mich umso mehr verdrossen, je besser ich es mit Ihnen im Sinne gehabt hatte. Hitzig, wie ich bin, hätte ich auf der Stelle, verzeihen Sie, daß ich es sage, mit meinem derben Eichenstock dreinschlagen mögen, aber ich ließ den bereits erhobenen Arm wieder sinken, denn mir kam der Gedanke einer gründlicheren Rache, ich nahm mir vor, Sie zur Strafe für Ihren ungerechten Verdacht in der Phantasie alles Schreckliche durchempfinden zu lassen, das Sie in Wirklichkeit bei mir getroffen hätten, wenn ich gewesen wäre, wofür Sie mich halten zu dürfen glaubten. So trat ich denn mit meiner Einladung zu Ihnen heran, suchte Sie aber, sobald ich Sie im Bereich meiner vier Pfähle sah, durch Zweideutigkeiten aller Art zu den schlimmsten Vermutungen aufzuregen, und konnte dies umso eher die halbe Nacht hindurch fortsetzen, als mich ohnehin die Pflege meines kranken Gauls, der leider um ein Uhr tot umfiel, nicht ans Bett denken ließ.« »Also war es – unterbrach Otto den Jäger – der Tod des Gauls, den Ihr Eurer Mutter auf ihre Frage, wie's stünde, verkündete?« »Auch das haben Sie gehört? – versetzte jener – Nun, der Zufall hat mir besser gedient, als ich ahnen konnte!

Wahrlich, daran dachte ich nicht, aller Mutwille verging mir, als ich das schöne treue Tier, das ich erst vor wenigen Wochen um teuren Preis erstand, zusammenbrechen und die vier Füße von sich strekken sah, ich schüttete den Hafer über den toten Körper aus und warf das Maß an die Wand, daß es zerbrach!« »Seid Ihr – fragte Adolph – nicht der Sohn des –?« Er nannte den Namen des schon erwähnten berüchtigten Mörders, den er mit eigenen Augen hatte köpfen sehen. »Heiliger Gott, nein – erwiderte der Jäger entsetzt – wie kommen Sie zu einer solchen Frage?« »Ein alter Kalender – warf Otto ein – den wir oben fanden, veranlaßte diesen Irrtum, der uns in der Nacht mit Grauen erfüllte und ohne den Euer Plan gewiß nicht so gut geglückt wäre.« »Was in der Kammer alles liegen mag – versetzte der Jäger – weiß ich nicht, ich habe mich noch nicht darum kümmern können, denn ich bin erst seit kurzem im hiesigen Revier angestellt und habe bis auf weiteres in dieser Mordhöhle, die nächstens eingerissen, und an deren Stelle ein ordentliches Haus aufgeführt werden soll, Quartier nehmen müssen.« »Ihr seid ein braver Mann – rief Adolph aus und legte seine Börse auf den Tisch – nehmt das als Beisteuer zu einem neuen Gaul!« Otto wollte in studentischer Unbekümmertheit um den nächsten Tag dasselbe tun, doch der Jäger schob das Geld zurück und sagte: »Ich nehme keinen Pfennig, es ist genug, wenn wir uns gegenseitig vergeben!«

Wie Joggeli eine Frau sucht

Ein ländliches Bild

Im Bernbiet, aber ich sage nicht wo, liegt ein Bauernhof an sonnigem Rain. Birn- und Apfelbäume, mächtig wie Eichen, umkränzen ihn, Alleen von Kirschbäumen laufen von ihm aus nach allen Seiten, und fast so weit am Hügel das Auge reicht, breitet sich um denselben aus ein wunderschöner grüner Teppich, kostbarer als ihn ein König hat: hunderttausendpfündige Matten.

Unterm breiten Dache sprudelt ein prächtiger Brunnen, vor den blanken Fenstern stehn einige Blumenstöcke, und ums ganze Haus herum ist es lauter Sonntag, das heißt aufgeräumt und sauber; kein Strohhalm liegt herum, kein Spänchen ist zu sehen. Auf schöner grüner Bank sitzt ein schöner brauner Bursche, schaut nachdenklich hinauf in die dunklen Wälder, die am jenseitigen Hügel liegen, und langsam, schwermütig steigt zuweilen ein Tabakswölkchen aus seiner fast erlöschenden Pfeife.

Es ist Joggeli, der reiche, ledige Besitzer des schönen Hofes. Seine Mutter ist ihm jüngst gestorben, die so trefflich ihm die Wirtschaft geführt, ihm so lieb gewesen war, daß er gar nicht heiraten wollte, obgleich ihm die Mutter alle Tage zusprach, eine Frau zu nehmen. Rechte Mütter haben nicht gerne ledige Kinder, denken sich die Söhne nicht gerne als alte Sünder.

Jetzt führten ihm die Mägde die Haushaltung und schlecht genug. Seit seine Mutter gestorben war, legten seine Hühner nicht mehr, wenigstens bekam er wenig Eier zu Gesicht, die Kühe gaben schlechtere Milch, er konnte immer weniger Butter verkaufen, und die Schweine sahen ihn aus ihrem Troge hervor mit verweinten Augen an, klagend über schlechtes Fressen, und doch hatte er nie so oft Korn für sie fassen müssen. Noch nie war so wenig gemacht, gesponnen worden, er brauchte immer mehr Tagelöhner, und doch hatten die Mägde nie noch über so viele Arbeit sich beklagt

und nie so wenig Zeit gehabt, das zu tun, was er befahl. Die Ermah-
nungen der guten Mutter stiegen ihm immer mehr auf, er dachte
immer ernstlicher ans Weiben, und je mehr er daran dachte, desto
mehr grausete es ihm davor.

Joggeli war nicht etwa so ein Haushöck, der nie von Hause weg-
kam, die Mädchen nie anreden, höchstens ansehen durfte, sie nur
vom Hörensagen kannte. Er war ein lustiger Bursche, in der weiten
Umgegend kannte er alle Dirnen, und wenn irgendwo ein hübsches
reiches Mädchen unterwiesen wurde, so war er meist der erste unter dessen Fenster. Aber Fenstern ist noch nicht Heiraten, und das
war, was ihm Kummer machte und eben deswegen, wie er meinte,
weil er die Mädchen nur zu gut kannte. Es sei nicht alles Gold, was
glänze, und die Mädchen zeigen den Burschen gewöhnlich nur das
Glänzende, pflegte er zu sagen, und das zu sehen, was nicht glänze,
werde meist erst dem Ehemann zuteil. Dieses zu beweisen, wußte
er Beispiele von Exempeln anzuführen, daß einem fast schwarz vor
den Augen wurde. Er wüßte wohl, sagte er, zu einer reichen und
hübschen Frau zu kommen, aber er wolle auch eine freine (gutmü-
tige), fromme, fleißige; denn was hülfen ihm Schönheit und Geld,
wenn Zanksucht dabei sei und Kupsucht (Schmollsucht), und wie
die Suchten alle heißen mögen? Ein zanksüchtiges Mädchen gebe
eine alte Hexe, sagte er, einem kupsüchtigen saure alle Milch im
Keller, und es kriege zuletzt ein Gesicht, gegen welches ein altes
Judenkrös ein Prachtstück sei. Von einem geizigen Mädchen wolle
er dann gar nicht reden, das werde ja zuletzt ein Geschöpf, gegen
das der alte Drache auf der Gysnafluh ein purer Engel sei. Nun sei
aber das das Verflümeretste, daß man nie recht wissen könne, ob
man eine Hexe, ein alt Judenkrös oder den alten Drachen selbst ins
Haus kriege; denn alle diese Greuel seien meist schon im Mädchen
eingepuppt, hinter glatter Mädchenhaut verborgen, und gar oft
mache das Mädchen vor dem Hause und hinter dem Hause und
besonders im Wirtshause das zärtlichste Gesicht, dem im Hause der
Drache fußlang aus den Augen sehe und seine Krallen schon im
Ankenhafen und in der Tischdrucke habe. Sobald ein Mannsgesicht
über die Küchentüre hineinsehe, fahre der Drache in seine Höhle,
und während das Mädchen holdselig lächle, wetze derselbe seine
Krallen und denke: »Warte nur, bis ich dich habe, dann will ich

dich!« Auf das Berichten von anderen Leuten könne man sich auch nicht verlassen, am allerwenigsten einer, der heiraten wolle. Von allen Seiten werde der angelogen. Man bezahle Leute, welche das Mädchen bis in den Himmel erheben sollen, und bezahle wiederum Leute, die es auszumachen hätten, als ob es in keinen Schuh gut wäre und man mit ihm ein Bschüttiloch vergiften könne. Da möchte er doch wissen, wer so eine feine Nase hätte, daß er immer richtig unterscheiden könne, ob die Leute bezahlt seien, um zu schelten, oder bezahlt, zu loben, oder gar nicht bezahlt. Nun möchte er wohl eine Frau, allein so hineintrappen und einen Schuh voll herausnehmen, das doch auch nicht. Wie das aber zu vermeiden sei, es auszusinnen, habe ihn schon oft fast wirbelsinnig gemacht.

Wenn Joggeli, der doch zu Kilt gehen und aus Pflanzplätzen und allerlei sonst immerhin in etwas auf die Tüchtigkeit eines Mädchens schließen konnte, in solcher Verlegenheit war, in welcher muß da nicht ein Stadtherr sein, der die Stadtmädchen nur an Bällen, in Soireen, in der Komödie oder in einem Konzerte sieht, der, er mag es machen, wie er will, nur ihre Sonntagsgesichter erblickt, keine Arbeit von ihnen zu Gesicht bekommt, ja selten mehr ihre Hände ohne Handschuhe!

Guter Rat ist meist sehr teuer, indessen kömmt er auch über Nacht umsonst. Eines Morgens zwischen Heuet und Ernte, wo die Bauerntöchter meist zu Hause waren, einige am Strümpfeplätzen sich versuchten, andere dem Weber spulten, die dritten im Garten grupeten (kauerten) oder ums Haus herum fiselten, sagte er seinen Leuten, er wolle ins Luzernerbiet um ein Roß aus. Dort seien weniger Tage im Jahr als hier, jeder Tag wenigstens zwei Stunden kürzer, daher werde weniger Geld verdient, daher alle Sachen dort wohlfeiler als bei uns, und wenn er schon acht Tage lang nicht wiederkomme, so sollten sie nicht Angst haben um ihn.

Joggeli ging fort, doch sah man zur selben Zeit im Luzernerbiet keinen Joggeli, der nach Rossen gefragt hätte. Aber zur selben Zeit sah man durch das Bernbiet einen Kesselflicker ziehen, den man vorher und nachher nie wahrgenommen hat, und von dem man noch immer reden hört, obgleich seither wenigstens fünfzig Jahre verflossen sind. Es war ein langer Bursche mit rußigem Gesicht, der das Handwerk noch nicht lange getrieben haben konnte, denn er war gar langsam dabei und ungeschickt dazu, und wenn ein nur leicht verwickelter Fall vorkam, so wußte er sich nicht zu helfen. Am meisten fiel bei ihm auf, daß er keine Regel hatte in seinen Forderungen und keine Ordnung im Arbeitsuchen. Er übersprang ganze Reihen Häuser, fragte bei keinem einzigen nach verlöcherten Pfannen oder zerbrochenen Kacheln (Schüsseln), er strich, ohne stillzustehen, durch ganze Dörfer. Wiederum konnte er vor einem Hause, einem Hofe einen ganzen Tag leiern, ohne daß man eigentlich wußte, was er tat. Er stotzte (ging müßig) in der Küche herum, schnausete alles aus (durchstöberte alles), war jedermann im Wege und ging am Ende abends nicht einmal fort, sondern forderte noch ein Nachtlager. Er hatte alle Augenblicke etwas nötig, strich, um es zu fordern, den Töchtern des Hauses oder den Mägden nach, suchte mit ihnen zu wortwechseln, sie zu versäumen, und wo er über Nacht blieb, da erlaubte er sich gar unziemliche Dinge und trieb es so weit, daß man fast glauben mußte, er versuche, wieviel es erleiden möge, ehe man Schläge kriege. Auch ließ er schon geheftete Kacheln aus der Hand fallen, daß sie in tausend Stücke sprangen, forderte unverschämten Lohn, banzte (zankte) über die Menge der gemachten Arbeit, kurz, er war der widerwärtigste Bengel, der je das Land durchstrichen hatte.

Deswegen auch wurde er von manchem Hause weggejagt mit Fluchen und Schelten. Ertaubete (erzürnte) Bauern hetzten ihm die Hunde nach und drohten mit Steinen und Stecken; erboste Bauerntöchter warfen ihm Kachelstücke nach, gaben ihm Titel, mit denen man einen Hund hätte räudig machen können, und schnitten ihm Gesichter, neben welchen der geschundene Kopf einer Kröte ein anmutig Luegen war. Zu diesem allem lachte der Kerli nur, gab spöttische Antworten, nannte die Bauern Muttestüpfer, die Töchter Zyberligränne, und wenn man ihm den geforderten Lohn nicht geben wollte, so sagte er wohl, er begehre gar nichts, einem solchen Lumpenbürli, der seiner Tochter nur kudrige Strumpfbändel vermöge und knöpfig Haarschnüre, sei er noch imstande, ein paar Kreuzer zu schenken. Man kann denken, was ihm dann alles nachfuhr auf solche Reden hin, aber als ob er das geradeso wollte, ging er lachend von dannen. Hätte der Kesselflikker in dieser Zeit gelebt, und hätte er auch schreiben gekonnt, so

würde er wahrscheinlich die Welt mit Reisebildern oder Wander-
fahrten beschenkt haben.

So hatte er am dritten Tag seiner Wanderung ein großes Haus, das
am Ende eines Dorfes lag, erreicht in vollem Laufe. Eine schwarze
Wolke schwebte am Horizont und sandte flimmernden Regen
herab in reichem Gusse. Kaum hatte er sich geschüttelt unter brei-
tem Dache und seine leichte Boutique abgestellt, so kamen durch
das Gras unter den Bäumen her andere Gestalten hergerannt mit
Hauen auf den Schultern, Fürtücher die Mädchen über die Köpfe,
die Schuhe in den Händen die Bursche, alles dem breiten Dache zu:
es war das Gesinde, welches zum Hause gehörte und Erdäpfel ge-
hacket hatte. Hinter ihnen drein sprang etwas unbehülflich eine
zimperliche Gestalt, besser angezogen als die andern, aber eben
nicht zu solchem Wettlauf eingerichtet. Als sie ankam, schäkerten
bereits Mägde und Knechte miteinander, und ein dralles Mädchen
schlug Sami, dem Melker, das nasse Fürtuch um den Kopf. Da zog
Rösi, das zuletzt angelangte Mädchen, die Tochter des Hauses, ein
gar schiefes Gesicht, warf Stüdi, dem drallen Mädchen, seine Haue
und sein Fürtuch zu, hieß ihm beides abseits tun und tat selbst zimperlich unter den andern und trippelte mit allerlei Gebärden um die
Knechte herum und übte den eigenen Augenaufschlag und das
Blinzen durch die Augenecken, welche beide zu Stadt und Land
wohl bekannt sind. Endlich kam die Mutter unter die Türe, eine
lange, hagere Frau mit spitzer Nase, und hieß die Tochter, statt da
außen zu galpen (schäkern), sich trocken anzuziehen; sie wisse ja
wohl, wie sie eine Leide (Schwächliche) sei, nichts erleiden möge
und gleich auf dem Schragen liege.

Bei dieser Frau meldete sich auch der Bursche um Arbeit. Er erhielt
zur Antwort, daß er warten müsse bis nach dem Essen, man hätte
jetzt nicht Zeit, ihm die Sachen zusammenzusuchen. Bescheident-
lich fragte er, ob er nicht mitessen könne, er wolle sich gern vom
Lohne abziehen lassen dafür. Man wolle ihm etwas füruse geben,
hieß es. Er setzte sich vor die Küchentüre, aber lange ging es, bis das
Essen aufgetragen wurde, und noch länger, bis er etwas kriegte.
Bald fehlte eine Kachle, bald eine Kelle beim Anrichten; bald schrie
die Frau: »Stüdi, weißt du, wo der Waschlumpen ist?« und bald:
»Rösi, wo hast du den Schiggoree?« Und als sie schon alle bei Ti-

sche saßen, schoß bald eins in die Küche, bald eins in den Keller, denn bald fehlte Milch auf dem Tisch, dann war kein Brot vorhanden. Endlich brachte man auch ihm etwas heraus, das eine Suppe sein sollte, aber aussah wie schmutziges Wasser, in dem ein Mehlsack ausgeschwenkt worden, ein aschgraues Gemüse, welches ehemals Schnitze gewesen, in himmelblauer Brühe schwimmend, und dazu ein Stücklein Brot, das von einem alten Wollhut, der lange in einem Krüschkasten (Kleiekasten) gelegen, abgeschnitten schien. Er merkte sich das Essen wohl, aber aß es nicht, sah dagegen, wie Rösi, als nur noch die Mutter in der Küche war, für sich köcherlete und endlich ein verstrupftes Eiertätschchen (Eierkuchen) zum Vorschein brachte und ins hintere Stübchen spedierte, wie es sich darauf eine Zeitlang im Keller aufhielt und mit einem verdächtigen Weingeruch heraufkam. Als alle wieder in die nassen Erdäpfel gegangen, sogar die Mutter, der Vater aber, ein ehrlicher Schlirpi, irgendwo auf dem Ohr lag, sah er, wie Rösi, wahrscheinlich mit einem Restchen des Eiertätsches, in den Futtergang ging, wo der Melker Futter rüstete für die Rosse. Als diese Promenade zu Ende war, setzte sich Rösi zu ihm auf die Bank, bohrte an einer Lismete mit ungewaschenen Fingern und frägelte ihn allerlei aus, tat wie ein Meisterlos und hörte ohne Zucken alle Dinge, sie mochten sein, wie sie wollten, die der Kesselflicker zu sagen beliebte.

Und dieses Rösi war das gleiche Mädchen, das so nett und aufgeputzt an Märkten und Musterungen erschien, so sittsam tat, so mäßig sich betrug, vor einem Schluck Wein sich schüttelte und vor jedem Blick eines Burschen sich verbergen zu wollen schien. Mit Gewalt mußte man es zum Tanzen zwingen, mit Gewalt zum Essen, mit Gewalt zum Reden, aber es hieß, daheim sei es gar werksam, gehe immer mit dem Volk aufs Feld und sei ohne allen Stolz und Hochmut.

Aber je mehr er Rösi ansah, desto mehr mißfiel es ihm und alles um ihns herum. Nicht nur die Finger waren schmutzig, sondern alles an ihm: ums Haus herum war es unaufgeräumt, in der Küche keine Ordnung, zu allen Kacheln, welche er heften sollte, fehlten Stücke. Es saß da bei ihm, sich offenbar gehen lassend, weil es ihn ohne Bedeutung meinte, und da war von Sittsamkeit nichts zu sehen, es hatte ein beflecktes Inneres, Lust an wüsten Dingen und stellte sich recht eigentlich dar als ein gemeines Ding, das nicht gerne arbeitete, das daheim sich alles erlaubt glaubte, wenn es nur im Wirtshause und auf der Straße sich anständig gebärdete. Es klagte nebenbei so recht zimperlich über das Arbeiten, und wie ihm das erleidet sei, es Kopfweh und Krämpfe mache und ein schönes Buch ihm das Liebste sei. Dazu schien es noch bösartig, stüpfte die Katze, neckte den Hund und jagte die Tauben unter dem Dache weg. Es hätte in diesem lüsternen, lässigen, langweiligen Ding niemand das schmucke, stille, ehrbare Mädchen erkannt, dem man recht gerne nachsah beim Tanze oder stillestund, wenn man es bei einem Krämer seine Einkäufe machen sah. Duldsam, solange sie alleine waren, fing es, sobald am Abend das Haus sich wieder füllte, mit dem Kesselflicker zu zanken an, gab ihm schnöde Worte und führte alle seine Arbeit aus. Da begann auch der Kesselflicker sein Spiel, höhnte das Töchterchen, hielt ihm den Melker vor, den Eiertätsch, sein sauberes Lismen, wo immer ein Lätsch (Masche) auf der Nadel sei und einer unter derselben, bis das Feuer ins Dach stieg, das Mädchen heulend Vater und Mutter klagte, der Vater fluchte, die Mutter schimpfte, der Ringgi bellte, die Katze miaute, alles lärmte, was da lärmen konnte – da zog der Kesselflicker lachend fürbaß.

Am Abend eines anderen Tages schleppte er seine Bürde müde einem großen Hause zu, das in der Nebengasse eines Dorfes stund. Das Dach des Hauses war schlecht, der Misthaufe aber groß, viel Holz lag darum herum, aber nicht geordnet, ein Schweinestall stieß daran, einige Fürtücher und Hemden hingen am Gartenzaune, schwarz und rauchicht war es um die Haustüre, voll Löcher der aus Lehm gestampfte Schopf (Schuppen). Eine fluchende Stimme drang aus der Küche und donnerte mit einem unsichtbaren Jemand, der wahrscheinlich etwas zerbrochen hatte, und ihr nach kam ein stämmiges Mädchen mit rot angelaufenem Gesicht, ungekämmt seit vergangenem Michelstag, zwei Säumelchtern in den Armen, in denen Adern schwollen wie kreuzerige Seile, und auf Füßen, die letzten Samstag gewaschen worden, seither zweimal den Schweinen gemistet hatten und so breit waren, daß man die verhudelten Schuhe an denselben bequem als Kuchenschüsseln hätte gebrauchen können. Dieses Mädchen war in vollem Zorn, traf die Schweine beim Ausputzen ihres Troges mit dem mutzen Besen auf

ihre Rüssel, daß sie krachten, fluchte mit ihnen, wie kein Kälber-
händler es ärger hätte tun können, und schlug ihnen das Fressen in
den Trog, daß es weit umherspritzte. Darauf die Hände nur not-
dürftig im Brunnentroge schwenkend, rief es zum Essen, und hervor kamen allerlei Gestalten, die wenigsten ihre Hände waschend,
wie es doch bei jedem ehrbaren Bauernhause Sitte ist, und die es
taten, taten es, als schonten sie dem, was sie aus den Ställen an den
Händen mitgebracht. Es war ein wüstes, unordentliches Essen, an
welchem der Keßler teilnehmen konnte unter dem Beding, umsonst zu heften, was er, während die andern rüsteten, zu helfen imstande sei. Rohe Späße, Zoten wurden alsbald flüssig; man schien
damit das schlechte Essen würzen zu wollen. Marei, die Tochter,
nahm herzhaft teil daran ohne irgend die geringste Scham, hatte
aber nebenbei immer noch Zeit, Vater und Mutter zu widerreden,
dem erstern zu sagen, wann er zum letzten Male voll heimgekommen sei, und der letztern vorzuhalten, sie hätte in den letzten drei
Wochen nicht zwei Strangen Garn gesponnen, dann auch die
Mägde zu schelten und den Knechten wüst zu sagen, wenn sie an
den zu beschneidenden Rüben die Rinde zu dick machten. Freilich
mußte sie sich auch gefallen lassen, derbe Antworten zu hören und
besonders von den Knechten Worte anzunehmen, wie doch sonst
kein ehrbares Mädchen sich sagen läßt von Knechten; aber wie man
tut, so hat mans auch.
Sein Lager war ihm im Stall angewiesen. Der war schmutzig wie
die Kühe darin, die Läger zu kurz und er in beständiger Gefahr, von
einer Kuh mit ihrem Heimeligsten begossen zu werden. Im Hause
war noch lange Lärm, es schien ihm auch nachts keine Ordnung da
zu sein und alle zu machen, was jedem beliebe. Er war aber zu
müde, zu gwundern. Am Morgen ward frühe Appell geschlagen,
niemanden mehr Ruhe gegönnt, es drehte das Volk vor fünfe sich
ums Haus herum, aber niemand tat doch eigentlich was Rechtes.
Man mußte halt aufsein, damit es heiße, in dem und dem Hause
gehe der Tanz schon vor fünfe los, und das Marei sei immer die
erste und die letzte. Aber vor halb achte konnte man doch nicht
Morgen essen und zwar eine Suppe ohne Schmalz und ohne Brot
und Kraut, so lang, so hart, so trocken, daß man sich lange besinnen
mußte ob das, was man hinunterschlucke, Geißelstecken seien oder

wirkliche Krautstengel, und dazu machte die Marei Augen, mit denen man einen Hasenpfeffer hätte anmachen können.

Dem Keßler erleidete es bald da, am Kraut hatte er sich satt gegessen und an der Tochter, diesem unsauberen Werktier, satt gesehen. Daher, als sie ihm eine Milchkachle zum Heften brachte, sagte er ihr, dies werde sie doch nicht wollen heften lassen, sie säuerle ja wie eine Sauerkrautstande, in welcher dreijähriges Sauerkraut gewesen sei; wenn sie ihr Milchgeschirr nicht sauberer halte, so werde sie die Milch nicht lange gut haben und nicht viel süßen Anken machen. Potz Wetter, da gings los, die Kachelstücke flogen ihm ins Gesicht, und als die verschossen waren, riß sie ihre Schuhe von den Füßen, schlug auf ihn los wie der Drescher auf das Korn in der Tenne, und er hatte noch nie so Eile gehabt, sich wegzumachen, wenn er nicht geprügelt sein oder allen Ernstes sich wehren wollte.

Da könne auch einer einen Schuh voll herausnehmen, dachte der Bursche bei sich, als er das Haus im Rücken hatte. Das erstere Mädchen sei berühmt als gar sittsam, manierlich, das jedem Haus wohl anstehen würde, dieses aber als eine rechte Werkader, als eine angehende Bäuerin, wie es zu Berg und Tal keine geben werde, hätte die schönsten Schweine, wisse mit den Schweinehändlern am besten zu märten (handeln), dürfe alles selbst anrühren, und der sei ein Glücklicher, der es erhaschen könne. Nun habe er beide gesehen, und es schaudere ihn, wenn er eins oder das andere haben müßte, und wenn er nur ein Kesselflicker wäre. Und es sei doch gut, dachte er, daß so ein Kesselflicker überall hingucken könne, wo sonst niemand hinsehe, und daß man sich nicht vor ihm in acht nehme und das Sonntagsgesicht vornehme, wenn so einer im Hause sei, wie man es zu tun pflege, wenn Dorf (Besuch) komme, oder wenn man ins Dorf gehe. Gar auf Märkten und an Musterungen sei lauter Lug und Trug, nicht nur auf dem Kuhmärit, sondern auch in Gast- und Tanzstuben, und die da am meisten aufgezäumt erscheine und geschlecket bis z'hinderst, die sei zu Hause nicht selten die wüsteste Kosle, die es geben könne, und komme daher, daß man nicht wisse, was hinten, was vornen sein solle. Wer Marei und Rösi auf einem Märit gesehen, der hätte geglaubt, sie stünden jedem Bauernhause wohl an; wer sie aber zu Hause sah, der müsse sagen, daß sie zu einem Bauernhof paßten wie Haare in die Suppe, wie Wanzen in ein

Bett, wie Essig zu einer gestoßenen Nidel (Rahm). »Ja«, dachte er bei sich selbst, »wahr ist wahr, und mit den Mädchen ist es, nicht zusammengezählt und Euer Ehren vorbehalten, wie mit den Kühen: was man auf dem Markt kauft, ist gewöhnlich daheim nur halb soviel wert, mit dem Unterschied, daß man von den einen wieder loskommen kann, wenn man Reukauf zahlt, von den andern dann meist weder Geld noch Seufzer einem helfen.«

Er war recht schwermütig geworden, und alle Arbeit war ihm verleidet. Er setzte sich in ein Wirtshaus und tagdiebte da, spielte den Hudel, tat, als ob er kein Geld hätte, wollte seinen Keßlerkram verkaufen, fand aber keinen Käufer. Die Wirtstochter fesselte ihn auch nicht. Ihre Pantöffelchen gefielen ihm nicht, sie steckte ihm ihren Daumen zu tief ins Kraut, welches sie ihm auftrug, machte ihm ein gar zu mißvergnügt Gesicht, wenn sie einmal aufstehen mußte, und gnepfte (ging schwerfällig) manchmal so bedenklich durch die Stube, als ob sie an jedem Fuße fünf Hühneraugen hätte.

Zeitlich ging er zu Bette, brach früh auf, da eben die Sonne so klar und frisch zu scheinen begann. Da ward ihm wieder froh und leicht im Gemüte, und er beschloß, weiterzuwandern mit seinem Keßlerkram, den ihm niemand hatte abkaufen wollen.

Einem Fußwege nach zog er einem schönen Bauernhofe zu; lustig umflatterten ihn früh erwachte Vögelein, abgefallene, unreife Kirschen knitterten unter seinen Füßen, Spatzen jagten sich auf den hohen Bohnenstecken, zwei Bursche graseten, und zutrauliche Hühner pickten hinter ihnen auf den frisch gemähten Flecken die Würmer auf. Blank war das Haus, hell glitzerten die Fenster, ein freundlicher Garten lag vor demselben, und wohlbesorgte Blumen spendeten freigebig ihre reichen Düfte. Ein schlankes, großes Mädchen mit reinem Haar, reinem Hemd und Händen saß auf der Türschwelle, schnitt Brot ein und hatte ein lustig prasselnd Feuer in der Küche, doch nicht das halbe Feuer draußen auf der Feuerplatte, sondern alles drinnen im Loch, wie es sich gehört. Rauh und trotzig frug er nach Arbeit. Wo Weibervolk sei, da sei immer etwas zu heften oder plätzen, fügte er bei. Das Mädchen antwortete, wenn er warten wolle bis es angerichtet, so habe es ihm Arbeit genug. Da müßte er wohl viel Zeit versäumen, antwortete er, wenn er jedem Ziehfecken abwarten wolle bis es ihm sich schicke. Das sei doch keine Manier, sagte das Mädchen, gleich so aufzubegehren, und wolle er nicht warten, so könne er gehen. Wolle er aber Verstand brauchen, so könne er seinethalben mit ihnen zMorgen essen, während der Zeit wolle es ihm Arbeit rüsten. Der Keßler blieb nicht ungern da, das Ganze hatte so eine Art, daß es ihn heimelete. Er zog daher seine Pfeifen in etwas ein, stellte seine Drucke (Schachtel) ab und setzte sich zu dem Volk an den Tisch. Es hatte alles ein reinlich Ansehen, und das Volk tat manierlich, betete mit Andacht, und aus dem ganzen Benehmen sah man, daß da Gott und Meisterleute geehrt würden. Die Suppe war eben nicht überflüssig dick aber gut, der Brei bränntete nicht, die Milch war nur leichtlich abgeblasen, das Brot nicht ohne Roggen aber küstig und nicht hundertjährig.

Er saß noch nicht lange am Tische, so ließ er ein mächtiges halbes Brot in eine Milchkachel fallen, daß die Kachel in Scherben ging und rings am Tische alles mit Milch überspritzt wurde. Hie und da hörte man ein Kraftwort, aber halb verdrückt; eine vorlaute Magd hieß ihn der ungattlichst Hung, den sie noch gesehen. Anne Mareili aber, die Tochter, verzog keine Miene, hieß jene Magd mit ihr in den Keller kommen, und bald stund andere Milch und anderes Brot auf dem Tisch. Statt sich zu entschuldigen, stichelte der Keßler, im Länderbiet esse man weißeres Brot, dort würde solches nicht einmal von drGottswillen Leuten gegessen. Niemand antwortete ihm darauf.

Er pflanzte sich mit seiner Arbeit neben der Küchentür auf, von welchem Standpunkt aus er die Arbeit in Küche und Garten beobachten konnte. Er sah, wie Anne Mareili das Großmüetti – die Mutter war gestorben – an die Sonne führte, ihm mit aller Sorgfalt ein Kissen auf der Bank zweglegte und nie unwillig wurde, wenn das Großmüetti käräte (murrte), bald hie aus, bald da aus wollte und beständig das Großtöchterchen an Sachen mahnte, die längst abgetan waren, nach Art aller Großmüetteni, die meinen, an Dinge, welche sie ehemals abgetan, jetzt aber nicht mehr vollbringen können, denke kein Mensch mehr, sie blieben ungemacht, wenn sie nicht daran erinnerten. Er sah, wie der Ätti fortwollte, seine Strümpfe suchte, sie nirgends fand und nun seine Tochter ausschimpfte, die sie ihm verlegt haben sollte. Ohne viel dagegen zu haben, half sie ihm geduldig dieselben suchen und fand sie endlich versteckt hinter der Kutte, welche der Vater anzog, wenn er bei strubem Wetter wässern wollte. Dorthin hatte der Alte sie selbst versteckt am vergangenen Tanzsonntage, damit sein Sohn sie ihm nicht wegstipitze, um auf dem Tanzboden damit zu glänzen. Das Mädchen gab sie dem Ätti ohne irgendeine Bemerkung, begleitete ihn freundlich einige Schritte weit und bat ihn, er solle doch ja nicht zu streng laufen und sich doch ordentlich Essen und Trinken gönnen, es wolle ihm schon mit etwas Warmem warten bis er heimkomme. Er hörte, wie es Bettelkindern Bescheid gab, die einen teilnehmend nach einem kranken Vater, einer kranken Mutter fragte und etwas Passendes ihnen gab, wie es andere zurechtwies, zur Arbeit sie mahnte, Arbeit ihnen anbot und sie dann sehr ernst abwies, wenn sie schnöden Bescheid gaben und die Arbeit von der Hand wiesen. Er hörte, wie es den Diensten Bescheid gab, kurz und deutlich jedem antwortete oder Arbeit anwies, daß man sah, es wußte allenthalben in Feld und Haus, was getan, was noch zu tun war. Bei dem allem saß es nicht auf einem Throne oder einem Ruhbett, streckte die Füße lang von sich weg und hatte im Schoße die Hände, sondern es war nie müßig, rüstete das Essen für eine ganze Menge Volk alleine, erlas das Kraut beim Brunnen mit einer Sorgfalt, daß man ihm wohl ansah, es sei ihm nicht gleichgültig, ob in demselben Schnecken blieben oder nicht. Aber es ging ihm alles von der Hand wie gehext, und seine Füße liefen wie auf Federn, blötschten nicht auf den Boden, daß es ihm bei jedem Schritt die Nase bis über die Stirne hinaufsprengte, wie man hie und da Menschenstücke um Häuser blötschen sieht (schwerfällig auftreten).

Des Mittags war das Essen wieder proper und anständig, und doch führte er es aus und sagte, am Schmalz im Kraut könnte wohl keine Fliege sich überschlucken. Das Mädchen, welches in der Abwesenheit des Vaters die Oberherrschaft führte, antwortete darauf bloß, daheim könne er kochen lassen wie er wolle, hier sei es so der Brauch, und wenn das ihm nicht recht sei, so brauche er ja nicht wiederzukommen.

Nachmittags als die Großmutter schlief, das Volk auf dem Felde war, ging er in die Küche, angeblich um die Pfeife anzuzünden, fing aber an zu spaßen, zu schätzelen, wollte das Mädchen obeneinnehmen und küssen, da kriegte er eine Ohrfeige, daß er das Feuer im

Elsaß sah und dazu die Schwelle in Bern rauschen hörte, und vernahm den kurzen Befehl, er solle sich an seine Arbeit machen, damit sie endlich fertig werde. Dann ging das Mädchen zum Hundestall, band den Blaß los, der es in freudigen Sätzen umsprang, und sagte zu ihm: »Komm, du armer Hund du, ich will dich ablösen, aber dafür mußt du hübsch bei mir bleiben und nicht wieder den Schafen nachlaufen, willst du?« Und der Hund sah zu ihm auf, als ob er es verstünde, war ihm immer zur Seite, wohin es ging, legte sich ihm, wenn es arbeitete, zu den Füßen und zeigte allemal die Zähne, wenn es beim Keßler vorbeiging, als ob er wüßte, wem er Respekt einzuflößen hätte.

Endlich, gegen Abend erst, brachte der Keßler Pfannen und Häfen in die Küche zurück und zuletzt auch einen Arm voll Kacheln. Als das Mädchen sie ihm abnehmen wollte, ließ er sie fallen, daß die Stücke weit in der Küche herumflogen, die Großmutter einen Schrei ausstieß und ängstlich fragte, ob nicht die Kachelbank umgefallen sei. Der Bursche fluchte nur und sagte, an dem wolle er nicht schuld sein, aber eine, die so dumm und uwatlig (ungeschickt) täte, hätte er noch nie angetroffen. Das Mädchen wurde hochrot, und der Blaß stellte sich mit offenem Maul neben ihns, aber es sagte bloß, es sei nicht sein Brauch, mit einem Keßler zu branzen, aber wer sie habe fallen lassen, wisse er und es. Er solle nur sagen, was man ihm schuldig sei, und dann machen, daß er fortkomme, sonst zeige ihm endlich der Blaß noch den Weg.

Er lasse sich nicht so begegnen, sagte der Keßler, und fürchte den Hund nicht. Das sei wohl die kommodeste Art, sich bezahlt zu machen, arme Leute, denen man Geld schuldig sei, mit dem Hund fortzujagen, aber bei ihm komme man an den Lätzen. Anne Mareili antwortete, er habe ja gehört, daß es ihn bezahlen wolle und das je eher je lieber, damit es ihn nicht mehr zu sehen brauche, und wiederzukommen brauche er nicht, denn es hätte nie mehr Arbeit für ihn. Da sagte der Keßler, und jetzt wolle er expreß nichts für seine Arbeit, aber so befehlen, nicht mehr zu kommen, das lasse sich ein Keßler nicht, das sei unverschämt. In vierzehn Tagen sei er wieder da, und dann nehme es ihn dsTüfels wundern, ob es nichts für ihn habe; und dazu machte der Keßler wieder Augen, als ob er Anne Mareili küssen wollte, aber der Blaß sperrte sein Maul auf zu einem

Müntschi, das dem Keßler doch nicht angenehm war. Darum streckte er Anne Mareili nur die Hand und sagte: »Auf Wiedersehn!« Aber Anne Mareili wollte ihm die Hand nicht geben und sagte, es hätte noch nie einem Keßler die Hand gegeben, und es wolle schon zufrieden mit ihm sein, aber erst dann, wenn es ihm den Rücken sehe. Da lachte der Bursche und sagte, sy Seel gebe es ihm noch einmal die Hand, es werde wohl eine Zeit kommen, wo es sein Gesicht lieber habe als seinen Rücken.

Somit machte er sich von dannen, hellauf ein lustig Lied singend, daß Berg und Tal widertönten. Anne Mareili wurde es recht angst dabei. Es hatte viel von Räubern gehört und namentlich, daß oft Keßler versteckte Räuber seien, die das Land ausspionierten, um zu sehen, wo etwas zu stehlen sei, und wie sie auch Weiber und Mädchen mit fortschleppten in ihre Höhlen und dort sie bei sich behielten als ihre Weiber. Ein solcher Räuber, dachte es, könnte auch der Keßler sein – er sehe ganz darnach aus – und es auf ihns abgesehen haben. Aber das solle ihm nicht leicht werden, dachte es, sein Messer und der Blaß wollten auch noch etwas dazu sagen. Indessen ging es doch nicht gerne nachts aus dem Hause, zündete des Nachts allenthalben hin, besonders unter sein Bett, schloß die Türen sorgfältig und fütterte den Blaß extra alle Abend, damit er sich nicht etwa locken lasse, und betete noch einmal so inbrünstig zu seinem lieben Vater im Himmel, daß er ihm zur Wache seine Engelein senden möchte, zwei zu seinen Häupten, zwei zur Fußeten, einen an jede Seite und endlich einen, der ihns führe in sein himmlisch Reich. Und dann schlief es getrost ein, aber oft träumte das Mädchen von dem Keßler, doch eigentlich nicht mit Furcht und Zittern, sondern derselbe verwandelte sich gewöhnlich in einen schönen Jüngling, in einen Prinzen oder Königssohn, der es absolut zur Frau haben wollte und seinem Anne Mareili Himmel und Erde versprach.

Doch kein Keßler kam wieder. Aber nach vierzehn Tagen fuhr an einem schönen Nachmittag ein Wägeli vors Haus, ein schöner Grauschimmel mit stolzem Geschirr davor, ein großer, schöner Bursche darauf.

Ganz als wenn er da bekannt wäre, rief er einem Knechte, er solle doch kommen und ihm das Roß abnehmen. Darauf kam er an die Türe, und als Anne Mareili ihm Bescheid geben wollte und ihm in die Augen sah, da wurde ihm fast gschmuecht, der Keßler stund vor ihm, nicht als Prinz und nicht als Räuber, sondern als ein stattlicher Bauer. Und der Spitzbube lachte und zeigte noch schönere weiße Zähne als der Blaß hatte, und fragte so spitzbübisch: »Gäll, ich bin wiederum da, du hast es mir verbieten mögen, wie du wolltest.« Und lachend reichte er ihm die Hand, und verschämt gab ihm Anne Mareili die seine. Da, rasch sich umsehend und niemand gewahrend, sagte er ebenso rasch, und gerade seinetwegen komme er. Es werde wohl schon von ihm gehört haben, er sei der und der und hätte schon lange gerne eine Bäuerin auf seinen Hof gehabt, aber nicht eine auf die neue Mode, sondern eine wie seine Mutter selig. Aber er hätte nicht gewußt, wie eine solche finden, da die Meitscheni gar schlimm seien und einem leicht Stroh für Heu verkaufen. Darum sei er als Keßler umhergezogen, hätte manches gesehen, er hätte es niemanden geglaubt, aber manchen Tag, ohne eine zu finden, die er nur vierzehn Tage hätte auf seinem Hofe haben mögen. Schon habe er die Sache aufgeben wollen, als er ihns gefunden und bei sich gesagt habe: »Die oder keine!« Und jetzt sei er da und möchte ihns geschwind fragen, ob er seinem Alten etwas davon sagen dürfe. Da sagte Anne Mareili, er sei einer, dem nicht zu trauen, aber er solle hineinkommen, es sei soviel Rauch in der Küche. Und Joggeli mußte hinein ohne weitere Antwort.

Indessen ging er nicht wieder hinaus, bis er eine Antwort hatte, und die muß nicht ungünstig gewesen sein, denn ehe ein Vierteljahr um war, ließ Joggeli verkünden mit Anne Mareili und hat es nie bereut und kriegte nie mehr eine Ohrfeige von ihm. Aber oft drohte es ihm mit einer, wenn er erzählte, wie Anne Mareili ihm die Hand nicht hatte geben wollen und ihm gesagt, es möge nicht warten, bis es ihm den Rücken sehe, und wie es dann doch froh gewesen sei, ihm die Hand zu geben und sein Gesicht zu sehen. Wenn er dann aber hinzusetzte, er glaube, jetzt sehe es sein Gesicht lieber als den Rükken, so gab Anne Mareili ihm friedlich die Hand und sagte: »Du bist ein wüster Mann, aber reuig bin ich doch nie gewesen, daß ich dich wieder angesehen.« Dann gab ihm wohl Joggeli sogar vor den Leuten einen Schmatz, was doch auf dem Lande nicht dick gesehen wird, und sagte, er glaube immer, er habe seine Frau seiner Mutter selig zu verdanken, die ihn gerade zu dieser geführt.

Und allemal wenn Joggeli hörte, einer sei hineingetrappet und hätte einen Schuh voll herausgenommen, so lachte er, sah Anne Mareili an und sagte: »Wenn der hätte lernen Pfannen plätzen und Kacheln heften, so wäre es ihm nicht so gegangen. Ja, ja, ein Marktgesicht ist vom Hausgesicht gerade so verschieden wie ein Sonntagsfürtuch etwa von einem Kuchischurz, und wenn man dieses nicht gesehen hat, so weiß man gerade soviel von einem Meitschi, als man von einem Tier weiß, das man im Sack kauft, da weiß ja auch keiner, hat er ein Lämmlein oder ein Böcklein.«

Oh, wenn die Meitscheni wüßten, daß jeden Augenblick ein solcher Kesselflicker über die Küchentüre hereinsehen könnte, wäre auch am Werktag um manche besser Wetter, und sie täte manierlicher jahraus und -ein und wäre gewaschen Vormittag und Nachmittag!

Spiegel, das Kätzchen

Ein Märchen

Wenn ein Seldwyler einen schlechten Handel gemacht hat oder angeführt worden ist, so sagt man zu Seldwyla: Er hat der Katze den
Schmer abgekauft! Dies Sprichwort ist zwar auch anderwärts gebräuchlich, aber nirgends hört man es so oft wie dort, was vielleicht
daher rühren mag, daß es in dieser Stadt eine alte Sage gibt über den
Ursprung und die Bedeutung dieses Sprichwortes.
Vor mehreren hundert Jahren, heißt es, wohnte zu Seldwyla eine
ältliche Person allein mit einem schönen, grau und schwarzen Kätzchen, welches in aller Vergnügtheit und Klugheit mit ihr lebte und
niemandem, der es ruhig ließ, etwas zuleide tat. Seine einzige Leidenschaft war die Jagd, welche es jedoch mit Vernunft und Mäßi-
gung befriedigte, ohne sich durch den Umstand, daß diese Leidenschaft zugleich einen nützlichen Zweck hatte und seiner Herrin
wohlgefiel, beschönigen zu wollen und allzusehr zur Grausamkeit
hinreißen zu lassen. Es fing und tötete daher nur die zudringlichsten
und frechsten Mäuse, welche sich in einem gewissen Umkreise des
Hauses betreten ließen, aber diese dann mit zuverlässiger Geschicklichkeit; nur selten verfolgte es eine besonders pfiffige Maus, welche seinen Zorn gereizt hatte, über diesen Umkreis hinaus und er-
bat sich in diesem Falle mit vieler Höflichkeit von den Herren
Nachbaren die Erlaubnis, in ihren Häusern ein wenig mausen zu
dürfen, was ihm gerne gewährt wurde, da es die Milchtöpfe stehen
ließ, nicht an die Schinken hinaufsprang, welche etwa an den Wänden hingen, sondern seinem Geschäft still und aufmerksam oblag
und, nachdem es dieses verrichtet, sich mit dem Mäuslein im Maule
anständig entfernte. Auch war das Kätzchen gar nicht scheu und
unartig, sondern zutraulich gegen jedermann und floh nicht vor
vernünftigen Leuten; vielmehr ließ es sich von solchen einen guten
Spaß gefallen und selbst ein bißchen an den Ohren zupfen, ohne zu

kratzen; dagegen ließ es sich von einer Art dummer Menschen, von welchen es behauptete, daß die Dummheit aus einem unreifen und nichtsnutzigen Herzen käme, nicht das mindeste gefallen und ging ihnen entweder aus dem Wege oder versetzte ihnen einen ausreichenden Hieb über die Hand, wenn sie es mit einer Plumpheit molestierten.

Spiegel, so war der Name des Kätzchens wegen seines glatten und glänzenden Pelzes, lebte so seine Tage heiter, zierlich und beschaulich dahin, in anständiger Wohlhabenheit und ohne Überhebung. Er saß nicht zu oft auf der Schulter seiner freundlichen Gebieterin, um ihr die Bissen von der Gabel wegzufangen, sondern nur, wenn er merkte, daß ihr dieser Spaß angenehm war; auch lag und schlief er den Tag über selten auf seinem warmen Kissen hinter dem Ofen, sondern hielt sich munter und liebte es eher, auf einem schmalen Treppengeländer oder in der Dachrinne zu liegen und sich philosophischen Betrachtungen und der Beobachtung der Welt zu überlassen. Nur jeden Frühling und Herbst einmal wurde dies ruhige Leben eine Woche lang unterbrochen, wenn die Veilchen blühten oder die milde Wärme des Alteweibersommers die Veilchenzeit nachäffte. Alsdann ging Spiegel seine eigenen Wege, streifte in verliebter Begeisterung über die fernsten Dächer und sang die allerschönsten Lieder. Als ein rechter Don Juan bestand er bei Tag und Nacht die bedenklichsten Abenteuer, und wenn er sich zur Seltenheit einmal im Hause sehen ließ, so erschien er mit einem so verwegenen, burschikosen, ja liederlichen und zerzausten Aussehen, daß die stille Person, seine Gebieterin, fast unwillig ausrief: »Aber Spiegel! Schämst du dich denn nicht, ein solches Leben zu führen?« Wer sich aber nicht schämte, war Spiegel; als ein Mann von Grundsätzen, der wohl wußte, was er sich zur wohltätigen Abwechslung erlauben durfte, beschäftigte er sich ganz ruhig damit, die Glätte seines Pelzes und die unschuldige Munterkeit seines Aussehens wiederherzustellen, und er fuhr sich so unbefangen mit dem feuchten Pfötchen über die Nase, als ob gar nichts geschehen wäre.

Allein dies gleichmäßige Leben nahm plötzlich ein trauriges Ende. Als das Kätzchen Spiegel eben in der Blüte seiner Jahre stand, starb die Herrin unversehens an Altersschwäche und ließ das schöne Kätzchen herrenlos und verwaist zurück. Es war das erste Un-

glück, welches ihm widerfuhr, und mit jenen Klagetönen, welche
so schneidend den bangen Zweifel an der wirklichen und rechtmäßigen Ursache eines großen Schmerzes ausdrücken, begleitete es
die Leiche bis auf die Straße und strich den ganzen übrigen Tag
ratlos im Hause und rings um dasselbe her. Doch seine gute Natur,
seine Vernunft und Philosophie geboten ihm bald, sich zu fassen,
das Unabänderliche zu tragen und seine dankbare Anhänglichkeit
an das Haus seiner toten Gebieterin dadurch zu beweisen, daß er
ihren lachenden Erben seine Dienste anbot und sich bereit machte,
denselben mit Rat und Tat beizustehen, die Mäuse ferner im Zaume
zu halten und überdies ihnen manche gute Mitteilung zu machen,
welche die Törichten nicht verschmäht hätten, wenn sie eben nicht
unvernünftige Menschen gewesen wären. Aber diese Leute ließen
Spiegel gar nicht zu Worte kommen, sondern warfen ihm die Pan-
toffeln und das artige Fußschemelchen der Seligen an den Kopf,
sooft er sich blicken ließ, zankten sich acht Tage lang untereinander, begannen endlich einen Prozeß und schlossen das Haus bis auf
weiteres zu, so daß nun gar niemand darin wohnte.
Da saß nun der arme Spiegel traurig und verlassen auf der steiner-
nen Stufe vor der Haustüre und hatte niemand, der ihn hineinließ.
Des Nachts begab er sich wohl auf Umwegen unter das Dach des
Hauses, und im Anfang hielt er sich einen großen Teil des Tages
dort verborgen und suchte seinen Kummer zu verschlafen; doch
der Hunger trieb ihn bald an das Licht und nötigte ihn, an der warmen Sonne und unter den Leuten zu erscheinen, um bei der Hand zu
sein und zu gewärtigen, wo sich etwa ein Maulvoll geringer Nahrung zeigen möchte. Je seltener dies geschah, desto aufmerksamer
wurde der gute Spiegel, und alle seine moralischen Eigenschaften
gingen in dieser Aufmerksamkeit auf, so daß er sehr bald sich selber
nicht mehr gleichsah. Er machte zahlreiche Ausflüge von seiner
Haustüre aus und stahl sich scheu und flüchtig über die Straße, um
manchmal mit einem schlechten unappetitlichen Bissen, dergleichen er früher nie angesehen, manchmal mit gar nichts zurückzu-
kehren. Er wurde von Tag zu Tag magerer und zerzauster, dabei
gierig, kriechend und feig; all sein Mut, seine zierliche Katzen-
würde, seine Vernunft und Philosophie waren dahin. Wenn die Buben aus der Schule kamen, so kroch er in einen verborgenen Win-

kel, sobald er sie kommen hörte, und guckte nur hervor, um aufzupassen, welcher von ihnen etwa eine Brotrinde wegwürfe, und merkte sich den Ort, wo sie hinfiel. Wenn der schlechteste Köter von weitem ankam, so sprang er hastig fort, während er früher gelassen der Gefahr ins Auge geschaut und böse Hunde oft tapfer gezüchtigt hatte. Nur wenn ein grober und einfältiger Mensch daherkam, dergleichen er sonst klüglich gemieden, blieb er sitzen, obgleich das arme Kätzchen mit dem Reste seiner Menschenkenntnis den Lümmel recht gut erkannte; allein die Not zwang Spiegelchen, sich zu täuschen und zu hoffen, daß der Schlimme ausnahmsweise einmal es freundlich streicheln und ihm einen Bissen darreichen werde. Und selbst wenn er statt dessen nun doch geschlagen oder in den Schwanz gekneift wurde, so kratzte er nicht, sondern duckte sich lautlos zur Seite und sah dann noch verlangend nach der Hand, die es geschlagen und gekneift und welche nach Wurst oder Hering roch.

Als der edle und gute Spiegel so heruntergekommen war, saß er eines Tages ganz mager und traurig auf seinem Steine und blinzelte in der Sonne. Da kam der Stadthexenmeister Pineiß des Weges, sah das Kätzchen und stand vor ihm still. Etwas Gutes hoffend, obgleich es den Unheimlichen wohl kannte, saß Spiegelchen demütig auf dem Stein und erwartete, was der Herr Pineiß etwa tun oder sagen würde. Als dieser aber begann und sagte: »Na, Katze! Soll ich dir deinen Schmer abkaufen?« da verlor es die Hoffnung, denn es glaubte, der Stadthexenmeister wolle es seiner Magerkeit wegen verhöhnen. Doch erwiderte er bescheiden und lächelnd, um es mit niemand zu verderben: »Ach, der Herr Pineiß belieben zu scherzen!«
»Mit nichten!« rief Pineiß, »es ist mir voller Ernst! Ich brauche Katzenschmer vorzüglich zur Hexerei; aber er muß mir vertragsmäßig und freiwillig von den werten Herren Katzen abgetreten werden, sonst ist er unwirksam. Ich denke, wenn je ein wackeres Kätzlein in der Lage war, einen vorteilhaften Handel abzuschließen, so bist du es! Begib dich in meinen Dienst; ich füttere dich herrlich heraus, mache dich fett und kugelrund mit Würstchen und gebratenen Wachteln. Auf dem ungeheuer hohen alten Dache meines Hauses, welches nebenbei gesagt das köstlichste Dach von der Welt ist für eine Katze, voll interessanter Gegenden und Winkel,

wächst auf den sonnigsten Höhen treffliches Spitzgras, grün wie Smaragd, schlank und fein in den Lüften schwankend, dich einladend, die zartesten Spitzen abzubeißen und zu genießen, wenn du dir an meinen Leckerbissen eine leichte Unverdaulichkeit zugezogen hast. So wirst du bei trefflicher Gesundheit bleiben und mir dereinst einen kräftigen brauchbaren Schmer liefern!«

Spiegel hatte schon längst die Ohren gespitzt und mit wässerndem Mäulchen gelauscht; doch war seinem geschwächten Verstande die Sache noch nicht klar und er versetzte daher: »Das ist so weit nicht übel, Herr Pineiß! Wenn ich nur wüßte, wie ich alsdann, wenn ich doch, um Euch meinen Schmer abzutreten, mein Leben lassen muß, des verabredeten Preises habhaft werden und ihn genießen soll, da ich nicht mehr bin?« »Des Preises habhaft werden?« sagte der Hexenmeister verwundert, »den Preis genießest du ja eben in den reichlichen und üppigen Speisen, womit ich dich fett mache, das versteht sich von selber! Doch will ich dich zu dem Handel nicht zwingen!« Und er machte Miene, sich von dannen begeben zu wollen. Aber Spiegel sagte hastig und ängstlich: Ihr müßt mir wenigstens eine mäßige Frist gewähren über die Zeit meiner höchsten erreichten Rundheit und Fettigkeit hinaus, daß ich nicht so jählings von hinnen gehen muß, wenn jener angenehme und ach! so traurige Zeitpunkt herangekommen und entdeckt ist!«

»Es sei!« sagte Herr Pineiß mit anscheinender Gutmütigkeit, »bis zum nächsten Vollmond sollst du dich alsdann deines angenehmen Zustandes erfreuen dürfen, aber nicht länger! Denn in den abnehmenden Mond hinein darf es nicht gehen, weil dieser einen vermindernden Einfluß auf mein wohlerworbenes Eigentum ausüben würde.«

Das Kätzchen beeilte sich zuzuschlagen und unterzeichnete einen Vertrag, welchen der Hexenmeister im Vorrat bei sich führte, mit seiner scharfen Handschrift, welche sein letztes Besitztum und Zeichen besserer Tage war.

»Du kannst dich nun zum Mittagessen bei mir einfinden, Kater!« sagte der Hexer, »Punkt zwölf Uhr wird gegessen!« »Ich werde so frei sein, wenn Ihrs erlaubt!« sagte Spiegel und fand sich pünktlich um die Mittagsstunde bei Herrn Pineiß ein. Dort begann nun während einiger Monate ein höchst angenehmes Leben für das Kätzchen; denn es hatte auf der Welt weiter nichts zu tun, als die guten Dinge zu verzehren, die man ihm vorsetzte, dem Meister bei der Hexerei zuzuschauen, wenn es mochte, und auf dem Dache spazieren zu gehen. Dies Dach glich einem ungeheuren schwarzen Nebelspalter oder Dreiröhrenhut, wie man die großen Hüte der schwäbischen Bauern nennt, und wie ein solcher Hut ein Gehirn voller Nücken und Finten überschattet, so bedeckte dies Dach ein großes, dunkles und winkliges Haus voll Hexenwerk und Tausendsgeschichten. Herr Pineiß war ein Kann-Alles, welcher hundert Ämtchen versah, Leute kurierte, Wanzen vertilgte, Zähne auszog und Geld auf Zinsen lieh; er war der Vormünder aller Waisen und Witwen, schnitt in seinen Mußestunden Federn, das Dutzend für einen Pfennig, und machte schöne schwarze Dinte; er handelte mit Ingwer und Pfeffer, mit Wagenschmiere und Rosoli, mit Häftlein und Schuhnägeln, er renovierte die Turmuhr und machte jährlich den Kalender mit der Witterung, den Bauernregeln und dem Aderlaßmännchen; er verrichtete zehntausend rechtliche Dinge am hellen Tag um mäßigen Lohn und einige unrechtliche nur in der Finsternis und aus Privatleidenschaft, oder hing auch den rechtlichen, ehe er sie aus seiner Hand entließ, schnell noch ein unrechtliches Schwänzchen an, so klein wie die Schwänzchen der jungen Frösche, gleichsam nur der Possierlichkeit wegen. Überdies machte er das Wetter in schwierigen Zeiten, überwachte mit seiner Kunst die Hexen, und wenn sie reif waren, ließ er sie verbrennen; für sich trieb er die Hexerei nur als wissenschaftlichen Versuch und zum Hausgebrauch, so wie er auch die Stadtgesetze, die er redigierte und ins reine schrieb, unter der Hand probierte und verdrehte, um ihre Dauerhaftigkeit zu ergründen. Da die Seldwyler stets einen solchen Bürger brauchten, der alle unlustigen kleinen und großen Dinge für sie tat, so war er zum Stadthexenmeister ernannt worden und bekleidete dies Amt schon seit vielen Jahren mit unermüdlicher Hingebung und Geschicklichkeit, früh und spät. Daher war sein Haus von unten bis oben vollgestopft mit allen erdenklichen Dingen, und Spiegel hatte viel Kurzweil, alles zu besehen und zu beriechen.

Doch im Anfang gewann er keine Aufmerksamkeit für andere Dinge als für das Essen. Er schlang gierig alles hinunter, was Pineiß ihm darreichte, und mochte kaum von einer Zeit zur anderen warten.

Dabei überlud er sich den Magen und mußte wirklich auf das Dach gehen, um dort von den grünen Gräsern abzubeißen und sich von allerhand Unwohlsein zu kurieren. Als der Meister diesen Heißhunger bemerkte, freute er sich und dachte, das Kätzchen würde solcherweise recht bald fett werden, und je besser er daran wende, desto klüger verfahre und spare er im ganzen. Er baute daher für Spiegel eine ordentliche Landschaft in seiner Stube, indem er ein Wäldchen von Tannenbäumchen aufstellte, kleine Hügel von Steinen und Moos errichtete und einen kleinen See anlegte. Auf die Bäumchen setzte er duftig gebratene Lerchen, Finken, Meisen und Sperlinge, je nach der Jahrszeit, so daß da Spiegel immer etwas herunterzuholen und zu knabbern vorfand. In die kleinen Berge versteckte er in künstlichen Mauslöchern herrliche Mäuse, welche er sorgfältig mit Weizenmehl gemästet, dann ausgeweidet, mit zarten Speckriemchen gespickt und gebraten hatte. Einige dieser Mäuse konnte Spiegel mit der Hand hervorholen, andere waren zur Erhöhung des Vergnügens tiefer verborgen, aber an einen Faden gebunden, an welchem Spiegel sie behutsam hervorziehen mußte, wenn er diese Lustbarkeit einer nachgeahmten Jagd genießen wollte. Das Becken des Sees aber füllte Pineiß alle Tage mit frischer Milch, damit Spiegel in der süßen seinen Durst löschte, und ließ gebratene Gründlinge darin schwimmen, da er wußte, daß Katzen zuweilen auch die Fischerei lieben. Aber da nun Spiegel ein so herrliches Leben führte, tun und lassen, essen und trinken konnte, was ihm beliebte und wann es ihm einfiel, so gedieh er allerdings zusehends an seinem Leibe; sein Pelz wurde wieder glatt und glänzend und sein Auge munter; aber zugleich nahm er, da sich seine Geisteskräfte in gleichem Maße wieder ansammelten, bessere Sitten an; die wilde Gier legte sich, und weil er jetzt eine traurige Erfahrung hinter sich hatte, so wurde er nun klüger als zuvor. Er mäßigte sich in seinen Gelüsten und fraß nicht mehr als ihm zuträglich war, indem er zugleich wieder vernünftigen und tiefsinnigen Betrachtungen nachging und die Dinge wieder durchschaute. So holte er eines Tages einen hübschen Krammetsvogel von den Ästen herunter, und als er denselben nachdenklich zerlegte, fand er dessen kleinen Magen ganz kugelrund angefüllt mit frischer unversehrter Speise. Grüne Kräutchen, artig zusammengerollt, schwarze und weiße Samenkörner und eine glänzend rote Beere waren da so niedlich und dicht ineinander gepfropft, als ob ein Mütterchen für ihren Sohn das Ränzchen zur Reise gepackt hätte. Als Spiegel den Vogel langsam verzehrt und das so vergnüglich gefüllte Mäglein an seine Klaue hing und philosophisch betrachtete, rührte ihn das Schicksal des armen Vogels, welcher nach so friedlich verbrachtem Geschäft so schnell sein Leben lassen gemußt, daß er nicht einmal die eingepackten Sachen verdauen konnte. »Was hat er nun davon gehabt, der arme Kerl«, sagte Spiegel, »daß er sich so fleißig und eifrig genährt hat, daß dies kleine Säckchen aussieht wie ein wohl vollbrachtes Tagewerk? Diese rote Beere ist es, die ihn aus dem freien Walde in die Schlinge des Vogelstellers gelockt hat. Aber er dachte doch, seine Sache noch besser zu machen und sein Leben an solchen Beeren zu fristen, während ich, der ich soeben den unglücklichen Vogel gegessen, daran mich nur um einen Schritt näher zum Tode gegessen habe! Kann man einen elendern und feigern Vertrag abschließen, als sein Leben noch ein Weilchen fristen zu lassen, um es dann um diesen Preis doch zu verlieren? Wäre nicht ein freiwilliger und schneller Tod vorzuziehen gewesen für einen entschlossenen Kater? Aber ich habe keine Gedanken gehabt, und nun da ich wieder solche habe, sehe ich nichts vor mir als das Schicksal dieses Krammetsvogels; wenn ich rund genug bin, so muß ich von hinnen, aus keinem andern Grunde, als weil ich rund bin. Ein schöner Grund für einen lebenslustigen und gedankenreichen Katzenmann! Ach, könnte ich aus dieser Schlinge kommen!«

Er vertiefte sich nun in vielfältige Grübeleien, wie das gelingen möchte; aber da die Zeit der Gefahr noch nicht da war, so wurde es ihm nicht klar und er fand keinen Ausweg; aber als ein kluger Mann ergab er sich bis dahin der Tugend und der Selbstbeherrschung, welches immer die beste Vorschule und Zeitverwendung ist, bis sich etwas entscheiden soll. Er verschmähte das weiche Kissen, welches ihm Pineiß zurechtgelegt hatte, damit er fleißig darauf schlafen und fett werden sollte, und zog es vor, wieder auf schmalen Gesimsen und hohen gefährlichen Stellen zu liegen, wenn er ruhen wollte. Ebenso verschmähte er die gebratenen Vögel und die gespickten Mäuse und fing sich lieber auf den Dächern, da er nun wieder einen rechtmäßigen Jagdgrund hatte, mit List und Gewandtheit einen schlichten lebendigen Sperling oder auf den Speichern eine flinke Maus, und solche Beute schmeckte ihm vortrefflicher als das gebratene Wild in Pineißens künstlichem Gehege, während sie ihn nicht zu fett machte; auch die Bewegung und Tapferkeit sowie der wiedererlangte Gebrauch der Tugend und Philosophie verhinderten ein zu schnelles Fettwerden, so daß Spiegel zwar gesund und glänzend aussah, aber zu Pineißens Verwunderung auf einer gewissen Stufe der Beleibtheit stehen blieb, welche lange nicht das erreichte, was der Hexenmeister mit seiner freundlichen Mästung bezweckte; denn dieser stellte sich darunter ein kugelrundes, schwerfälliges Tier vor, welches sich nicht vom Ruhekissen bewegte und aus eitel Schmer bestand. Aber hierin hatte sich seine Hexerei eben geirrt, und er wußte bei aller Schlauheit nicht, daß, wenn man einen Esel füttert, derselbe ein Esel bleibt, wenn man aber einen Fuchsen speiset, derselbe nichts anders wird als ein Fuchs; denn jede Kreatur wächst sich nach ihrer Weise aus. Als Herr Pineiß entdeckte, wie Spiegel immer auf demselben Punkte einer wohlgenährten, aber geschmeidigen und rüstigen Schlankheit stehen blieb, ohne eine erkleckliche Fettigkeit anzusetzen, stellte er ihn eines Abends plötzlich zur Rede und sagte barsch: »Was ist das, Spiegel? Warum frissest du die guten Speisen nicht, die ich dir mit so viel Sorgfalt und Kunst präpariere und herstelle? Warum fängst du die gebratenen Vögel nicht auf den Bäumen, warum suchst du die leckeren Mäuschen nicht in den Berghöhlen? Warum fischest du nicht mehr in dem See? Warum pflegst du dich nicht? Warum schläfst du nicht auf dem Kissen? Warum strapazierst du dich und wirst mir nicht fett?« »Ei, Herr Pineiß!« sagte Spiegel, »weil es mir wohler ist auf diese Weise! Soll ich meine kurze Frist nicht auf die Art verbringen, die mir am angenehmsten ist?« »Wie!« rief Pineiß, »du sollst so leben, daß du dick und rund wirst, und nicht dich abjagen! Ich merke aber wohl, wo du hinauswillst! Du denkst mich zu äffen und hinzuhalten, daß ich dich in Ewigkeit in diesem Mittelzustande herumlaufen lasse? Mitnichten soll dir das gelingen! Es ist deine Pflicht, zu essen und zu trinken und dich zu pflegen, auf daß du dick werdest und Schmer bekommst! Auf der Stelle entsage daher dieser hinterlistigen und kontraktwidrigen Mäßigkeit, oder ich werde ein Wörtlein mit dir sprechen!«

Spiegel unterbrach sein behagliches Spinnen, das er angefangen, um seine Fassung zu behaupten, und sagte: »Ich weiß kein Sterbenswörtchen davon, daß in dem Kontrakt steht, ich solle der Mäßigkeit und einem gesunden Lebenswandel entsagen! Wenn der Herr Stadthexenmeister darauf gerechnet hat, daß ich ein fauler Schlemmer sei, so ist das nicht meine Schuld! Ihr tut tausend rechtliche Dinge des Tages, so lasset dieses auch noch hinzukommen und uns beide hübsch in der Ordnung bleiben; denn Ihr wißt ja wohl, daß Euch mein Schmer nur nützlich ist, wenn er auf rechtliche Weise erwachsen!« »Ei du Schwätzer!« rief Pineiß erbost, »willst du mich belehren? Zeig her, wie weit bist du denn eigentlich gediehen, du Müßiggänger? Vielleicht kann man dich doch bald abtun!« Er griff das Kätzchen an den Bauch; allein dieses fühlte sich dadurch unangenehm gekitzelt und hieb dem Hexenmeister einen scharfen Kratz über die Hand. Diesen betrachtete Pineiß aufmerksam, dann sprach er: »Stehen wir so miteinander, du Bestie? Wohlan, so erkläre ich dich hiermit feierlich, kraft des Vertrages, für fett genug! Ich begnüge mich mit dem Ergebnis und werde mich desselben zu versichern wissen! In fünf Tagen ist der Mond voll, und bis dahin magst du dich noch deines Lebens erfreuen, wie es geschrieben steht, und nicht eine Minute länger!« Damit kehrte er ihm den Rücken und überließ ihn seinen Gedanken.

Diese waren jetzt sehr bedenklich und düster. So war denn die Stunde doch nahe, wo der gute Spiegel seine Haut lassen sollte? Und war mit aller Klugheit gar nichts mehr zu machen? Seufzend stieg er auf das hohe Dach, dessen Firste dunkel in den schönen Herbstabendhimmel emporragten. Da ging der Mond über der Stadt auf und warf seinen Schein auf die schwarzen bemoosten Hohlziegel des alten Daches, ein lieblicher Gesang tönte in Spiegels Ohren und eine schneeweiße Kätzin wandelte glänzend über einen benachbarten First weg. Sogleich vergaß Spiegel die Todesaussichten, in welchen er lebte, und erwiderte mit seinem schönsten Katerliede den Lobgesang der Schönen. Er eilte ihr entgegen und war bald im hitzigen Gefecht mit drei fremden Katern begriffen, die er mutig und wild in die Flucht schlug. Dann machte er der Dame feurig und ergeben den Hof und brachte Tag und Nacht bei ihr zu, ohne an den Pineiß zu denken oder im Hause sich sehen zu lassen.

Er sang wie eine Nachtigall die schönen Mondnächte hindurch, jagte hinter der weißen Geliebten her über die Dächer, über die Gärten, und rollte mehr als einmal im heftigen Minnespiel oder im Kampfe mit den Rivalen über hohe Dächer hinunter und fiel auf die Straße; aber nur um sich aufzuraffen, das Fell zu schütteln und die wilde Jagd seiner Leidenschaften von neuem anzuheben. Stille und laute Stunden, süße Gefühle und zorniger Streit, anmutiges Zwiegespräch, witziger Gedankenaustausch, Ränke und Schwänke der Liebe und Eifersucht, Liebkosungen und Raufereien, die Gewalt des Glückes und die Leiden des Unsterns ließen den verliebten Spiegel nicht zu sich selbst kommen, und als die Scheibe des Mondes voll geworden, war er von allen diesen Aufregungen und Leidenschaften so heruntergekommen, daß er jämmerlicher, magerer und zerzauster aussah als je. Im selben Augenblicke rief ihm Pineiß aus einem Dachtürmchen: »Spiegelchen, Spiegelchen! Wo bist du? Komm doch ein bißchen nach Hause!«

Da schied Spiegel von der weißen Freundin, welche zufrieden und kühl miauend ihrer Wege ging, und wandte sich stolz seinem Henker zu. Dieser stieg in die Küche hinunter, raschelte mit dem Kontrakt und sagte: »Komm Spiegelchen, komm Spiegelchen!« und Spiegel folgte ihm und setzte sich in der Hexenküche trotzig vor den Meister hin in all seiner Magerkeit und Zerzaustheit. Als Herr Pineiß erblickte, wie er so schmählich um seinen Gewinn gebracht war, sprang er wie besessen in die Höhe und schrie wütend: »Was seh ich? Du Schelm, du gewissenloser Spitzbube! Was hast du mir getan?« Außer sich vor Zorn griff er nach einem Besen und wollte Spiegelein schlagen; aber dieser krümmte den schwarzen Rücken, ließ die Haare emporstarren, daß ein fahler Schein darüber knisterte, legte die Ohren zurück, prustete und funkelte den Alten so grimmig an, daß dieser voll Furcht und Entsetzen drei Schritt zurücksprang. Er begann zu fürchten, daß er einen Hexenmeister vor sich habe, welcher ihn foppe und mehr könne als er selbst. Ungewiß und kleinlaut sagte er: »Ist der ehrsame Herr Spiegel vielleicht vom Handwerk? Sollte ein gelehrter Zaubermeister beliebt haben, sich in dero äußere Gestalt zu verkleiden, da er nach Gefallen über sein Leibliches gebieten und genau so beleibt werden kann, als es ihm angenehm dünkt, nicht zu wenig und nicht zu viel, oder unversehens so mager wird wie ein Gerippe, um dem Tode zu entschlüpfen?«

Spiegel beruhigte sich wieder und sprach ehrlich: »Nein, ich bin kein Zauberer! Es ist allein die süße Gewalt der Leidenschaft, welche mich so heruntergebracht und zu meinem Vergnügen Euer Fett dahin genommen hat. Wenn wir übrigens jetzt unser Geschäft von neuem beginnen wollen, so will ich tapfer dabei sein und drein beißen! Setzt mir nur eine recht schöne und große Bratwurst vor, denn ich bin ganz erschöpft und hungrig!« Da packte Pineiß den Spiegel wütend am Kragen, sperrte ihn in den Gänsestall, der immer leer war, und schrie: »Da sieh zu, ob dir deine süße Gewalt der Leidenschaft noch einmal heraushilft und ob sie stärker ist als die Gewalt der Hexerei und meines rechtlichen Vertrages! Jetzt heißts: Vogel friß und stirb!« Sogleich briet er eine lange Wurst, die so lecker duftete, daß er sich nicht enthalten konnte, selbst ein bißchen an beiden Zipfeln zu schlecken, ehe er sie durch das Gitter steckte. Spiegel fraß sie von vorn bis hinten auf, und indem er sich behaglich den Schnurrbart putzte und den Pelz leckte, sagte er zu sich selber: »Meiner Seel! es ist doch eine schöne Sache um die Liebe! Die hat mich für diesmal wieder aus der Schlinge gezogen. Jetzt will ich mich ein wenig ausruhen und trachten, daß ich durch Beschaulichkeit und gute Nahrung wieder zu vernünftigen Gedanken komme! Alles hat seine Zeit! Heute ein bißchen Leidenschaft, morgen ein wenig Besonnenheit und Ruhe, ist jedes in seiner Weise gut. Dies Gefängnis ist gar nicht so übel und es läßt sich gewiß etwas Ersprießliches darin ausdenken!« Pineiß aber nahm sich nun zusammen und bereitete alle Tage mit aller seiner Kunst solche Leckerbissen und in solch reizender Abwechslung und Zuträglichkeit, daß der gefangene Spiegel denselben nicht widerstehen konnte; denn Pineißens Vorrat an freiwilligem und rechtmäßigem Katzenschmer nahm alle Tage mehr ab und drohte nächstens ganz auszugehen, und dann war der Hexer ohne dies Hauptmittel ein geschlagener Mann. Aber der gute Hexenmeister nährte mit dem Leibe Spiegels dessen Geist immer wieder mit, und es war durchaus nicht von dieser unbequemen Zutat loszukommen, weshalb auch seine Hexerei sich hier als lückenhaft erwies.

Als Spiegel in seinem Käfig ihm endlich fett genug dünkte, säumte er nicht länger, sondern stellte vor den Augen des aufmerksamen Katers alle Geschirre zurecht und machte ein helles Feuer auf dem Herd, um den lang ersehnten Gewinn auszukochen. Dann wetzte er ein großes Messer, öffnete den Kerker, zog Spiegelchen hervor, nachdem er die Küchentüre wohl verschlossen, und sagte wohlgemut: »Komm, du Sapperlöter! wir wollen dir den Kopf abschneiden vorderhand und dann das Fell abziehen! Dieses wird eine warme Mütze für mich geben, woran ich Einfältiger noch gar nicht gedacht habe! Oder soll ich dir erst das Fell abziehen und dann den Kopf abschneiden?« »Nein, wenn es Euch gefällig ist«, sagte Spiegel demütig, »lieber zuerst den Kopf abschneiden!« »Hast recht, du armer Kerl!« sagte Herr Pineiß, »wir wollen dich nicht unnütz quälen! Alles was recht ist!« »Dies ist ein wahres Wort!« sagte Spiegel mit einem erbärmlichen Seufzer und legte das Haupt ergebungsvoll auf die Seite, »o hätt ich doch jederzeit getan, was recht ist, und nicht eine so wichtige Sache leichtsinnig unterlassen, so könnte ich jetzt mit besserm Gewissen sterben, denn ich sterbe gern; aber ein Unrecht erschwert mir den sonst so willkommenen Tod; denn was bietet mir das Leben? Nichts als Furcht, Sorge und Armut und zur Abwechslung einen Sturm verzehrender Leidenschaft, die noch schlimmer ist als die stille zitternde Furcht!« »Ei, welches Unrecht, welche wichtige Sache?« fragte Pineiß neugierig. »Ach, was hilft das Reden jetzt noch«, seufzte Spiegel, »geschehen ist geschehen und jetzt ist Reue zu spät!« »Siehst du, Sappermenter, was für ein Sünder du bist?« sagte Pineiß, »und wie wohl du deinen Tod verdienst? Aber was Tausend hast du denn angestellt? Hast du mir vielleicht etwas entwendet, entfremdet, verdorben? Hast du mir ein himmelschreiendes Unrecht getan, von dem ich noch gar nichts weiß, ahne, vermute, du Satan? Das sind mir schöne Geschichten! Gut, daß ich noch dahinter komme! Auf der Stelle beichte mir, oder ich schinde und siede dich lebendig aus! Wirst du sprechen oder nicht?« »Ach nein!«, sagte Spiegel, »wegen Euch habe ich mir nichts vorzuwerfen. Es betrifft die zehntausend Goldgülden meiner seligen Gebieterin – aber was hilft Reden! – Zwar – wenn ich bedenke und Euch ansehe, so möchte es vielleicht doch nicht ganz zu spät sein – wenn ich Euch betrachte, so sehe ich, daß Ihr noch ein ganz schöner und rüstiger Mann seid, in den besten Jahren – sagt doch, Herr Pineiß! habt Ihr noch nie etwa den Wunsch verspürt, Euch zu verehelichen, ehrbar und vorteilhaft? Aber was schwatze ich! Wie wird ein so kluger und kunstreicher Mann auf dergleichen müßige Gedanken kommen! Wie wird ein so nützlich beschäftigter Meister an törichte Weiber denken! Zwar allerdings hat auch die Schlimmste noch irgend was an sich, was etwa nützlich für einen Mann ist, das ist nicht abzuleugnen! Und wenn sie nur halbwegs was taugt, so ist eine gute Hausfrau etwa weiß am Leibe, sorgfältig im Sinne, zutulich von Sitten, treu von Herzen, sparsam im Verwalten, aber verschwenderisch in der Pflege ihres Mannes, kurzweilig in Worten und angenehm in ihren Taten, einschmeichelnd in ihren Handlungen! Sie küßt den Mann mit ihrem Munde und streichelt ihm den Bart, sie umschließt ihn mit ihren Armen und kraut ihm hinter den Ohren, wie er es wünscht, kurz, sie tut tausend Dinge, die nicht zu verwerfen sind. Sie hält sich ihm ganz nah zu oder in bescheidener Entfernung, je nach seiner Stimmung, und wenn er seinen Geschäften nachgeht, so stört sie ihn nicht, sondern verbreitet unterdessen sein Lob in und außer dem Hause; denn sie läßt nichts an ihn kommen und rühmt alles, was an ihm ist! Aber das Anmutigste ist die wunderbare Beschaffenheit ihres zarten leiblichen Daseins, welches die Natur so verschieden gemacht hat von unserm Wesen bei anscheinender Menschenähnlichkeit, daß es ein fortwährendes Meerwunder in einer glückhaften Ehe bewirkt und eigentlich die allerdurchtriebenste Hexerei in sich birgt! Doch was schwatze ich da wie ein Tor an der Schwelle des Todes! Wie wird ein weiser Mann auf dergleichen Eitelkeiten sein Augenmerk richten! Verzeiht, Herr Pineiß, und schneidet mir den Kopf ab!«

Pineiß aber rief heftig: »So halt doch endlich inne, du Schwätzer! und sage mir: Wo ist eine solche und hat sie zehntausend Goldgülden?«

»Zehntausend Goldgülden?« sagte Spiegel.

»Nun ja«, rief Pineiß ungeduldig, »sprachest du nicht eben erst davon?«

»Nein«, antwortete jener, »das ist eine andere Sache! Die liegen vergraben an einem Orte!«

»Und was tun sie da, wem gehören sie?« schrie Pineiß.

»Niemand gehören sie, das ist eben meine Gewissensbürde, denn ich hätte sie unterbringen sollen! Eigentlich gehören sie jenem, der eine solche Person heiratet, wie ich eben beschrieben habe. Aber wie soll man drei solche Dinge zusammenbringen in dieser gottlosen Stadt: zehntausend Goldgülden, eine weiße, feine und gute Hausfrau und einen weisen rechtschaffenen Mann? Daher ist eigentlich meine Sünde nicht allzugroß, denn der Auftrag war zu schwer für eine arme Katze!«

»Wenn du jetzt«, rief Pineiß, »nicht bei der Sache bleibst und sie verständlich der Ordnung nach dartust, so schneide ich dir vorläufig den Schwanz und beide Ohren ab! Jetzt fang an!«

»Da Ihr es befehlt, so muß ich die Sache wohl erzählen«, sagte Spiegel und setzte sich gelassen auf seine Hinterfüße, »obgleich dieser Aufschub meine Leiden nur vergrößert!« Pineiß steckte das scharfe Messer zwischen sich und Spiegel in die Diele und setzte sich neugierig auf ein Fäßchen, um zuzuhören, und Spiegel fuhr fort:

»Ihr wisset doch, Herr Pineiß, daß die brave Person, meine selige Meisterin, unverheiratet gestorben ist als eine alte Jungfer, die in aller Stille viel Gutes getan und niemandem zuwider gelebt hat. Aber nicht immer war es um sie her so still und ruhig zugegangen, und obgleich sie niemals von bösem Gemüt gewesen, so hatte sie doch einst viel Leid und Schaden angerichtet; denn in ihrer Jugend war sie das schönste Fräulein weit und breit, und was von jungen Herren und kecken Gesellen in der Gegend war oder des Weges kam, verliebte sich in sie und wollte sie durchaus heiraten. Nun hatte sie wohl große Lust zu heiraten und einen hübschen, ehrenhaften und klugen Mann zu nehmen, und sie hatte die Auswahl, da sich Einheimische und Fremde um sie stritten und einander mehr als einmal die Degen in den Leib rannten, um den Vorrang zu gewinnen. Es bewarben sich um sie und versammelten sich kühne und verzagte, listige und treuherzige, reiche und arme Freier, solche mit einem guten und anständigen Geschäft und solche, welche als Kavaliere zierlich von ihren Renten lebten; dieser mit diesen, jener mit jenen Vorzügen, beredt oder schweigsam, der eine munter und liebenswürdig, und ein anderer schien es mehr in sich zu haben, wenn er auch etwas einfältig aussah; kurz, das Fräulein hatte eine so vollkommene Auswahl, wie es ein mannbares Frauenzimmer sich nur wünschen kann. Allein sie besaß außer ihrer Schönheit ein schönes Vermögen von vielen tausend Goldgülden und diese waren die Ursache, daß sie nie dazu kam, eine Wahl treffen und einen Mann nehmen zu können, denn sie verwaltete ihr Gut mit trefflicher Umsicht und Klugheit und legte einen großen Wert auf dasselbe, und da nun der Mensch immer von seinen eignen Neigungen aus andere beurteilt, so geschah es, daß sie, sobald sich ihr ein achtungswerter Freier genähert und ihr halbwegs gefiel, alsbald sich einbildete, derselbe begehre sie nur um ihres Gutes willen. War einer reich, so glaubte sie, er würde sie doch nicht begehren, wenn sie nicht auch reich wäre, und von den Unbemittelten nahm sie vollends als gewiß an, daß sie nur ihre Goldgülden im Auge hätten und sich daran gedächten gütlich zu tun, und das arme Fräulein, welches doch selbst so große Dinge auf den irdischen Besitz hielt, war nicht imstande, diese Liebe zu Geld und Gut an ihren Freiern von der Liebe zu ihr selbst zu unterscheiden oder, wenn sie wirklich etwa vorhanden war, dieselbe nachzusehen und zu verzeihen. Mehrere Male war sie schon so gut wie verlobt und ihr Herz klopfte endlich stärker; aber plötzlich glaubte sie aus irgend einem Zuge zu entnehmen, daß sie verraten sei und man einzig an ihr Vermögen denke, und sie brach unverweilt die Geschichte entzwei und zog sich voll Schmerzen, aber unerbittlich zurück. Sie prüfte alle, welche ihr nicht mißfielen, auf hundert Arten, so daß eine große Gewandtheit dazu gehörte, nicht in die Falle zu gehen, und zuletzt keiner mehr sich mit einiger Hoffnung nähern konnte, als wer ein durchaus geriebener und verstellter Mensch war, so daß schon aus diesen Gründen endlich die Wahl wirklich schwer wurde, weil solche Menschen dann zuletzt doch eine unheimliche Unruhe erwekken und die peinlichste Ungewißheit bei einer Schönen zurücklassen, je geriebener und geschickter sie sind. Das Hauptmittel, ihre Anbeter zu prüfen, war, daß sie ihre Uneigennützigkeit auf die Probe stellte und sie alle Tage zu großen Ausgaben, zu reichen Geschenken und zu wohltätigen Handlungen veranlaßte. Aber sie mochten es machen, wie sie wollten, so trafen sie doch nie das Rechte; denn zeigten sie sich freigebig und aufopfernd, gaben sie glänzende Feste, brachten sie ihr Geschenke dar oder anvertrauten ihr beträchtliche Gelder für die Armen, so sagte sie plötzlich, dies alles geschehe nur, um mit einem Würmchen den Lachs zu fangen oder mit der Wurst nach der Speckseite zu werfen, wie man zu sagen pflegt. Und sie vergabte die Geschenke sowohl wie das anvertraute Geld an Klöster und milde Stiftungen und speisete die Armen; aber die betrogenen Freier wies sie unbarmherzig ab. Bezeigten sich dieselben aber zurückhaltend oder gar knauserig, so war der Stab sogleich über sie gebrochen, da sie das noch viel übler nahm und daran eine schnöde und nackte Rücksichtslosigkeit und Eigenliebe zu erkennen glaubte. So kam es, daß sie, welche ein reines und nur ihrer Person hingegebenes Herz suchte, zuletzt von lauter verstellten, listigen und eigensüchtigen Freiersleuten umgeben war, aus denen sie nie klug wurde und die ihr das Leben verbitterten. Eines Tages fühlte sie sich so mißmutig und trostlos, daß sie ihren ganzen Hof aus dem Hause wies, dasselbe zuschloß und nach Mailand verreiste, wo sie eine Base hatte. Als sie über den Sankt Gotthard ritt auf einem Eselein, war ihre Gesinnung so schwarz und schaurig wie das wilde Gestein, das sich aus den Abgründen emportürmte, und sie fühlte die heftigste Versuchung, sich von der Teufelsbrücke in die tobenden Gewässer der Reuß hinabzustürzen. Nur mit der größten Mühe gelang es den zwei Mägden, die sie bei sich hatte und die ich selbst noch gekannt habe, welche aber nun schon lange tot sind, und dem Führer, sie zu beruhigen und von der finstern Anwandlung abzubringen. Doch langte sie bleich und traurig in dem schönen Land Italien an, und so blau dort der Himmel war, wollten sich ihre dunklen Gedanken doch nicht aufhellen. Aber als sie einige Tage bei ihrer Base verweilte, sollte unverhofft eine andere Melodie ertönen und ein Frühlingsanfang in ihr aufgehen, von dem sie bis dato noch nicht viel gewußt. Denn es kam ein junger Landsmann in das Haus der Base, der ihr gleich beim ersten Anblick so wohl gefiel, daß man wohl sagen kann, sie verliebte sich jetzt von selbst und zum ersten Mal. Es war ein schöner Jüngling, von guter Erziehung und edlem Benehmen, nicht arm und nicht reich zur Zeit, denn er hatte nichts als zehntausend Goldgülden, welche er von seinen verstorbenen Eltern ererbt und womit er, da er die Kaufmannschaft erlernt hatte, in Mailand einen Handel mit Seide begründen wollte; denn er war unternehmend und klar von Gedanken und hatte eine glückliche Hand, wie es unbefangene und unschuldige Leute oft haben; denn auch dies war der junge Mann; er schien, so wohlgelehrt er war, doch so arglos und unschuldig wie ein Kind. Und obgleich er ein Kaufmann war und ein so unbefangenes Gemüt, was schon zusammen eine köstliche Seltenheit ist, so war er doch fest und ritterlich in seiner Haltung und trug sein Schwert so keck zur Seite, wie nur ein geübter Kriegsmann es tragen kann. Dies alles sowie seine frische Schönheit und Jugend bezwangen das Herz des Fräuleins dermaßen, daß sie kaum an sich halten konnte und ihm mit großer Freundlichkeit begegnete. Sie wurde wieder heiter, und wenn sie dazwischen auch traurig war, so geschah dies in dem Wechsel der Liebesfurcht und Hoffnung, welche immerhin ein edleres und angenehmeres Gefühl war als jene peinliche Verlegenheit in der Wahl, welche sie früher unter den vielen Freiern empfunden. Jetzt kannte sie nur eine Mühe und Besorgnis, diejenige nämlich, dem schönen und guten Jüngling zu gefallen, und je schöner sie selbst war, desto demütiger und unsicherer war sie jetzt, da sie zum ersten Male eine wahre Neigung gefaßt hatte. Aber auch der junge Kaufmann hatte noch nie eine solche Schönheit gesehen oder war wenigstens noch keiner so nahe gewesen und von ihr so freundlich und artig behandelt worden. Da sie nun, wie gesagt, nicht nur schön, sondern auch gut von Herzen und fein von Sitten war, so ist es nicht zu verwundern, daß der offene und frische Jüngling, dessen Herz noch frei und unerfahren war, sich ebenfalls in sie verliebte und das mit aller Kraft und Rückhaltlosigkeit, die in seiner ganzen Natur lag. Aber vielleicht hätte das nie jemand erfahren, wenn er in seiner Einfalt nicht aufgemuntert worden wäre durch des Fräuleins Zutulichkeit, welche er mit heimlichem Zittern und Zagen für eine Erwiderung seiner Liebe zu halten wagte, da er selber keine Verstellung kannte. Doch bezwang er sich einige Wochen und glaubte die Sache zu verheimlichen; aber jeder sah ihm von weitem an, daß er zum Sterben verliebt war, und wenn er irgend in die Nähe des Fräuleins geriet oder sie nur genannt wurde, so sah man auch gleich, in wen er verliebt war. Er war aber nicht lange verliebt, sondern begann wirklich zu lieben mit aller Heftigkeit seiner Jugend, so daß ihm das Fräulein das Höchste und Beste auf der Welt wurde, an welches er ein für allemal das Heil und den ganzen Wert seiner eigenen Person setzte. Dies gefiel ihr über die Maßen wohl; denn es war in allem, was er sagte oder tat, eine andere Art, als sie bislang erfahren, und dies bestärkte und rührte sie so tief, daß sie nun gleichermaßen der stärksten Liebe anheimfiel und nun nicht mehr von einer Wahl für sie die Rede war. Jedermann sah diese Geschichte spielen und es wurde offen darüber gesprochen und vielfach gescherzt. Dem Fräulein war es höchlich wohl dabei, und indem ihr das Herz vor banger Erwartung zerspringen wollte, half sie den Roman von ihrer Seite doch ein wenig verwickeln und ausspinnen, um ihn recht auszukosten und zu genießen. Denn der junge Mann beging in seiner Verwirrung so köstliche und kindliche Dinge, dergleichen sie niemals erfahren und für sie einmal schmeichelhafter und angenehmer waren als das andere. Er aber in seiner Gradheit und Ehrlichkeit konnte es nicht lange so aushalten; da jeder darauf anspielte und sich einen Scherz erlaubte, so schien es ihm eine Komödie zu werden, als deren Gegenstand ihm seine Geliebte viel zu gut und heilig war, und was ihr ausnehmend behagte, das machte ihn bekümmert, ungewiß und verlegen um sie selber. Auch glaubte er sie zu beleidigen und zu hintergehen, wenn er da lange eine so heftige Leidenschaft zu ihr herumtrüge und unaufhörlich an sie denke, ohne daß sie eine Ahnung davon habe, was doch gar nicht schicklich sei und ihm selber nicht recht! Daher sah man ihm eines Morgens von weitem an, daß er etwas vorhatte, und er bekannte ihr seine Liebe in einigen Worten, um es einmal und nie zum zweiten Mal zu sagen, wenn er nicht glücklich sein sollte. Denn er war nicht gewohnt zu denken, daß ein solches schönes und wohlbeschaffenes Fräulein etwa nicht ihre wahre Meinung sagen und nicht auch gleich zum ersten Mal ihr unwiderrufliches Ja oder Nein erwidern sollte. Er war ebenso zart gesinnt als heftig verliebt, ebenso spröde als kindlich und ebenso stolz als unbefangen, und bei ihm galt es gleich auf Tod und Leben, auf Ja oder Nein, Schlag um Schlag. In demselben Augenblicke aber, in welchem das Fräulein sein Geständnis anhörte, das sie so sehnlich erwartet, überfiel sie ihr altes Mißtrauen und es fiel ihr zur unglücklichen Stunde ein, daß ihr Liebhaber ein Kaufmann sei, welcher am Ende nur ihr Vermögen zu erlangen wünsche, um seine Unternehmungen zu erweitern. Wenn er daneben auch ein wenig in ihre Person verliebt sein sollte, so wäre ja das bei ihrer Schönheit kein sonderliches Verdienst und nur umso empörender, wenn sie eine bloße wünschbare Zugabe zu ihrem Golde vorstellen sollte. Anstatt ihm daher ihre Gegenliebe zu gestehen und ihn wohl aufzunehmen, wie sie am liebsten getan hätte, ersann sie auf der Stelle eine neue List, um seine Hingebung zu prüfen, und nahm eine ernste, fast traurige Miene an, indem sie ihm vertraute, wie sie bereits mit einem jungen Mann verlobt sei in ihrer Heimat, welchen sie auf das allerherzlichste liebe. Sie habe ihm das schon mehrmals mitteilen wollen, da sie ihn, den Kaufmann nämlich, als Freund sehr lieb habe, wie er wohl habe sehen können aus ihrem Benehmen, und sie vertraue ihm wie einem Bruder. Aber die ungeschickten Scherze, welche in der Gesellschaft aufgekommen seien, hätten ihr eine vertrauliche Unterhaltung erschwert; da er nun aber selbst sie mit seinem braven und edlen Herzen überrascht und dasselbe vor ihr aufgetan, so könne sie ihm für seine Neigung nicht besser danken, als indem sie ihm ebenso offen sich anvertraue. Ja, fuhr sie fort, nur demjenigen könne sie angehören, welchen sie einmal erwählt habe, und nie würde es ihr möglich sein, ihr Herz einem andern Mannesbilde zuzuwenden, dies stehe mit goldenem Feuer in ihrer Seele geschrieben und der liebe Mann wisse selbst nicht, wie lieb er ihr sei, so wohl er sie auch kenne! Aber ein trüber Unstern hätte sie betroffen: ihr Bräutigam sei ein Kaufmann, aber so arm wie eine Maus; darum hätten sie den Plan gefaßt, daß er aus den Mitteln der Braut einen Handel begründen solle; der Anfang sei gemacht und alles auf das beste eingeleitet, die Hochzeit sollte in diesen Tagen gefeiert werden, da wollte ein unverhofftes Mißgeschick, daß ihr ganzes Vermögen plötzlich ihr angetastet und abgestritten wurde und vielleicht für immer verloren gehe, während der arme Bräutigam in nächster Zeit seine ersten Zahlungen zu leisten habe an die mailänder und venezianischen Kaufleute, worauf sein ganzer Kredit, sein Gedeihen und Ehre beruhe, nicht zu sprechen von ihrer Vereinigung und glücklichen Hochzeit! Sie sei in der Eile nach Mailand gekommen, wo sie begüterte Verwandte habe, um da Mittel und Ausweg zu finden; aber zu einer schlimmen Stunde sei sie gekommen; denn nichts wolle sich fügen und schikken, während der Tag immer näher rücke, und wenn sie ihrem Geliebten nicht helfen könne, so müsse sie sterben vor Traurigkeit. Denn es sei der liebste und beste Mensch, den man sich denken könne, und würde sicherlich ein großer Kaufherr werden, wenn ihm geholfen würde, und sie kenne kein anderes Glück mehr auf Erden, als dann dessen Gemahlin zu sein! Als sie diese Erzählung beendet, hatte sich der arme schöne Jüngling schon lange entfärbt und war bleich wie ein weißes Tuch. Aber er ließ keinen Laut der Klage vernehmen und sprach nicht ein Sterbenswörtchen mehr von sich selbst und von seiner Liebe, sondern fragte bloß traurig, auf wieviel sich denn die eingegangenen Verpflichtungen des glücklich unglücklichen Bräutigams beliefen? Auf zehntausend Goldgülden! antwortete sie noch viel trauriger. Der junge traurige Kaufherr stand auf, ermahnte das Fräulein, guten Mutes zu sein, da sich gewiß ein Ausweg zeigen werde, und entfernte sich von ihr, ohne daß er sie anzusehen wagte; so sehr fühlte er sich betroffen und beschämt, daß er sein Auge auf eine Dame geworfen, die so treu und leidenschaftlich einen andern liebte. Denn der Arme glaubte jedes Wort von ihrer Erzählung wie ein Evangelium. Dann begab er sich ohne Säumnis zu seinen Handelsfreunden und brachte sie durch Bitten und Einbüßung einer gewissen Summe dahin, seine Bestellungen und Einkäufe wieder rückgängig zu machen, welche er selbst in diesen Tagen auch grad mit seinen zehntausend Goldgülden bezahlen sollte und worauf er seine ganze Laufbahn bauete, und ehe sechs Stunden verflossen waren, erschien er wieder bei dem Fräulein mit seinem ganzen Besitztum und bat sie um Gottes willen, diese Aushilfe von ihm annehmen zu wollen. Ihre Augen funkelten vor freudiger Überraschung und ihre Brust pochte wie ein Hammerwerk; sie fragte ihn, wo er denn dies Kapital hergenommen, und er erwiderte, er habe es auf seinen guten Namen geliehen und würde es, da seine Geschäfte sich glücklich wendeten, ohne Unbequemlichkeit zurückerstatten können. Sie sah ihm deutlich an, daß er log und daß es sein einziges Vermögen und ganze Hoffnung war, welche er ihrem Glücke opferte; doch stellte sie sich, als glaubte sie seinen Worten. Sie ließ ihren freudigen Empfindungen freien Lauf und tat grausamerweise, als ob diese dem Glücke gälten, nun doch ihren Erwählten retten und heiraten zu dürfen, und sie konnte nicht Worte finden, ihre Dankbarkeit auszudrücken. Doch plötzlich besann sie sich und erklärte, nur unter einer Bedingung die großmütige Tat annehmen zu können, da sonst alles Zureden unnütz wäre. Befragt, worin diese Bedingung bestehe, verlangte sie das heilige Versprechen, daß er an einem bestimmten Tage sich bei ihr einfinden wolle, um ihrer Hochzeit beizuwohnen und der beste Freund und Gönner ihres zukünftigen Ehegemahls zu werden sowie der treuste Freund, Schützer und Berater ihrer selbst. Errötend bat er sie, von diesem Begehren abzustehen; aber umsonst wandte er alle Gründe an, um sie davon abzubringen, umsonst stellte er ihr vor, daß seine Angelegenheiten jetzt nicht erlaubten, nach der Schweiz zurückzureisen, und daß er von einem solchen Abstecher einen erheblichen Schaden erleiden würde. Sie beharrte entschieden auf ihrem Verlangen und schob ihm sogar sein Gold wieder zu, da er sich nicht dazu verstehen wollte. Endlich versprach er es, aber er mußte ihr die Hand darauf geben und es ihr bei seiner Ehre und Seligkeit beschwören. Sie bezeichnete ihm genau den Tag und die Stunde, wann er eintreffen solle, und alles dies mußte er bei seinem Christenglauben und bei seiner Seligkeit beschwören. Erst dann nahm sie sein Opfer an und ließ den Schatz vergnügt in ihre Schlafkammer tragen, wo sie ihn eigenhändig in ihrer Reisetruhe verschloß und den Schlüssel in den Busen steckte. Nun hielt sie sich nicht länger in Mailand auf, sondern reiste ebenso fröhlich über den Sankt Gotthard zurück, als schwermütig sie hergekommen war. Auf der Teufelsbrücke, wo sie hatte hinabspringen wollen, lachte sie wie eine Unkluge und warf mit hellem Jauchzen ihrer wohlklingenden Stimme einen Granatblütenstrauß in die Reuß, welchen sie vor der Brust trug, kurz ihre Lust war nicht zu bändigen, und es war die fröhlichste Reise, die je getan wurde. Heimgekehrt, öffnete und lüftete sie ihr Haus von oben bis unten und schmückte es, als ob sie einen Prinzen erwartete. Aber zu Häupten ihres Bettes legte sie den Sack mit den zehntausend Goldgülden und legte des Nachts den Kopf so glückselig auf den harten Klumpen und schlief darauf, wie wenn es das weichste Flaumkissen gewesen wäre. Kaum konnte sie den verabredeten Tag erwarten, wo sie ihn sicher kommen sah, da sie wußte, daß er nicht das einfachste Versprechen, geschweigee denn einen Schwur brechen würde, und wenn es ihm um das Leben ginge. Aber der Tag brach an und der Geliebte erschien nicht und es vergingen viele Tage und Wochen, ohne daß er von sich hören ließ. Da fing sie an, an allen Gliedern zu zittern, und verfiel in die größte Angst und Bangigkeit; sie schickte Briefe über Briefe nach Mailand, aber niemand wußte ihr zu sagen, wo er geblieben sei. Endlich aber stellte es sich durch einen Zufall heraus, daß der junge Kaufherr aus einem blutroten Stück Seidendamast, welches er von seinem Handelsanfang her im Haus liegen und bereits bezahlt hatte, sich ein Kriegskleid hatte anfertigen lassen und unter die Schweizer gegangen war, welche damals eben im Solde des Königs Franz von Frankreich den Mailändischen Krieg mitstritten. Nach der Schlacht bei Pavia, in welcher so viele Schweizer das Leben verloren, wurde er auf einem Haufen erschlagener Spaniolen liegend gefunden, von vielen tödlichen Wunden zerrissen und sein rotes Seidengewand von unten bis oben aufgeschlitzt und zerfetzt. Eh er den Geist aufgab, sagte er einem neben ihm liegenden Seldwyler, der minder übel zugerichtet war, folgende Botschaft ins Gedächtnis und bat ihn, dieselbe auszurichten, wenn er mit dem Leben davonkäme: ›Liebstes Fräulein! Obgleich ich Euch bei meiner Ehre, bei meinem Christenglauben und bei meiner Seligkeit geschworen habe, auf Eurer Hochzeit zu erscheinen, so ist es mir dennoch nicht möglich gewesen, Euch nochmals zu sehen und einen andern des höchsten Glückes teilhaftig zu erblicken, das es für mich geben könnte. Dieses habe ich erst in Eurer Abwesenheit verspürt und habe vorher nicht gewußt, welch eine strenge und unheimliche Sache es ist um solche Liebe, wie ich zu Euch habe, sonst würde ich mich zweifelsohne besser davor gehütet haben. Da es aber einmal so ist, so wollte ich lieber meiner weltlichen Ehre und meiner geistlichen Seligkeit verloren und in die ewige Verdammnis eingehen, als ein Meineidiger denn noch einmal in Eurer Nähe erscheinen mit einem Feuer in der Brust, welches stärker und unauslöschlicher ist als das Höllenfeuer und mich dieses kaum wird verspüren lassen. Betet nicht etwa für mich, schönstes Fräulein, denn ich kann und werde nie selig werden ohne Euch, sei es hier oder dort, und somit lebt glücklich und seid gegrüßt!‹ So hatte in dieser Schlacht, nach welcher König Franziskus sagte: ›Alles verloren, außer der Ehre!‹ der unglückliche Liebhaber alles verloren, die Hoffnung, die Ehre, das Leben und die ewige Seligkeit, nur die Liebe nicht, die ihn verzehrte. Der Seldwyler kam glücklich davon, und sobald er sich in etwas erholt und außer Gefahr sah, schrieb er die Worte des Umgekommenen getreu auf seine Schreibtafel, um sie nicht zu vergessen, reiste nach Hause, meldete sich bei dem unglücklichen Fräulein und las ihr die Botschaft so steif und kriegerisch vor, wie er zu tun gewohnt war, wenn er sonst die Mannschaft seines Fähnleins verlas; denn es war ein Feldleutnant. Das Fräulein aber zerraufte sich die Haare, zerriß ihre Kleider und begann so laut zu schreien und zu weinen, daß man es die Straße auf und nieder hörte und die Leute zusammenliefen. Sie schleppte wie wahnsinnig die zehntausend Goldgülden herbei, zerstreute sie auf dem Boden, warf sich der Länge nach darauf hin und küßte die glänzenden Goldstücke. Ganz von Sinnen, suchte sie den umherrollenden Schatz zusammenzuraffen und zu umarmen, als ob der verlorene Geliebte darin zugegen wäre. Sie lag Tag und Nacht auf dem Golde und wollte weder Speise noch Trank zu sich nehmen; unaufhörlich liebkoste und küßte sie das kalte Metall, bis sie mitten in einer Nacht plötzlich aufstand, den Schatz emsig hin und her eilend nach dem Garten trug und dort unter bittern Tränen in den tiefen Brunnen warf und einen Fluch darüber aussprach, daß er niemals jemand anderm angehören solle.«

Als Spiegel so weit erzählt hatte, sagte Pineiß: »Und liegt das schöne Geld noch in dem Brunnen?« »Ja, wo sollte es sonst liegen?« antwortete Spiegel, »denn nur ich kann es herausbringen und habe es bis zur Stunde noch nicht getan!« »Ei ja so, richtig!« sagte Pineiß, »ich habe es ganz vergessen über deiner Geschichte! Du kannst nicht übel erzählen, du Sapperlöter! und es ist mir ganz gelüstig geworden nach einem Weibchen, die so für mich eingenommen wäre; aber sehr schön müßte sie sein! Doch erzähle jetzt schnell noch, wie die Sache eigentlich zusammenhängt!« »Es dauerte manche Jahre«, sagte Spiegel, »bis das Fräulein aus bittern Seelenleiden so weit zu sich kam, daß sie anfangen konnte, die stille alte Jungfer zu werden, als welche ich sie kennen lernte. Ich darf mich berühmen, daß ich ihr einziger Trost und ihr vertrautester Freund geworden bin in ihrem einsamen Leben bis an ihr stilles Ende. Als sie aber dieses herannahen sah, vergegenwärtigte sie sich noch einmal die Zeit ihrer fernen Jugend und Schönheit und erlitt noch einmal mit milderen ergebenen Gedanken erst die süßen Erregungen und dann die bittern Leiden jener Zeit und sie weinte still sieben Tage und

Nächte hindurch über die Liebe des Jünglings, deren Genuß sie durch ihr Mißtrauen verloren hatte, so daß ihre alten Augen noch kurz vor dem Tode erblindeten. Dann bereute sie den Fluch, welchen sie über jenen Schatz ausgesprochen, und sagte zu mir, indem sie mich mit dieser wichtigen Sache beauftragte: ›Ich bestimme nun anders, lieber Spiegel! und gebe dir die Vollmacht, daß du meine Verordnung vollziehest. Sieh dich um und suche, bis du eine bildschöne, aber unbemittelte Frauensperson findest, welcher es ihrer Armut wegen an Freiern gebricht! Wenn sich dann ein verständiger, rechtlicher und hübscher Mann finden sollte, der sein gutes Auskommen hat und die Jungfrau ungeachtet ihrer Armut, nur allein von ihrer Schönheit bewegt, zur Frau begehrt, so soll dieser Mann mit den stärksten Eiden sich verpflichten, derselben so treu, aufopfernd und unabänderlich ergeben zu sein, wie es mein unglücklicher Liebster gewesen ist, und dieser Frau sein Leben lang in allen Dingen zu willfahren. Dann gib der Braut die zehntausend Goldgülden, welche im Brunnen liegen, zur Mitgift, daß sie ihren Bräutigam am Hochzeitsmorgen damit überrasche!‹ So sprach die Selige und ich habe meiner widrigen Geschicke wegen versäumt, dieser Sache nachzugehen, und muß nun befürchten, daß die Arme deswegen im Grabe noch beunruhigt sei, was für mich eben auch nicht die angenehmsten Folgen haben kann!«

Pineiß sah den Spiegel mißtrauisch an und sagte: »Wärst du wohl imstande, Bürschchen! mir den Schatz ein wenig nachzuweisen und augenscheinlich zu machen?«

»Zu jeder Stunde!« versetzte Spiegel, »aber Ihr müßt wissen, Herr Stadthexenmeister, daß Ihr das Gold nicht etwa so ohne weiteres herausfischen dürftet! Man würde Euch unfehlbar das Genick umdrehen; denn es ist nicht ganz geheuer in dem Brunnen, ich habe darüber bestimmte Inzichten, welche ich aus Rücksichten nicht näher berühren darf!«

»Hei, wer spricht denn von Herausholen?« sagte Pineiß etwas furchtsam, »führe mich einmal hin und zeige mir den Schatz! Oder vielmehr will ich dich führen an einem guten Schnürlein, damit du mir nicht entwischest!«

»Wie Ihr wollt!« sagte Spiegel, »aber nehmt auch eine andere lange Schnur mit und eine Blendlaterne, welche Ihr daran in den Brunnen hinablassen könnt; denn der ist so tief und dunkel!«

Pineiß befolgte diesen Rat und führte das muntere Kätzchen nach dem Garten jener Verstorbenen. Sie überstiegen miteinander die Mauer und Spiegel zeigte dem Hexer den Weg zu dem alten Brunnen, welcher unter verwildertem Gebüsche verborgen war. Dort ließ Pineiß sein Laternchen hinunter, begierig nachblickend, während er den angebundenen Spiegel nicht von der Hand ließ. Aber richtig sah er in der Tiefe das Gold funkeln unter dem grünlichen Wasser und rief: »Wahrhaftig, ich sehs, es ist wahr! Spiegel, du bist ein Tausendskerl!« Dann guckte er wieder eifrig hinunter und sagte: »Mögen es auch zehntausend sein?« »Ja, das ist nun nicht zu schwören!« sagte Spiegel, »ich bin nie da unten gewesen und habs nicht gezählt! Ist auch möglich, daß die Dame dazumal einige Stücke auf dem Wege verloren hat, als sie den Schatz hieher trug, da sie in einem sehr aufgeregten Zustande war.« »Nun, seien es auch ein Dutzend oder mehr weniger!« sagte Herr Pineiß, »es soll mir darauf nicht ankommen!« Er setzte sich auf den Rand des Brunnens, Spiegel setzte sich auch nieder und leckte sich das Pfötchen. »Da wäre nun der Schatz!« sagte Pineiß, indem er sich hinter den Ohren kratzte, »und hier wäre auch der Mann dazu; fehlt nur noch das bildschöne Weib!« »Wie?« sagte Spiegel. »Ich meine, es fehlt nur noch diejenige, welche die Zehntausend als Mitgift bekommen soll, um mich damit zu überraschen am Hochzeitsmorgen, und welche alle jene angenehmen Tugenden hat, von denen du gesprochen!« »Hm!« versetzte Spiegel, »die Sache verhält sich nicht ganz so, wie Ihr sagt! Der Schatz ist da, wir Ihr richtig einseht; das schöne Weib habe ich, um es aufrichtig zu gestehen, allbereits auch schon aufgespürt; aber mit dem Mann, der sie unter diesen schwierigen Umständen heiraten möchte, da hapert es eben; denn heutzutage muß die Schönheit obenein vergoldet sein wie die Weihnachtsnüsse, und je hohler die Köpfe werden, desto mehr sind sie bestrebt, die Leere mit einigem Weibergut nachzufüllen, damit sie die Zeit besser zu verbringen vermögen; da wird dann mit wichtigem Gesicht ein Pferd besehen und ein Stück Sammet gekauft, mit Laufen und Rennen eine gute Armbrust bestellt, und der Büchsenschmied kommt nicht aus dem Hause; da heißt es: ich muß meinen

Wein einheimsen und meine Fässer putzen, meine Bäume putzen lassen und mein Dach decken; ich muß meine Frau ins Bad schikken, sie kränkelt und kostet mich viel Geld, und muß mein Holz fahren lassen und mein Ausstehendes eintreiben; ich habe ein Paar Windspiele gekauft und meine Bracken vertauscht, ich habe einen schönen eichenen Ausziehtisch eingehandelt und meine große Nußbaumlade dran gegeben; ich habe meine Bohnenstangen geschnitten, meinen Gärtner fortgejagt, mein Heu verkauft und meinen Salat gesäet, immer mein und mein vom Morgen bis zu Abend. Mache sagen sogar: ich habe meine Wäsche die nächste Woche, ich muß meine Betten sonnen, ich muß eine Magd dingen und einen neuen Metzger haben, denn den alten will ich abschaffen; ich habe ein allerliebstes Waffeleisen erstanden, durch Zufall, und habe mein silbernes Zimmetbüchschen verkauft, es war mir so nichts nütze. Alles das sind wohlverstanden die Sachen der Frau, und so verbringt ein solcher Kerl die Zeit und stiehlt unserm Herrgott den Tag ab, indem er alle diese Verrichtungen aufzählt, ohne einen Streich zu tun. Wenn es hoch kommt und ein solcher Patron sich etwas ducken muß, so wird er vielleicht sagen: unsere Kühe und unsere Schweine, aber –« Pineiß riß den Spiegel an der Schnur, daß er miau! schrie, und rief: »Genug, du Plappermaul! Sag jetzt unverzüglich: wo ist sie, von der du weißt?« Denn die Aufzählung aller dieser Herrlichkeiten und Verrichtungen, die mit einem Weibergute verbunden sind, hatte dem dürren Hexenmeister den Mund nur noch wässeriger gemacht. Spiegel sagte erstaunt: »Wollt Ihr denn wirklich das Ding unternehmen, Herr Pineiß?« »Versteht sich, will ich! Wer sonst als ich? Drum heraus damit: wo ist diejenige?«

»Damit Ihr hingehen und sie freien könnt?«

»Ohne Zweifel!«

»So wisset, die Sache geht nur durch meine Hand! Mit mir müßt Ihr sprechen, wenn Ihr Geld und Frau wollt!« sagte Spiegel kaltblütig und gleichgültig und fuhr sich mit den beiden Pfoten eifrig über die Ohren, nachdem er sie jedesmal ein bißchen naß gemacht. Pineiß besann sich sorgfältig, stöhnte ein bißchen und sagte: »Ich merke, du willst unsern Kontrakt aufheben und deinen Kopf salvieren!«

»Schiene Euch das so uneben und unnatürlich?«

»Du betrügst mich am Ende und belügst mich wie ein Schelm!«

»Dies ist auch möglich!« sagte Spiegel.

»Ich sage dir: betrüge mich nicht!« rief Pineiß gebieterisch.

»Gut, so betrüge ich Euch nicht!« sagte Spiegel.

»Wenn dus tust!«

»So tu ichs.«

»Quäle mich nicht, Spiegelchen!« sagte Pineiß beinahe weinerlich, und Spiegel erwiderte jetzt ernsthaft:

»Ihr seid ein wunderbarer Mensch, Herr Pineiß! Da haltet Ihr mich an einer Schnur gefangen und zerrt daran, daß mir der Atem vergeht! Ihr lasset das Schwert des Todes über mir schweben seit länger als zwei Stunden, was sag ich! seit einem halben Jahre! und nun sprecht Ihr: quäle mich nicht, Spiegelchen! Wenn Ihr erlaubt, so sage ich Euch in Kürze: Es kann mir nur lieb sein, jene Liebespflicht gegen die Tote doch noch zu erfüllen und für das bewußte Frauenzimmer einen tauglichen Mann zu finden, und Ihr scheint mir allerdings in aller Hinsicht zu genügen; es ist keine Leichtigkeit, ein Weibstück wohl unterzubringen, so sehr dies auch scheint, und ich sage noch einmal: ich bin froh, daß Ihr Euch hierzu bereit finden lasset! Aber umsonst ist der Tod! Eh ich ein Wort weiter spreche, einen Schritt tue, ja eh ich nur den Mund noch einmal aufmache, will ich erst meine Freiheit wieder haben und mein Leben versichert! Daher nehmt diese Schnur weg und legt den Kontrakt hier auf den Brunnen, hier auf diesen Stein, oder schneidet mir den Kopf ab, eins von beiden!«

»Ei du Tollhäusler und Obenhinaus!« sagte Pineiß, »du Hitzkopf, so streng wird es nicht gemeint sein? Das will ordentlich besprochen sein und muß jedenfalls ein neuer Vertrag geschlossen werden!« Spiegel gab keine Antwort mehr und saß unbeweglich da, ein, zwei und drei Minuten. Da ward dem Meister bänglich, er zog seine Brieftasche hervor, klaubte seufzend den Schein heraus, las ihn noch einmal durch und legte ihn dann zögernd vor Spiegel hin. Kaum lag das Papier dort, so schnappte es Spiegel auf und verschlang es; und obgleich er heftig daran zu würgen hatte, so dünkte es ihn doch die beste und gedeihlichste Speise zu sein, die er je genossen, und er hoffte, daß sie ihm noch auf lange wohl bekommen und ihn rundlich und munter machen würde. Als er mit der angenehmen Mahlzeit fertig war, begrüßte er den Hexenmeister höflich und sagte: »Ihr werdet unfehlbar von mir hören, Herr Pineiß, und Weib und Geld sollen Euch nicht entgehen. Dagegen macht Euch bereit, recht verliebt zu sein, damit Ihr jene Bedingungen einer unverbrüchlichen Hingebung an die Liebkosungen Eurer Frau, die schon so gut wie Euer ist, ja beschwören und erfüllen könnt! Und hiermit bedanke ich mich des vorläufigen für genossene Pflege und Beköstigung und beurlaube mich!«

Somit ging Spiegel seines Weges und freute sich über die Dummheit des Hexenmeisters, welcher glaubte, sich selbst und alle Welt betrügen zu können, indem er ja die gehoffte Braut nicht uneigennützig, aus bloßer Liebe zur Schönheit, ehelichen wollte, sondern den Umstand mit den zehntausend Goldgülden vorher wußte. Indessen hatte er schon eine Person im Auge, welche er dem törichten Hexenmeister aufzuhalsen gedachte für seine gebratenen Krammetsvögel, Mäuse und Würstchen.

Dem Hause des Herrn Pineiß gegenüber war ein anderes Haus, dessen vordere Seite auf das sauberste geweißt war und dessen Fenster immer frisch gewaschen glänzten. Die bescheidenen Fenstervorhänge waren immer schneeweiß und wie soeben geplättet, und ebenso weiß war der Habit und das Kopf- und Halstuch einer alten Beghine, welche in dem Hause wohnte, also daß ihr nonnenartiger Kopfputz, der ihre Brust bekleidete, immer wie aus Schreibpapier gefaltet aussah, so daß man gleich darauf hätte schreiben mögen; das hätte man wenigstens auf der Brust bequem tun können, da sie so eben und so hart war wie ein Brett. So scharf die weißen Kanten und Ecken ihrer Kleidung, so scharf war auch die lange Nase und das Kinn der Beghine, ihre Zunge und der böse Blick ihrer Augen; doch sprach sie nur wenig mit der Zunge und blickte wenig mit den Augen, da sie die Verschwendung nicht liebte und alles nur zur rechten Zeit und mit Bedacht verwendete. Alle Tage ging sie dreimal in die Kirche, und wenn sie in ihrem frischen, weißen und knitternden Zeuge und mit ihrer weißen spitzigen Nase über die Straße ging, liefen die Kinder furchtsam davon und selbst erwachsene Leute traten gern hinter die Haustüre, wenn es noch Zeit war. Sie stand aber wegen ihrer strengen Frömmigkeit und Eingezogenheit in großem Rufe und besonders bei der Geistlichkeit in hohem Ansehen, aber selbst die Pfaffen verkehrten lieber schriftlich mit ihr als mündlich, und wenn sie beichtete, so schoß der Pfarrer jedesmal so schweißtriefend aus dem Beichtstuhl heraus, als ob er aus einem Backofen käme. So lebte die fromme Beghine, die keinen Spaß verstand, in tiefem Frieden und blieb ungeschoren. Sie machte sich auch mit niemand zu schaffen und ließ die Leute gehen, vorausgesetzt, daß sie ihr aus dem Wege gingen; nur auf ihren Nachbar Pineiß schien sie einen besondern Haß geworfen zu haben; denn sooft er sich an seinem Fenster blicken ließ, warf sie ihm einen bösen Blick hinüber und zog augenblicklich ihre weißen Vorhänge vor, und Pineiß fürchtete sie wie das Feuer und wagte nur zuhinterst in seinem Hause, wenn alles gut verschlossen war, etwa einen Witz über sie zu machen. So weiß und hell aber das Haus der Beghine nach der Straße zu aussah, so schwarz und räucherig, unheimlich und seltsam sah es von hinten aus, wo es jedoch fast gar nicht gesehen werden konnte als von den Vögeln des Himmels und den Katzen auf den Dächern, weil es in eine dunkle Winkelei von himmelhohen Brandmauern ohne Fenster hineingebaut war, wo nirgends ein menschliches Gesicht sich sehen ließ. Unter dem Dache dort hingen alte zerrissene Unterröcke, Körbe und Kräutersäcke, auf dem Dache wuchsen ordentliche Eibenbäumchen und Dornsträucher, und ein großer rußiger Schornstein ragte unheimlich in die Luft. Aus diesem Schornstein aber fuhr in der dunklen Nacht nicht selten eine Hexe auf ihrem Besen in die Höhe, jung und schön und splitternackt, wie Gott die Weiber geschaffen und der Teufel sie gern sieht. Wenn sie aus dem Schornstein fuhr, so schnupperte sie mit dem feinsten Näschen und mit lächelnden Kirschenlippen in der frischen Nachtluft und fuhr in dem weißen Scheine ihres Leibes dahin, indem ihr langes rabenschwarzes Haar wie eine Nachtfahne hinter ihr her flatterte. In einem Loch am Schornstein saß ein alter Eulenvogel, und zu diesem begab sich jetzt der befreite Spiegel, eine fette Maus im Maule, die er unterwegs gefangen.

»Wünsch' guten Abend, liebe Frau Eule! Eifrig auf der Wacht?« sagte er, und die Eule erwiderte: »Muß wohl! Wünsch' gleichfalls guten Abend. Ihr habt Euch lang nicht sehen lassen, Herr Spiegel!«

»Hat seine Gründe gehabt, werde Euch das erzählen. Hier habe ich Euch ein Mäuschen gebracht, schlecht und recht, wie es die Jahrs-

zeit gibt, wenn Ihrs nicht verschmähen wollt! Ist die Meisterin aus-
geritten?«

»Noch nicht, sie will erst gegen Morgen auf ein Stündchen hinaus.
Habt Dank für die schöne Maus! Seid doch immer der höfliche
Spiegel! Habe hier einen schlechten Sperling zur Seite gelegt, der
mir heute zu nahe flog; wenn Euch beliebt, so kostet den Vogel!
Und wie ist es Euch denn ergangen?«

»Fast wunderlich«, erwiderte Spiegel, »sie wollten mir an den Kragen. Hört, wenn es Euch gefällig ist.« Während sie vergünglich ihr
Abendessen einnahmen, erzählte Spiegel der aufmerksamen Eule
alles, was ihn betroffen und wie er sich aus den Händen des Herrn
Pineiß befreit habe. Die Eule sagte: »Da wünsch ich tausendmal
Glück, nun seid Ihr wieder ein gemachter Mann und könnt gehen,
wo Ihr wollt, nachdem Ihr mancherlei erfahren!«

»Damit sind wir noch nicht zu Ende«, sagte Spiegel, »der Mann
muß seine Frau und seine Goldgülden haben!«

»Seid Ihr von Sinnen, dem Schelm noch wohlzutun, der Euch das
Fell abziehen wollte?«

»Ei, er hat es doch rechtlich und vertragsmäßig tun können, und da
ich ihn in gleicher Münze wieder bedienen kann, warum sollt ich es
unterlassen? Wer sagt denn, daß ich ihm wohltun will? Jene Erzählung war eine reine Erfindung von mir, meine in Gott ruhende Meisterin war eine simple Person, welche in ihrem Leben nie verliebt
noch von Anbetern umringt war, und jener Schatz ist ein ungerech-
tes Gut, das sie einst ererbt und in den Brunnen geworfen hat, damit
sie kein Unglück daran erlebe. ›Verflucht sei, wer es da heraus-
nimmt und verbraucht‹, sagte sie. Es macht sich also in betreff des
Wohltuns!«

»Dann ist die Sache freilich anders! Aber nun, wo wollt Ihr die
entsprechende Frau hernehmen?«

»Hier aus diesem Schornstein! Deshalb bin ich gekommen, um ein
vernünftiges Wort mit Euch zu reden! Möchtet Ihr denn nicht einmal wieder frei werden aus den Banden dieser Hexe? Sinnt nach,
wie wir sie fangen und mit dem alten Bösewicht verheiraten!«

»Spiegel, Ihr braucht Euch nur zu nähern, so weckt Ihr mir er-
sprießliche Gedanken.«

»Das wußte ich wohl, daß Ihr klug seid! Ich habe das meinige getan, und es ist besser, daß Ihr auch Euren Senf dazu gebt und neue Kräfte vorspannt, so kann es gewiß nicht fehlen!«

»Da alle Dinge so schön zusammentreffen, so brauche ich nicht lang zu sinnen, mein Plan ist längst gemacht!«

»Wie fangen wir sie?«

»Mit einem neuen Schnepfengarn aus guten starken Hanfschnüren; geflochten muß es sein von einem zwanzigjährigen Jägerssohn, der noch kein Weib angesehen hat, und es muß schon dreimal der Nachttau darauf gefallen sein, ohne daß sich eine Schnepfe gefangen; der Grund aber hiervon muß dreimal eine gute Handlung sein. Ein solches Netz ist stark genug, die Hexe zu fangen.«

»Nun bin ich neugierig, wo Ihr ein solches hernehmt«, sagte Spiegel, »denn ich weiß, daß Ihr keine vergeblichen Worte schwatzt!«

»Es ist auch schon gefunden, wie für uns gemacht; in einem Walde nicht weit von hier sitzt ein zwanzigjähriger Jägerssohn, welcher noch kein Weib angesehen hat; denn er ist blind geboren. Deswegen ist er auch zu nichts zu gebrauchen als zum Garnflechten und hat vor einigen Tagen ein neues, sehr schönes Schnepfengarn zustande gebracht. Aber als der alte Jäger es zum ersten Male ausspannen wollte, kam ein Weib daher, welches ihn zur Sünde verlocken wollte; es war aber so häßlich, daß der alte Mann voll Schreckens davonlief und das Garn am Boden liegen ließ. Darum ist ein Tau darauf gefallen, ohne daß sich eine Schnepfe fing, und war also eine gute Handlung daran schuld. Als er des andern Tages hinging, um das Garn abermals auszuspannen, kam eben ein Reiter daher, welcher einen schweren Mantelsack hinter sich hatte; in diesem war ein Loch, aus welchem von Zeit zu Zeit ein Goldstück auf die Erde fiel. Da ließ der Jäger das Garn abermals liegen und lief eifrig hinter dem Reiter her und sammelte die Goldstücke in seinen Hut, bis der Reiter sich umkehrte, es sah und voll Grimm seine Lanze auf ihn richtete. Da bückte der Jäger sich erschrocken, reichte ihm den Hut dar und sagte: ›Erlaubt, gnädiger Herr, Ihr habt hier viel Gold verloren, das ich Euch sorgfältig aufgelesen!‹ Dies war wiederum eine gute Handlung, indem das ehrliche Finden eine der schwierigsten und besten ist; er war aber so weit von dem Schnepfengarn entfernt, daß er es die zweite Nacht im Walde liegen ließ und den nähern Weg nach Hause ging. Am dritten Tag endlich, nämlich gestern, als er eben wieder auf dem Wege war, traf er eine hübsche Gevattersfrau an, die dem Alten um den Bart zu gehen pflegte und der er schon manches Häslein geschenkt hat. Darüber vergaß er die Schnepfen gänzlich und sagte am Morgen: ›Ich habe den armen Schnepflein das Leben geschenkt; auch gegen Tiere muß man barmherzig sein!‹ Und um dieser drei guten Handlungen willen fand er, daß er jetzt zu gut sei für diese Welt, und ist heute vormittag beizeiten in ein Kloster gegangen. So liegt das Garn noch ungebraucht im Walde und ich darf es nur holen.« »Holt es geschwind!« sagte Spiegel, »es wird gut sein zu unserm Zweck!« »Ich will es holen«, sagte die Eule, »steht nur so lang Wache für mich in diesem Loch, und wenn etwa die Meisterin den Schornstein hinaufrufen sollte, ob die Luft rein sei? so antwortet, indem Ihr meine Stimme nachahmt: ›Nein, es stinkt noch nicht in der Fechtschul'!‹« Spiegel stellte sich in die Nische und die Eule flog still über die Stadt weg nach dem Wald. Bald kam sie mit dem Schnepfengarn zurück und fragte: »Hat sie schon gerufen?« »Noch nicht!« sagte Spiegel.

Da spannten sie das Garn aus über den Schornstein und setzten sich daneben still und klug; die Luft war dunkel und es ging ein leichtes Morgenwindchen, in welchem ein paar Sternbilder flackerten. »Ihr sollt sehen«, flüsterte die Eule, »wie geschickt die durch den Schornstein heraufzusäuseln versteht, ohne sich die blanken Schultern schwarz zu machen!« »Ich hab sie noch nie so nah gesehen«, erwiderte Spiegel leise, »wenn sie uns nur nicht zu fassen kriegt!«

Da rief die Hexe von unten: »Ist die Luft rein?« Die Eule rief: »Ganz rein, es stinkt herrlich in der Fechtschul'!« und alsobald kam die Hexe heraufgefahren und wurde in dem Garne gefangen, welches die Katze und die Eule eiligst zusammenzogen und verbanden. »Halt fest!« sagte Spiegel und »Binde gut!« die Eule. Die Hexe zappelte und tobte mäuschenstill wie ein Fisch im Netz; aber es half ihr nichts und das Garn bewährte sich auf das beste. Nur der Stiel ihres Besens ragte durch die Maschen. Spiegel wollte ihn sachte herausziehen, erhielt aber einen solchen Nasenstüber, daß er beinahe in Ohnmacht fiel und einsah, wie man auch einer Löwin im Netz nicht zu nahe kommen dürfe. Endlich hielt sich die Hexe still und sagte: »Was wollt ihr denn von mir, ihr wunderlichen Tiere?«

»Ihr sollt mich aus Eurem Dienste entlassen und meine Freiheit zurückgeben!« sagte die Eule. »So viel Geschrei und wenig Wolle!« sagte die Hexe, »du bist frei, mach dies Garn auf!« »Noch nicht!« sagte Spiegel, der immer noch seine Nase rieb, »Ihr müßt Euch verpflichten, den Stadthexenmeister Pineiß, Euren Nachbar, zu heiraten auf die Weise, wie wir Euch sagen werden, und ihn nicht mehr zu verlassen!« Da fing die Hexe wieder an zu zappeln und zu prusten wie der Teufel, und die Eule sagte: »Sie will nicht dran!« Spiegel aber sagte: »Wenn Ihr nicht ruhig seid und alles tut, was wir wünschen, so hängen wir das Garn samt seinem Inhalte da vorn an den Drachenkopf der Dachtraufe, nach der Straße zu, daß man Euch morgen sieht und die Hexe erkennt! Sagt also: Wollt Ihr lieber unter dem Vorsitze des Herrn Pineiß gebraten werden oder ihn braten, indem Ihr ihn heiratet?«

Da sagte die Hexe mit einem Seufzer: »So sprecht, wie meint Ihr die Sache?« Und Spiegel setzte ihr alles zierlich auseinander, wie es gemeint sei und was sie zu tun hätte. »Das ist allenfalls noch auszuhalten, wenn es nicht anders sein kann!« sagte sie und ergab sich unter den stärksten Formeln, die eine Hexe binden können. Da taten die Tiere das Gefängnis auf und ließen sie hinaus. Sie bestieg sogleich den Besen, die Eule setzte sich hinter sie auf den Stiel und Spiegel zuhinterst auf das Reisigbündel und hielt sich da fest, und so ritten sie nach dem Brunnen, in welchen die Hexe hinabfuhr, um den Schatz heraufzuholen.

Am Morgen erschien Spiegel bei Herrn Pineiß und meldete ihm, daß er die bewußte Person ansehen und freien könne; sie sei aber allbereits so arm geworden, daß sie, gänzlich verlassen und verstoßen, vor dem Tore unter einem Baume sitze und bitterlich weine. Sogleich kleidete sich Herr Pineiß in sein abgeschabtes gelbes Samtwämschen, das er nur bei feierlichen Gelegenheiten trug, setzte die bessere Pudelmütze auf und umgürtete sich mit seinem Degen; in die Hand nahm er einen alten grünen Handschuh, ein Balsamfläschchen worin einst Balsam gewesen und das noch ein bißchen roch, und eine papierne Nelke, worauf er mit Spiegel vor das Tor ging, um zu freien. Dort traf er ein weinendes Frauenzimmer sitzen unter einem Weidenbaum, von so großer Schönheit, wie er noch nie gesehen; aber ihr Gewand war so dürftig und zerrissen, daß, sie mochte sich auch schamhaft gebärden, wie sie wollte, immer da oder dort der schneeweiße Leib ein bißchen durchschimmerte. Pineiß riß die Augen auf und konnte vor heftigem Entzücken kaum seine Bewerbung vorbringen. Da trocknete die Schöne ihre Tränen, gab ihm mit süßem Lächeln die Hand, dankte ihm mit einer himmlischen Glockenstimme für seine Großmut und schwur, ihm ewig treu zu sein. Aber im selben Augenblicke erfüllte ihn eine solche Eifersucht und Neideswut auf seine Braut, daß er beschloß, sie vor keinem menschlichen Auge jemals sehen zu lassen. Er ließ sich bei einem uralten Einsiedler mit ihr trauen und feierte das Hochzeitsmahl in seinem Hause, ohne andere Gäste als Spiegel und die Eule, welche ersterer mitzubringen sich die Erlaubnis erbeten hatte. Die zehntausend Goldgülden standen in einer Schüssel auf dem Tisch und Pineiß griff zuweilen hinein und wühlte in dem Golde; dann sah er wieder die schöne Frau an, welche in einem meerblauen Sammetkleide dasaß, das Haar mit einem goldenen Netze umflochten und mit Blumen geschmückt, und den weißen Hals mit Perlen umgeben. Er wollte sie fortwährend küssen, aber sie wußte verschämt und züchtig ihn abzuhalten, mit einem verführerischen Lächeln, und schwur, daß sie dieses vor Zeugen und vor Anbruch der Nacht nicht tun würde. Dies machte ihn nur noch verliebter und glückseliger, und Spiegel würzte das Mahl mit lieblichen Gesprächen, welche die schöne Frau mit den angenehmsten, witzigsten und einschmeichelndsten Worten fortführte, so daß der Hexenmeister nicht wußte, wie ihm geschah vor Zufriedenheit. Als es aber dunkel geworden, beurlaubten sich die Eule und die Katze und entfernten sich bescheiden; Herr Pineiß begleitete sie bis unter die Haustüre mit einem Lichte und dankte dem Spiegel nochmals, indem er ihn einen trefflichen und höflichen Mann nannte, und als er in die Stube zurückkehrte, saß die alte weiße Beghine, seine Nachbarin, am Tisch und sah ihn mit einem bösen Blick an. Entsetzt ließ Pineiß den Leuchter fallen und lehnte sich zitternd an die Wand. Er hing die Zunge heraus und sein Gesicht war so fahl und spitzig geworden wie das der Beghine. Diese aber stand auf, näherte sich ihm und trieb ihn vor sich her in die Hochzeitskammer, wo sie mit höllischen Künsten ihn auf eine Folter spannte, wie noch kein Sterblicher erlebt. So war er nun mit der Alten unauflöslich verehelicht, und in der Stadt hieß es, als es ruchbar wurde: »Ei seht, wie stille

Wasser tief sind! Wer hätte gedacht, daß die fromme Beghine und der Herr Stadthexenmeister sich noch verheiraten würden! Nun, es ist ein ehrbares und rechtliches Paar, wenn auch nicht sehr liebenswürdig!« Herr Pineiß aber führte von nun an ein erbärmliches Leben; seine Gattin hatte sich sogleich in den Besitz aller seiner Geheimnisse gesetzt und beherrschte ihn vollständig. Es war ihm nicht die geringste Freiheit und Erholung gestattet, er mußte hexen vom Morgen bis zum Abend, was das Zeug halten wollte, und wenn Spiegel vorüberging und es sah, sagte er freundlich: »Immer fleißig, fleißig, Herr Pineiß?«

Seit dieser Zeit sagt man zu Seldwyla: Er hat der Katze den Schmer abgekauft! besonders wenn einer eine böse und widerwärtige Frau erhandelt hat.

Plautus im Nonnenkloster

Nach einem heißen Sommertage hatte sich vor einem Casino der medicäischen Gärten zum Genusse der Abendkühle eine Gesellschaft gebildeter Florentiner um Cosmus Medici, den ›Vater des Vaterlandes‹, versammelt. Der reinste Abendhimmel dämmerte in prächtigen, aber zart abgestuften Farben über den mäßig Zechenden, unter welchen sich ein scharf geschnittener, greiser Kopf auszeichnete, an dessen beredten Lippen die Aufmerksamkeit der lauschenden Runde hing. Der Ausdruck dieses geistreichen Kopfes war ein seltsam gemischter: über die Heiterkeit der Stirn, die lächelnden Mundwinkel war der Schatten eines trüben Erlebnisses geworfen.

»Mein Poggio«, sagte nach einer eingetretenen Pause Cosmus Medici mit den klugen Augen in dem häßlichen Gesichte, »neulich habe ich das Büchlein deiner Facetien wieder durchblättert. Freilich weiß ich es auswendig und dieses mußte ich bedauern, da ich nur noch an den schlanken Wendungen einer glücklichen Form mich ergötzen, aber weder Neugierde noch Überraschung mehr empfinden konnte. Es ist unmöglich, daß du nicht, wählerisch wie du bist, diese oder jene deiner witzigen und liebenswürdigen Possen, sei es als nicht gesalzen genug oder als zu gesalzen, von der anerkannten Ausgabe des Büchleins ausgeschlossen hast. Besinne dich! Gib diesem Freundeskreise, wo die leiseste Anspielung verstanden und der keckste Scherz verziehen wird, eine Facezia inedita zum besten. Erzählend und schlürfend« – er deutete auf den Becher – »wirst du dein Leid vergessen!« Den frischen Kummer, auf welchen Cosmus als auf etwas Stadtbekanntes anspielte, hatte dem greisen Poggio – dem jetzigen Sekretär der florentinischen Republik und dem vormaligen von fünf Päpsten, dem früheren Kleriker und späteren Ehemanne – einer seiner Söhne verursacht, welche alle herrlich begabt waren und alle nichts taugten. Dieser Elende hatte die greisen Haare des Vaters mit einer Tat beschimpft, die nahe an Raub und

Diebstahl grenzte und dem für den Sohn einstehenden, sparsamen Poggio überdies eine empfindliche ökonomische Einbuße zuzog. Nach einem kurzen Besinnen antwortete der Greis: »Jene Possen oder ähnliche, die dir schmecken, mein Cosmus, kleiden, wie üppige Kränze, nur braune Locken und mißziemen einem zahnlosen Munde.« Er lächelte und zeigte noch eine hübsche Reihe weißer Zähne. »Und« – seufzte er – »nur ungern kehre ich zu jenen Jugendlichkeiten, wie harmlos im Grunde sie sein mögen, zurück, jetzt da ich die Unbefangenheit meiner Standpunkte und die Läßlichkeit meiner Lebensauffassung bei meinem Sohne – ich weiß nicht kraft welches unheimlichen Gesetzes der Steigerung – zu unerträglicher Frechheit, ja zur Ruchlosigkeit entarten sehe.«

»Poggio, du predigst!« warf ein Jüngling ein. »Du, welcher der Welt die Komödien des Plautus wiedergegeben hat!«

»Dank für deine Warnung, Romolo!« rief der unglückliche Vater, sich aufraffend, da er selbst als ein guter Gesellschafter es für unschicklich hielt, mit seinem häuslichen Kummer auf den Gästen zu lasten. »Dank für deine Erinnerung! Der ›Fund des Plautus‹ ist die Facetie, mit welcher ich heute euch, ihr Nachsichtigen, bewirten will.«

»Nenne sie lieber den ›Raub des Plautus‹«, warf ein Spötter ein.

Poggio aber, ohne ihn eines Blickes zu würdigen: »Möge sie euch ergötzen«, fuhr er fort, »und zugleich belehren, Freunde, wie ungerecht der Vorwurf ist, mit welchem mich meine Neider verfolgen, als hätte ich jene Klassiker, deren Entdecker ich nun einmal bin, mir auf unedle, ja verwerfliche Weise angeeignet, als hätte ich sie – plump geredet – gestohlen. Nichts ist unwahrer.«

Ein Lächeln ging im Kreise, zu welchem erst Poggio sich ernst und ablehnend verhielt, an dem er aber endlich selbst sich mitlächelnd beteiligte; denn ihm war, als einem Menschenkenner, bewußt, daß auch die falschesten Vorurteile sich nur schwer wieder entwurzeln lassen.

»Meine Facetie«, parodierte Poggio die den italienischen Novellen gewöhnlich voranstehende breite Inhaltsangabe, »handelt von zwei Kreuzen, einem schweren und einem leichten, und von zwei barbarischen Nonnen, einer Novize und einer Äbtissin.« »Göttlich, Poggio«, unterbrach ihn ein Nachbar, »von der Art jener treuherzi-

gen germanischen Vestalen, mit welchen du in deinem bewunders-
werten Reisebriefe die Heilbäder an der Limmat wie mit Najaden
bevölkert hast, – das Beste, was du geschrieben, bei den neun Musen! Jener Brief verbreitete sich in tausend Abschriften über Italien...«

»Ich übertrieb, euern Geschmack kennend«, scherzte Poggio. »Immerhin, Ippolito, wirst du, als ein Liebhaber der Treuherzigkeit, an
meiner barbarischen Nonne deine Freude haben. Ich beginne.

In jenen Tagen, erlauchter Cosmus, da wir unserer zur lernäischen
Schlange entstellten heiligen Kirche die überflüssigen Köpfe ab-
schlugen, befand ich mich in Constanz und widmete meine Tätigkeit
den großartigen Geschäften eines ökumenischen Konzils. Meine
Muße aber teilte ich zwischen der Betrachtung des ergötzlichen
Schauspiels, das auf der beschränkten Bühne einer deutschen
Reichsstadt die Frömmigkeit, die Wissenschaft, die Staatskunst des
Jahrhunderts mit seinen Päpsten, Ketzern, Gauklern und Buhlerin-
nen zusammendrängte, – und der gelegentlichen Suche nach Manu-
skripten in den umliegenden Klöstern.

Verschiedene Spuren und Fährten verfolgend, geriet ich auf die der
Gewißheit nahe Vermutung, daß sich in einem benachbarten Nonnenkloster ein Plautus in den Händen barbarischer Nonnen befand,
wohin er sich aus irgend einer abgehausten Benediktinerabtei als
Erbe oder Pfand mochte verirrt haben. Ein Plautus! Denke dir,
mein erlauchter Gönner, was es sagen wollte, damals wo nur wenige, die Neugier unerträglich stachelnde Fragmente des großen
römischen Komikers vorhanden waren! Daß ich darüber den Schlaf
verlor, das glaubest du mir, Cosmus, der du meine Begeisterung
für die Trümmer einer niedergegangenen größeren Welt teilst und
begünstigst! Hätte ich nur alles im Stiche gelassen und wäre auf die
Stätte geeilt, wo ein Unsterblicher, statt die Welt zu ergötzen, in
unwürdigem Dunkel moderte! Doch es waren die Tage, da die
Wahl des neuen Papstes alle Gemüter beschäftigte und der heilige
Geist die versammelten Väter auf die Verdienste und Tugenden des
Otto Colonna aufmerksam zu machen begann, ohne daß darum das
tägliche und stündliche Laufen und Rennen seiner Anhänger und
Diener, unter welche ich zählte, im geringsten entbehrlich gewor-
den wäre.

So geschah es, daß mir ein untergeordneter und unredlicher Sucher, leider ein Landsmann, in dessen Gegenwart ich in meiner Herzensfreude ein unbesonnenes Wort über die Möglichkeit eines so großen Fundes hatte fallen lassen, zuvorkam und – der Ungeschickte! – ohne den Klassiker per fas oder nefas zu gewinnen, die Äbtissin des Klosters, wo er von Staub bedeckt lag, mißtrauisch und auf den Schatz, den sie unwissend besaß, aufmerksam machte.

Endlich bekam ich freie Hand und setzte mich – trotz der bevorstehenden Papstwahl – auf ein rüstig schreitendes Maultier, den Auftrag hinterlassend, mir nach Eintritt des Weltereignisses einen Boten nachzusenden. Der Treiber meines Tieres war ein von dem Bischofe zu Chur unter seinem Gesinde nach Constanz gebrachter Rhäter und nannte sich Anselino de Spiuga. Er hatte ohne Zögern in mein niedriges erstes Angebot gewilligt und wir waren um einen unglaublich billigen Preis übereingekommen.

Tausend Possen gingen mir durch den Kopf. Die Bläue des Äthers, die mit einem frischen, fast kalten Hauch aus Norden zu gleichen Teilen gemischte Sommerluft, der wohlfeile Ritt, die überwundenen Schwierigkeiten der Papstwahl, der mir bevorstehende höchste Genuß eines entdeckten Klassikers, diese himmlischen Wohltaten stimmten mich unendlich heiter und ich hörte die Musen und die Englein singen. Mein Begleiter dagegen, Anselino de Spiuga, ergab sich – so schien mir – den schwermütigsten Betrachtungen.

Selbst glücklich, suchte ich aus Menschenliebe auch ihn glücklich zu machen, oder wenigstens zu erheitern, und gab ihm allerhand Rätsel auf. Meist aus der biblischen Geschichte, die dem Volke geläufig ist. ›Kennst du‹, fragte ich, ›den Hergang der Befreiung des Apostelfürsten aus den Ketten?‹ und erhielt die Antwort, er habe denselben abgebildet gesehen in der Apostelkirche von Tosana. ›Gib acht, Hänschen!‹ fuhr ich fort. ›Der Engel sprach zu Petrus: Zeuch deine Schuhe an und folge mir! Und sie gingen, ohne daß Petrus den Engel erkannt hätte, durch die erste und andere Hut, durch das Tor und eine Gasse lang. Jetzt schied der Begleiter und alsbald sprach Petrus: Nun weiß ich wahrhaftig, daß mich ein Engel geführt hat. Woher, Hänschen, kam ihm dieses plötzliche Wissen, diese unumstößliche Überzeugung? Das sage mir, wenn du es erraten kannst.‹ Anselino sann eine Weile und schüttelte dann den eigensinnigen Krauskopf. ›Gib acht, Hänschen‹, sagte ich, ›ich löse die Frage. Daran erkannte Petrus den Engel, daß er für seinen Dienst kein Trinkgeld verlangte! Solches ist nicht irdisch. So handelt nur ein Himmlischer!‹

Man soll mit dem Volke nicht scherzen. Hänschen suchte in dem Spaße, welcher mir aus dem Nichts zugeflogen war, eine Absicht oder Anspielung.

›Es ist wahr, Herr‹, sagte er, ›ich führe Euch fast umsonst, und ohne daß ich ein Engel wäre, werde ich auch kein Trinkgeld fordern. Wisset, mich zieht es auch meinesteils nach Monasterlingen‹ – er nannte das Nonnenkloster, das Ziel unserer Fahrt, – ›wo morgen die Gertrude ihre Hüften mit dem Strick umgürtet und ihre Blondhaare unter der Schere fallen.‹

Dem kräftigen Jüngling, der übrigens in Gebärde und Rede – es mochte ein Tropfen romanischen Blutes in dem seinigen fließen – viel natürlichen Anstand hatte, rollten Tränen über das sonneverbrannte Gesicht. ›Bei dem Bogen Cupidos‹, rief ich aus, ›ein unglücklich Liebender!‹ und ließ mir die einfache, aber keineswegs leicht verständliche Geschichte erzählen:

Er habe, mit seinem Bischofe nach Constanz gekommen und dort ohne Beschäftigung, in der Umgegend als Zimmerer Arbeit gesucht. Diese habe er bei den Bauten des Nonnenklosters gefunden und dann die in der Nähe hausende Gertrude kennen lernen. Sie beide seien sich gut geworden und haben ein Wohlgefallen aneinander gefunden. So haben sie gern und oft zusammengesessen. ›In allen Züchten und Ehren‹, sagte er, ›denn sie ist ein braves Mädchen.‹ Da plötzlich sei sie von ihm zurückgetreten, ohne Abbruch der Liebe, sondern etwa wie wenn eine strenge Frist verlaufen wäre, und er habe als gewiß vernommen, sie nehme den Schleier. Morgen werde sie eingekleidet und er werde dieser Handlung beiwohnen, um das Zeugnis seiner eigenen Augen anzurufen, daß ein redliches und durchaus nicht launenhaftes Mädchen einen Mann, den sie eingestandenermaßen liebe, ohne einen irgend denkbaren Grund könne fahren lassen, um eine Nonne zu werden; wozu Gertrude, die Natürliche und Lebenskräftige, so wenig als möglich tauge und – wunderlicher Weise – aus ihren eigenen Äußerungen zu schließen, auch keine Lust habe, ja, wovor ihr graue und bange.

›Es ist unerklärlich!‹ schloß der schwermütige Rhäter und fügte bei, durch eine Güte des Himmels sei kürzlich seine böse Stiefmutter Todes verblichen, vor welcher er das väterliche Haus geräumt, und dieses ihm nun wieder offen, wie die Arme seines greisen Vaters. Dergestalt würde seine Taube ein warmes Nest finden, aber sie wollte schlechterdings und unbegreiflicher Weise in einer Zelle nisten.

Nach beendigter Rede verfiel Hänschen wieder in ein trübes Brüten und hartnäckiges Schweigen, welches er nur brach, um meine Frage nach dem Wesen der Äbtissin zu beantworten. Sie sei ein garstiges, kleines Weib, aber eine meisterliche Verwalterin, welche den verlotterten Haushalt des Klosters hergestellt und in die Höhe gebracht hätte. Sie stamme aus Abbatis Cella und heiße im Volke nur ›das Brigittchen von Trogen‹.

Endlich tauchte das Kloster aus monotonen Weinbergen auf. Jetzt bat mich Anselino, ihn in einer Schenke am Wege zurückzulassen, da er Gertruden nur noch einmal erblicken wolle – bei ihrer Einkleidung. Ich nickte einwilligend und ließ mich vom Maultiere heben, um gemächlich dem nahen Kloster zuzuschlendern.

Dort ging es lustig her. In der Freiheit der Klosterwiese wurde ein großer, undeutlicher Gegenstand versteigert oder zu anderem Behufe vorgezeigt. Ein Schwartenhals, die Sturmhaube auf dem Kopfe, stieß von Zeit zu Zeit in eine mißtönige Drommete, vielleicht ein kriegerisches Beutestück, vielleicht ein kirchliches Geräte. Um die von ihren Nonnen umgebene Äbtissin und den zweideutigen Herold mit geflicktem Wams und zerlumpten Hosen, dem die nackten Zehen aus den zerrissenen Stiefeln blickten, bildeten Laien und zugelaufene Mönche einen bunten Kreis in den traulichsten Stellungen. Unter den Bauern stand hin und wieder ein Edelmann – es ist in Turgovia, wie diese deutsche Landschaft sich nennt, Überfluß an kleinem und geringem Wappengevögel –, aber auch Bänkelsänger, Zigeuner, fahrende Leute, Dirnen und Gesindel jeder Art, wie sie das Konzil herbeigelockt hatte, mischten sich in die seltsame Corona. Aus dieser trat einer nach dem andern hervor und wog den Gegenstand, in welchem, näher getreten, ich ein grausiges, altertümliches, gigantisches Kreuz erkannte. Es schien von außerordentlicher Schwere zu sein, denn nach einer kurzen

Weile begann es in den unsicher werdenden Händen selbst des stärksten Trägers hin und her zu schwanken, senkte sich bedrohlich und stürzte, wenn nicht andere Hände und Schultern sich tumultuarisch unter das zentnerschwere Holz geschoben hätten. Jubel und Gelächter begleiteten das Ärgernis. Um die Unwürdigkeit der Szene zu vollenden, tanzte die bäurische Äbtissin wie eine Besessene auf der frischgemähten Wiese herum, begeistert von dem Wert ihrer Reliquie – das Verständnis dieses Marktes begann mir zu dämmern – und wohl auch von dem Klosterweine, welcher in ungeheuern hölzernen Kannen, ohne Becher und Zeremonie, von Munde zu Munde ging.

›Bei den Waden der Mutter Gottes‹, schrie das freche Weibchen, ›dieses Kreuz unserer seligen Herzogin Amalaswinta hebt und trägt mir keiner, selbst der stämmigste Bursche nicht; aber morgen lüpft's das Gertrudchen wie einen Federball. Wenn mir die sterbliche Kreatur nur nicht eitel wird! Gott allein die Ehre! sagt das Brigittchen. Leute, das Wunder ist tausend Jahre alt und noch wie funkelnagelneu! Es hat immer richtig gespielt und, auf Schwur und Eid, auch morgen läuft es glatt ab.‹ – Sicherlich, die brave Äbtissin hatte sich unter dem himmlischen Tage ein Räuschlein getrunken.

Diesen possierlichen Vorgang mit ähnlichen, in meinem gesegneten Vaterland erlebten zusammenhaltend, begann ich ihn zu verstehen und zu würdigen – nicht anders, als ich mir ihn, eine Stunde später, bei größerer Sachkunde endgültig zurechtlegte; aber ich wurde in meinem Gedankengange plötzlich und unangenehm unterbrochen durch einen kreischenden Zuruf der Hanswurstin in der weißen Kutte mit dem hochgeröteten Gesichte, den dumm pfiffigen Äuglein, dem kaum entdeckbaren Stülpnäschen und dem davon durch einen ungeheuern Zwischenraum getrennten bestialischen Munde.

›He dort, welscher Schreiber!‹ schrie sie mich an. Ich war an diesem Tage schlicht und reisemäßig gekleidet und trage meinen klassischen Ursprung auf dem Antlitz. ›Tretet ein bißchen näher und lüpft mir da der seligen Amalaswinte Kreuz!‹

Alle Blicke richteten sich lachlustig auf mich, man gab Raum und ich wurde nach alemannischer Sitte mit derben Stößen vorgeschoben. Ich entschuldigte mich mit der, Freunde, Euch bekannten Kürze und Schwäche meiner Arme.« Der Erzähler zeigte dieselbe mit einer schlenkernden Gebärde.

»Da rief die Schamlose, mich betrachtend: ›Um so längere Finger hast du, sauberer Patro!‹ und in der Tat, meine Finger haben sich durch die tägliche Übung des Schreibens ausgebildet und geschmeidigt. Die Menge des umstehenden Volkes aber schlug eine tobende Lache auf, deren Sinn mir unverständlich blieb, die mich aber beleidigte und welche ich der Äbtissin ankreidete. Mißmutig wandte ich mich ab, bog um die Ecke der nahen Kirche, und den Haupteingang derselben offen findend, betrat ich sie. Der edle Rundbogen der Fenster und Gewölbe, statt des modischen Spitzbogens und des närrischen französischen Schnörkels, stimmte mich wieder klar und ruhig. Langsam schritt ich vorwärts durch die Länge des Schiffes, von einem Bildwerke angezogen, das sich, von Oberlicht erhellt, in kräftiger Rundung aus dem heiligen Dämmer hob und etwas in seiner Weise Schönes zu sein schien. Ich trat nahe und wurde nicht enttäuscht. Das Steinwerk enthielt zwei durch ein Kreuz verbundene Gestalten und dieses Kreuz glich an Größe und Verhältnissen vollständig dem auf der Klosterwiese zur Schau stehenden, welches von beiden dem andern nachgeahmt sein mochte. Ein gewaltiges, dorngekröntes Weib trug es fast waagrecht mit kraftvollen Armen auf mächtiger Schulter und stürzte doch unter ihm zusammen, wie die derb im Gewande sich abzeichnenden Knie zeigten. Neben und vor dieser hinfälligen Gigantin schob eine kleine Gestalt, ein Krönlein auf dem lieblichen Haupte, ihre schmalere Schulter erbarmungsvoll unter die untragbare Last. Der alte Meister hatte – absichtlich, oder wohl eher aus Mangel an künstlerischen Mitteln – Körper und Gewandung roh behandelt, sein Können und die Inbrunst seiner Seele auf die Köpfe verwendend, welche die Verzweiflung und das Erbarmen ausdrückten.

Davon ergriffen, trat ich, das gute Licht suchend, einen Schritt zurück. Siehe, da kniete mir gegenüber an der anderen Seite des Werkes ein Mädchen, wohl eine Eingeborene, eine Bäuerin der Umgebung, fast eben so kräftig gebildet wie die steinerne Herzogin, die Kapuze der weißen Kutte über eine Last von blonden Flechten und einen starken, luftbedürftigen Nacken zurückgeworfen.

Sie erhob sich, denn sie war, in sich versunken, meiner nicht früher ansichtig geworden als ich ihrer, wischte sich mit der Hand quellende Tränen aus dem Auge und wollte sich entfernen. Es mochte eine Novize sein.

Ich hielt sie zurück und bat sie, mir das Steinbild zu deuten. Ich sei einer der fremden Väter des Konzils, sagte ich ihr in meinem gebrochenen Germanisch. Diese Mitteilung schien ihr nicht viel Eindruck zu machen. Sie berichtete mir in einer einfachen Weise, das Bild stelle eine alte Königin oder Herzogin dar, die Stifterin dieses Klosters, welche, darin Profeß tuend, zur Einkleidung habe schreiten wollen: das Haupt mit Dornen umwunden und die Schulter mit dem Kreuze beladen. ›Es heißt‹, fuhr das Mädchen bedenklich fort, ›sie war eine große Sünderin, mit dem Giftmord ihres Gatten beladen, aber so hoch, daß die weltliche Gerechtigkeit ihr nichts anhaben durfte. Da rührte Gott ihr Gewissen und sie geriet in große Nöte, an dem Heil ihrer Seele verzweifelnd!‹ Nach einer langen und schweren Buße habe sie, ein Zeichen verlangend, daß ihr vergeben sei, dieses große und schwere Kreuz zimmern lassen, welches der stärkste Mann ihrer Zeit kaum allein zu heben vermochte, und auch sie brach darunter zusammen, hätte es nicht die Mutter Gottes in sichtbarer Gestalt barmherzig mit getragen, die ambrosische Schulter neben die irdische schiebend.

Nicht diese Worte brauchte die blonde Germanin, sondern einfachere, ja derbe und plumpe, welche sich aber aus einer barbarischen in unsere gebildete toscanische Sprache nicht übersetzen ließen, ohne bäurisch und grotesk zu werden, und das, Herrschaften, würde hinwiederum nicht passen zu dem großen Ausdrucke der trotzigen, blauen Augen und den groben, aber wohlgeformten Zügen, wie ich sie damals vor mir gesehen habe.

›Die Geschichte ist glaublich!‹ sprach ich vor mich hin, denn diese Handlung einer barbarischen Königin schien mir in die Zeiten und Sitten um die dunkle Wende des ersten Jahrtausends zu passen. ›Sie könnte wahr sein!‹

›Sie ist wahr!‹ behauptete Gertrude kurz und heftig mit einem finstern, überzeugten Blicke auf das Steinbild und wollte sich wiederum entfernen; aber ich hielt sie zum andern Male zurück mit der Frage, ob sie die Gertrude wäre, von welcher mir mein heutiger

Führer Hans von Splügen erzählt habe. Sie bejahte unerschrocken, ja unbefangen, und ein Lächeln verbreitete sich von den derben Mundwinkeln langsam wie ein wanderndes Licht über das braune, aber schon in der Klosterluft bleichende Antlitz.

Dann sann sie und sagte: ›Ich wußte, daß er meiner Einkleidung beiwohnen werde, und mir kann es recht sein. Sieht er meine Flechten fallen, so hilft ihm das, mich vergessen. Da Ihr einmal hier seid, ehrwürdiger Herr, will ich eine Bitte an Euch richten. Fährt der Mann mit Euch nach Constanz zurück, so steckt ihm ein Licht an, warum ich mich ihm verweigert habe, nachdem ich – und sie errötete kaum merklich – in Ehren und nach Landessitte mit ihm freundlich gewesen bin. Mehr als einmal war ich im Begriff, ihm den Handel zu erzählen, aber ich biß mich in die Lippe, denn es ist ein geheimer Handel zwischen mir und der Gottesmutter und da taugt Schwätzen nicht. Euch aber, einem in den geistlichen Geheimnissen Bewanderten, kann ich ihn ohne Verrat mitteilen. Ihr berichtet dann dem Hans davon, so viel sich schickt und Euch gut dünkt. Es ist nur, damit er mich nicht für eine Leichtfertige halte und für eine Undankbare und ich ihm dergestalt im Gedächtnis bleibe.

Mit meiner Sache aber ist es so bestellt. Als ich noch ein unmündiges Kind war – ich zählte zehn Jahre und der Vater war mir schon gestorben –, erkrankte mir das Mütterlein schwer und hoffnungslos. Da befiel mich eine Angst, allein in der Welt zu bleiben. Aus dieser Angst und aus Liebe zu dem Mütterlein gelobte ich mich der reinen Magd Maria für mein zwanzigstes Jahr, wenn sie mir es bis dahin erhielte oder nahezu. So tat sie und erhielt es mir bis letzten Fronleichnam, wo es selig verstarb, gerade da der Hans im Kloster mit Zimmerwerk zu tun hatte und dann auch dem Mütterlein den Sarg zimmerte. Da ich nun allein war, was ist da viel zu wundern, daß er mir lieb wurde. Er ist brav, sparsam, was die Welschen meistenteils sind, ›modest und discret‹, wie sie ennetbirgisch sagen. Auch konnten wir in zwei Sprachen mit einander verhandeln, denn der Vater, der ein starker und beherzter Mann war, hatte früher, nicht zu seinem Schaden, einen schmächtigen, furchtsamen Handelsherrn zu wiederholten Malen über das Gebirge begleitet und von jenseits ein paar welsche Brocken heimgebracht. Nannte mich

313

nun der Hans ›cara bambina‹, so hieß ich ihn dagegen ›poverello‹ und beides lautet wohl, ob ich auch unsere landesüblichen Liebeswörter nicht schelten will, wenn sie ehrlich gemeint sind.

Zugleich aber war mein Gelübde verfallen und mahnte mich mit jedem Aveläuten.

Da kamen mir oft flüsternde Gedanken, wie z. B.: ›Das Gelübde eines unschuldigen Kindes, das nicht weiß, was Mann und Weib ist, hat dich nicht weggeben können!‹ oder: ›Die Mutter Gottes, nobel wie sie ist, hätte dir das Mütterlein wohl auch umsonst und vergebens geschenkt!‹ Doch ich sprach dagegen: ›Handel ist Handel!‹ und ›Ehrlich währt am längsten!‹ Sie hat ihn gehalten, so will ich ihn auch halten. Ohne Treu und Glauben kann die Welt nicht bestehen. Wie sagte der Vater selig? Ich hielte dem Teufel Wort, sagte er, geschweige dem Herrgott.

Nun höret, ehrwürdiger Herr, wie ich es meine! Seit die Mutter Gottes der Königin das Kreuz trug, hilft sie es, ihr Kloster bevölkernd, seit urewigen Zeiten allen Novizen ohne Unterschied tragen. Es ist ihr eine Gewohnheit geworden, sie tut es gedankenlos. Mit diesen meinen Augen habe ich – eine Neunjährige – gesehen, wie das Lieschen von Weinfelden, ein sieches Geschöpf, da es hier Profeß tat, das zentnerschwere Kreuz spottend und spielend auf der schiefen Schulter trug.

Nun sage ich zur Mutter Gottes: ›Willst du mich, so nimm mich! Obwohl ich – wenn du die Gertrude wärest und ich die Mutter Gottes – ein Kind vielleicht nicht beim Wort nehmen würde. Aber gleichviel – Handel ist Handel! Nur ist ein Unterschied. Der Herzogin, von Sünden schwer, ward es leicht und wohl im Kloster; mir wird es darinnen wind und weh. Trägst du mir das Kreuz, so erleichtere mir auch das Herz; sonst gibt es ein Unglück, Mutter Gottes! Kannst du mir aber das Herz nicht erleichtern, so laß mich tausend Male lieber zu meiner Schande und vor aller Leute Augen stürzen und schlagen platt auf den Boden hin.‹

Während ich diese schwerfälligen Gedanken, langsam arbeitend, tiefe Furchen in Gertrudens junge Stirn ziehen sah, lächelte ich listig: ›Ein behendes und kluges Mädchen zöge sich mit einem Straucheln aus der Sache!‹ Da loderten ihre blauen Augen. ›Meint Ihr, ich werde fälschen, Herr?‹ zürnte sie. ›So wahr mir helfe Gott Vater,

Sohn und Geist in meinem letzten Stündlein, so redlich will ich das Kreuz tragen mit allen Sehnen und Kräften dieser meiner Arme!‹ und sie hob dieselben leidenschaftlich, als trüge sie es schon, so daß die Ärmel der Kutte und des Hemdes weit zurückfielen. Da betrachtete ich, als ein Florentiner der ich bin, die schlankkräftigen Mädchenarme mit künstlerischem Vergnügen. Sie wurde es gewahr, runzelte die Stirn und wandte mir unmutig den Rücken.

Nachdem sie gegangen war, setzte ich mich in einen Beichtstuhl, legte die Stirn in die Hand und sann – wahrlich nicht an das barbarische Mädchen, sondern an den römischen Klassiker. Da jubelte mein Herz und ich rief überlaut: ›Dank, ihr Unsterblichen! Geschenkt ist der Welt ein Liebling der komischen Muse! Plautus ist gewonnen!‹

Freunde, eine Verschwörung von Gelegenheiten verbürgte mir diesen Erfolg.

Ich weiß nicht, mein Cosmus, wie du vom Wunderbaren denkst. Ich selbst denke läßlich davon, weder abergläubisch, noch verwegen; denn ich mag die absoluten Geister nicht leiden, welche, wo eine unerklärliche Tatsache einen Dunstkreis von Aberglauben um sich sammelt, die ganze Erscheinung – Mond und Hof – ohne Prüfung und Unterscheidung entweder summarisch glauben oder eben so summarisch verwerfen.

Das Unbegreifliche und den Betrug, beide glaubte ich hier zu entdecken.

Das schwere Kreuz war echt und eine großartige Sünderin, eine barbarische Frau, mochte es gehoben haben mit den Riesenkräften der Verzweiflung und der Inbrunst. Aber diese Tat hatte sich nicht wiederholt, sondern wurde seit Jahrhunderten gauklerisch nachgeäfft. Wer war schuldig dieses Betruges? Irre Andacht? rechnende Habsucht? Das bedeckte das Dunkel der Zeiten. So viel aber stand fest: Das grausige, alterschwarze Kreuz, das vor dem Volke schaustund, und das von einer Reihenfolge einfältiger oder einverstandener Novizen und neulich noch von dem schwächlichen und verschmitzten Lieschen zu Weinfelden bei ihrer Einkleidung getragene waren zwei verschiedene Hölzer, und während das schwere auf der Klosterwiese gezeigt und gewogen wurde, lag ein leichtes Gaukelkreuz in irgend einem Verstecke des Klosters aufgehoben und eingeriegelt, um dann morgen mit dem wahren die Rolle zu wechseln und die Augen des Volkes zu täuschen.

Das Dasein eines Gaukelkreuzes, von welchem ich wie von meinem eigenen überzeugt war, bot mir eine Waffe. Eine zweite bot mir ein Zeitereignis.

Drei entsetzte Päpste und zwei verbrannte Ketzer genügten nicht, die Kirche zu reformieren; die Kommissionen des Konzils beschäftigten sich, die eine mit diesem, die andere mit jenem abzustellenden Übelstande. Eine derselben, in welcher der Doctor christianissimus Gerson und der gestrenge Pierre d'Ailly saßen und ich zeitweilig die Feder führte, stellte die Zucht in den Nonnenklöstern her. Die in unsichern Frauenhänden gefährlichen Scheinwunder und die schlechte Lektüre der Schwestern kamen da zur Sprache. Im Vorbeigehen –, diese Dinge wurden von den zwei Franzosen mit einer uns Italienern geradezu unbegreiflichen Pedanterie behandelt, ohne den leichtesten Scherz, wie nahe er liegen mochte. Genug, die Tatsache dieser Verhandlungen bildete den Zettel, die Verschuldung eines Scheinwunders den Einschlag meines Gewebes und das Netz war fertig, welches ich der Äbtissin unversehens über den Kopf warf.

Langsam erstieg ich die Stufen des Chores und wandte mich aus demselben rechts in die ebenfalls hoch und kühn gewölbte Sakristei, in welcher ich die mit prahlerischen Inschriften bezeichnete leere Stelle fand, wo das schwere Kreuz gewöhnlich an die hohe Mauer lehnte und wohin es bald wieder von der Klosterwiese zurückkehren sollte. Zwei Pförtchen führten in zwei Seitengelasse. Das eine zeigte sich verschlossen. Das andere öffnend, stand ich in einer durch ein von Spinneweb getrübtes Rundfenster dürftig erhellten Kammer. Siehe, es enthielt die auf ein paar wurmstichige Bretter zusammengedrängte Bibliothek des Klosters.

Mein ganzes Wesen geriet in Aufregung, nicht anders als wäre ich ein verliebter Jüngling und beträte die Kammer Lydias oder Glyceres. Mit zitternden Händen und bebenden Knieen nahte ich mich den Pergamenten, und hätte ich darunter die Komödien des Umbriers gefunden, ich bedeckte sie mit unersättlichen Küssen. Aber, ach, ich durchblätterte nur Rituale und Liturgien, deren heiliger Inhalt mich Getäuschten kalt ließ. Kein Codex des Plautus! Man hatte wahr berichtet. Ein plumper Sammler hatte durch ein täppisches Zugreifen den Hort, statt ihn zu heben, in unzugängliche Tiefen versinken lassen. Ich fand – als einzige Beute – unter dem Staube die ›Bekenntnisse St. Augustins‹, und da ich das spitzfindige Büchlein stets geliebt habe, steckte ich es mechanisch in die Tasche, mir, nach meiner Gewohnheit, eine Abendlektüre vorbereitend. Siehe – da fuhr, wie der Blitz, meine kleine Äbtissin, welche das Kreuz wieder in die Sakristei hatte schleppen lassen und mir, ohne daß ich es, in der Betäubung des Verlangens und der Enttäuschung, vernommen hätte, durch die offengebliebene Tür in die Bücherkammer nachgeschlichen kam, – wie der Blitz fuhr das Weibchen, sage ich, auf mich los, schimpfend und scheltend, ja sie betastete meine Toga mit unziemlichen Handgriffen und brachte den an meinem Busen liegenden Kirchenvater wieder ans Tageslicht.

›Männchen, Männchen‹, kreischte sie, ›ich habe es gleich Eurer langen Nase angesehen, daß Ihr einer der welschen Büchermarder seid, welche zeither unsere Klöster beschleichen. Aber, lernet, es ist ein Unterschied zwischen einem weinschweren Mönch des heiligen Gallus und einer hurtigen Appenzellerin. Ich weiß‹, fuhr sie schmunzelnd fort, ›um welchen Speck die Katzen streichen. Sie belauern das Buch des Pickelherings, welches wir hier aufbewahren. Keine von uns wußte, was drinnen stand, bis neulich ein welscher Spitzbube unsere hochheiligen Reliquien verehrte und dann unter seinem langen, geistlichen Gewande‹ – sie wies auf das meinige – ›den Possenreißer ausführen wollte. Da sagte ich zu mir: Brigittchen von Trogen, laß dich nicht prellen! Die Schweinshaut muß Goldes wert sein, da der Welsche den Strick dafür wagt. Denn bei uns, Mann, heißt es: ›wer eines Strickes Wert stiehlt, der hangt am Strick!‹ Das Brigittchen, nicht dumm, zieht einen gelehrten Freund ins Vertrauen, einen Mann ohne Falsch, den Pfaffen von Dießenhofen, der unser Weinchen lobt und zuweilen mit den Schwestern einen schnurrigen Spaß treibt. Wie der die närrischen, vergilbten Schnörkel untersucht, ›Potz Hasen, Frau Mutter‹, sagt er, ›das gilt im Handel! Daraus baut Ihr Euerm Klösterlein eine Scheuer und eine Kelter! Nehmt mir das Buch, liebe Frau, flüchtet es unter Euern Pfühl, legt Euch auf den Podex – so hat es den Namen – und bleibt – bei der Krone der Mutter Gottes – darauf liegen, bis sich ein redlicher Käufer meldet!‹ Und so tat das Brigittchen, wenn es auch zeither etwas hart liegt.‹

Ich verwand ein Lächeln über das Nachtlager des Umbriers, welches ihm die drei Richter der Unterwelt für seine Sünden mochten zugesprochen haben, und zeigte, mir die Würde gebend, die mir unter Umständen eignet, ein ernstes und strafendes Gesicht.

›Äbtissin‹, sprach ich in feierlichem Tone, ›du verkennest mich. Vor dir steht ein Gesandter des Konzils, einer der in Constanz versammelten Väter, einer der heiligen Männer, welche geordnet sind zur Reform der Nonnenklöster.‹ Und ich entfaltete eine stattlich geschriebene Wirtshausrechnung; denn mich begeisterte die Nähe des versteckten komischen Dichters.

›Im Namen‹, las ich, ›und mit der Vollmacht des siebzehnten und ökumenischen Konzils! Die Hände keiner christlichen Vestale verunreinige eine jener sittengefährlichen, sei es lateinisch, sei es in einer der Vulgärsprachen verfaßten Schriften, mit deren Erfindung ihre Seele beschädigt haben… Fromme Mutter, ich darf Eure keuschen Ohren nicht mit den Namen dieser Verworfenen beleidigen…

Gaukelwunder, herkömmliche oder einmalige, verfolgen wir mit unerbittlicher Strenge. Wo sich ein wissentlicher Betrug feststellen läßt, büßt die Schuldige – und wäre es die Äbtissin – das Sacrilegium unnachsichtlich mit dem Feuertode.‹

Diese wurde bleich wie eine Larve. Aber gleich wieder faßte sich das verlogene Weibchen mit einer bewunderungswürdigen Geistesgegenwart.

›Gott sei gepriesen und gelobt‹, rief es aus, ›daß er endlich in seiner heiligen Kirche Ordnung schafft!‹ und holte zutulich grinsend aus einem Winkel des Schreines ein zierlich gebundenes Büchlein hervor. ›Dieses‹, sagte es, ›hinterließ uns ein welscher Kardinal, unser Gastfreund, welcher sich damit in sein Mittagsschläfchen las. Der Pfaff von Dießenhofen, welcher es musterte, tat dann den Ausspruch, es sei das Wüsteste und Gottverbotenste, was seit Erfindung der Buchstaben und noch dazu von einem Kleriker ersonnen wurde. Frommer Vater, ich lege Euch den Unrat vertrauensvoll in die Hände. Befreit mich von dieser Pest!‹ Und sie übergab mir – meine Facetien!

Obwohl diese Überraschung eine Bosheit eher des Zufalls als des geistlichen Weibchens war, fühlte ich mich doch gekränkt und verstimmt. Ich begann die kleine Äbtissin zu hassen. Denn unsere Schriften sind unser Fleisch und Blut und ich schmeichle mir, in den meinigen mit leichten Sohlen zu schreiten, weder die züchtigen Musen, noch die unfehlbare Kirche beleidigend.

›Gut‹, sagte ich. ›Möchtest du, Äbtissin, auch in dem zweiten und wesentlicheren Punkt unsträflich erfunden werden! Dem versammelten Volke hast du in der Nähe und unter den Augen des Konzils‹, sprach ich vorwurfsvoll, ›ein Wunder versprochen, so marktschreierisch, daß du es jetzt nicht mehr rückgängig machen kannst. Ich weiß nicht, ob das klug war. Erstaune nicht, Äbtissin, daß dein Wunder geprüft wird! Du hast dein Urteil gefordert!‹

Die Kniee des Weibchens schlotterten und seine Augen gingen irre. ›Folge mir‹, sagte ich streng, ›und besichtigen wir die Organe des Wunders!‹

Sie folgte niedergeschlagen und wir betraten die Sakristei, wohin das echte Kreuz zurückgekehrt war und in dem weiten Halbdunkel des edlen Raumes mit seinen Rissen und Sprüngen und mit seinem gigantischen Schlagschatten so gewaltig an die Mauer lehnte, als hätte heute erst eine verzweifelnde große Sünderin es ergriffen und wäre darunter ins Knie gesunken, die Steinplatte schon mit der Stirne berührend in dem Augenblicke da die Himmelskönigin erschien und ihr beistand. Ich wog es, konnte es aber nicht einen Augenblick heben. Um so lächerlicher schien mir der Frevel, diese erdrückende Bürde mit einem Spielzeuge zu vertauschen. Ich wendete mich entschlossen gegen das hohe, schmale Pförtchen, dahinter ich dieses vermutete.

›Den Schlüssel, Äbtissin!‹ befahl ich. Das Weibchen starrte mich mit entsetzten Augen an, aber antwortete frech: ›Verloren gegangen, Herr Bischof! Seit mehr als einem Jahrzehnt!‹

›Frau‹, sprach ich mit furchtbarem Ernste, ›dein Leben steht auf dem Spiel! Dort gegenüber haust ein Dienstmann des mir befreundeten Grafen von Doccaburgo. Dorthin schicke oder gehe ich nach Hilfe. Findet sich hier ein dem echten nachgebildetes Scheinkreuz von leichterem Gewichte, so flammst und loderst du, Sünderin, wie der Ketzer Huß, und nicht minder schuldig als er!‹ Nun trat

eine Stille ein. Dann zog das Weibchen – ich weiß nicht ob zähne-
klappernd oder zähneknirschend – einen altertümlichen Schlüssel
mit krausem Barte hervor und öffnete. Schmeichelhaft – mein Verstand hatte mich nicht betrogen. Da lehnte an der Mauer des hohen
kaminähnlichen Kämmerchens ein schwarzes Kreuz mit Rissen
und Sprüngen, welches ich gleich ergriff und mit meinen schwächlichen Armen ohne Schwierigkeit in die Lüfte hob. In jeder seiner
Erhöhungen und Vertiefungen, in allen Einzelheiten war das falsche nach dem Vorbilde des echten Kreuzes geformt, diesem auch
für ein scharfes Auge zum Verwechseln ähnlich, nur daß es zehnmal
leichter wog. Ob es gehöhlt, ob es aus Kork oder einem anderen
leichtesten Stoffe verfertigt sein mochte, habe ich, bei dem bar-
schen Gang und der Überstürzung der Ereignisse, niemals in Erfahrung gebracht.

Ich bewunderte die Vollkommenheit der Nachahmung und der
Gedanke stieg in mir auf: Nur ein großer Künstler, nur ein Welscher kann dieses zu Stande gebracht haben: und da ich für den
Ruhm meines Vaterlandes begeistert bin, brach ich in die Worte
aus: ›Vollendet! Meisterhaft!‹ – wahrlich nicht den Betrug, sondern
die darauf verwendete Kunst lobend.

›Schäker, Schäker‹, grinste mit gehobenem Finger das schamlose
Weibchen, welches mich aufmerksam beobachtet hatte: ›Ihr habet
mich überlistet und ich weiß, was es mich kostet! Nehmet Euern
Possenreißer, den ich Euch stracks holen werde, unter den Arm,
haltet reinen Mund und ziehet mit Gott!‹ Wann auf den sieben Hü-
geln zwei Auguren sich begegneten und, nach einem antiken geflü-
gelten Worte, sich zulächelten, wird es ein feineres Spiel gewesen
sein als das unreinliche Gelächter, welches die Züge meiner Äbtissin verzerrte und sich in die zynischen Worte übersetzen ließ: ›Wir
alle wissen, wo Bartolo den Most holt, wir sind Schelme allesamt
und keiner braucht sich zu zieren.‹

Ich aber sann inzwischen auf die Bestrafung des nichtsnutzigen
Weibchens.

Da vernahmen wir bei der plötzlich eingetretenen Stille ein Trippeln,
ein Wispern, ein Kichern aus dem nahen Chore und errieten, daß
wir von den müßigen und neugierigen Nonnen belauscht wurden.

›Bei meinem teuern Magdtum‹, beschwor mich das Weibchen,

›verlassen wir uns, Herr Bischof! Um keine Güter der Erde möchte ich mit Euch von meinen Nonnen betroffen werden; denn Ihr seid ein wohlgebildeter Mann und die Zungen meiner Schwestern schneiden wie Scheren und Messer!‹ Dieses Bedenken fand ich begründet. Ich hieß sie sich entfernen und ihre Nonnen mit sich nehmen.

Nach einer Weile dann räumte auch ich die Sakristei. Die Tür zu der Kammer des Gaukelkreuzes aber legte ich nur behutsam ins Schloß, ohne den Schlüssel darin umzudrehen. Diesen zog ich, steckte ihn unter mein Gewand und ließ ihn im Chore in eine Spalte zwischen zwei Stühlen gleiten, wo er heute noch stecken mag. So aber tat ich ohne bestimmten Plan auf die Einflüsterung irgend eines Gottes oder einer Göttin.

Wie ich in der niederen äbtlichen Stube mit meiner Äbtissin und einem Klostergerüchlein zusammensaß, empfand ich eine solche Sehnsucht nach dem unschuldigen Spiele der Muse und einen solchen Widerwillen gegen die Drehungen und Windungen der ertappten Lüge, daß ich beschloß, es kurz zu machen. Das geistliche Weibchen mußte mir bekennen, wie es in das hundertjährige Schelmstück eingeweiht wurde, und ich machte ein Ende mit ein paar prätorischen Edikten. Sie gestand: ihre Vorgängerin im Amte habe sich sterbend mit ihr und dem Beichtiger eingeschlossen und beide hätten ihr das von Äbtissin auf Äbtissin vererbte Scheinwunder als das wirtschaftliche Heil des Klosters an das Herz gelegt. Der Beichtiger – so erzählte sie geschwätzig – habe des Ruhmes kein Ende gefunden über das ehrwürdige Alter des Betrugs, seinen tiefen Sinn und seine belehrende Kraft. Besser und überzeugender als jede Predigt versinnliche dem Volke das Trugwunder die anfängliche Schwere und spätere Leichtigkeit eines gottseligen Wandels. Diese Symbolik hatte den Kopf des armen Weibchens dergestalt verdreht, daß es in einem Atemzuge behauptete, etwas Unrechtes hätte es nicht begangen, als Kind aber sei es auch einmal ehrlich gewesen.

›Ich schone dich um der Mutter Kirche willen, auf welche die Flamme deines Scheiterhaufens ein falsches Licht würfe‹, schnitt ich diese bäuerliche Logik ab und befahl ihr kurz, das Gaukelkreuz zu verbrennen, nachdem das schon ausposaunte Wunder noch einmal gespielt habe – dieses wagte ich aus Klugheitsgründen nicht zu verhindern –, den Plautus aber ohne Frist auszuliefern.

Die Äbtissin gehorchte schimpfend und schmälend. Sie unterzog sich den Verordnungen des Konzils von Constanz, wie dieselben mein Mund formulierte, ob auch ohne das Vorwissen der versammelten Väter, sicherlich in ihrem Sinne und Geiste.

Wie das Brigittchen mir knurrend den Codex brachte – ich hatte mich in ein bequemes Gemach des an der Ringmauer gelegenen klösterlichen Gasthauses geflüchtet –, drängte ich die Ungezogene aus der Tür und schloß mich mit den komischen Larven des Umbriers ein. Kein Laut störte mich dort, wenn nicht der Kehrreim eines Kinderliedes, welches Bauernmädchen auf der Wiese vor meinem Fenster sangen, das mir aber nur meine Einsamkeit noch ergötzlicher machte.

Nach einer Weile freilich polterte draußen das geistliche Weibchen in großer Aufregung und schlug mit verzweifelten Fäusten gegen die verriegelte schwere Eichentür, den Schlüssel der offenstehenden Kammer des Gaukelkreuzes fordernd. Ich gab ihr bedauernd den kurzen und wahrhaften Bescheid, derselbe sei nicht in meinen Händen, achtete ihrer weiter nicht und ließ, im Himmel des höchsten Genusses, die Unselige jammern und stöhnen wie eine Seele im Fegfeuer. Ich aber schwelgte in hochzeitlichen Wonnen.

Ein an das Licht tretender Klassiker und nicht ein dunkler Denker, ein erhabener Dichter, nein das Nächstliegende und ewig Fesselnde, die Weltbreite, der Puls des Lebens, das Marktgelächter von Rom und Athen, Witz und Wortwechsel und Wortspiel, die Leidenschaften, die Frechheit der Menschennatur in der mildernden Übertreibung des komischen Zerrspiegels – während ich ein Stück verschlang, hütete ich schon mit heißhungrigen Blicken das folgende.

Ich hatte den witzigen Amphitryo beendigt, schon lag die Aulularia mit der unvergleichlichen Maske des Geizhalses vor mir aufgeschlagen – da hielt ich inne und lehnte mich in den Stuhl zurück; denn die Augen schmerzten mich. Es dämmerte und dunkelte. Die Mädchen auf der Wiese draußen hatten wohl eine Viertelstunde lang unermüdlich den albernen Reigen wiederholt:

›Adam hatte sieben Söhn'...‹

Jetzt begannen sie neckisch einen neuen Kehrreim und sangen mit drolliger Entschlossenheit:

›In das Kloster geh' ich nicht,
Nein! ein Nönnchen werd' ich nicht...‹

Ich lehnte mich hinaus, um dieser kleinen Feindinnen des Zölibates ansichtig zu werden und mich an ihrer Unschuld zu ergötzen. Aber ihr Spiel war keineswegs ein unschuldiges. Sie sangen, sich mit dem Ellbogen stoßend und sich Blicke zuwerfend, nicht ohne Bosheit und Schadenfreude, an ein vergittertes Fenster hinauf, hinter welchem sie wohl Gertruden vermuteten. Oder kniete diese schon in der Sakristei, dort unter dem bleichen Schimmer des ewigen Lichtes, nach der Sitte der Einzukleidenden, welche die Nacht vor der himmlischen Hochzeit im Gebete verbringen? Doch was kümmerte mich das? Ich entzündete die Ampel und begann die Topfkomödie zu lesen.

Erst da meiner Leuchte das Öl gebrach und mir die Lettern vor den müden Augen schwammen, warf ich mich auf das Lager und verfiel in einen unruhigen Schlummer. Bald umkreisten mich wieder die komischen Larven. Hier prahlte ein Soldat mit großen Worten, dort küßte der trunkene Jüngling ein Liebchen, das sich mit einer schlanken Wendung des Halses seinen Küssen entgegenbog. Da – unversehens – mitten unter dem lustigen, antiken Gesindel stand eine barfüßige, breitschultrige Barbarin, mit einem Stricke gegürtet, als Sklavin zu Markte gebracht, wie es schien, unter finstern Brauen hervor mich anstarrend mit vorwurfsvollen und drohenden Augen.

Ich erschrak und fuhr aus dem Schlummer empor. Der Morgen graute. Eine Hälfte des kleinen Fensters stand offen bei der Sommerschwüle und ich vernahm aus dem nahen Chore der Klosterkirche eine eintönige Anrufung, unheimlich übergehend in ein ersticktes Stöhnen und dann in ein gewaltsames Schreien.

Mein gelehrter und ruhmbedeckter Freund«, unterbrach sich der Erzähler selbst, gegen einen gravitätischen Mann gewendet, welcher ihm gegenübersaß und sich trotz der Sommerwärme mit dem

Faltenwurfe seines Mantels nach Art der Alten drapierte, »mein großer Philosoph, sage mir, ich beschwöre dich, was ist das Gewissen?

Ist es ein allgemeines? Keineswegs. Wir alle haben Gewissenlose gekannt und, daß ich nur einen nenne, unser heiliger Vater Johannes XXIII., den wir in Constanz entthronten, hatte kein Gewissen, aber dafür ein so glückliches Blut und eine so heitere, ich hätte fast gesagt kindliche Gemütsart, daß er, mitten in seinen Untaten, deren Gespenster seinen Schlummer nicht beunruhigten, jeden Morgen aufgeräumter erwachte, als er sich gestern niedergelegt hatte. Als ich auf Schloß Gottlieben, wo er gefangen saß, die ihn anklagende Rolle entfaltete und ihm die Summe seiner Sünden – zehnmal größer als seine Papstnummer scelera horrenda, abominanda – mit zager Stimme und fliegenden Schamröten vorlas, ergriff er gelangweilt die Feder und malte einer heiligen Barbara in seinem Breviarium einen Schnurrbart... Nein, das Gewissen ist kein allgemeines und auch unter uns, die wir ein solches besitzen, tritt es, ein Proteus, in wechselnden Formen auf. In meiner Wenigkeit z. B. wird es wach jedes Mal, wo es sich in ein Bild oder in einen Ton verkörpern kann. Als ich neulich bei einem jener kleinen Tyrannen, von welchen unser glückliches Italien wimmelt, zu Besuche war und in dieser angenehmen Abendstunde mit schönen Weibern bei Chier und Lautenklang zusammensaß auf einer luftigen Zinne, welche, aus dem Schloßturm vorspringend, über dem Abgrund eines kühlen Gewässers schwebte, vernahm ich unter mir einen Seufzer. Es war ein Eingekerkerter. Weg war die Lust und meines Bleibens dort nicht länger. Mein Gewissen war beschwert, das Leben zu genießen, küssend, trinkend, lachend neben dem Elende.

Gleicherweise konnte ich jetzt das nahe Geschrei einer Verzweifelnden nicht ertragen. Ich warf Gewand um und schlich durch den dämmernden Kreuzgang nach dem Chore, mir sagend, es müsse sich, während ich den Plautus las, mit Gertruden geändert haben: an der Schwelle des Entscheides sei ihr die unumstößliche Überzeugung geworden, sie werde zu Grunde gehen in dieser Gesellschaft, in dem Nichts oder – schlimmer – in der Fäulnis des Klosters, mit der Gemeinheit zusammengesperrt, sie verachtend und von ihr gehaßt.

In der Türe der Sakristei blieb ich lauschend stehen und sah Gertruden vor dem wahren, schweren Kreuze die Hände ringen. Wahrhaftig, sie bluteten und auch ihre Knie mochten bluten, denn sie hatte die ganze Nacht im Gebete gelegen, ihre Stimme war heiser und ihre Rede mit Gott, nachdem sie ihr Herz und ihre Worte erschöpft hatte, gewaltsam und brutal, wie eine letzte Anstrengung:

›Maria Muttergottes, erbarm dich mein! Laß mich stürzen unter deinem Kreuz, es ist mir zu schwer! Mir schaudert vor der Zelle!‹ und sie machte eine Gebärde, als risse oder wickelte sie sich eine Schlange vom Leibe los, und dann, in höchster Seelenqual selbst die Scham niedertretend: ›Was mir taugt‹, schrie sie, ›ist Sonne und Wolke, Sichel und Sense, Mann und Kind...‹

Mitten im Elende mußte ich lächeln über dieses der Intemerata gemachte menschliche Geständnis; aber mein Lächeln erstarb mir auf den Lippen... Gertrude war jählings aufgesprungen und richtete die unheimlich großen Augen aus dem bleichen Angesichte starr gegen die Mauer auf eine Stelle, die ich weiß nicht welcher rote Fleck verunzierte.

›Maria Muttergottes, erbarm dich mein!‹ schrie sie wieder. ›Meine Gliedmaßen haben keinen Raum in der Zelle und ich stoße mit dem Kopf gegen die Diele. Laß mich unter deinem Kreuz sinken, es ist mir zu schwer! Erleichterst du mir's aber auf der Schulter, ohne mir das Herz erleichtern zu können, da siehe zu‹ – und sie starrte auf den bösen Fleck –, ›daß sie mich eines Morgens nicht mit zerschmettertem Schädel auflesen!‹ Ein unendliches Mitleid ergriff mich, aber nicht Mitleid allein, sondern auch eine beklemmende Angst.

Gertrude hatte sich ermüdet auf eine Truhe gesetzt, die irgend ein Heiligtum verwahrte, und flocht ihre blonden Haare, welche im Ringkampfe mit der Gottheit sich aus den Flechten gelöst hatten. Dazu sang sie vor sich hin, halb traurig, halb neckisch, nicht mit ihrem kräftigen Alte, sondern mit einer fremden, hohen Kinderstimme:

›In das Kloster geh' ich ein,
Muß ein armes Nönnchen sein...‹

jenen Kehrreim parodierend, mit welchem die Bauerkinder ihrer gespottet hatten.

Das war der Wahnsinn, der sie belauerte, um mit ihr in die Zelle zu schlüpfen. Der Optimus Maximus aber bediente sich meiner als seines Werkzeuges und hieß mich, Gertruden retten, koste es, was es wolle.

Auch ich wandte mich in freier Frömmigkeit an jene jungfräuliche Göttin, welche die Alten als Pallas Athene anriefen und wir Maria nennen. ›Wer du seist‹, betete ich mit gehobenen Händen, ›die Weisheit, wie die einen sagen, die Barmherzigkeit, wie die andern behaupten, – gleichviel, die Weisheit überhört das Gelöbnis eines weltunerfahrenen Kindes und die Barmherzigkeit fesselt keine Erwachsene an das törichte Versprechen einer Unmündigen. Lächelnd lösest du das nichtige Gelübde. Deine Sache führe ich, Göttin. Sei mir gnädig!‹

Da ich der Äbtissin, welche Verrat befürchtete, mein Wort gegeben, mit Gertruden nicht weiter zu verkehren, beschloß ich, in antiker Art mit drei symbolischen Handlungen der Novize die Wahrheit nahe zu legen, so nahe, daß dieselbe auch der harte Kopf einer Bäuerin begreifen mußte.

Ich trat hin vor das Kreuz, Gertruden übersehend. ›Will ich einen Gegenstand wieder erkennen, so markiere ich ihn‹, sagte ich pedantisch, zog meinen scharfen Reisedolch, welchen mir unser berühmter Mitbürger, der Messerschmied Pantaleone Ubbriaco geschmiedet hatte, und schnitt zwischen Haupt- und Querbalken einen nicht kleinen Span gleichsam aus der Achselhöhle des Kreuzes.

Zum zweiten tat ich fünf gemessene Schritte. Dann lachte ich aus vollem Hals und begann mit ausdrucksvollem Gebärdenspiele: ›Komisches Gesicht, das des Lastträgers in der Halle zu Constanz, da mein Gepäck anlangte! Er faßte das gewaltigste Stück darunter, eine ungeheure Truhe, ins Auge, schürzte die Ärmel bis über den Ellbogen, spie sich – der Rohe – in die Hände und hob, jede Muskel zu der größten Kraftanstrengung gespannt, die nichtige Bürde einer – leeren Kiste spielend auf die getäuschte Schulter. Hahaha!‹

Zum dritten und letzten stellte ich mich närrisch feierlich zwischen das wahre Kreuz und das Gaukelkreuz in seiner schlecht verschlossenen Kammer und rätselte mit wiederholten Fingerzeigen nach

beiden Seiten: ›Die Wahrheit im Frei'n, die Lüge im Schrein!‹ –
husch und ich klatschte in die Hände: ›Die Lüge im Frei'n, die
Wahrheit im Schrein!‹

Ich schickte einen schrägen Blick auf die im Halbdunkel sitzende
Novize, die Wirkung der drei Orakelsprüche aus den Mienen der
Barbarin zu lesen. In diesen gewahrte ich die Spannung eines unruhigen Nachdenkens und das erste Wetterleuchten eines flammen-
den Zorns.

Dann suchte ich meine Stube wieder, behutsam schleichend, wie
ich sie verlassen hatte, warf mich angezogen auf das Lager und genoß den süßen Schlummer eines guten Gewissens, bis mich das
Getöse der dem Kloster zuziehenden Menge und die mir zu Häupten dröhnenden Festglocken aufweckten.

Als ich die Sakristei wieder betrat, kehrte eben Gertrude, zum Sterben blaß, als würde sie auf das Schafott geführt, von einem wohl
zum Behufe der unredlichen Kreuzesverwechslung von alters her
eingerichteten Bittgange nach einer benachbarten Kapelle zurück.
Der Putz der Gottesbraut begann. Im Kreise der psalmodierenden
Nonnen umgürtete sich die Novize mit dem groben, dreifach ge-
knoteten Stricke und entschuhte dann langsam ihre kräftig, aber
edel gebildeten Füße. Jetzt bot man ihr die Dornenkrone. Diese
war, anders als das symbolische Gaukelkreuz, aus harten, wirklichen Dornen geflochten und starrte von scharfen Spitzen. Gertrude ergriff sie begierig und drückte sie sich mit grausamer Lust so
derb auf das Haupt, daß daraus der warme Regen ihres jungen Blutes hervorspritzte und dann in schweren Tropfen an der einfältigen
Stirne niederrann. Ein erhabener Zorn, ein göttliches Gericht
flammte vernichtend aus den blauen Augen der Bäuerin, so daß die
Nonnen sich vor ihr zu fürchten begannen. Sechse derselben, welche die Äbtissin in das fromme Schelmstück mochte eingeweiht
haben, legten ihr jetzt das Gaukelkreuz auf die ehrliche Schulter mit
so plumpen Grimassen, als vermöchten sie das Spielzeug kaum zu
tragen, und mit so dumm heuchelnden Gesichtern, daß ich in der
Tat die göttliche Wahrheit im Dornenkranze zu sehen glaubte, öffentlich geehrt und gefeiert von der menschlichen Unwahrheit,
aber hinterrücks von ihr verspottet.

Jetzt entwickelte sich alles rasch wie ein Gewitter. Gertrude warf einen schnellen Blick nach der Stelle, wo mein Dolch an dem echten Kreuz eine tiefe Marke geschnitten, und fand sie an dem falschen unversehrt. Verächtlich ließ sie das leichte Kreuz, ohne es mit den Armen zu umfangen, von der Schulter gleiten. Dann ergriff sie es wieder mit einem gellenden Hohngelächter und zerschlug es frohlockend an dem Steinboden in schwächliche Trümmer. Und schon stand sie mit einem Sprunge vor der Tür der Kammer, wo jetzt das wahre, das schwere Kreuz versteckt war, öffnete, fand und wog es, brach in wilden Jubel aus, als hätte sie einen Schatz gefunden, hob es sich ohne Hilfe auf die rechte Schulter, umschlang es triumphierend mit ihren tapferen Armen und wendete sich langsam schreitend mit ihrer Bürde dem Chore zu, auf dessen offener Bühne sie der Menge sichtbar werden sollte, die atemlos lauschend, Kopf an Kopf, Adel, Pfaffheit, Bauersame, ein ganzes Volk, das geräumige Schiff der Kirche füllte. Wehklagend, scheltend, drohend, beschwörend warf sich ihr die Äbtissin mit ihren Nonnen in den Weg.

Sie aber, die leuchtenden Augen nach oben gerichtet: ›Jetzt, Muttergottes, schlichte du den Handel ehrlich!‹ rief sie aus und dann mit kräftiger Stimme: ›Platz da!‹ wie ein Handwerker, der einen Balken durch eine Volksmenge trägt.

Alles wich und sie betrat den Chor, wo, ein Vikar des Bischofs an der Spitze, die ländliche Geistlichkeit sie erwartete. Aller Blicke trafen zusammen auf der belasteten Schulter und dem blutbeträufelten Antlitz. Aber das wahre Kreuz wurde Gertruden zu schwer und keine Göttin erleichterte es ihr. Sie schritt mit keuchendem Busen, immer niedriger und langsamer, als hafteten und wurzelten ihre nackten Füße im Erdboden. Sie strauchelte ein wenig, raffte sich zusammen, strauchelte wieder, sank ins linke, dann auf das rechte Knie und wollte sich mit äußerster Anstrengung wieder erheben. Umsonst. Jetzt löste sich die linke Hand vom Kreuze und trug, vorgestreckt, auf den Boden gestemmt, einen Augenblick die ganze Körperlast. Dann knickte der Arm im Gelenk und brach zusammen. Das dorngekrönte Haupt neigte sich schwer vornüber und schlug schallend auf die Steinplatte. Über die Sinkende rollte mit Gepolter das Kreuz, welches ihre Rechte erst im betäubenden Sturze freigab.

Das war die blutige Wahrheit, nicht der gaukelnde Trug. Ein Seufzer stieg aus der Brust von Tausenden.

Von den entsetzten Nonnen wurde Gertrude unter dem Kreuze hervorgezogen und aufgerichtet. Sie hatte im Falle das Bewußtsein verloren, aber bald kehrte dem kräftigen Mädchen die Besinnung wieder. Sie strich sich mit der Hand über die Stirn. Ihr Blick fiel auf das Kreuz, welches sie erdrückt hatte. Über ihr Antlitz verbreitete sich ein Lächeln des Dankes für die ausgebliebene Hilfe der Göttin. Dann sprach sie mit einer himmlischen Heiterkeit die schalkhaften Worte: ›Du willst mich nicht, reine Magd: so will mich ein anderer!‹

Noch die Dornenkrone tragend, deren blutige Spitzen sie nicht zu fühlen schien, setzte sie jetzt den Fuß auf die erste der aus dem Chor in das Schiff niederführenden Stufen. Zugleich wanderten ihre Augen suchend im Volke und fanden, wen sie suchten. Es ward eine große Stille. ›Hans von Splügen‹, begann Gertrude laut und vernehmlich, ›nimmst du mich zu deinem Eheweibe?‹ ›Ja freilich! Mit tausend Freuden! Steig nur herunter!‹ antwortete fröhlich aus der Tiefe des Schiffes eine überzeugende Männerstimme.

So tat sie und schritt gelassen, aber vor Freude leuchtend, von Stufe zu Stufe herab, wieder die einfache Bäuerin, welche wohl das ergreifende Schauspiel, das sie in ihrer Verzweiflung der Menge gegeben, bald und gerne vergaß, jetzt da sie ihres bescheidenen menschlichen Wunsches gewährt war und in die Alltäglichkeit zurückkehren durfte. Verlache mich, Cosmus! ich war enttäuscht. Eine kurze Weile hatte die Bäuerin vor meinen erregten Sinnen gestanden als die Verkörperung eines höhern Wesens, als ein dämonisches Geschöpf, als die Wahrheit wie sie jubelnd den Schein zerstört. Aber was ist Wahrheit? fragte Pilatus.

Dieses träumend und ebenfalls aus dem Chor in das Schiff niedersteigend, wurde ich von meinem Boten am Ärmel gezupft, welcher mir die durch plötzlichen, begeisterten Zuruf vollzogene Papstwahl des Otto Colonna mit ein paar merkwürdigen Nebenumständen berichtete.

Als ich wieder aufblickte, war Gertrude verschwunden. Die erregte Menge aber tobte und lärmte mit geteilten Meinungen. Dort scholl es aus einem Männerhaufen: ›Vettel! Gauklerin!‹ Es galt der Äbtissin. Hier zeterten weibliche Stimmen: ›Sünderin! Schamlose!‹ Damit war Gertrude gemeint. Ob aber jene den frommen Betrug errieten, diese durch die weltliche Gesinnung Gertrudens das Wunder zerstört glaubten, gleichviel – in beiden Fällen war die Reliquie entkräftet und die Laufbahn des Mirakels geschlossen.

Vom Volke grob gescholten, begann das tapfere Brigittchen derb wieder zu schelten und die verblüfften Gesichter der anwesenden Pfaffen zeigten eine vollständige Stufenleiter von einverstandener Schlauheit bis zu der redlichsten Dummheit hinunter.

Ich fühlte mich als Kleriker und machte dem Ärgernis ein Ende. Die Kanzel besteigend, verkündigte ich der versammelten Christenheit feierlich: ›Habemus pontificem Dominum Othonem de Colonna!‹ und stimmte ein schallendes Te Deum an, in welches erst der Nonnenchor und dann das gesamte Volk dröhnend einfiel. Nach gesungener Hymne beeilten sich Adel und Bauerschaft ihre Tiere zu besteigen oder zu Fuß sich auf den Weg nach Constanz zu machen, wo der nach Beendigung des Triregnum urbi und orbi gespendete Segen dreifach kräftig wirken mußte. Meine Wenigkeit schlüpfte in den Kreuzgang zurück, um den Plautus in aller Stille auf meiner Kammer zu holen. Wieder mich wegschleichend, den Codex unterm Arm, geriet ich der Äbtissin in den Weg, welche, haushälterisch wie sie war, die Stücke des Gaukelkreuzes in einem großen Korbe sorgfältig in die Küche trug. Ich wünschte ihr Glück zu der Lösung des Knotens. Aber das Brigittchen glaubte sich geprellt und schrie mich wütend an: ›Schert euch zum Teufel, ihr zwei italienischen Spitzbuben‹, worunter es den Umbrier Marcus Accius Plautus und den Tusker Poggio Bracciolini, euern Mitbürger, verstehen möchte. Ein hübscher blonder Knabe, auch ein Krauskopf, welchen mir der mit Gertruden entweichende Hans von Splügen noch vorsorglich bestellt hatte, führte mir dann das Maultier vor, welches mich nach Constanz zurückbrachte.

Plaudite amici! Ich bin zu Ende. Als das Konzil von Constanz, welches länger dauerte als dieses Geschichtchen, ebenfalls zu Ende war, kehrte ich mit meinem gnädigen Herrn, der Heiligkeit Martins V., über die Berge zurück und traf als unsere Wirte im Gasthause von Spiuga, noch nordwärts des gefährlichen Passes, Anselino und Gertrude in blühender Gesundheit, diese nicht in einer dumpfen Zelle, sondern in winddurchrauschtem Felstal, ein Kind an der Brust und das eheliche Kreuz auf der Schulter tragend. Sei dir, erlauchter Cosmus, diese Facezia inedita eine nicht unwillkommene Beigabe zu dem Codex des Plautus, welchen ich dir schenke zu dieser Stunde oder richtiger dem Vaterlande, dessen ›Vater‹ du bist, und der Wissenschaft, der deine Säle mit den darin gehäuften Schätzen offen stehen.

Ich wollte dir das einzige Manuskript testamentarisch vermachen, um mir nicht, ein Lebender, das zehnfache Gegengeschenk zuzuziehen, womit du jede huldigend dir überreichte Gabe zu lohnen pflegst in deiner freigebigen Weise, von welcher du einmal nicht lassen kannst. Doch« – seufzte Poggio melancholisch – »wer weiß, ob meine Söhne meinen letzten Willen ehren würden?«

Cosmus erwiderte liebenswürdig: »Ich danke dir für beides, deinen Plautus und deine Facetie. Skrupellos hast du sie gelebt und ausgeführt, jung wie du damals warest. Als ein Gereifter hast du sie uns erzählt mit der Weisheit deiner Jahre. Dieses« – er hob eine edle, von einem lachenden Satyr umklammerte Schale – »bringe ich meinem redlichen Poggio und seiner blonden Barbarin!«

Man trank und lachte. Dann sprang das Gespräch von Plautus über auf die tausend gehobenen Horte und aufgerollten Pergamente des Altertums und auf die Größe des Jahrhunderts.

Bulemanns Haus

In einer norddeutschen Seestadt, in der sogenannten Düsternstraße, steht ein altes verfallenes Haus. Es ist nur schmal, aber drei Stockwerke hoch; in der Mitte desselben, vom Boden bis fast in die Spitze des Giebels, springt die Mauer in einem erkerartigen Ausbau vor, welcher für jedes Stockwerk nach vorne und an den Seiten mit Fenstern versehen ist, so daß in hellen Nächten der Mond hindurchscheinen kann.

Seit Menschengedenken ist niemand in dieses Haus hinein- und niemand herausgegangen; der schwere Messingklopfer an der Haustür ist fast schwarz von Grünspan, zwischen den Ritzen der Treppensteine wächst jahraus, jahrein das Gras. – Wenn ein Fremder fragt: »Was ist denn das für ein Haus?«, so erhält er gewiß zur Antwort: »Es ist Bulemanns Haus«; wenn er aber weiter fragt: »Wer wohnt denn darin?« so antworten sie ebenso gewiß: »Es wohnt so niemand darin.« – Die Kinder auf den Straßen und die Ammen an der Wiege singen:

> In Bulemanns Haus,
> In Bulemanns Haus,
> Da gucken die Mäuse
> Zum Fenster hinaus.

Und wirklich wollen lustige Brüder, die von nächtlichen Schmäusen dort vorbeigekommen, ein Gequieke wie von unzähligen Mäusen hinter den dunkeln Fenstern gehört haben. Einer, der im Übermut den Türklopfer anschlug, um den Widerhall durch die öden Räume schollern zu hören, behauptet sogar, er habe drinnen auf den Treppen ganz deutlich das Springen großer Tiere gehört. »Fast«, pflegt er, dies erzählend, hinzuzusetzen, »hörte es sich an wie die Sprünge der großen Raubtiere, welche in der Menageriebude auf dem Rathausmarkte gezeigt wurden.«

Das gegenüber stehende Haus ist um ein Stockwerk niedriger, so daß nachts das Mondlicht ungehindert in die oberen Fenster des alten Hauses fallen kann. Aus einer solchen Nacht hat auch der Wächter etwas zu erzählen; aber es ist nur ein kleines altes Menschenantlitz mit einer bunten Zipfelmütze, das er droben hinter den runden Erkerfenstern gesehen haben will. Die Nachbarn dagegen meinen, der Wächter sei wieder einmal betrunken gewesen; sie hätten drüben an den Fenstern niemals etwas gesehen, das einer Menschenseele gleich gewesen.

Am meisten Auskunft scheint noch ein alter in einem entfernten Stadtviertel lebender Mann geben zu können, der vor Jahren Organist an der St. Magdalenenkirche gewesen ist. »Ich entsinne mich«, äußerte er, als er einmal darüber befragt wurde, »noch sehr wohl des hagern Mannes, der während meiner Knabenzeit allein mit einer alten Weibsperson in jenem Haus wohnte. Mit meinem Vater, der ein Trödler gewesen ist, stand er ein paar Jahre lang in lebhaftem Verkehr, und ich bin derzeit manches Mal mit Bestellungen an ihn geschickt worden. Ich weiß auch noch, daß ich nicht gern diese Wege ging und oft allerlei Ausflucht suchte, denn selbst bei Tage fürchtete ich mich, dort die schmalen dunkeln Treppen zu Herrn Bulemanns Stube im dritten Stockwerk hinaufzusteigen. Man nannte ihn unter den Leuten den ›Seelenverkäufer‹; und schon dieser Name erregte mir Angst, zumal daneben allerlei unheimlich Gerede über ihn im Schwange ging. Er war, ehe er nach seines Vaters Tode das alte Haus bezogen, viele Jahre als Supercargo auf Westindien gefahren. Dort sollte er sich mit einer Schwarzen verheiratet haben; als er aber heimgekommen, hatte man vergebens darauf gewartet, eines Tages auch jene Frau mit einigen dunkeln Kindern anlangen zu sehen. Und bald hieß es, er habe auf der Rückfahrt ein Sklavenschiff getroffen und an den Kapitän desselben sein eigen Fleisch und Blut nebst ihrer Mutter um schnödes Gold verkauft. – Was Wahres an solchen Reden gewesen, vermag ich nicht zu sagen«, pflegte der Greis hinzuzusetzen; »denn ich will auch einem Toten nicht zu nahe treten; aber so viel ist gewiß, ein geiziger und menschenscheuer Kauz war es; und seine Augen blickten auch, als hätten sie bösen Taten zugesehen. Kein Unglücklicher und Hülfesuchender durfte seine Schwelle betreten; und wann immer ich damals dort gewesen, stets war von innen die eiserne Kette vor die

Tür gelegt. – Wenn ich dann den schweren Klopfer wiederholt hatte anschlagen müssen, so hörte ich wohl von der obersten Treppe herab die scheltende Stimme des Hausherrn: ›Frau Anken! Frau Anken! Ist Sie taub? Hört Sie nicht, es hat geklopft!‹ Alsbald ließen sich aus dem Hinterhause über Pesel und Korridor die schlurfenden Schritte des alten Weibes vernehmen. Bevor sie aber öffnete, fragte sie hüstelnd: ›Wer ist es denn?‹, und erst, wenn ich geantwortet hatte: ›Es ist der Leberecht!‹, wurde die Kette drinnen abgehakt. Wenn ich dann hastig die siebenundsiebzig Treppenstufen – denn ich habe sie einmal gezählt – hinaufgestiegen war, pflegte Herr Bulemann auf dem kleinen dämmerigen Flur vor seinem Zimmer schon auf mich zu warten; in dieses selbst hat er mich nie hineingelassen. Ich sehe ihn noch, wie er in seinem gelbgeblümten Schlafrock mit der spitzen Zipfelmütze vor mir stand, mit der einen Hand rücklings die Klinke seiner Zimmertür haltend. Während ich mein Gewerbe bestellte, pflegte er mich mit seinen grellen runden Augen ungeduldig anzusehen und mich darauf hart und kurz abzufertigen. Am meisten erregten damals meine Aufmerksamkeit ein paar ungeheuere Katzen, eine gelbe und eine schwarze, die sich mitunter hinter ihm aus seiner Stube drängten und ihre dicken Köpfe an seinen Knien rieben. – Nach einigen Jahren hörte indessen der Verkehr mit meinem Vater auf, und ich bin nicht mehr dort gewesen. – Dies alles ist nun über siebzig Jahre her, und Herr Bulemann muß längst dahin getragen sein, von wannen niemand wiederkehrt. « – – Der Mann irrte sich, als er so sprach. Herr Bulemann ist nicht aus seinem Hause getragen worden; er lebt darin noch jetzt. Das aber ist so zugegangen.

Vor ihm, dem letzten Besitzer, noch um die Zopf- und Haarbeutelzeit, wohnte in jenem Hause ein Pfandverleiher, ein altes verkrümmtes Männchen. Da er sein Gewerbe mit Umsicht seit über fünf Jahrzehnten betrieben hatte und mit einem Weibe, das ihm seit dem Tode seiner Frau die Wirtschaft führte, aufs spärlichste lebte, so war er endlich ein reicher Mann geworden. Dieser Reichtum bestand aber zumeist in einer fast unübersehbaren Menge von Pretiosen, Geräten und seltsamstem Trödelkram, was er alles von Verschwendern oder Notleidenden im Lauf der Jahre als Pfand erhalten hatte und das dann, da die Rückzahlung des darauf gegebenen Darlehns nicht erfolgte, in seinem Besitz zurückgeblieben war. – Da er bei einem Verkauf dieser Pfänder, welcher gesetzlich durch die Gerichte geschehen mußte, den Überschuß des Erlöses an die Eigentümer hätte herausgeben müssen, so häufte er sie lieber in den großen Nußbaumschränken auf, mit denen zu diesem Zwecke nach und nach die Stuben des ersten und endlich auch des zweiten Stockwerks besetzt wurden. Nachts aber, wenn Frau Anken im Hinterhause in ihrem einsamen Kämmerchen schnarchte und die schwere Kette vor der Haustür lag, stieg er oft mit leisem Tritt die Treppen auf und ab. In seinen hechtgrauen Rockelor eingeknöpft, in der einen Hand eine Lampe, in der andern das Schlüsselbund, öffnete er bald im ersten, bald im zweiten Stockwerk die Stuben- und die Schranktüren, nahm hier eine goldene Repetieruhr, dort eine emaillierte Schnupftabaksdose aus dem Versteck hervor und berechnete bei sich die Jahre ihres Besitzes und ob die ursprünglichen Eigentümer dieser Dinge wohl verkommen und verschollen seien oder ob sie noch einmal mit dem Gelde in der Hand wiederkehren und ihre Pfänder zurückfordern könnten. – –

Der Pfandverleiher war endlich im äußersten Greisenalter von seinen Schätzen weggestorben und hatte das Haus nebst den vollen Schränken seinem einzigen Sohne hinterlassen müssen, den er während seines Lebens auf jede Weise daraus fern zu halten gewußt hatte.

Dieser Sohn war der von dem kleinen Leberecht so gefürchtete Supercargo, welcher eben von einer überseeischen Fahrt in seine Vaterstadt zurückgekehrt war. Nach dem Begräbnis des Vaters gab er seine früheren Geschäfte auf und bezog dessen Zimmer im dritten Stock des alten Erkerhauses, wo nun statt des verkrümmten Männchens im hechtgrauen Rockelor eine lange hagere Gestalt im gelbgeblümten Schlafrock und bunter Zipfelmütze auf und ab wandelte oder rechnend an dem kleinen Pulte des Verstorbenen stand. – Auf Herrn Bulemann hatte sich indessen das Behagen des alten Pfandverleihers an den aufgehäuften Kostbarkeiten nicht vererbt. Nachdem er bei verriegelten Türen den Inhalt der großen Nußbaumschränke untersucht hatte, ging er mit sich zu Rate, ob er den heimlichen Verkauf dieser Dinge wagen solle, die immer noch das Eigentum anderer waren und an deren Wert er nur auf Höhe der ererbten

und, wie die Bücher ergaben, meist sehr geringen Darlehnsforde-
rung einen Anspruch hatte. Aber Herr Bulemann war keiner von
den Unentschlossenen. Schon in wenigen Tagen war die Verbindung mit einem in der äußersten Vorstadt wohnenden Trödler angeknüpft, und nachdem man einige Pfänder aus den letzten Jahren
zurückgesetzt hatte, wurde heimlich und vorsichtig der bunte Inhalt der großen Nußbaumschränke in gediegene Silbermünzen um-
gewandelt. Das war die Zeit, wo der Knabe Leberecht ins Haus
gekommen war. – Das gelöste Geld tat Herr Bulemann in große
eisenbeschlagene Kasten, welche er neben einander in seine Schlafkammer setzen ließ; denn bei der Rechtlosigkeit seines Besitzes
wagte er nicht, es auf Hypotheken auszutun oder sonst öffentlich
anzulegen.

Als alles verkauft war, machte er sich daran, sämtliche für die mög-
liche Zeit seines Lebens denkbare Ausgaben zu berechnen. Er nahm
dabei ein Alter von neunzig Jahren in Ansatz und teilte dann das
Geld in einzelne Päckchen je für eine Woche, indem er auf jedes
Quartal noch ein Röllchen für unvorhergesehene Ausgaben dazu-
legte. Dieses Geld wurde für sich in einen Kasten gelegt, welcher
nebenan in dem Wohnzimmer stand; und alle Sonnabend Morgen
erschien Frau Anken, die alte Wirtschafterin, die er aus der Verlas-
senschaft seines Vaters mit übernommen hatte, um ein neues Päckchen in Empfang zu nehmen und über die Verausgabung des vorigen Rechenschaft zu geben.

Wie schon erzählt, hatte Herr Bulemann Frau und Kinder nicht
mitgebracht; dagegen waren zwei Katzen von besonderer Größe,
eine gelbe und eine schwarze, am Tage nach der Beerdigung des
alten Pfandverleihers durch einen Matrosen in einem fest zugebun-
denen Sack vom Bord des Schiffes ins Haus getragen worden.
Diese Tiere waren bald die einzige Gesellschaft ihres Herrn. Sie
erhielten mittags ihre eigene Schüssel, die Frau Anken unter verbis-
senem Ingrimm tagsaus und -ein für sie bereiten mußte; nach dem
Essen, während Herr Bulemann sein kurzes Mittagsschläfchen abtat, saßen sie gesättigt neben ihm auf dem Kanapee, ließen ein Läpp-
chen Zunge hervorhängen und blinzelten ihn schläfrig aus ihren
grünen Augen an. Waren sie in den unteren Räumen des Hauses auf
der Mausjagd gewesen, was ihnen indessen immer einen heim-

lichen Fußtritt von dem alten Weibe eintrug, so brachten sie gewiß die gefangenen Mäuse zuerst ihrem Herrn im Maule hergeschleppt und zeigten sie ihm, ehe sie unter das Kanapee krochen und sie verzehrten. War dann die Nacht gekommen und hatte Herr Bulemann die bunte Zipfelmütze mit einer weißen vertauscht, so begab er sich mit seinen beiden Katzen in das große Gardinenbett im Nebenkämmerchen, wo er sich durch das gleichmäßige Spinnen der zu seinen Füßen eingewühlten Tiere in den Schlaf bringen ließ.

Dieses friedliche Leben war indes nicht ohne Störung geblieben. Im Lauf der ersten Jahre waren dennoch einzelne Eigentümer der verkauften Pfänder gekommen und hatten gegen Rückzahlung des darauf erhaltenen Sümmchens die Auslieferung ihrer Pretiosen verlangt. Und Herr Bulemann, aus Furcht vor Prozessen, wodurch sein Verfahren in die Öffentlichkeit hätte kommen können, griff in seine großen Kasten und erkaufte sich durch größere oder kleinere Abfindungssummen das Schweigen der Beteiligten. Das machte ihn noch menschenfeindlicher und verbissener. Der Verkehr mit dem alten Trödler hatte längst aufgehört; einsam saß er auf seinem Erkerstübchen mit der Lösung eines schon oft gesuchten Problems, der Berechnung eines sichern Lotteriegewinnes, beschäftigt, wodurch er dermaleinst seine Schätze ins Unermeßliche zu vermehren dachte. Auch Graps und Schnores, die beiden großen Kater, hatten jetzt unter seiner Laune zu leiden. Hatte er sie in dem einen Augenblick mit seinen langen Fingern getätschelt, so konnten sie sich im andern, wenn etwa die Berechnung auf den Zahlentafeln nicht stimmen wollte, eines Wurfs mit dem Sandfaß oder der Papierschere versehen, so daß sie heulend in die Ecke hinkten.

Herr Bulemann hatte eine Verwandte, eine Tochter seiner Mutter aus erster Ehe, welche indessen schon bei dem Tode dieser wegen ihrer Erbansprüche abgefunden war und daher an die von ihm ererbten Schätze keine Ansprüche hatte. Er kümmerte sich jedoch nicht um diese Halbschwester, obgleich sie in einem Vorstadtviertel in den dürftigsten Verhältnissen lebte; denn noch weniger als mit andern Menschen liebte Herr Bulemann den Verkehr mit dürftigen Verwandten. Nur einmal, als sie kurz nach dem Tode ihres Mannes in schon vorgerücktem Alter ein kränkliches Kind geboren hatte, war sie hülfesuchend zu ihm gekommen. Frau Anken, die sie eingelassen, war horchend unten auf der Treppe sitzen geblieben, und bald hatte sie von oben die scharfe Stimme ihres Herrn gehört, bis endlich die Tür aufgerissen worden und die Frau weinend die Treppe herabgekommen war. Noch an demselben Abend hatte Frau Anken die strenge Weisung erhalten, die Kette fürderhin nicht von der Haustür zu ziehen, falls etwa die Christine noch einmal wiederkommen sollte.

Die Alte begann sich immer mehr vor der Hakennase und den grellen Eulenaugen ihres Herrn zu fürchten. Wenn er oben am Treppengeländer ihren Namen rief oder auch, wie er es vom Schiffe her gewohnt war, nur einen schrillen Pfiff auf seinen Fingern tat, so kam sie gewiß, in welchem Winkel sie auch sitzen mochte, eiligst hervorgekrochen und stieg stöhnend, Schimpf- und Klageworte vor sich herplappernd, die schmalen Treppen hinauf.

Wie aber in dem dritten Stockwerk Herr Bulemann, so hatte in den unteren Zimmern Frau Anken ihre ebenfalls nicht ganz rechtlich erworbenen Schätze aufgespeichert. – Schon in dem ersten Jahre ihres Zusammenlebens war sie von einer Art kindischer Angst befallen worden, ihr Herr könne einmal die Verausgabung des Wirtschaftsgeldes selbst übernehmen, und sie werde dann bei dem Geize desselben noch auf ihre alten Tage Not zu leiden haben. Um dieses abzuwenden, hatte sie ihm vorgelogen, der Weizen sei aufgeschlagen, und demnächst die entsprechende Mehrsumme für den Brotbedarf gefordert. Der Supercargo, der eben seine Lebensrechnung begonnen, hatte scheltend seine Papiere zerrissen und darauf seine Rechnung von vorn wieder aufgestellt und den Wochenrationen die verlangte Summe zugesetzt. – Frau Anken aber, nachdem sie ihren Zweck erreicht, hatte zur Schonung ihres Gewissens und des Sprichworts gedenkend: »Geschleckt ist nicht gestohlen«, nun nicht die überschüssig empfangenen Schillinge, sondern regelmäßig nur die dafür gekauften Weizenbrötchen unterschlagen, mit denen sie, da Herr Bulemann niemals die unteren Zimmer betrat, nach und nach die ihres kostbaren Inhalts beraubten großen Nußbaumschränke anfüllte.

So mochten etwa zehn Jahre verflossen sein. Herr Bulemann wurde immer hagerer und grauer, sein gelbgeblümter Schlafrock immer fadenscheiniger. Dabei vergingen oft Tage, ohne daß er den Mund zum Sprechen geöffnet hatte; denn er sah keine lebenden Wesen als die beiden Katzen und seine alte halb kindische Haushälterin. Nur mitunter, wenn er hörte, daß unten die Nachbarskinder auf den Prellsteinen vor seinem Hause ritten, steckte er den Kopf ein wenig aus dem Fenster und schalt mit seiner scharfen Stimme in die Gasse hinab. – »Der Seelenverkäufer, der Seelenverkäufer!« schrien dann die Kinder und stoben auseinander. Herr Bulemann aber fluchte und schimpfte noch ingrimmiger, bis er endlich schmetternd das Fenster zuschlug und drinnen Graps und Schnores seinen Zorn entgelten ließ.

Um jede Verbindung mit der Nachbarschaft auszuschließen, mußte Frau Anken schon seit geraumer Zeit ihre Wirtschaftseinkäufe in entlegenen Straßen machen. Sie durfte jedoch erst mit dem Eintritt der Dunkelheit ausgehen und mußte dann die Haustür hinter sich verschließen.

Es mochte acht Tage vor Weihnachten sein, als die Alte wiederum eines Abends zu solchem Zwecke das Haus verlassen hatte. Trotz ihrer sonstigen Sorgfalt mußte sie sich indessen diesmal einer Vergessenheit schuldig gemacht haben. Denn als Herr Bulemann eben mit dem Schwefelholz sein Talglicht angezündet hatte, hörte er zu seiner Verwunderung es draußen auf den Stiegen poltern, und als er mit vorgehaltenem Licht auf den Flur hinaustrat, sah er seine Halbschwester mit einem bleichen Knaben vor sich stehen. »Wie seid ihr ins Haus gekommen?« herrschte er sie an, nachdem er sie einen Augenblick erstaunt und ingrimmig angestarrt hatte.

»Die Tür war offen unten«, sagte die Frau schüchtern.

Er murmelte einen Fluch auf seine Wirtschafterin zwischen den Zähnen. »Was willst du?« fragte er dann.

»Sei doch nicht so hart, Bruder«, bat die Frau, »ich habe sonst nicht den Mut, zu dir zu sprechen.«

»Ich wüßte nicht, was du mit mir zu sprechen hättest; du hast dein Teil bekommen; wir sind fertig miteinander.«

Die Schwester stand schweigend vor ihm und suchte vergebens nach dem rechten Worte. – Drinnen wurde wiederholt ein Kratzen an der Stubentür vernehmbar. Als Herr Bulemann zurückgelangt und die Tür geöffnet hatte, sprangen die beiden großen Katzen auf den Flur hinaus und strichen spinnend an dem blassen Knaben herum, der sich furchtsam vor ihnen an die Wand zurückzog. Ihr Herr betrachtete ungeduldig die noch immer schweigend vor ihm stehende Frau. »Nun, wird's bald?« fragte er.

»Ich wollte dich um etwas bitten, Daniel«, hub sie endlich an. »Dein Vater hat ein paar Jahre vor seinem Tode, da ich in bitterster Not war, ein silbern Becherlein von mir in Pfand genommen.«

»Mein Vater von dir?« fragte Herr Bulemann.

»Ja, Daniel, dein Vater; der Mann von unser beider Mutter. Hier ist der Pfandschein; er hat mir nicht zu viel darauf gegeben.«

»Weiter!« sagte Herr Bulemann, der mit raschem Blick die leeren Hände seiner Schwester gemustert hatte.

»Vor einiger Zeit«, fuhr sie zaghaft fort, »träumte mir, ich gehe mit meinem kranken Kinde auf dem Kirchhof. Als wir an das Grab unserer Mutter kamen, saß sie auf ihrem Grabstein unter einem Busch voll blühender weißer Rosen. Sie hatte jenen kleinen Becher in der Hand, den ich einst als Kind von ihr geschenkt erhalten; als wir aber näher gekommen waren, setzte sie ihn an die Lippen; und indem sie dem Knaben lächelnd zunickte, hörte ich sie deutlich sagen: ›Zur Gesundheit!‹ – Es war ihre sanfte Stimme, Daniel, wie im Leben; und diesen Traum habe ich drei Nächte nach einander geträumt.«

»Was soll das?« fragte Herr Bulemann.

»Gib mir den Becher zurück, Bruder! Das Christfest ist nahe; leg ihn dem kranken Kinde auf seinen leeren Weihnachtsteller!« Der hagere Mann in seinem gelbgeblümten Schlafrock stand regungslos vor ihr und betrachtete sie mit seinen grellen runden Augen. »Hast du das Geld bei dir?« fragte er. »Mit Träumen löst man keine Pfänder ein.«

»O Daniel!« rief sie, »glaub unserer Mutter! Er wird gesund, wenn er aus dem kleinen Becher trinkt. Sei barmherzig; er ist ja doch von deinem Blute!«

Sie hatte die Hände nach ihm ausgestreckt; aber er trat einen Schritt zurück. »Bleib mir vom Leibe«, sagte er. Dann rief er nach seinen Katzen. »Graps, alte Bestie! Schnores, mein Söhnchen!« Und der große gelbe Kater sprang mit einem Satz auf den Arm seines Herrn und klauete mit seinen Krallen in der bunten Zipfelmütze, während das schwarze Tier mauzend an seinen Knien hinaufstrebte.

Der kranke Knabe war näher geschlichen. »Mutter«, sagte er, indem er sie heftig an dem Kleide zupfte, »ist das der böse Ohm, der seine schwarzen Kinder verkauft hat?«

Aber in demselben Augenblick hatte auch Herr Bulemann die Katze herabgeworfen und den Arm des aufschreienden Knaben ergriffen. »Verfluchte Bettelbrut«, rief er, »pfeifst du auch das tolle Lied!«

»Bruder, Bruder!« jammerte die Frau. – Doch schon lag der Knabe wimmernd drunten auf dem Treppenabsatz. Die Mutter sprang ihm nach und nahm ihn sanft auf ihren Arm; dann aber richtete sie sich hoch auf, und den blutenden Kopf des Kindes an ihrer Brust, erhob sie die geballte Faust gegen ihren Bruder, der zwischen seinen spinnenden Katzen droben am Treppengeländer stand: »Verruchter, böser Mann!« rief sie. »Mögest du verkommen bei deinen Bestien!«

»Fluche, so viel du Lust hast!« erwiderte der Bruder; »aber mach, daß du aus dem Hause kommst. «

Dann, während das Weib mit dem weinenden Knaben die dunkeln Treppen hinabstieg, lockte er seine Katzen und klappte die Stubentür hinter sich zu. – Er bedachte nicht, daß die Flüche der Armen gefährlich sind, wenn die Hartherzigkeit der Reichen sie hervorgerufen hat.

Einige Tage später trat Frau Anken, wie gewöhnlich, mit dem Mittagessen in die Stube ihres Herrn. Aber sie kniff heute noch mehr als sonst mit den dünnen Lippen, und ihre kleinen blöden Augen leuchteten vor Vergnügen. Denn sie hatte die harten Worte nicht vergessen, die sie wegen ihrer Nachlässigkeit an jenem Abend hatte hinnehmen müssen, und sie dachte, sie ihm jetzt mit Zinsen wieder heimzuzahlen.

»Habt Ihr's denn auf St. Magdalenen läuten hören?« fragte sie.

»Nein«, erwiderte Herr Bulemann kurz, der über seinen Zahlentafeln saß.

»Wißt Ihr denn wohl, wofür es geläutet hat?« fragte die Alte weiter.

»Dummes Geschwätz! Ich höre nicht nach dem Gebimmel. «

»Es war aber doch für Euren Schwestersohn!«

Herr Bulemann legte die Feder hin. »Was schwatzest du, Alte?«
»Ich sage«, erwiderte sie, »daß sie soeben den kleinen Christoph
begraben haben.«

Herr Bulemann schrieb schon wieder weiter. »Warum erzählst du
mir das? Was geht mich der Junge an?«

»Nun, ich dachte nur; man erzählt ja wohl, was Neues in der Stadt
passiert.« – –

Als sie gegangen war, legte aber doch Herr Bulemann die Feder
wieder fort und schritt, die Hände auf dem Rücken, eine lange Zeit
in seinem Zimmer auf und ab. Wenn unten auf der Gasse ein Geräusch entstand, trat er hastig ans Fenster, als erwarte er schon den
Stadtdiener eintreten zu sehen, der ihn wegen der Mißhandlung des
Knaben vor den Rat zitieren solle. Der schwarze Graps, der mauzend seinen Anteil an der aufgetragenen Speise verlangte, erhielt
einen Fußtritt, daß er schreiend in die Ecke flog. Aber, war es nun
der Hunger, oder hatte sich unversehens die sonst so unterwürfige
Natur des Tieres verändert, er wandte sich gegen seinen Herrn und
fuhr fauchend und prustend auf ihn los. Herr Bulemann gab ihm
eine zweiten Fußtritt. »Freßt«, sagte er. »Ihr braucht nicht auf mich
zu warten.«

Mit einem Satz waren die beiden Katzen an der vollen Schüssel, die
er ihnen auf den Fußboden gesetzt hatte.

Dann aber geschah etwas Seltsames.

Als der gelbe Schnores, der zuerst seine Mahlzeit beendet hatte, nun
in der Mitte des Zimmers stand, sich reckte und buckelte, blieb
Herr Bulemann plötzlich vor ihm stehen; dann ging er um das Tier
herum und betrachtete es von allen Seiten. »Schnores, alter Ha-
lunke, was ist denn das?« sagte er, den Kopf des Katers krauend.
»Du bist ja noch gewachsen in deinen alten Tagen!« – In diesem
Augenblick war auch die andere Katze hinzugesprungen. Sie
sträubte ihren glänzenden Pelz und stand dann hoch auf ihren
schwarzen Beinen. Herr Bulemann schob sich die bunte Zipfelmütze aus der Stirn. »Auch der!« murmelte er. »Seltsam, es muß in
der Sorte liegen.«

Es war indes dämmerig geworden, und, da niemand kam und ihn
beunruhigte, so setzte er sich zu den Schüsseln, die auf dem Tische
standen. Endlich begann er sogar seine großen Katzen, die neben

ihm auf dem Kanapee saßen, mit einem gewissen Behagen zu beschauen. »Ein paar stattliche Burschen seid ihr!« sagte er, ihnen zunickend. »Nun soll euch das alte Weib unten auch die Ratten nicht mehr vergiften!« – Als er aber abends nebenan in seine Schlafkammer ging, ließ er sie nicht, wie sonst, zu sich herein; und als er sie nachts mit den Pfoten gegen die Kammertür fallen und mauzend daran herunterrutschen hörte, zog er sich das Deckbett über beide Ohren und dachte: »Mauzt nur zu, ich habe eure Krallen gesehen.« –

Dann kam der andere Tag, und als es Mittag geworden, geschah dasselbe, was tags zuvor geschehen war. Von der geleerten Schüssel sprangen die Katzen mit einem schweren Satz mitten ins Zimmer hinein, reckten und streckten sich; und als Herr Bulemann, der schon wieder über seinen Zahlentafeln saß, einen Blick zu ihnen hinüberwarf, stieß er entsetzt seinen Drehstuhl zurück und blieb mit ausgerecktem Halse stehen. Dort, mit leisem Winseln, als wenn ihnen ein Widriges angetan würde, standen Graps und Schnores zitternd mit geringelten Schwänzen, das Haar gesträubt; er sah es deutlich, sie dehnten sich, sie wurden groß und größer.

Noch einen Augenblick stand er, die Hände an den Tisch geklammert; dann plötzlich schritt er an den Tieren vorbei und riß die Stubentür auf. »Frau Anken, Frau Anken!« rief er; und da sie nicht gleich zu hören schien, tat er einen Pfiff auf seinen Fingern, und bald schlurrte die Alte unten aus dem Hinterhause hervor und keuchte eine Treppe nach der andern herauf. »Sehe Sie sich einmal die Katzen an!« rief er, als sie ins Zimmer getreten war.

»Die hab ich schon oft gesehen, Herr Bulemann.«

»Sieht Sie daran denn nichts?«

»Daß ich nicht wüßte, Herr Bulemann!« erwiderte sie, mit ihren blöden Augen um sich blinzelnd.

»Was sind denn das für Tiere? Das sind ja gar keine Katzen mehr!« – Er packte die Alte an den Armen und rannte sie gegen die Wand. »Rotaugige Hexe!« schrie er, »bekenne, was hast du meinen Katzen eingebraut!«

Das Weib klammerte ihre knöchernen Hände in einander und begann unverständliche Gebete herzulappern. Aber die furchtbaren Katzen sprangen von rechts und links auf die Schultern ihres Herrn und leckten ihn mit ihren scharfen Zungen ins Gesicht. Da mußte er die Alte loslassen.

Fortwährend plappernd und hüstelnd schlich sie aus dem Zimmer und kroch die Treppen hinab. Sie war wie verwirrt; sie fürchtete sich, ob mehr vor ihrem Herrn oder vor den großen Katzen, das wußte sie selber nicht. So kam sie hinten in ihre Kammer. Mit zitternden Händen holte sie einen mit Geld gefüllten wollenen Strumpf aus ihrem Bett hervor; dann nahm sie aus einer Lade eine Anzahl alter Röcke und Lumpen und wickelte sie um ihren Schatz herum, so daß es endlich ein großes Bündel gab. Denn sie wollte fort, um jeden Preis fort; sie dachte an die arme Halbschwester ihres Herrn draußen in der Vorstadt; die war immer freundlich gegen sie gewesen, zu der wollte sie. Freilich, es war ein weiter Weg, durch viele Gassen, über viele schmale und lange Brücken, welche über dunkle Gräben und Fleten hinwegführten, und draußen dämmerte schon der Winterabend. Es trieb sie dennoch fort. Ohne an ihre Tausende von Weizenbrötchen zu denken, die sie in kindischer Fürsorge in den großen Nußbaumschränken aufgehäuft hatte, trat sie mit ihrem schweren Bündel auf dem Nacken aus dem Hause. Sorgfältig mit dem großen krausen Schlüssel verschloß sie die schwere eichene Tür, steckte ihn in ihre Ledertasche und ging dann keuchend in die finstere Stadt hinaus. – –

Frau Anken ist niemals wiedergekommen, und die Tür von Bulemanns Haus ist niemals wieder aufgeschlossen worden.

Noch an demselben Tage aber, da sie fortgegangen, hat ein junger Taugenichts, der, den Knecht Ruprecht spielend, in den Häusern umherlief, mit Lachen seinen Kameraden erzählt, da er in seinem rauhen Pelz über die Kreszentiusbrücke gegangen sei, habe er ein altes Weib dermaßen erschreckt, daß sie mit ihrem Bündel wie toll in das schwarze Wasser gesprungen sei. – Auch ist in der Frühe des andern Tages in der äußersten Vorstadt die Leiche eines alten Weibes, welche an einem großen Bündel festgebunden war, von den Wächtern aufgefischt und bald darauf, da niemand sie gekannt hat, auf dem Armenviertel des dortigen Kirchhofs in einem platten Sarge eingegraben worden.

Dieser andere Morgen war der Morgen des Weihnachtsabends. – Herr Bulemann hatte eine schlechte Nacht gehabt; das Kratzen und Arbeiten der Tiere gegen seine Kammertür hatte ihm diesmal keine Ruhe gelassen; erst gegen die Morgendämmerung war er in einen langen, bleiernen Schlaf gefallen. Als er endlich seinen Kopf mit der Zipfelmütze in das Wohnzimmer hineinsteckte, sah er die beiden Katzen laut schnurrend mit unruhigen Schritten um einander hergehen. Es war schon nach Mittag; die Wanduhr zeigte auf eins. »Sie werden Hunger haben, die Bestien«, murmelte er. Dann öffnete er die Tür nach dem Flur und pfiff nach der Alten. Zugleich aber drängten die Katzen sich hinaus und rannten die Treppe hinab, und bald hörte er von unten aus der Küche herauf Springen und Tellergeklapper. Sie mußten auf den Schrank gesprungen sein, auf den Frau Anken die Speisen für den andern Tag zurückzusetzen pflegte.

Herr Bulemann stand oben an der Treppe und rief laut und scheltend nach der Alten; aber nur das Schweigen antwortete ihm oder von unten herauf aus den Winkeln des alten Hauses ein schwacher Widerhall. Schon schlug er die Schöße seines geblümten Schlafrocks über einander und wollte selbst hinabsteigen, da polterte es drunten auf den Stiegen, und die beiden Katzen kamen wieder heraufgerannt. Aber das waren keine Katzen mehr; das waren zwei furchtbare, namenlose Raubtiere. Die stellten sich gegen ihn, sahen ihn mit ihren glimmenden Augen an und stießen ein heiseres Geheul aus. Er wollte an ihnen vorbei, aber ein Schlag mit der Tatze, der ihm einen Fetzen aus dem Schlafrock riß, trieb ihn zurück. Er lief ins Zimmer; er wollte ein Fenster aufreißen, um die Menschen auf der Gasse anzurufen; aber die Katzen sprangen hinterdrein und kamen ihm zuvor. Grimmig schnurrend, mit erhobenem Schweif, wanderten sie vor den Fenstern auf und ab. Herr Bulemann rannte auf den Flur hinaus und warf die Zimmertür hinter sich zu; aber die Katzen schlugen mit der Tatze auf die Klinke und standen schon vor ihm an der Treppe. – Wieder floh er ins Zimmer zurück, und wieder waren die Katzen da.

Schon verschwand der Tag, und die Dunkelheit kroch in alle Ekken. Tief unten von der Gasse herauf hörte er Gesang; Knaben und

Mädchen zogen von Haus zu Haus und sangen Weihnachtslieder. Sie gingen in alle Türen; er stand und horchte. Kam denn niemand in seine Tür? – – Aber er wußte es ja, er hatte sie selber alle fortgetrieben; es klopfte niemand, es rüttelte niemand an der verschlossenen Haustür. Sie zogen vorüber; und allmählich ward es still, totenstill auf der Gasse. Und wieder suchte er zu entrinnen; er wollte Gewalt anwenden; er rang mit den Tieren, er ließ sich Gesicht und Hände blutig reißen. Dann wieder wandte er sich zur List; er rief sie mit den alten Schmeichelnamen, er strich ihnen die Funken aus dem Pelz und wagte es sogar, ihren flachen Kopf mit den großen weißen Zähnen zu krauen. Sie warfen sich auch vor ihm hin und wälzten sich schnurrend zu seinen Füßen; aber wenn er den rechten Augenblick gekommen glaubte und aus der Tür schlüpfte, so sprangen sie auf und standen, ihr heiseres Geheul ausstoßend, vor ihm. – So verging die Nacht, so kam der Tag, und noch immer rannte er zwischen der Treppe und den Fenstern seines Zimmers hin und wider, die Hände ringend, keuchend, das graue Haar zerzaust.

Und noch zweimal wechselten Tag und Nacht; da endlich warf er sich, gänzlich erschöpft, an allen Gliedern zuckend, auf das Kanapee. Die Katzen setzten sich ihm gegenüber und blinzelten ihn schläfrig aus halb geschlossenen Augen an. Allmählich wurde das Arbeiten seines Leibes weniger, und endlich hörte es ganz auf. Eine fahle Blässe überzog unter den Stoppeln des grauen Bartes sein Gesicht; noch einmal aufseufzend, streckte er die Arme und spreizte die langen Finger über die Kniee; dann regte er sich nicht mehr.

Unten in den öden Räumen war es indessen nicht ruhig gewesen. Draußen an der Tür des Hinterhauses, die auf den engen Hof hinausführt, geschah ein emsiges Nagen und Fressen. Endlich entstand über der Schwelle eine Öffnung, die größer und größer wurde; ein grauer Mauskopf drängte sich hindurch, dann noch einer, und bald huschte eine ganze Schar von Mäusen über den Flur und die Treppe hinauf in den ersten Stock. Hier begann das Arbeiten aufs neue an der Zimmertür, und als diese durchgenagt war, kamen die großen Schränke daran, in denen Frau Ankens hinterlassene Schätze aufgespeichert lagen. Da war ein Leben wie im Schlaraffenland; wer durch wollte, mußte sich durchfressen. Und das Geziefer füllte sich den Wanst; und wenn es mit dem Fressen nicht mehr fort wollte, rollte es die Schwänze auf und hielt sein Schläfchen in den hohlgefressenen Weizenbrötchen. Nachts kamen sie hervor, huschten über die Dielen oder saßen, ihre Pfötchen leckend, vor dem Fenster und schauten, wenn der Mond schien, mit ihren kleinen blanken Augen in die Gasse hinab.

Aber diese behagliche Wirtschaft sollte bald ihr Ende erreichen. In der dritten Nacht, als eben droben Herr Bulemann seine Augen zugetan hatte, polterte es draußen auf den Stiegen. Die großen Katzen kamen herabgesprungen, öffneten mit einem Schlag ihrer Tatze die Tür des Zimmers und begannen ihre Jagd. Da hatte alle Herrlichkeit ein Ende. Quieksend und pfeifend rannten die fetten Mäuse umher und strebten ratlos an den Wänden hinauf. Es war vergebens; sie verstummten eine nach der andern zwischen den zermalmenden Zähnen der beiden Raubtiere.

Dann wurde es still, und bald war in dem ganzen Hause nichts vernehmbar als das leise Spinnen der großen Katzen, die mit ausgestreckten Tatzen droben vor dem Zimmer ihres Herrn lagen und sich das Blut aus den Bärten leckten.

Unten in der Haustür verrostete das Schloß, den Messingklopfer überzog der Grünspan, und zwischen den Treppensteinen begann das Gras zu wachsen.

Draußen aber ging die Welt unbekümmert ihren Gang. – Als der Sommer gekommen war, stand auf dem St. Magdalenenkirchhof auf dem Grabe des kleinen Christoph ein blühender weißer Rosenbusch; und bald lag auch ein kleiner Denkstein unter demselben. Den Rosenbusch hatte seine Mutter ihm gepflanzt; den Stein freilich hatte sie nicht beschaffen können. Aber Christoph hatte einen Freund gehabt; es war ein junger Musikus, der Sohn eines Trödlers, der in dem Haus ihnen gegenüber wohnte. Zuerst hatte er sich unter sein Fenster geschlichen, wenn der Musiker drinnen am Klavier saß; später hatte dieser ihn zuweilen in die Magdalenenkirche genommen, wo er sich nachmittags im Orgelspiel zu üben pflegte. – Da saß denn der blasse Knabe auf einem Schemelchen zu seinen Füßen, lehnte lauschend den Kopf an die Orgelbank und sah, wie die Sonnenlichter durch die Kirchenfenster spielten. Wenn der junge Musikus dann, von der Verarbeitung seines Themas fortgerissen, die tiefen mächtigen Register durch die Gewölbe brausen ließ, oder wenn er mitunter den Tremulanten zog und die Töne wie zitternd vor der Majestät Gottes dahinfluteten, so konnte es wohl geschehen, daß der Knabe in stilles Schluchzen ausbrach und sein Freund ihn nur schwer zu beruhigen vermochte. Einmal auch sagte er bittend: »Es tut mir weh, Leberecht; spiele nicht so laut!«

Der Orgelspieler schob auch sogleich die großen Register wieder ein und nahm die Flöten- und andere sanfte Stimmen; und süß und ergreifend schwoll das Lieblingslied des Knaben durch die stille Kirche: »Befiehl du deine Wege.« – Leise mit seiner kränklichen Stimme hub er an mitzusingen. »Ich will auch spielen lernen«, sagte er, als die Orgel schwieg; »willst du mich es lehren, Leberecht?«

Der junge Musikus ließ seine Hand auf den Kopf des Knaben fallen, und ihm das gelbe Haar streichelnd, erwiderte er: »Werde nur erst recht gesund, Christoph; dann will ich dich es gern lehren.«

Aber Christoph war nicht gesund geworden. – Seinem kleinen Sarge folgte neben der Mutter auch der junge Orgelspieler. Sie sprachen hier zum ersten Mal zusammen; und die Mutter erzählte ihm jenen dreimal geträumten Traum von dem kleinen silbernen Erbbecher.

»Den Becher«, sagte Leberecht, »hätte ich Euch geben können; mein Vater, der ihn vor Jahren mit vielen andern Dingen von Euerm Bruder erhandelte, hat mir das zierliche Stück einmal als Weihnachtsgeschenk gegeben.«

Die Frau brach in die bittersten Klagen aus. »Ach«, rief sie immer wieder, »er wäre ja gewiß gesund geworden!«

Der junge Mann ging eine Weile schweigend neben ihr her. »Den Becher soll unser Christoph dennoch haben«, sagte er endlich. Und so geschah es. Nach einigen Tagen hatte er den Becher an einen Sammler solcher Pretiosen um einen guten Preis verhandelt; von dem Gelde aber ließ er den Denkstein für das Grab des kleinen Christoph machen. Er ließ eine Mamortafel darin einlegen, auf welcher das Bild des Bechers ausgemeißelt wurde. Darunter standen die Worte eingegraben: »Zur Gesundheit!« – Noch viele Jahre hindurch, mochte der Schnee auf dem Grabe liegen oder mochte in der Junisonne der Busch mit Rosen überschüttet sein, kam oft eine blasse Frau und las andächtig und sinnend die beiden Worte auf dem

Grabstein. – Dann eines Sommers ist sie nicht mehr gekommen; aber die Welt ging unbekümmert ihren Gang.

Nur noch einmal, nach vielen Jahren, hat ein sehr alter Mann das Grab besucht, er hat sich den kleinen Denkstein angesehen und eine weiße Rose von dem alten Rosenbusch gebrochen. Das ist der emeritierte Organist von St. Magdalenen gewesen.

Aber wir müssen das friedliche Kindergrab verlassen, und wenn der Bericht zu Ende geführt werden soll, drüben in der Stadt noch einen Blick in das alte Erkerhaus der Düsternstraße werfen. – Noch immer stand es schweigend und vorschlossen. Während draußen das Leben unablässig daran vorüberflutete, wucherte drinnen in den eingeschlossenen Räumen der Schwamm aus den Dielenritzen, löste sich der Gips an den Decken und stürzte herab, in einsamen Nächten ein unheimliches Echo über Flur und Stiege jagend. Die Kinder, welche an jenem Christabend auf der Straße gesungen hatten, wohnten jetzt als alte Leute in den Häusern, oder sie hatten ihr Leben schon abgetan und waren gestorben; die Menschen, die jetzt auf der Gasse gingen, trugen andere Gewänder, und draußen auf dem Vorstadtskirchhof war der schwarze Nummerpfahl auf Frau Ankens namenlosem Grabe schon längst verfault. Da schien eines Nachts wieder einmal, wie schon so oft, über das Nachbarhaus hinweg der Vollmond in das Erkerfenster des dritten Stockwerks und malte mit seinem bläulichen Lichte die kleinen runden Scheiben auf den Fußboden. Das Zimmer war leer; nur auf dem Kanapee zusammengekauert saß eine kleine Gestalt von der Größe eines jährigen Kindes, aber das Gesicht war alt und bärtig und die magere Nase unverhältnismäßig groß; auch trug sie eine weit über die Ohren fallende Zipfelmütze und einen langen, augenscheinlich für einen ausgewachsenen Mann bestimmten Schlafrock, auf dessen Schoß sie die Füße heraufgezogen hatte.

Diese Gestalt war Herr Bulemann. – Der Hunger hatte ihn nicht getötet, aber durch den Mangel an Nahrung war sein Leib verdorrt und eingeschwunden, und so war er im Lauf der Jahre kleiner und kleiner geworden. Mitunter in Vollmondnächten wie diese war er erwacht und hatte, wenn auch mit immer schwächerer Kraft, seinen Wächtern zu entrinnen gesucht. War er von den vergeblichen

Anstrengungen erschöpft aufs Kanapee gesunken oder zuletzt hinaufgekrochen, und hatte dann der bleierne Schlaf ihn wieder befallen, so streckten Graps und Schnores sich draußen vor der Treppe hin, peitschten mit ihrem Schweif den Boden und horchten, ob Frau Ankens Schätze neue Wanderzüge von Mäusen in das Haus gelockt hätten.

Heute war es anders; die Katzen waren weder im Zimmer noch draußen auf dem Flur. Als das durch das Fenster fallende Mondlicht über den Fußboden weg und allmählich an der kleinen Gestalt hinaufrückte, begann sie sich zu regen; die großen runden Augen öffneten sich, und Herr Bulemann starrte in das leere Zimmer hinaus. Nach einer Weile rutschte er, die langen Ärmel mühsam zurückschlagend, von dem Kanapee herab und schritt langsam der Tür zu, während die breite Schleppe des Schlafrocks hinter ihm herfegte. Auf den Fußspitzen nach der Klinke greifend, gelang es ihm, die Stubentür zu öffnen und draußen bis an das Geländer der Treppe vorzuschreiten. Eine Weile blieb er keuchend stehen; dann streckte er den Kopf vor und mühte sich zu rufen: »Frau Anken, Frau Anken!« Aber seine Stimme war nur wie das Wispern eines kranken Kindes. »Frau Anken, mich hungert; so höre Sie doch!«

Alles blieb still; nur die Mäuse quieksten jetzt heftig in den unteren Zimmern.

Dann wurde er zornig: »Hexe, verfluchte, was pfeift Sie denn?« Und ein Schwall unverständlich geflüsterter Schimpfworte sprudelte aus seinem Munde, bis ein Stickhusten ihn befiel und seine Zunge lähmte.

Draußen, unten an der Haustür, wurde der schwere Messingklopfer angeschlagen, daß der Hall bis in die Spitze des Hauses hinaufdrang. Es mochte jener nächtliche Geselle sein, von dem im Anfang dieser Geschichte die Rede gewesen ist.

Herr Bulemann hatte sich wieder erholt. »So öffne Sie doch!« wisperte er; »es ist der Knabe, der Christoph; er will den Becher holen.«

Plötzlich wurden von unten herauf zwischen dem Pfeifen der Mäuse die Sprünge und das Knurren der beiden großen Katzen vernehmbar. Er schien sich zu besinnen; zum ersten Mal bei seinem Erwachen hatten sie das oberste Stockwerk verlassen und ließen ihn gewähren. – Hastig, den langen Schlafrock nach sich schleppend, stapfte er in das Zimmer zurück.

Draußen aus der Tiefe der Gasse hörte er den Wächter rufen. »Ein Mensch, ein Mensch!« murmelte er; »die Nacht ist so lang, so vielmal bin ich aufgewacht, und noch immer scheint der Mond.« Er kletterte auf den Polsterstuhl, der in dem Erkerfenster stand. Emsig arbeitete er mit den kleinen dürren Händen an dem Fensterhaken; denn drunten auf der mondhellen Gasse hatte er den Wächter stehen sehen. Aber die Haspen waren festgerostet; er mühte sich vergebens, sie zu öffnen. Da sah er den Mann, der eine Weile hinaufgestarrt hatte, in den Schatten der Häuser zurücktreten.

Ein schwacher Schrei brach aus seinem Munde; zitternd, mit geballten Fäusten schlug er gegen die Fensterscheiben; aber seine Kraft reichte nicht aus, sie zu zertrümmern. Nun begann er Bitten und Versprechungen durch einander zu wispern; allmählich, während die Gestalt des unten gehenden Mannes sich immer mehr entfernte, wurde sein Flüstern zu einem erstickten heisern Gekrächze; er wollte seine Schätze mit ihm teilen; wenn er nur hören wollte, er sollte alles haben, er selber wollte nichts, gar nichts für sich behalten; nur den Becher, der sei das Eigentum des kleinen Christoph.

Aber der Mann ging unten unbekümmert seinen Gang, und bald war er in einer Nebengasse verschwunden. – Von allen Worten, die Herr Bulemann in jener Nacht gesprochen, ist keines von einer Menschenseele gehört worden.

Endlich nach aller vergeblichen Anstrengung kauerte sich die kleine Gestalt auf dem Polsterstuhl zusammen, rückte die Zipfelmütze zurecht und schaute, unverständliche Worte murmelnd, in den leeren Nachthimmel hinauf.

So sitzt er noch jetzt und erwartet die Barmherzigkeit Gottes.

Besuch bei Ludchen Bock

Ludchen Bock!
Ob er wohl noch lebte, der alte Junge? In den Zeitungen war er dem
ganz geheimen Kindheitsfreund Fritz Feyerabend nicht erschienen.
Weder in politischen Dingen, noch in Künsten und Wissenschaften
konnte er sich berühmt, bekannt oder anrüchig gemacht haben.
Was er sonst gesündigt haben mochte: der Kriminaljustiz war er
auch nicht verfallen, wenigstens nicht in einer Weise, die unter der
Rubrik: »Aus dem Reiche« das Gesamtinteresse des deutschen Volkes in Anspruch genommen hätte.
Ja, ob er wohl noch in der Erscheinungswelt und nicht bloß in jener
Jubiläums-Weinlaune des Geheimrats Feyerabend vorhanden war?
Und dazu – war Er's allein gewesen, was sich dem gefeierten Greis
so absonderlich in den höchsten psychologischen Moment jenes
hohen Festtages eingedrängt hatte? War es nicht alles gewesen, was
damals zu ihm gehörte – die Welt von vor zwei Menschenaltern,
ganz Altershausen und was zu dem gehörte?
»Wenn ich *dort* den Versuch machte, das Spazierengehen wieder zu
erlernen?« seufzte an seinem Fenster, den Rauch seiner Pfeife von
sich abwedelnd, der alte Altershausener. –
September war es bereits geworden, aber es war selten so lange
schöner Sommer geblieben, wie in diesem Jahr. Ferne Gewitter,
von denen man in der Nacht nur das Wetterleuchten gesehen hatte,
hatten den Horizont nach allen Richtungen hin geklärt. Weit entle-
gene Bergzüge lockten verführerisch blau zu sich hin und waren
sicherlich, in der Nähe gesehen, eben so grün, wie sie von fern blau
erschienen. Die Leute am gegenwärtigen Ort in Raum und Zeit
kamen aus den Kirchen, gingen in die Konditoreien, lustwandelten
in den Parks oder fuhren auf Visiten, und Geheimrat Feyerabend
saß in Altershausen in dem höchsten Gipfel einer Tanne, an der ihm
zu einem dort hängenden Eichhornnest – Ludchen Bock vorange-
klettert war.

Man hatte einen ziemlich kahlen, steinigen »Berg« in des Alten waldiger Heimats-Hügellandschaft zu ersteigen, ehe man zu dem Tannen- und Fichtenbestand gelangte, an dessen Rande der Baum gewachsen war, in dessen Wipfel die zwei Freunde von Menschenrechts wegen auf der Suche nach den Wundern, Abenteuern und Schicksalen des Erdballs waren.

Wie der alte Herr das Harz an den Händen fühlte und wie er den Duft des Weihnachtsbaumes in der Julisonne in der Nase hatte! Und wie deutlich er den Taugenichts neben sich, der eben seine zerkratzte schwarze Jungenpfote enttäuscht aus dem »Äkernest« hervorzieht, sagen hört:

»Du, der Rektor weiß garnichts davon, weil es nicht in seinem Naturgeschichtsbuch und der dicken Bibel steht. Aber ich weiß es von unserm Krischan, weißt du, den mein Vater wegen eurer Hanne aus dem Dienst tun mußte. Dies hier ist mal wieder nicht sein eigentlich Heckequartier, wo er mit seiner Frau und seinen Jungen zu Hause ist. Die Kletterei hätten wir uns sparen können. Der Lork macht es grade wie mein Vater. Wenn es den zu Hause nicht leidet von wegen meiner Mutter, denn weiß er wohl, wo er woanderswo hingehen kann. Er macht sich noch ein paar andere Orte zurecht, wo er sein Vergnügen ruhig haben kann. Einen Buddel hat der Äker hier nicht versteckt stehen, wie mein Vater in unserm Gartenhaus; aber voll Bucheckern liest er sich dies voll und setzt sich dabei und knabbert für sich allein, wenn er nicht vorher schon in Lüders' Wirtschaft – ne, da geht er nicht hin, der Äker, aber mein Vater. Dein Vater, Fritze, geht in den Ratskeller, da hat er seine Pfeife stehen. Es ist eine mit einer Fliege auf dem Kopfe, ich kenne sie ganz gut und habe ein paarmal probiert, ob sie auch Luft hat. Und die anderen Herren aus der Stadt, der Bürgermeister und der Doktor, sitzen auch da des Abends, aber Bucheckern knabbern sie nicht. Na, laß uns nur wieder herunter – Harzpech haben wir genug an uns, und daß du ein Loch in der Hose hast, wird dir deine Mutter auch schon sagen!«...

Wie sich das aneinander hing! Der Alte am Fenster hatte nicht das geringste dagegen einzuwenden, daß so liebe Schatten, die Schatten der Eltern ihm so aus der Tiefe heraufbeschworen wurden! Wer hätte das denn besser besorgen können, als der beste Freund des Hauses Feyerabend, als Ludchen Bock?

Da warst du, Mütterchen! und wie laut die große Stadt ihren Sonntagmorgen begehen mochte, in der Seele des Geheimrats Feyerabend wurde es still, und die Pfeife ging ihm aus. Da warst du, schöne junge Frau aus der Welt vor sechzig Jahren, mit deinem guten Lachen, deinem klugen Lächeln, mit deiner Weltweisheit, die nicht aus dem Lehrplan »höherer Töchterschule« stammte, aber im Lebensverdruß und -behagen, bei Sonnenschein und Regen, an der Wiege und am Sarge, unter den Pfingstmaien und unter dem Christbaum sich so weich, so linde wie deine Hand über alles legte, was dich betraf, so weit dein kleines großes Reich auf dieser Erde reichte und Menschenglück und -elend, Wohlsein und Überdruß, Jubel und Jammer umfing.

»Noch immer der alte Sonnenschein, aber – die nicht mehr dabei!« murmelte der Greis an seinem Fenster seufzend, um sich im nächsten Augenblick wieder lächelnd die Stirn zu reiben.

»Du, darin habe ich es besser zu Hause, als du. Latein kann meiner nicht«, hörte er es neben sich – hörte er wiederum Ludchen Bock neben sich, die steinige Berglehne im Sonnenschein hinunter nach Altershausen. »Das wäre noch schöner, wenn er mich auch dazu zum Rektor Schuster täte, wie deiner dich! Aber deiner ist auch der Klügste in der ganzen Stadt, sagt mein Vater, und der Niederträchtigste und Freundlichste mit den Leuten auch, sagt meine Mutter.«

Wie es dem Alten am Fenster aufklang, alles, was die Leute von Altershausen von seinem jungen Vater sagten, und alles – was er selber von dem wußte aus Altershausen, da er noch unter seinem strengen Blick und versteckten Lächeln mit dem Rektor Schuster im Kampf darob lag, wer von beiden am wenigsten Latein wisse!

Da war er in dem gegenwärtigen Sonnenschein, als ob er nie aufgehört habe, darin mitzuspielen. – – – – – – – – – »Ist denn das wirklich dein Ernst?« fragte nachher beim Mittagstisch Schwester Karoline...

Vor zwei Menschenaltern würde Fritzchen seinem Schwesterchen Linchen unbedingt erwidert haben: »Mein blutiger!« Jetzt nickte er nur lächelnd, jedoch dabei seufzend und die Torheit seines Vorhabens vollkommen einsehend. Geheimrat Feyerabend hatte nämlich seiner treuen Hausvormünderin mit einem Hinweis auf das schöne Wetter, das wunderbare Wetter, seine Absicht ausgesprochen, zu verreisen, und auf ihre Frage: »Wohin denn?« nur zu antworten gewußt:

»Ja, wenn ich das selber wüßte!«

Wenn er ihr mitgeteilt haben würde, daß er diesmal nur seinen Freund Ludchen Bock im Nachbarhaus besuchen wolle, so würde sie ihn einfach für verrückt erklärt haben. Sie hatte diese Redensart so an sich, gebrauchte sie nicht selten auch dem Bruder gegenüber und hatte dann und wann nicht ganz Unrecht damit.

Wenn er ihr gesagt haben würde, er habe Geschäfte in Paris, London oder Rom, oder man wünsche seine Gegenwart in Madrid, Rio Janeiro oderr New York, so würde sie das für möglich gehalten und nicht als außerhalb der Lebenslaufbahn des Bruders liegend gefunden haben; aber – wo lag das Land, wo wohnten die Menschen, die der alte Mann jetzt, nach seiner »Quieszierung« aus der Länge der Tage und der Schlaflosigkeit der Nächte heraus, aufzusuchen – *wieder zu besuchen* wünschte?

Da er selber es nicht wußte, wie hätte er es der Guten deutlich machen können, als er sie ersuchte, ihm noch einmal für den Bedarf der nächsten Wochen die nötige Leibwäsche an Wolle, Leinen – Unterhosen, Nachtjacken und -mützen usw. usw. – in den Reisekoffer aus ihren Schränken zu verabfolgen?

Seinerzeit war er viel gereist, aber nicht, aber nie wie ein Wandersmann aus einem Ludwig Richterschen Bilderbuch, bloß des Frühlings, des Sommers, des Sonnenscheins, des Erdengrüns und der Himmelsbläue wegen. In Sachen seiner Wissenschaft und Kunst, seines Rufes halber, war er berufen worden zu Kongressen der Fachgenossen, zu den Krankenbetten des am besten situierten Teiles der Menschheit. Mit dem uralten angelsächsischen Reisesänger konnte er in dieser Hinsicht gleichfalls von sich berichten:

Ich war mit Hunen und mit Hrêdgoten;
Mit Winlen ich war und mit Wikingen;
Mit Seaxen ich war und mit Schwerdweren;
Mit Thuringen ich war und mit Thrôwenden,
Und mit Burgunden; *da erhielt ich einen Ring!*

Da gab mir Guthhere erfreuendes Geschenk,
Zum Lohne des Sanges; das war kein fauler König!
Mit Griechen war ich und mit dem Kaiser,
Er, der Gewalt hatte der Wonneburgen,
Der Walchen und Walchinnen und des Walchenreiches.

Ja, an mancher Saaltür, in mancher berühmten Stadt hatten ihn er-
lauchte Fachgenossen feierlichst-kollegialisch begrüßt, an der Tür
manches Krankenzimmers erlauchtester Patienten in mehreren
Weltteilen hatten ihn liebende Verwandte klopfenden Herzens und
weinenden Auges erwartet und ihm den Vortritt gelassen!
»Schreitend in den Schicksalen durch der Menschen Länder viele«,
war der graue Archiater und Psychiater des neunzehnten Jahrhunderts gewandert; aber gesungen hatte er nicht, wie der weißbärtige
Barde des siebenten oder achten. Nein, gesungen hatte er weder in
den Versammlungssälen, den Auditorien der Universitäten, noch
vor den Königen, den Edeln und dem Volke! Und am Herzen,
wenn nicht am animalischen, hatte er das alles auch nicht gefaßt und
zu sich hingezogen: weder in den Wonneburgen noch in den Spitä-
lern, in den Irrenhäusern, den Dachstuben und Kellerwohnungen
der Menschheit. Aber ob er von selber hingegangen war oder ob er
befohlen worden war – auf den Beinen und Rädern war er häufig
genug in seinem Leben gewesen, und deswegen hätte Schwester
Line sich garnicht gewundert, wenn er noch einmal verreisen
wollte, und hätte kein Wort dazu gesagt. Doch nun – wußte er
diesmal nicht, wohin er wollte, und blieb fest dabei, daß er es nicht
wisse: Sollte dies wirklich das erste Zeichen beginnender Altersschwäche sein?
Er blieb bei seinen Worten und »dummen Redensarten«, wenn er
aber je zu irgendeiner Lebenszeit *von sich selber aus* irgendwohin gegangen war, so war das jetzt – an dem Tage, an welchem er seine
letzte Reise, seine Jubiläumsfahrt nach Altershausen antrat!...
Nach dem Bahnhof brachte sie ihn natürlich wie immer, und in
dem Gefühl, daß ihre selige Mutter ihr aufgetragen habe, was das
Äußerliche betraf, sich seiner so gut und sorglich als möglich anzunehmen und ihn nicht durch seine eigene Unerfahrenheit und anderer Menschen Schlechtigkeit zu Schaden kommen zu lassen. Sie

war die erste aus der Droschke heraus, sie war es, die »ihm das Gepäck besorgte«. So häufig er in drei bis vier Weltteilen solches Geschäft selber für sich verrichtet haben mochte, die Fähigkeit dazu traute sie ihm, so lange sie ihn unter ihren eigenen Augen hatte, nie zu. Aber das ist nun einmal so und bleibt hoffentlich so: nimmer hat ein neid- und gifterfüllter Konkurrent und Kollege uns so viel Fähigkeiten abgesprochen, als uns Schwester, Gattin und Tochter wegstreichen. Nur Großmütter und Mütter schreiben uns manchmal mehr Tugenden und Verdiensten zu, als wir von rechtswegen vor der Welt beanspruchen können. Wie selten hat eine Großmama einen Rüpel zum Enkel, wie selten eine Mama einen Esel zum Sohn! –

»Ich weiß nicht, wie es kommt, Fritz, aber jetzt fällt mir dein Siebenzigstes doch auch auf die Nerven«, sagte Schwester Karoline. »Wenn du wenigstens Schillebold mitnehmen wolltest. Da wüßte ich doch, daß du einen verständigen Menschen bei dir hättest.«

»Achten Sie zu Hause auf mich, das heißt auf das Meinige, Schillebold, und nun geht ruhig nach Hause, alle beide! Dir, Linchen, brauche ich nicht anzuempfehlen, daß du auch diesmal auf das Unserige achtest. Auf Wiedersehen!« . . .

Die Tür des Bahnwagens war höflich, aber nachdrucksvoll Fräulein Karoline Feyerabend vor der lieben, sorgenvoll gekrausten Nase, und dem langjährigen Amanuensis und längst unentbehrlich gewordenen Lebensgenossen vor der etwas angeröteten zugeschlagen worden und – der Jubilar wirklich mit sich allein in seinem »Abteil« auf der Fahrt, nicht nach *Bimini*, sondern nach Altershausen gewesen.

»Ja, ja, Fräulein, da ist nun wieder mal nichts weiter zu machen. Der Herr Wirkliche Geheime Obermedizinalrat hat immer so seinen eigenen Sinn und Willen gehabt«, meinte Dr. Schillebold auf dem Heimwege. »Wenn Einer Gelegenheit hätte, das öfters in Erfahrung zu bringen, so bin ich gottlob das gewesen. Wir müssen eben abwarten, was für uns nun wieder hierbei herauskommen wird.«

»Lieber Freund, ob für eure Wissenschaft hier was abfällt, ist mir ganz einerlei. Daß er sein ganzes Leben durch immer seinen ganz besonderen Schutzengel nötig gehabt hat, das ist in diesem Augenblick noch mehr als sonst meine Meinung. Nach Altershausen! Bin ich nicht auch aus Altershausen? Ich bin ja wohl so jung und kindisch draus weg versetzt, daß ich wenig mehr davon weiß; aber hätte er mich nicht doch fragen können, ob ich ihn nicht auch zur Auffrischung meiner alten Erinnerungen begleiten wolle? Ludchen Bock! Ich bitte Sie, Doktor, seinen Freund Ludchen Bock will er besuchen! Gehört das auch zu Ihrer Wissenschaft? Seit Jahren hat keins von uns zwei Geschwistern an unsere alte Heimat gedacht, und nun auf einmal jetzt in seinem Einundsiebenzigsten dieser – ich will mich milde ausdrücken – dieser Einfall! Jawohl, Schillebold, da bin ich Ihrer Meinung, es bleibt uns nichts übrig, als abzuwarten, was bei ihm herauskommt.« – – Die Sonne schien bei den vielen Windungen der Bahnlinie bald ins eine Fenster, bald ins andere, und so ließen die Damen der Reisegesellschaft auf beiden Seiten die Gardinen herunter und hüllten, da diese Vorhänge blau waren, sich und den Alten in ein blaues Licht, gegen welches er, da es seinem Reisezweck ganz angemessen war, nichts einzuwenden haben konnte. Die Gesellschaft war ihm bekannt – von allen Heerstraßen der Erde her. Sie kommt hier so wenig in Betracht, wie der Reise-Landschafts- und -Wagenwechsel. Was hatte das mit Geheimrat Feyerabends Besuch bei Ludchen Bock zu tun?

Seinen Schutzengel glaubte auch Er, Geheimrat Feyerabend, zu haben. Wie vom Professor Plockhorst gemalt hatte er sich ihn grade nicht vorgestellt; aber getraut hatte er ihm, verlassen hatte er sich auf ihn sein ganzes Leben durch grade so gut, wie des Sophroniskos Sohn auf sein Dämonion. Auch des Daseins Giftbecher hatte er häufig genug aus seiner Hand hingenommen; immer in der Gewißheit, daß es dazu gehöre und unter jedesmaligen obwaltenden Umständen nicht anders sein könne. Tödlich brauchen ja die Tränke des Lebens nicht immer zu wirken. Ein tüchtiger Katzenjammer und Lebensekel genügt schon, um den festen Griff nach dem bittern Kelch verdienstlich zu machen. –
Für diesmal reichte der jugendliche Genius seinem greisen Schutzbefohlenen nur einen angenehm berauschenden Trank. Geheimrat Feyerabend verschlief die Fahrt und die wechselnde Reisegesellschaft, und da die Bemerkungen, die über beides gemacht werden können, schon recht häufig zu Papier und in Druck gebracht wor-

den sind, so verliert die Nachwelt wenig, wenn das Manuskript hier eine Lücke bietet. Es wird nicht die letzte drin sein. – Es war nicht eine der Linien, auf welcher die Blitzzüge verkehren, die Aufgang und Niedergang jetzt auf so leichte, angenehme und bequeme Weise miteinander in Verbindung bringen, wie die Vorfahren weder auf ihren Kriegs- noch auf ihren Friedenszügen es sich je im Wachen und im Traum als möglich in die Sinne kommen lassen konnten. Eine wenig befahrene, merkwürdigerweise mehr zu Krieges- als zu Friedenszwecken erbaute Bahn verbindet den größeren Weltverkehr mit Altershausen. Wenn es wieder die Gelegenheit geben sollte, das Wort: Kindlein, liebet euch untereinander! nunmehr vermittelst rauchlosen Pulvers und den dazu passenden Schnellfeuergeschützen zwischen den Völkern zur Geltung zu bringen, kann sie auch einmal lebendig genug werden: gegenwärtig war sogar Fritz Feyerabend, der seinen Freund Ludchen Bock besuchen wollte in Altershausen, und also sicherlich ein Anrecht auf sie haben durfte, vollständig neu auf ihr. Die Reisewege durch sein Leben hatten immer auf anderen Linien und nach anderen Richtungen hin gelegen.

In Athen, Rom und Byzanz war er bekannt und konnte auch die Hotelrechnungen von dort her aufweisen: aus Altershausen nicht!

Altershausen konnte ihm nur auftauchen wie das erste Kapitel der Genesis dem Geologen und Philosophen – nicht eine unbekannte, aber trotz aller Wissenschaft unbekannt gewordene Gegend.

Daß er seinen Geburtsort tief aus der Vergangenheit seiner Lebenszeit heraufholen mußte, war ihm bewußt, und da hielt er sich denn ganz richtig beim Näherkommen fürs erste an die alten Berggipfel, die über neue Dächer und neues Gemäuer hersahen. Er war darauf gefaßt, daß er die augenblickliche »Jetztzeit« auch hiesigen Orts von ihrem Rechte Gebrauch machend vorfinden werde, und fühlte sich dadurch durchaus nicht in einem älteren, weit bessern Recht gekränkt. Wo der Tempel des kapitolinischen Jupiters stand, steht heute die Kirche *Ara celi*, und wer weiß, was später da noch mal stehen wird?

»Altershausen!« schnarrte der Schaffner, und auf seinen Arm gestützt verließ Geheimrat Feyerabend den Zug, der ihn dahin ge-

bracht hatte. Die Höflichkeit und Freundlichkeit des Mannes hatte
er nicht allein seiner Persönlichkeit und der Würde des Alters zu
danken. Schwester Line hatte auch mit gesorgt, daß er richtig von
Station zu Station weitergegeben worden war, bis in den angenehmen Abend hinein.

»Hm, hm, hm«, brummte er, mit der Hand an der Stirn, ein wenig
schwankend auf den Beinen und jetzt doch mit dem »Gefühl«, daß
er nicht recht wisse, wo er eigentlich sei, wie er hierher gekommen
sei und was er hier wolle, das heißt, was er hier noch so spät am
Abend zu suchen habe.

Er war ja nicht allein auf dem Zuge gewesen! Es stieg anderes
Menschtum aus, das nicht – bloß Ludchen Bock besuchen wollte
und nicht den Titel Wirklicher Geheimer Obermedizinalrat, Professor, Doktor an sich trug, neulich siebzig Jahre alt geworden
und, obgleich es daher kam, seit nahezu zwei Menschenaltern nicht
in Altershausen gewesen war.

Ein Blitzzug würde wohl nicht um die Lebendigkeit, die sich jetzt
für einige Minuten auf dem Bahnhofe von Altershausen entwick-
kelte, da angehalten haben. Zwei oder drei Handelsreisende, ein
jüdischer Viehhändler, mehrere mehr oder weniger behäbige
Stadtbürger, ein älterer, jedenfalls der Justiz oder der Verwaltung
angehörender Beamter mit einer Aktenmappe, ein jüngerer dessel-
bigen Berufs mit einer Flurkarte legitimierten sich an der Bahn-
sperre und – Geheimrat Feyerabend stand allein – glaubte allein zu
sein mit der Abendsonne auf dem Bahnsteig seiner Vaterstadt! nie
in seinem Dasein so sehr in der Fremde wie jetzt! Er konnte von
dem, was ihn hier erwartete, nicht abgeholt werden – weder fest-
lich, noch zärtlich, weder mit Lächeln oder Tränen, noch mit
Triumphbögen, Girlanden, Fahnen, Hurras, Kalbfell- und Blech-
musik, Reden und Redensarten!
Und Er?

»Da erwachte der edle Odysseus
Ruhend auf dem Boden der lange verlassenen Heimat,
Und er kannte sie nicht« –
alles erschien ihm
»Unter fremder Gestalt: Heerstraßen, schiffbare Häfen,
Wolkenberührende Felsen, und hochgegipfelte Bäume.«

Ja, wenn er das nur zu Gesicht bekommen hätte; aber das war ihm ja, soweit es Altershausen betraf, alles »verbaut« worden im Verlauf des letzten halben Jahrhunderts! Wie konnten ihn die lieben Gestalten und Bilder, die ihn hier erwarten mochten, vor diesem neuen Stationsgebäude in Empfang nehmen? Und die lange, freche, öde Häuserreihe da, die Treppe hinunter, jenseits der Landstraße! Und das Bahnhofshotel! Das sollte sein Altershausen sein, sein Geburtsort, in welchem er seinen besten ersten Freund, Ludchen Bock, besuchen wollte?

Ja, da stand er, und –

»da er sein Vaterland ansah,
Hub er bitterlich an zu weinen und schlug sich die Hüften
Beide mit flacher Hand, und sprach mit klagender Stimme:
Weh mir! zu welchem Volk bin ich nun wieder gekommen?«

Er hätte nur den Stationsvorstand fragen können; aber auch dieser Herr, dessen Aufmerksamkeit er einige Augenblicke lang erregt zu haben schien, verschwand, ohne nur zum Gruß an die rote Mütze gegriffen zu haben. Betroffen wie Odysseus in Phorkys' Bucht sah der Fremdling im Vaterlande auf sein Gepäck:

»Wo verberg' ich dies viele Gut? und wohin soll ich selber
Irren? O wäre doch dies im phäakischen Lande geblieben!«

»Soll ich Sie das nach dem Hotel tragen?« fragte eine weinerliche Kinderstimme hinter ihm, und wie der landfremde König von Ithaka hatte er keine Ahnung, daß nur diese Stimme es war, die ihm sagen konnte, daß er wirklich noch einmal zu Hause in Altershausen angelangt sei und seine Fahrt nach Traumland zum Zweck führen könne. –

Der greise Ankömmling sah sich um nach dem Fragesteller und sah in ein altes, feistes, runzelloses, unbärtiges Greisengesicht, und in Augen, deren Zwinkern unter schlaffen Lidern hervor ihm nur zu gut aus seiner Wissenschafts- und Lebenspraxis bekannt war.

»Ich bin ja Ludchen!« greinte das Gespenst, und Fritze Feyerabend aus Altershausen, der weder in den Wonneburgen der Fürsten dieser Erde, noch sonst wo dem Erdenelend gegenüber mit den Augen gezwinkert hatte, fuhr zusammen und trat drei Schritte zurück und stammelte:

»Ludchen Bock?!«

»Ludchen – Ludchen Bock!« lachte das Ding kindisch vergnügt. »Soll ich Sie Ihren Koffer tragen? Ich weiß den Weg. Ich weiß alles hier, und sie kennen mich alle. Wenn die anderen Jungens nicht wären, wäre ich der einzige. Soll ich Sie Ihren Koffer in die Stadt tragen? ich bin Ludchen Bock? Fragen Sie nur, wen Sie wollen hier; sie kennen mich alle und wissen, wer ich bin! Die verfluchten anderen Jungen!... aber sie trauen mir alle.«

»Ich auch, Ludchen!« sagte der Wirkliche Geheime Obermedizinalrat Professor Dr. Feyerabend. »Aber nach dem Ratskeller möchte ich zum Übernachten, nicht nach der neuen Wirtschaft da drüben. Gibt es den Ratskeller noch bei euch hier in Altershausen?«

Das alte, blödsinnige Stadtkind starrte den alten fremden Herrn an, wie verblüfft ob der Dummheit der Frage. Dann lachte es nur, wie die Weisheit lacht, wenn sie durch Tatsachen antwortet, griff nach dem Koffer der Schwester Karoline, schwang ihn sich auf die Schulter, schritt mit einem Kopfnicken rückwärts über die Schulter dem Fremden voran den Steig vom Bahnhof hinunter, über die Landstraße, vorbei an der neuen Häuserreihe, die dem noch mal auf Besuch gekommenen Stadtsohn bis jetzt Altershausen verdeckte. Willenlos, schwankend, wie betäubt durch solch rasches Wiederfinden folgte der »große Mann« aus der »großen Welt« seinem besten ersten Freund in der Welt.

Sein Schicksal hatte an manchem Endpunkt seiner Lebensfahrten für mannigfache Überraschungen gesorgt; aber so wie jetzt doch noch nie. Er war an vielen Orten von mancherlei Menschentum erwartet und auf allerlei Weise in Empfang genommen worden, aber so wie jetzt noch nicht.

»Hat der alte Nothnagel den Ratskeller noch?« fragte er idiotisch wie sein Führer – zeitvergessen, als ob nicht fast zwei Menschenalter verflossen seien, als der Nothnagel, den er unter dem Eindruck der Stunde meinte, den Ratskeller von Altershausen innehatte.

Der eine hinter dem andern überschritten die zwei Freunde vom Bahnhofe her die Landstraße, ließen das Bahnhofshotel, von dessen Schwelle aus ein etwas kurios aussehender Portier dem Stadtsimpel Ludchen eine Faust wies, zur Linken und von der Brücke an das, was seit sechzig Jahren an Baulichkeiten zu Altershausen hinzugekommen war, im Rücken. Wie wenn ein Theatervorhang mit griechischem Tempel und der dazu gehörigen Staffage drauf emporrollt und dahinter auf der Bühne Wilhelms Schreibstube aus den Geschwistern erscheint, so war das! ... Von dem leise hinsickernden Bach, der doch zur Rechten der Brücke den dreieckigen Teich bildete, bis zu den Resten der mittelalterigen Stadtmauer das Wiesental entlang und den grauen Dächern drüber und dem stumpfen Turm der Stadtkirche – von den Wäldern und Berggipfeln im Halbkreis rundum garnicht zu reden – alles, alles, wie es war vor sechzig Jahren, alles, wie Fritze Feyerabend es hier gelassen hatte, mit seines Schicksals Faust am Kragen, auf seinem Lebensweg hingedreht und fürder gestoßen:

»Nicht zu viel umsehen, Kind! Marsch, Junge!« – – –

Er hatte sich stets auf seinen klaren Kopf etwas eingebildet, der Wirkliche Geheime Obermedizinalrat Professor und Doktor Friedrich Feyerabend: augenblicklich sah's in ihm nebelig aus, und so war's recht gut, daß über ihm, beim Wiedereinzug in die erste Erdenheimat, wenigstens der Abendhimmel seine Schönheit, Heiterkeit und Klarheit weiterbehielt.

So schönes Wetter, und – beide alte Kinder von Altershausen noch dabei! –

Von Schritt zu Schritt wurde das Vergangene lebendig. Sogar die Pflastersteine unter den Füßen fingen an zu reden, nicht bloß die Häuser, die Mauern, die Fenster, die Türen und Torwege und die Treppen und Bänke davor – alles, alles sagte:

»Guten Abend, Herr Geheimer Obermedizinalrat! Herrje, sehen wir dich auch mal und so wieder, Fritze Feyerabend?«

Da schrillte es hinter ihnen:

»Ludchen! Ludchen, Ludchen Bock!« und der Schattenführer mit Schwester Karolines elegantem Reisekoffer auf der Schulter wendete sich erbost und drohte mit der Faust:

»Infame Kröten! Da sind die anderen Jungens wieder! Mit Steinen soll man nicht schmeißen, der Rektor hat's verboten und die Polizei auch, aber – wenn ich einen fasse!«

Er setzte das Gepäck nicht ab und ging auf die Jagd nach den »anderen Jungens«; er steckte diesmal nur die Zunge ihnen aus und – Geheimrat Feyerabend hätte beinahe dasselbige getan.

»Ludchen! Ludchen, Ludchen Bock!« schrillte es wieder von den nächsten Straßenecken im Ton von vor sechzig Jahren! wie wenn eben die Uhr im Kirchturm Mittag geschlagen, Rektor Pastor primarius Schuster das Buch zugeklappt, Haselnußstock, Kreide und Hasenpfote beiseite geschoben hätte und die Welt wieder einmal ihnen gehörte – ganz Altershausen ihnen! das Universum als Beigabe – ihnen, den beiden Hauptschlingeln der Gegend und Umgegend: Fritze Feyerabend und Ludchen Bock!... »So wirf doch die dumme Verkleidung durch Zeit und Raum ab und Linchens dumme Bagage da über Kaufmann Quirinius' Gartenzaun! Wir wollen hinter ihnen her! Du da herum, ich hier um die Ecke, – an Mordmanns Planke fassen wir ein paar!« hätte Geheimrat Feyerabend beinahe gerufen, er faßte sich jedoch wenigstens so weit, daß er nur sagte, und zwar leise zu sich selber:

»Ärgere dich nicht, lieber armer Kerl! Sie machen es überall einem so und halten es für ihr Recht und haben vielleicht recht!« Ein Zeichen, daß er sich nicht nur aus einer wissenschaftlichen Erfahrung, sondern auch aus seinen eigenen Erlebnissen heraus hier auf dem Wege zum Ratskeller von Altershausen zurechtfinden konnte, wie auf jedem Wege zu allen menschlichen Wonneburgen rund um den Erdball! – Wir brauchen es wohl nicht hervorzuheben, daß er längst von seiner Wissenschaft aus seufzend: »unheilbar!« gesagt hatte und wußte, wie er sich auch diesem Schicksal gegenüber zu benehmen habe.

»Wie alt bist du eigentlich, Ludchen?« fragte er, als der greise Freund Schwester Karolines Koffer doch für einen Augenblick auf der Steinbank vor Schuster Pfannkuches Hause absetzte und mit dem Rockärmel den Schweiß von Stirn und kahlem Schädel wischte.

»Wie alt Ludchen ist, Herre?« grinste der arme Blödsinnige vergnüglich. »Das weiß keiner als Minchen! Ich weiß es nicht; aber ich zwinge die anderen Jungens noch alle. Minchen allein hat's behalten, die anderen Großen haben es vergessen, auch der Herr Superdent und der Herr Rektor, die es aufgeschrieben haben. Sie aber sind auch gestorben und schön begraben, – ich bin mit den anderen Jungens dabei gewesen auf dem Kirchhofe.«

Da nun schon Jung-Altershausen anfing, sich um die zwei Freunde zu sammeln und auch die »Großen« an die Fenster und Türen kamen, so wäre er gern weitergegangen; aber die Antwort, die ihm sein Freund Ludchen nicht geben konnte, kam aus dem Haufen: »Siebenzig Jahre ist er alt. Er ist bloß mal auf den Kopf gefallen und so auf dem zwölften stehen geblieben.«

»Was wissen *Sie* denn, Meister Pfannkuche?« greinte Ludchen.

»Was Sie wissen, weiß ich auch und mehr! Es hat einer im Blatt gestanden, der von hier ist – Minchen hat's vorgelesen und gesagt: Junge, das ist ja Fritze Feyerabend und nun auch siebenzig!... Herr Pfannkuche, als ob Fritzen nicht kennte – besser als Sie, der ihn garnicht kennt. Auf dem Markt wohnt er – haben seine Eltern mit ihm gewohnt, und Minchen hat gesagt: Ludchen, das ist nun ein großer Doktor geworden – wie schade, daß er es nicht schon war, damals als wir unser Unglück hatten. Er war aber nur mit dir aus einem Jahr.«

»Er meint den Herrn Geheimen Rat Feyerabend, den berühmten Arzt, von dem neulich in allen Zeitungen gestanden hat. Ja, der ist hier aus Altershausen, da hat der arme Junge recht. Ich reiche nicht bis dahin hinunter in die Zeit, aber es wird wohl richtig sein, daß sie ihrerzeit gute Freunde gewesen sind, der Herr Geheimrat und unser Ludchen Bock.«

»Wohl möglich, Herr Pfannkuche; aber der alte Mann ist müde. Ist es noch weit bis zum Ratskeller?«

»Bloß da um die Ecke, mein Herr.«

Nimmer hatte ein erlauchter Fremdling sein Inkognito so krampfhaft festgehalten, wie der Wirkliche Geheime Obermedizinalrat Professor Doktor Feyerabend das seinige jetzt.

Fünf Minuten später schwang Ludchen Bock seines Freundes Reisegepäck wie ein Dreißigjähriger von der Schulter herunter und Schwester Lines Lederkoffer dem herbeieilenden Hausknecht vom Ratskeller in Altershausen zu:

»Ein Herre für die Nacht, Tönnies.«

Der »Herre für die Nacht« war nicht gekommen, um sich auch hier am Orte, wie es sonst überall zu seinem Wirken auf Erden zugehört hatte, die Stirn kühl, das Auge klar und die Hand fest und sicher zu erhalten. Ihn in das Gegenteil von all solchen höchst verdienstlichen menschlichen Fähigkeiten zu stürzen, hatte sein Empfang und Einzug in Altershausen das möglichste geleistet. Seine Stirn fühlte sich durchaus nicht kühl an, was das mit seinen Augen war, wußte er selbst nicht recht, und mit der Hand, aus der ihm eben der herzueilende Kellner den Regenschirm nahm, hätte er niemandem den einfachsten Star stechen, oder auch ein Krähenauge operieren können: es ist leichter, sich in eine fremde Welt zu finden, als sich in einer fremdgewordenen wieder heimisch zu machen!

Alles, was ihm aus dem Gedächtnis abhanden gekommen war, noch vorhanden ohne die geringste Veränderung seit dem Tage seines Auszugs aus dieser ersten Erdenheimat! Und er, der Greis, auf der obersten Stufe der Steintreppe des Ratskellers noch dabei wie vor zwei Menschenaltern!

Der Markt von Altershausen, der eigentlich nur eine breitere Straße war, mit dem Vaterhause auf der »Sonnenseite« und der ganzen Nachbarschaft zur Seite und gegenüber – wie da plötzlich wieder alles: »Recht schönen guten Abend, Kleiner!« sagte in der Abendsonne-getränkten beginnenden Dämmerung!

Und der Geruch! . . . . der Geruch von Altershausen! . . . .

Eine Frau in meinen Jahren

»Erlauben Sie mir, meine gnädigste Frau, Ihnen Ihren Becher zu präsentieren...«

Die Dame verneigte sich.

»Und Ihnen auf Ihrer Brunnenpromenade Gesellschaft zu leisten. Immer vorausgesetzt, daß ich keine Verlegenheiten schaffe.«

»Wie wäre das möglich, Herr Rat! Eine Frau in meinen Jahren...«

»Es gibt keine Jahre, die gegen die gute Meinung unserer Freunde sicherstellen. Am wenigsten hier in Kissingen.«

»Vielleicht bei den Männern.«

»Auch bei den Frauen. Und wie mir scheinen will, mit Recht. Ich erinnere mich eines kleinen anekdotischen Hergangs aus dem Leben der berühmten Schroeder...«

»Der Mutter der Schroeder-Devrient?«

»Derselben.«

»Und was war es damit?«

»Eines Winters in Wien sprach sie von ihrem zurückliegenden Liebesleben und von dem unendlichen Glücksgefühl, all diese Torheit nun endlich überwunden und vor den Anfällen ihrer Leidenschaft Ruhe zu haben. Und einigermaßen indiskret gefragt, *wann* sie den letzten dieser Anfälle gehabt habe, seufzte sie: ›vor zwei Monaten.‹«

»Und wie alt war sie damals?«

»Dreiundsechzig.«

»Also mehr als nötig, um meine Mutter zu sein. Und doch bleib' ich bei meinem Ausspruch: ›eine Frau in meinen Jahren‹... Aber wer war nur die stattliche Dame, der Sie sich gestern anschlossen, um Sie als *Cavaliere servente* bis an den Finsterberg zu begleiten?«

»Eine Freundin, Baronin Aßmannshausen, und seit vorgestern Großmutter, wie sie mir selbst mit Stolz erzählte.«

»Mit Stolz? Aber doch noch hübsch und lebhaft. Und dazu der feurige Name. Sehen Sie sich vor und gedenken Sie der Schroeder.«

»Ach, meine Gnädigste, Sie belieben zu scherzen. Ich für mein Teil, ich darf sagen, ich habe abgeschlossen.«

»Wer's Ihnen glaubt! Männer schließen nie ab und brauchen es auch nicht und wollen es auch nicht. Soll ich Ihnen, bloß aus meiner näheren Bekanntschaft, die Namen derer herzählen, die noch mit Siebzig in den glücklichsten Ehestand eintraten? Natürlich Kriegshelden, die den Zug eröffnen und schließen... Aber hier ist schon der Brückensteg und die Lindelsmühle. Wollen wir umkehren und denselben Weg, den wir kamen, zurückmachen, oder gehen wir lieber um die Stadt herum und besuchen den Kirchhof? Er ist so malerisch und weckt der Erinnerungen so viele. Sonderbarerweise auch für mich. Oder besuchen Sie nicht gerne Kirchhöfe?«

»Grabsteine lesen nimmt das Gedächtnis.«

»Dem ließe sich auf einfachste Weise vorbeugen: man liest sie nicht... Aber freilich, es gibt ihrer unter dem starken Geschlecht so viele, die sich überhaupt nicht gerne daran erinnern lassen, daß alles einmal ein Ende nimmt, mit anderen Worten, daß man stirbt.«

»Ich für meine Person zähle nicht zu diesen, mein Leben liegt hinter mir, und ich darf Ihnen ruhig wiederholen: ich habe abgeschlossen.«

Die Dame lächelte still vor sich hin und sagte: »Nun denn also, zunächst um die Stadt und dann nach dem Kirchhof.«

Und dabei passierten sie den Lindelsmühlsteg und schlugen einen Wiesen- und Feldweg ein. Über ihnen zog Gewölk im Blauen, und beide freuten sich des frischen Luftzuges, der von den Nüdlinger Bergen her herüberwehte. Hart am Weg hin blühte roter Mohn, und die Dame bückte sich danach und begann die langen Stiele zusammenzuflechten. Als sie schon eine Girlande davon in Händen hielt, sagte sie: »Der rote Mohn, er ist so recht die Blume, die mir zukommt; bis Sechzehn blühen einem die Veilchen, bis Zwanzig Rosen und um Dreißig herum die Verbenen, an deren deutschem Namen ich klüglich vorübergehe. Dann ist es vorbei, man pflückt nur noch Mohn, heute roten und morgen vielleicht schon weißen Mohn, und flicht sich Kränze daraus. Und so *soll* es auch sein. Denn Mohn bedeutet Ruhe.«

So schritten sie weiter, bis der von ihnen eingeschlagene Feldweg wieder auf eine breite, dicht neben einem Parkgarten hinlaufende Fahrstraße führte. Platanen und Ahorn streckten ihr Gezweige weit über die Gitter hin, aus dem Parke selbst aber, der einem großen Hotel zugehörte, rollten in ebendiesem Augenblicke junge Sportsmen auf die fast tennenartige Chaussee hinaus, Radfahrer, Bicyclevirtuosen, die hoch oben auf ihrem Reitstuhl saßen und unter Gruß und Lachen vorübersausten. Ihre kleinen Köpfe, dazu die hageren, im engsten Trikot steckenden Figuren, ließen keinen Zweifel darüber, daß es Fremde waren. »Engländer?«

»Nein, Amerikaner«, sagte die Dame, »meine täglichen Visavis an der Table d'hote. Und sonderbar, mir lacht immer das Herz, wenn ich sie sehe. Das frischere Leben ist doch da drüben, und in nichts war ich mit meinem verstorbenen Manne, der ein paar Jahre lang in New York und an den großen Seen gelebt hatte, so einig wie in diesem Punkt, und wir schwärmten oft um die Wette. Die Wahrheit zu gestehen, ich begreife nicht, daß nicht alles auswandert.«

»Und ich meinerseits teile diesen Enthusiasmus und habe mich, eh' ich ins Amt trat, ernsthaft mit dem Plan einer Übersiedelung beschäftigt. Aber das liegt nun zwanzig Jahre zurück und ist ein für allemal begraben. Amerika, weil es selber jung ist, ist für die Jugend. Und ich...«

»...habe abgeschlossen«, ergänzte sie lachend. »Freilich, je mehr Sie mir's versichern, je weniger glaub' ich's. Sehen Sie, dort ist der Finsterberg, nach dem Sie gestern Ihren langen Spaziergang richteten und der Sie jetzt zu fragen scheint: ›Wo haben Sie die Frau Baronin?‹... Wie hieß sie doch?«

»Ich denke, wir lassen den Namen, und was den Finsterberg angeht, er sieht mich *zu* gut aufgehoben, um solche Fragen zu tun.«

Unter solchem Geplauder waren sie bis an ihr vorläufiges Ziel gekommen und stiegen, an dem Bildstöckl vorbei, die Steintreppe zu dem Kirchhofe hinauf. In dem gleich links gelegenen Mesnerhause standen alle Türen auf, und auf Dach und Fensterbrett quirilierten die Spatzen.

»Ich übernehme nun die Führung«, sagte die Dame. »Grabsteine lesen, so bemerkten Sie, nimmt das Gedächtnis. Gut, es soll wahr

sein. Aber ganz kann ich es Ihnen nicht erlassen. Sehen Sie hier...
Kindergräber; eines neben dem andern. Und nun lesen Sie.«
Der Begleiter der Dame säumte nicht zu gehorchen und las mit
halblauter Stimme: »Hier ruht das unschuldige Kind...« Aber
kaum, daß er bis zu diesem Wort gelesen hatte, so trat er aus freien
Stücken näher an den Grabhügel heran, um neugierig den vom Regen halb verwaschenen Namen bequemer lesen zu können.
»O nicht doch«, unterbrach sie lebhaft. »›Hier ruht das unschuldige
Kind‹, das reicht aus, das ist genug, und immer, wenn ich es lese,
gibt es mir einen Stich ins Herz, daß gerade dies die Stelle war, wo
die Preußen einbrachen, hier, durch ebendieses Kirchhofstor, und
das erste, was sie niedertraten und umwarfen, das waren diese
Kreuze mit ihrer schlichten, so herzbeweglichen Inschrift... Aber
kommen Sie, Kindergräber erzählen nicht viel und sind nur rühr-
sam. Ich will lieber zu Ruth Brown führen.«
»Zu Ruth Brown? Das klingt so englisch.«
»Und ist auch so. Generalin Ruth Brown. Übrigens ist die Geschichte, die sich an ihr Grab knüpft, und zwar ganz äußerlich an ihr
Grab als solches, eigentlich die Hauptsache. Denken Sie, die Generalin hat hier eine Art Mietsgrab bezogen, oder wenigstens ein Grab
aus zweiter Hand.«
»*A second-hand grave?*«
»Ja, so könnte man's beinah nennen. Dies Grab hier hatte nämlich
ursprünglich einen anderen Insassen und war die leichtausgemau-
erte Behausung eines bei Kissingen gefallenen Offiziers. Als dieser
Offizier aber in seine, wenn ich nicht irre, westpreußische Heimat
geschafft und die Gruft wieder leer war, wurde sie neu gewölbt und
neu gewandet, und nun erst zog die Generalin ein. Es ist überhaupt
ein Kirchhof mit beständig gestörter Ruhe, was niemand eindring-
licher erfahren hat als der hier...«
Und dabei war die Dame von dem Grabe der Generalin an ein
Nachbargrab herangetreten, aus dessen Inschrift ihr Begleiter un-
schwer entzifferte, daß der Sattlermeister Karl Teschner aus Groß-
glogau seine letzte Wohnung darin gefunden habe.
»Haben Sie gelesen?«
»Ja. Was ist damit?«
»Nichts Besonderes... Und doch ein Grabstein, den ich nie zu be-

suchen unterlasse. Sehen Sie schärfer hin, und Sie werden erkennen, daß es ein zusammengeflickter Stein ist. Und das kam so. Den 7. Juli 65 starb hier, denn leider auch Kurgäste sterben, der Großsattlermeister, dessen Namen Sie soeben gelesen haben, und wurde den 10. desselben Monats an dieser Stelle begraben. Und genau ein Jahr später, ja fast auf die Stunde, schlug hier, vom Altenberg her, eine preußische Granate mitten auf den Grabstein und schleuderte die Stücke nach allen Seiten hin auseinander. Etwas unheimlich. Aber das Ganze hat doch, Gott sei Dank, ein versöhnliches Nachspiel gehabt, denn kaum daß die Glogauer Bürgerschaft von dem Grabsteinunglück ihres Großsattlermeisters gehört hatte, so zeigte sie sich beflissen, für Remedur zu sorgen, und hat die Grabsteinstücke wieder zusammenkitten und alles in gute Wege bringen lassen. Eine Mosaik, die mehr sagt, als manche Museumsmosaik. Aber nun bin ich matt und müde geworden, und Sie müssen mich, ehe ich Sie freigebe, noch bis an meine Lieblingsstelle begleiten.«

Es war dies eine von einer Traueresche dicht überwachsene, ziemlich in der Mitte des Kirchhofs gelegene Bank, in deren unmittelbarer Nachbarschaft ein prächtiger und durch besondere Schönheit ausgezeichneter Granitwürfel mit Helm und Schwert hoch aufragte.

»Wem gilt es?«

»Einem Fremden. Ja, das war er mir. Und daß ich es gestehe, mehr noch als das. Und dann kam das Leben, um uns zu trennen. Aber diese frühesten Eindrücke bleiben, wenigstens einem Frauenherzen. Fast ein Menschenalter ist darüber hingegangen, ich war noch ein halbes Kind damals, und wär' ich gestorben, wie's mein Wunsch und meine Hoffnung war, so hätt' es auch auf meinem Grabsteine heißen dürfen: ›Hier ruht das unschuldige Kind.‹ Aber ich starb nicht und tat, was alle tun, und vergaß oder schien doch zu vergessen. Ob es gut und ob ich glücklich war? Ich habe kein Recht zu Konfidenzen. Aber es wurde mir doch eigen zu Sinn, als ich vor drei Wochen zum ersten Male diesen Kirchhof betrat und nach so viel zwischenliegender Zeit und ohne jede Spur von Ahnung, welches Wiederfinden meiner hier harren würde, diesem Denkmal und diesem mir so teuren Namen begegnete.«

»Was trennte Sie? Können Sie's erzählen?«

»Eine Frau in meinen Jahren kann alles erzählen, ihre Fehler gewiß und ihre Fehltritte beinah. Aber erschrecken Sie nicht, ich bin allezeit entsetzlich konventionell und immer auf der graden Straße gewesen, fast mehr, als mir lieb ist. Es heißt zwar, die Straße sei zu bevorzugen und es mache glücklich, auf einen glatten Lebensweg zurückblicken zu können. Und ich will es nicht geradezu bestreiten. Aber interessanter ist der Rückblick auf ein kupiertes Terrain.«

So sprachen sie weiter, und während ihr Gespräch noch andauerte, hatte sich ihnen der alte Mesner genähert, zwei Stocklaternen in der Rechten und einen großen Kirchenschlüssel an einem Lederriemen über den Arm gehängt.

»Was gibt es?«

»Ein Begräbnis, gnädige Frau. In a Viertelstund müssens da sein. A Kind wie a Engel. Aber G'vatter Tod isch a Kenner, un wenn er kann, nimmt er nichts Schlechts. I werd a paar Stühl zurecht stelle für die gnädige Frau und den Herrn Gemoahl.«

»Nicht doch, Mesner, der Herr da ist nicht mein Gemahl. Er ist schon ein Witwer und hat abgeschlossen.« Und dabei malte sie mit dem Sonnenschirm in den Sand.

»Hätt i doch g'dacht, Sie wär'n a Paar, un a stattlichs un glücklichs dazu, so gut passe Sie zusammen. Und so charmant; besunners die gnädige Frau.«

»Aber Mesner, Sie werden mich noch eitel machen… Eine Frau in meinen Jahren…«

»Ach, die Jahre sind nichts, das Herz ist alles. Und so lang es hier noch schlägt, hat keiner abgeschlossen. Abschluß gibt erscht der Tod. Aber da kummen's schon. Und's is Zeit, daß i geh un die Lichter ansteck.«

Indem auch hörte man schon Gesang von der Straße her, und nicht lange mehr, so sahen sie den Zug die Steinstufen heraufkommen, erst die Chorknaben, mit Kerzen und Weihrauchbecken, und dann der Geistliche in seinem Ornat. Dahinter aber der Sarg, der von sechs Trägern, zu deren Seite sechs andere gingen, getragen wurde. Und hinter dem Sarg her kamen die Leidtragenden, und zwischen den Gräbern hin bewegte sich alles auf die Kirchhofskapelle zu.

»Sollen wir uns anschließen?«

»Nein«, antwortete sie. »Ich denke, wir bleiben, wo wir sind; es ist mir, als müßt' es mich dadrinnen erdrücken. Aber mit unserem Ohre wollen wir folgen, die Tür steht auf, und die Luft ist so still. Und ich glaube, wenn wir aufhorchen, so hören wir alles.«

Und dabei flog ein Schmetterling über die Gräber hin, und aus der Kirche her hörte man die Grabresponsorien.

Er nahm ihre Hand und sagte: »Die Tote drinnen vorm Altar predigt uns die Vergänglichkeit aller Dinge, gleichviel, ob wir in der Jugend stehen oder nicht. Uns gehört nur die Stunde. Und eine Stunde, wenn sie glücklich ist, ist viel. Nicht das Maß der *Zeit* entscheidet, wohl aber das Maß des *Glücks*. Und nun frag' ich Sie, sind wir zu alt, um glücklich zu sein?«

»Um abgeschlossen zu haben?«

»Es ist ein sonderbarer Zeitpunkt, den ich wähle«, fuhr er fort, ohne der halb scherzhaften Unterbrechung, in der doch ein gefühlvoller Ton mitklang, weiter zu achten. »Ein sonderbarer Zeitpunkt: ein Friedhof und dies Grab. Aber der Tod begleitet uns auf Schritt und Tritt und läßt uns in den Augenblicken, wo das Leben uns lacht, die Süße des Lebens nur um so tiefer empfinden. Ja, je gewisser das Ende, desto reizvoller die Minute und desto dringender die Mahnung: nutze den Tag.«

Als die Zeremonie drinnen vorüber war, folgten beide dem Zuge durch die Stadt, und eine Woche später wechselten sie die Ringe. Verwandte, Freunde waren erschienen. Bei dem kleinen Festmahl aber, das die Verlobung begleitete, trat eine heitere Schwägerin an Braut und Bräutigam heran und sagte: »Man spricht von einem Motto, das Eure Verlobungsringe haben sollen. Oder doch der deine, Marie.«

»Kannst du schweigen?«

»Ich denke.«

»Nun denn, so lies.«

Und sie las: »Eine Frau in meinen Jahren«.

Der Apostel

Spät am Abend war er in Zürich angelangt. Eine Dachkammer in der »Taube«, ein wenig Brot und klares Wasser, bevor er sich niederlegte: das genügte ihm.

Er schlief unruhig, wenige Stunden. Schon kurz nach vier erhob er sich. Der Kopf schmerzte ihn. Er schob es auf die lange Eisenbahnfahrt vom gestrigen Tage. Um so etwas auszuhalten, mußte man Nerven wie Seile haben. Er haßte diese Bahnen mit ihrem ewigen Gerüttel, Gestampf und Gepolter, mit ihren jagenden Bildern; – er haßte sie und mit ihnen die meisten anderen der sogenannten Errungenschaften dieser sogenannten Kultur.

Durch den Gotthard allein... es war wirklich eine Tortur, durch den Gotthard zu fahren: dazusitzen, beim Scheine eines zuckenden Lämpchens, mit dem Bewußtsein, diese ungeheure Steinmasse über sich zu haben. Dazu dieses markdurchschütternde Konzert von Geräuschen im Ohr. Es war eine Tortur, es war zum Verrücktwerden! In einen Zustand war er hineingeraten, in eine Angst, kaum zu glauben. Wenn das nahe Rauschen so zurücksank und dann wieder daherkam, daherfuhr wie die ganze Hölle und so tosend wurde, daß es alles in einem förmlich zerschlug... Nie und nimmer würde er nochmals durch den Gotthard fahren!

Man hatte nur einen Kopf. Wenn der einmal aufgestört war – der Bienenschwarm dadrinnen –, da mochte der Teufel wieder Ruhe schaffen: alles brach durch seine Grenzen, verlor die natürlichen Dimensionen, dehnte sich hoch auf und hatte einen eigenen Willen.

Die Nacht hatte es ihn noch geplagt, nun sollte es damit ein Ende haben. Der kalte, klare Morgen mußte das Seinige tun. Übrigens würde er von hier ab nach Deutschland hinein zu Fuß reisen.

Er wusch sich und zog die Kleider über. Als er die Sandalen unterband, tauchte ihm flüchtig auf, wie er zu dem Kostüm, das er trug und das ihn von allen übrigen Menschen unterschied, gekommen war: die Gestalt Meister Dieffenbachs ging vorüber. – Dann war es ein Sprung in frühe Jahre: Er sah sich selbst in der sogenannten Normaltracht zur Schule gehen – der Glatzkopf des Vaters blickte hinter dem Ladentische der Apotheke hervor, die Tracht des Sohnes milde bespöttelnd. Die Mutter hatte doch immer gesagt, er sei kein Hypochonder. Der Glatzkopf und das junge Frauengesicht schoben sich nebeneinander. Welch ein ungeheurer Unterschied! Daß er das früher nie bemerkt hatte.

Die Sandalen saßen fest. Er legte den Strick, der die weiße Frieskutte zusammenhielt, um die Hüften und eine Schnur rund um den Kopf.

Auf dem Hausflur der Herberge war ein alter Spiegel angebracht. Einen Augenblick im Vorübergehen hielt er inne, um sich zu mustern. Wirklich! – er sah aus wie ein Apostel. Das heilige Blond der langen Haare, der starke, rote, keilförmige Bart, das kühne, feste und doch so unendlich milde Gesicht, die weiße Mönchskutte, die seine schöne, straffe Gestalt, seinen elastischen, soldatisch geschulten Körper zu voller Geltung brachte.

Mit Wohlgefallen spiegelte er sich. Warum sollte er es auch nicht? Warum sollte er sich selbst nicht bewundern, da er doch nicht aufhörte, die Natur zu bestaunen in allem, was sie hervorbrachte? Er lief ja durch die Welt von Wunder zu Wunder, und Dinge, von anderen nicht beachtet, erzeugten in ihm religiöse Schauer. Übrigens nahm sie sich gut aus – die Neuerung dieses Morgens: man konnte ja denken, diese Schnur um den Kopf habe den Zweck, das Haar zusammenzuhalten. Daß sie einem Heiligenschein ähnelte, hatte nichts auf sich. Heilige gab es nicht mehr, oder besser: der Heiligenschein kam jedem Naturerzeugnis, auch dem kleinsten Blümchen oder Käferchen zu, und dessen Auge war ein profanes Auge, der nicht über allem solche Heiligenscheine schweben sah.

Auf der Straße war noch niemand. Einsamer Sonnenschein lag darauf. Hie und da der lange, ein wenig schräge Schatten eines Hauses. Er bog in ein Seitengäßchen, das bergan stieg, und klomm bald zwischen Wiesen und Obstgärten hin aufwärts.

Bisweilen ein hochgiebliges, altväterisches Häuschen, ein enges, mit Blumen vollgepfropftes Hausgärtchen, dann wieder eine Wiese oder ein Weinberg. Der Ruch des weißen Jasmins, des blauen Flieders und des dunkelbrennenden Goldlacks erfüllte stellenweise die reine und starke Luft, daß er sie wohlig in sich sog, wie einen gewürzten Wein.

Er fühlte sich freier nach jedem Schritt.

Wie wenn ein Dorn aus seinem Herzen sich löste, war ihm zu Sinn, als es ihm das Auge so still und unwiderstehlich nach außen zog. Das Dunkel in ihm ward aufgesogen von all dem Licht. Die Köpfchen des gelben Löwenzahns, gleich unzähligen kleinen Sonnen in das sprießende Grün des Wegrandes gelegt, blendeten ihn fast. Durch den schweren Blütenregen der Obstbäume schossen die Sonnenstrahlen schräg in den wiesigen Grund, ihn mit goldigen Tupfen überdeckend. So honigsüß dufteten die Birken. Und so viel Leben, Behaglichkeit und Fleiß sprach aus dem verlorenen Sumsen früher Bienen.

Sorgfältig vermied er im Aufsteigen, irgend etwas zu beschädigen oder gar zu vernichten, was Leben hatte. Das kleinste Käferchen wurde umgangen, die zudringliche Wespe vorsichtig verscheucht. Er liebte die Mücken und Fliegen brüderlich, und zu töten – auch nur den allergewöhnlichsten Kohlweißling – schien ihm das schwerste aller Verbrechen.

Blumen, halbwelk, von Kinderhänden ausgerauft, hob er vom Wege auf, um sie irgendwo ins Wasser zu werfen. Er selbst pflückte niemals Veilchen oder Rosen, um sich damit zu schmücken. Er verabscheute Sträuße und Kränze; er wollte alles an seinem Ort.

Ihm war wohl und zufrieden. Nur daß er sich selbst nicht sehen konnte, bedauerte er. Er selbst mit seinem edlen Gange, einsam in der Frühe auf die Berge steigend: das hätte ein Motiv abgegeben für einen großen Maler; und das Bild stand vor seiner Phantasie.

Dann sah er sich um, ob nicht doch vielleicht irgendeine menschliche Seele bereits wach sei und ihn sehen könnte. Niemand war zu erblicken.

Übrigens fing das merkwürdige Schwatzen – im Ohr oder gar im Kopf drinnen, er wußte nicht wo – wieder an. Seit einigen Wochen plagte es ihn. Sicherlich waren es Blutstockungen. Man mußte laufen, sich anstrengen, das Blut in schnelleren Umlauf versetzen.

Und er beschleunigte seine Schritte.

Allmählich war er so über die Dächer der Häuser hinausgekom-

men. Er stand ruhend still und hatte alle Pracht unter sich. Eine
Erschütterung überkam ihn. Ein Gefühl tiefer Zerknirschung
brannte in ihm angesichts dieser wundervollen Tiefe. – Lange ließ
er das verzückte Auge umherschwelgen: – über alles hin, zu der
Spitze des jenseitigen Berges, dessen schründige Hänge zartes, wol-
liges Grün umzog; – hinunter, wo die veilchenfarbene Fläche des
Sees den Talgrund ausfüllte, wo die weichen, grasigen Uferhügel
daraus hervorstiegen, grüne Polster, überschüttet, soweit die Seh-
kraft reichte, mit Blüten und wieder Blüten. Dazwischen Häuschen, Villen und Dörfer, deren Fenster elektrisch aufblitzten, deren
rote Dächer und Türme leuchteten.
Nur im Süden, fern, verband ein grauer, silberiger Duft See und
Himmel und verdeckte die Landschaft; aber über ihm, fein und
weiß leuchtend, auf das blasse Blau der Luft gelegt, schemenhaft
tauchten sie auf – einem ungeheuren Silberschatz vergleichbar – in
langer sich verlierender Reihe: die Spitzen der Schneeberge. Dort
haftete sein Blick – starr – lange. Als es ihn losließ, blieb nichts
Festes mehr in ihm. Alles weich, aufgelöst. Tränen und Schluchzen.
Er ging weiter.
Von oben her, wo die Buchen anfingen, traf das Geschrei des Kuk-
kucks sein Ohr: jene zwei Noten, die sich wiederholen, aussetzen,
um dann wieder und wieder zu beginnen. Er ging weiter, nunmehr
für sich und grüblerisch.
Mysteriöse Rührungen waren ihm angesichts der Natur nichts Un-
gewöhnliches; so stark und jäh wie diesmal indes hatten sie ihn
noch niemals befallen. – Es war eben sein Naturgefühl, das stärker
und tiefer wurde. Nichts war begreiflicher, und es tat nicht not, sich
darüber hypochondrische Gedanken zu machen. Übrigens fing es
an, sich in ihm zu verdichten, zu gestalten, zu erbauen. Kaum daß
Minuten vergingen, und alles in ihm war gebunden und fest.
Er stand still, wieder schauend. Nun war es die Stadt unten, die ihn
anzog und abstieß. Wie ein grauer, widerlicher Schorf erschien sie
ihm, wie ein Grind, der weiterfressen würde, in dies Paradies hin-
eingeimpft: Steinhaufen an Steinhaufen, spärliches Grün dazwischen. Er begriff, daß der Mensch das allergefährlichste Ungeziefer
sei. Jawohl, das stand außer Zweifel: Städte waren nicht besser als

Beulen, Auswüchse der Kultur. Ihr Anblick verursachte ihm Ekel und Weh.

Zwischen den Buchen angelangt, ließ er sich nieder. Lang ausgestreckt, den Kopf dicht an der Erde, Humus- und Grasgeruch einziehend, die transparenten grünen Halme dicht vor den Augen, lag er da. Ein Behagen erfüllte ihn so, eine schwellende Liebe, eine taumelnde Glückseligkeit. Wie Silbersäulen die Buchenstämme. Der wogende und rauschende, sonnengolddurchschlagene grüne Baldachin darüber, der Gesang, die Freude, der eifrige und lachende Jubel der Vögel. Er schloß die Augen, er gab sich ganz hin. Dabei stieg ihm der Traum der Nacht auf: eine fremde Stimmung zuerst, ein Herzklopfen, eine Gehobenheit, die eine Vorstellung mitbrachte, über deren Ursprung er grübeln mußte. Endlich kam die Erinnerung –: Zwischen Tag und Abend. Eine endlose, staubige italienische Landstraße, noch erhitzt, flimmernde Wärme ausströmend. Landleute kommen vom Felde, braun, bunt, zerlumpt. Männer, Weiber und Kinder mit schwarzen, stechenden und glaubenskranken Augen. Ärmliche Hütten schräg drüben. Über sie her einfältiges, katholisches Aveglocken-Gebimmel. Er selbst bestaubt, müde, hungernd, dürstend. Er schreitet langsam, die Leute knien am Wegrand, sie falten die Hände, sie beten ihn an. Ihm ist weich, ihm ist groß.

Er lag, und hing an dem Bilde. Fieber, Wollust, göttliche Hoheitsschauer wühlten in ihm. Er erhob sich Gott gleich.

Nun war er bestürzt, als er die Augen auftat. Wie eine Säule aus Wasser brach es zusammen und verrann.

Sich selbst fragend und zur Rede stellend, drang er ins Waldinnere. Er machte sich Vorwürfe über sein verzücktes Träumen; es kam wider seinen Willen und Entschluß. Die Wucht seiner Gefühle machte ihm bange, dennoch aber: es konnte sein, daß seine nagende Angst ohne Grund war.

Übrigens wuchs die Angst, obgleich es ihm jetzt gerade ganz klar wurde, daß sie grundlos war.

Sie hatten ihn wirklich verehrt, die Italiener, deren Dörfer er zu Fuß durchzogen hatte. Sie waren gekommen, um ihre Kinder von ihm segnen zu lassen. Warum sollte er nicht segnen, wenn andere Priester segnen durften? Er hatte etwas – er hatte mehr mitzuteilen als sie. Es gab ein Wort, ein einziges, wundervolles Wortjuwel: Friede! Darin lag es, was er brachte, darin lag alles verschlossen – alles – alles.

Blutgeruch lag über der Welt. Das fließende Blut war das Zeichen des Kampfes. Diesen Kampf hörte er toben, unaufhörlich, im Wachen und Schlafen. Es waren Brüder und Brüder, Schwestern und Schwestern, die sich erschlugen. Er liebte sie alle, er sah ihr Wüten und rang die Hände in Schmerz und Verzweiflung.

Mit der Stimme des Donners reden zu können, wünschte er glühend. Angesichts der tosenden Schlacht, auf einem Felsblock, allen sichtbar, stehend, mußte man rufen und winken. Zu warnen vor dem Bruder- und Schwestermord, hinzuweisen auf den Weg zum Frieden war eine Forderung des Gewissens.

Er kannte diesen Weg. Man betrat ihn durch ein Tor mit der Aufschrift: Natur.

Mut und Eifer hatten die Angst seiner Seele allmählich wieder verdrängt. Er ging, nicht wissend wohin, predigend im Geiste und bei sich selbst zu allem Volke redend: Ihr seid Fresser und Weinsäufer. Auf euren Tafeln prangen kannibalisch Tierkadaver. Laßt ab vom Schlemmen! Laßt ab vom ruchlosen Morde der Kreaturen! Früchte des Feldes seien eure Nahrung! Eure seidnen Betten, eure Polster, eure kostbaren Möbel und Kleider, tragt alles zusammen, werft die Fackeln hinein, daß die Flamme himmelan schlage und verzehre! Habt ihr das getan, dann kommt – kommt alle, die ihr mühselig und beladen seid, und folgt mir nach! In ein Land will ich euch führen, wo Tiger und Büffel nebeneinander weiden, wo die Schlangen ohne Gift und die Bienen ohne Stachel sind. Dort wird der Haß in euch sterben und die ewige Liebe lebendig werden.

Ihm schwoll das Herz. Wie ein reißender Strom stürzte der Schwall strafender, tröstender und ermahnender Worte. Sein ganzer Körper bebte in Leidenschaft. Mit hinreißender Stärke überkam ihn der Drang, seine ganze Liebe und Sehnsucht auszuströmen. Als müsse er den Bäumen und Vögeln predigen, war ihm zumut. Die Kraft seiner Rede mußte unwiderstehlich sein. Er hätte das Eichhorn, welches in Bogensprüngen zwischen den Stämmen hinhuschte, mit einem einzigen Worte bannen und zu sich rufen können. Er wußte es, wußte es sicher, wie man weiß, daß der Stein fällt. Eine Allmacht war in ihm: die Allmacht der Wahrheit.

Plötzlich hörte der Wald auf. Fast erschreckt, geblendet, wie jemand, der aus einem tiefen Schacht aufsteigt, sah er die Welt. Aber es hörte nicht auf, in ihm zu wirken. Mit eins kam Richtung in seine Schritte. Er stieg niederwärts, den abschüssigen Weg laufend und springend.

Wie ein Soldat, der stürmt, das Ziel im Auge, kam er sich nun vor. Einmal im Laufen, war es schwer, sich aufzuhalten. Die schnelle, heftige Bewegung aber weckte etwas: eine Lust, eine Art Begeisterung, eine Tollheit.

Das Bewußtsein kam, und mit Grausen sah er sich selbst in großen Sätzen bergab eilen. Etwas in ihm wollte hastig hemmen, Einhalt tun, aber schon war es ein Meer, das die Dämme durchbrochen hatte. Ein lähmender Schreck blieb geduckt im Grunde seiner Seele und ein entsetztes, namenloses Staunen dazu.

Sein Körper indes, wie etwas Fremdes, tobte entfesselt. Er schlug mit den Händen, knirschte mit den Zähnen und stampfte den Boden. Er lachte – lachte lauter und lauter, ohne daß es abriß. Als er zu sich kam, zitterte er. Fast gelähmt vor Entsetzen, hielt er den Stamm einer jungen Linde umklammert. Nur mit Vorsicht und stets in Angst vor der Wiederkehr des Unbekannten, Fürchterlichen ging er dann weiter. Aber er wurde doch wieder frei und sicher, so daß er am Ende über seine Angst lächeln konnte.

Nun, unter dem festen Gleichmaß seiner Schritte, angesichts der ersten Häuser, kam die Erinnerung seiner Soldatenzeit. Wie oft, das Herz mit dem tauben Hochgefühl befriedigter Eitelkeit zum Bersten gefüllt, hatte er als Leutnant, an der Seite der Truppe, unter klingendem Spiele Einzug gehalten. Er dachte es kaum, und schon hatte in seinem Kopf die markige, feurige Marschmusik eingesetzt, durch die er so oft fanatisiert worden war. Sie klang in seinem Ohr und bewirkte, daß er die Füße in Takt setzte und Kopf und Brust ungewöhnlich stolz trug. Sie legte das sieghafte Lächeln um seine Lippen und den lebendigen Glanz in seine Augen. So marschierend, lauschte er zugleich in sich hinein, verwundert, daß er so jeden Ton, jeden Akkord, jedes Instrument scharf unterschied, bis auf das

Nachschüttern des Zusammenschlags von Pauke und Becken. Er wußte nicht, sollte ihn die Stärke seiner Vorstellungskraft beunruhigen oder erfreuen. Ohne Zweifel war es eine Fähigkeit. Er hatte die Fähigkeit zur Musik. Er würde sicher große Kompositionen geschaffen haben. Wie viele Fähigkeiten mochten überhaupt in ihm erstickt worden sein! Übrigens war das gleichgültig. Alle Kunst war Unsinn, Gift. Es gab andere, wichtigere Dinge für ihn zu tun.

Ein Mädchen in blauem Kattun, mit einem rosa Brusttuch, eine Kanne aus Blech in der Hand, welches augenscheinlich Milch austrug, kam ihm entgegen. Er hatte sie mit dem Blick gestreift und bemerkt, wie sie erstaunt über seinen Anblick stillstand und groß auf ihn blickte. Sie grüßte dann kleinlaut mit ehrfürchtiger Betonung, und er ging gemessen und ernst dankend an ihr vorüber.

Sofort war alles in ihm verstummt. Weit hinaus wuchs er im Augenblick über seine bisherigen kleinen Vorstellungen. Wenn er noch etwas wie Musik in seinem Ohr trug, so war es jedenfalls keine irdische Melodie. Mit einer Empfindung schritt er, wie wenn er trockenen Fußes über Wasser ginge. So hehr und groß kam er sich vor, daß er sich selbst zur Demut ermahnte. Und wie er das tat, mußte er sich an Christi Einzug in Jerusalem erinnern und schließlich der Worte: »Siehe, dein König kommt zu dir, sanftmütig.«

Noch eine Zeitlang fühlte er den Blick des Mädchens sich nachfolgen. Aus irgendwelchem Grunde hielt er im Gehen möglichst genau die Mitte des Fahrdamms inne, auch als er eine Biegung machte in eine breite, weiße, sich abwärts senkende Straße hinein. Dabei, wie unter einem Zwange stehend, mußte er immer und immer wiederholen: Dein König kommt zu dir.

Kinderstimmen sangen diese Worte. Sie lagen ihm noch ungeformt zwischen Gaumen und Zunge. Aus dem unartikulierten Geräusch seines Atems konnte er sie heraushören. Dazwischen Hosianna, rauschende Palmenwedel, Jauchzen, bleiche, verzückte Gesichter. Dann wieder jähe Stille – Einsamkeit.

Er sah auf, voll Verwunderung. Wie leere Kulissen alles. Häuser aus Stein rechts und links, stumm, nüchtern, schläfrig. Nachdenklich prüfte er. Allmählich, da es feststand, begann sein Inneres, sich daran zu ordnen. So wurde er klein, einfach und fing an nüchtern zu schauen.

Hier und da war ein Fenster geöffnet. Der Kopf eines Hausmädchens wurde sichtbar, man klopfte einen Betteppich aus. Ein Student, schwarzhaarig, mit wulstigen Lippen, augenscheinlich ein Russe, drehte auf dem Fensterbrett seine Frühstückszigarette. Und schon wurde es lebendiger auf der Straße. Die Augen auf den Boden geheftet, unterließ er es doch nicht, verstohlen zu beobachten. Oft sah er mitten hinein in ein breites, freches Lachen. Oft bemerkte er, wie Staunen den Spott bannte. Aber hinter seinem Rücken befreite sich dann der Spott, und dreiste Reden, spitz und beißend, flogen ihm nach.

Mit jedem Schritt unter so viel Stichen und Schlägen wurde ihm alltäglicher zu Sinn. Ein Krampf saß ihm in der Kehle. Der alte bittere, hoffnungslose Gram trat hervor. Wie eine Mauer, dick, unübersteiglich, richtete sie sich auf vor ihm, die grausame Blindheit der Menschen.

Nun schien es ihm auf einmal, als ob alles Leugnen unnütz sei. Er war doch wohl nur eine eitle, kleine, flache Natur. Ihm geschah doch wohl recht, wenn man ihn verhöhnte und verspottete. So empfand er minutenlang die Pein und Scham eines entlarvten Hochstaplers und den Wunsch, von aller Welt fortzulaufen, sich zu verkriechen, zu verstecken oder auf irgendeine Weise seinem Leben überhaupt ein Ende zu machen.

Wäre er jetzt allein gewesen, würde er den Strick um seinen Kopf, der wie ein Heiligenschein aussah, heruntergerissen und verbrannt haben. Wie unter einer Narrenkrone aus Papier, halb vernichtet vor Scham, ging er darunter.

In enge, labyrinthische Gäßchen ohne Sonne hatte er eingelenkt. Ein kleines Fensterchen voller Backware zog ihn an. Er öffnete die Glastür und trat in den Laden. Der Bäcker sah ihn an – die Bäckersfrau – er wählte ein kleines Brot, sagte nichts und ging. Vor der Tür hatte sich eine Schar Neugieriger angesammelt: eine alte Frau, Kinder, ein Schlächtergesell, die Mulde mit roten Fleischstücken auf der Schulter. Er überflog ihre Gesichter, es war nichts Freches darin, und ging mitten durch sie hin seines Weges.

Mit welchem Ausdruck sie ihn alle angeblickt hatten! Erst die Bäckersleute. Als ob er des kleinen Brotes nicht zum Essen bedürfe, sondern vielmehr, um damit ein Wunder zu tun. Und weshalb warteten die Leute auf ihn vor den Türen? Es mußte doch einen Grund haben. Und nun gar das Getrappel und Geflüster hinter ihm drein. Weshalb lief man ihm nach? Weshalb verfolgte man ihn?

Er horchte gespannt und wurde bald inne, daß er ein Gefolge von Kindern hinter sich hatte. Durch Kreuz- und Quergehen über kleine Plätze mit alten Brunnen darauf, absichtlich umkehrend und die Richtung wechselnd, vergewisserte er sich, daß der kleine Trupp nicht von ihm abließ.

Warum verfolgten sie ihn und ließen sich nicht genügen an seinem Anblick? Erwarteten sie mehr von ihm? Hofften sie in der Tat, von ihm etwas Neues, Außergewöhnliches, Wundervolles zu sehen? Es kam ihm vor, als spräche aus der eintönigen Hast der Geräusche ihrer Füße ein starker Glaube, ja mehr als dies: eine Gewißheit. Und plötzlich ging es ihm hell auf, weshalb Propheten, wahrhaftige Menschen voll Größe und Reinheit, so oft am Schluß zu gemeinen Betrügern werden. Er empfand auf einmal eine brennende Sucht, einen unwiderstehlichen Trieb, etwas Wundervolles zu verrichten, und die größte Schmach würde ihm klein erschienen sein im Vergleiche zu dem Eingeständnis seiner Unkraft.

Bis an den Limmatquai war er inzwischen gelangt, und noch immer folgten ihm die Kleinen. Einige trabten, die größeren machten unmäßig lange Schritte, um ihm nachzukommen. In abgebrochenen Worten, mit dem feierlichen Flüsterton der Kirche vorgebracht, bestand ihre Unterhaltung. Es war ihm bisher nicht gelungen, etwas von dem, was sie sprachen, zu verstehen. Plötzlich aber – er hatte es ganz deutlich gehört – wurden die Worte »Herr Jesus« ausgesprochen.

Die Wirkung eines Zaubers lag in diesen Worten. Er fühlte sich aufgehoben durch sie, gestärkt, wiederhergestellt.

Jesus war verhöhnt worden: man hatte ihn geschlagen, angespien und ans Kreuz genagelt. In Verachtung und Spott bestand der Lohn aller Propheten. Sein eigenes bißchen Leiden kam nicht in Betracht. Kleine, feige Nadelstiche hatte man ihm versetzt. Ein Zärtling, der daran zugrunde ging!

Zum Kampf war man da. Wunden bewiesen den Krieger. Spott und Hohn der Menge... wo gab es höhere Ehrenzeichen?! Die Brust damit geschmückt, durfte man stolz und frei blicken. Und überdies: aus dem Munde der Unmündigen und Säuglinge hast du dir dein Lob zugerichtet.

Vor einer Frau, die Orangen feilbot, blieb er stehen. Sogleich hielten auch die Kleinen im Laufen inne, und ein Haufen Neugieriger staute sich auf dem Bürgersteig. Er hätte seine Früchte gern ohne alles Reden gekauft. Mit einer Spannung warteten die Leute auf sein erstes Wort, die ihn befangen und scheu machte. Ein sicheres Gefühl sagte ihm, daß er eine Illusion zu schonen hatte, daß es von der Art, wie er sprach, abhing, ob seine Hörer ihm weiter folgten oder enttäuscht davonschlichen. Aber es war nicht zu vermeiden, die Hökerfrau fragte und schwatzte zuviel, und so mußte er endlich reden.

Er war beruhigt und zufrieden, sobald er seine eigene Stimme vernahm; etwas Singendes und Getragenes lag darin, eine feierliche und gleichsam melancholische Würde, die, wie er überzeugt war, Eindruck machen mußte. Er hatte sich kaum je so reden hören, und indem er sprach, wurde ihm das Reden selbst zum Genuß, wie dem Sänger der Gesang. Auf der Brücke, unter die hinein der blaugrüne See seine Wellen schlug, hielt er abermals an. Über das Geländer gebeugt, nahm er aufs neue Licht, Farbe und Frische des Morgens in sich auf. Der ungestüme, stärkende Wind, der den See herauffuhr, wehte ihm den Bart über die Schulter und umstülpte ihm Stirn und Brust wie ein kaltes Bad. Und nun, aus der mutigen Aufwallung seines Innern, stieg es auf als ein fester Entschluß. Die Zeit war gekommen. Etwas mußte geschehen. In ihm war eine Kraft, die Menschheit aufzurütteln. Jawohl! und sie mochten lachen, spotten und ihn verhöhnen, er würde sie dennoch erlösen, alle, alle!

Nun fing er an, tief und verschlossen zu grübeln. Daß es geschehen würde, stand nun fest; wie es geschehen würde, mußte erwogen werden. Man feierte heute Pfingsten, und das war gut. Um Pfingsten hatten die Jünger Jesu mit feurigen Zungen geredet. Die Feierstimmung bedeutete Empfänglichkeit. Einem erschlossenen Acker gleichen die Seelen der Menschen an Feiertagen.

Tiefer und tiefer ging er in sich hinein, bis er in Räume eindrang, weit, hoch, unendlich. Und so ganz versunken war er mit allen Sinnen in diese zweite Welt, daß er wie ein Schlafender nur willenlos sich fortbewegte. Von allem, was ihn umgab, drang nichts mehr in sein Bewußtsein außer dem Getrappel der Kinderfüßchen hinter ihm.

Gleichmäßig eine Zeitlang, schwoll es allmählich an, wie wenn den wenigen, die ihm folgten, andere sich angeschlossen hätten. Und stärker und stärker immer, als ob aus einzelnen Hunderte, aus Hunderten Tausende geworden wären.

Ganz plötzlich wurde er aufmerksam, und nun war es, als ob hinter ihm drein Heeresmassen sich wälzten.

In seinen Füßen bis in die Knöchel hinauf spürte er ein Erzittern des Erdreiches. Er vernahm hinter sich starkes Atmen, heißes, hastiges Geflüster. Er vernahm Frohlocken, kurz abgerissen, halb unterdrückt, das sich weit zurück fortpflanzte und erst in tiefen Fernen echohaft erstarb.

Was das bedeutete, wußte er wohl. Daß es so überraschend schnell kam, hatte er nicht erwartet. Durch seine Glieder brannte der Stolz eines Feldherrn, und das Bewußtsein einer unerhörten Verantwortung lastete nicht schwerer auf ihm als der Strick auf seinem Kopfe. Er war ja der, der er war. Er wußte ja den Weg, den er sie führen mußte. Er spürte ja aus dem Lachen und Drängen seiner Seele, daß es ihm nahe war, jenes Endglück der Welt, wonach die blinden Menschen mit blutenden Augen und Händen so viele Jahrtausende vergebens gesucht hatten.

So schritt er voran – er – er – also doch er! und in die Stapfen seiner Füße stürzten die Völker wie Meereswogen. Zu ihm blickten sie auf, die Milliarden. Der letzte Spötter war längst verstummt. Der letzte Verächter war eine Mythe geworden.

So schritt er voran, dem Gebirge entgegen. Dort oben war die Grenze, dahinter lag das Land, wo das Glück im Arme des Friedens ewig ruhte. Und schon jetzt durchdrang ihn das Glück mit einer Wucht und Gewalt, die ihm bewies, daß man athletische Muskeln nötig hatte, um es zu ertragen.

Er hatte sie, er hatte athletische Muskeln. Sein Leben, sein Dasein war jetzt nur ein wollüstiges, spielendes Kraftentfalten.

Eine Lust kam ihn an, mit Felsen und Bäumen Fangball zu spielen. Aber hinter ihm rauschten die seidenen Banner, drängte und dröhnte unaufhaltsam die ungeheure Wallfahrt der Menschen.

Man rief, man lockte, man winkte; schwarze, blaue, rote Schleier flatterten; blonde offene Frauenhaare; graue und weiße Köpfe nickten; Fleisch bloßer, nerviger Arme leuchtete auf; begeisterte Augen, zum Himmel blickend oder flammend auf ihn gerichtet, voll reinen Glaubens: auf ihn, der voranschritt.

Und nun sprach er es aus, ganz leise, kaum hörbar, das heilige Kleinodwort: – Weltfriede! Aber es lebte und flog zurück von einem zum andern. Es war ein Gemurmel der Ergriffenheit und Feierlichkeit. Von ferne her kam der Wind und brachte weiche Akkorde beginnender Choräle. Gedämpfte Posaunenklänge, Menschenstimmen, welche zaghaft und rein sangen; bis etwas brach, wie das Eis eines Stromes, und ein Gesang emporschwoll wie von tausend brausenden Orgeln. Ein Gesang, der ganz Seele und Sturm war und eine alte Melodie hatte, die er kannte: Nun danket alle Gott.

Er kam zu sich. Sein Herz hämmerte. Er war nahe am Weinen. Vor seinen Augen schwammen weiße Punkte durcheinander. Seine Glieder waren wie zerschlagen.

Er setzte sich auf eine Bank nieder, die am See stand, und fing an das Brot zu essen, das er sich gekauft hatte. Dann schälte er die Orange und drückte die kalte Schale an seine Stirn. Mit Andacht, wie der Christ die Hostie, genoß er die Frucht. Noch war er damit nicht zu Ende, als er müde zurücksank. Ein wenig Schlaf würde ihm willkommen gewesen sein. Ja, wenn das so leicht wäre: ausruhen. Wie soll man ruhen, wenn es im Kopfe drinnen endlos wühlt und gärt? Wenn das Herz herauswill – wenn es einen zieht ins Unbestimmte – wenn man eine Mission hat, die verlangt, daß man sich ihr unterziehe – wenn die Menschen draußen warten und sich die Köpfe zerbrechen? Wie soll man ruhen und schlafen, wo es not tut zu handeln?

Es war ein peinigender Zustand, wie er so dalag. Fragen und Fragen und nie eine Antwort. Graue, quälende Leere, mitunter schmerzende Stockungen. An einen Ziehbrunnen mußte er denken. Man steht, zieht mit aller Kraft am Seil, aber das Rad, worüber es geht, dreht sich nicht mehr. Man läßt nicht nach mit Zerren und Stemmen. Der Eimer soll herauf. Man dürstet zum Verschmachten. Das Rad gibt nicht nach. Weder vor- noch rückwärts schiebt sich das Seil. – Eine Plage war das, eine Qual – beinahe ein physisches Leiden. Als er Schritte vernahm, freute er sich der Ablenkung. Ja, du lieber Gott! Was war das überhaupt für ein Gedanke gewesen, jetzt schlafen zu wollen! Er stand auf, verwundert, daß er sich in seiner Kammer befand, und öffnete die Tür nach dem Flur. Seine Mutter, wie er wußte, stand auf dem Gange, und er mußte sie hereinlassen. Sie kam, sah ihn an mit strahlender Bewunderung, ihre Lippen zitterten, und sie faltete in Ehrfurcht ihre Hände. Er legte ihr die Hände aufs Haupt und sprach: Stehe auf! – und – die Kranke erhob sich und konnte gehen. Und wie sie sich aufrichtete, erkannte er, daß es nicht seine Mutter war, sondern er, der Dulder von Nazareth. Nicht nur geheilt hatte er ihn; er hatte ihn lebendig gemacht. Noch wehten die Grabtücher um Jesu Leib. Er kam auf ihn zu und schritt in ihn hinein. Und eine unbeschreibliche Musik tönte, als er so in ihn hineinging. Den ganzen geheimnisvollen Vorgang, als die Gestalt Jesu in der seinigen sich auflöste, empfand er genau. Er sah nun die Jünger, die den Meister suchten. Aus ihnen trat Petrus auf ihn zu und sagte: Rabbi! –

Ich bin es, gab er zur Antwort. Und Petrus kam näher, ganz nahe, berührte seinen Augapfel und begann ihn zu drehen: der Jünger drehte den Erdball. Die Stunde war da, sich dem Volke zu zeigen. Auf den Balkon des Saales, den er bewohnte, trat er hinaus. Unten wogte die Menge, und in das Brausen und Wogen sang eine einzige dünne Kinderstimme: Christ ist erstanden.

Sie hatte kaum begonnen, als das Eisen des Balkons nachgab. Er erschrak heftig, wachte auf, rieb sich die Augen und wurde inne, daß er auf der Bank eingeschlafen war. –

Gegen Mittag mochte es sein. Er wollte wieder hinauf in den Buchenwald, um seine Zeit abzuwarten. Die Sonne sollte ihn weihen, dort oben.

Noch immer kühle und reine Luft, wie er den Berg hinanstieg. Hymnen der Vögel. Der Himmel wie eine blaßblaue, leere Kristallschale. Alles so makellos. Alles so neu.

Auch er selbst war neu. Er betrachtete seine Hand, es war die Hand eines Gottes; und wie frei und rein war sein Geist! Und diese Ungebundenheit der Glieder, diese völlige innere Sicherheit und Skrupellosigkeit. Grübeln und Denken lag ihm nun weltfern. Er lächelte voll Mitleid, wenn er an die Philosophen dieser Welt zurückdachte.

Daß sie mit ihrem Grübeln etwas ergründen wollten, war so rührend, wie wenn etwa ein Kind sich abmüht, mit seinen zwei bloßen Ärmchen in die Luft zu fliegen.

Nein, nein – dazu gehörten Flügel, breite Riesenschwingen eines Adlers – Kraft eines Gottes!

Er trug etwas wie einen ungeheuren Diamanten in seinem Kopfe, dessen Licht alle schwarzen Tiefen und Abgründe hell machte: da war kein Dunkel mehr in seinem Bereich...

Das große Wissen war angebrochen. –

Die Glocken der Kirchen begannen zu läuten. Ein Gewühl und Gebrause von Tönen erfüllte das Tal. Mit einer erznen Zunge schien die Luft zu sprechen.

Er beugte sich vor und lauschte, als es zu ihm heraufkam. Er senkte das Haupt nicht, er kniete nicht nieder. Er horchte lächelnd wie auf eines alten Freundes Stimme, und doch war es Gottvater, der mit seinem Sohne redete.

Bibliographische Angaben

Die bibliographischen Angaben nennen an erster Stelle jeweils die Ausgabe, die als Druckvorlage gedient hat. Des weiteren sind zur Information des Lesers Hinweise auf die Erstveröffentlichung und die erste Buchausgabe aufgenommen worden. Wenn der Titel einer Erzählung in den bibliographischen Angaben *kursiv* erscheint, dann stammt er vom Herausgeber.

BÖRNE, LUDWIG (eigentlich: Löb Baruch; Frankfurt a. M., 6. 5. 1786 – Paris 12. 2. 1837).

Die Schwefelbäder bei Montmorency. Aus: Schilderungen aus Paris.

Börnes Werke in 2 Bänden, ausgewählt und eingeleitet von Helmut Bock und Walter Dietze, Weimar: Aufbau 1959; Bd. I, S. 243–255.

Erstdruck: Morgenblatt für gebildete Stände 1823, Nr. 133–137.

Erste Buchausgabe: Gesammelte Schriften, Bd. V, Hamburg 1830.

BÜCHNER, GEORG (Goddelau / Hessen 17. 10. 1813 – Zürich 19. 2. 1837).

Lenz.

Georg Büchner, Werke und Briefe, Gesamtausgabe, hrsg. von Fritz Bergemann, Wiesbaden: Insel 1958; S. 83–111.

Erstdruck: Telegraph für Deutschland 1839, Nr. 5, 7–11 und Nr. 13 f.

Erste Buchausgabe: Nachgelassene Schriften, hrsg. von Ludwig Büchner, Frankfurt a. M. 1850.

DROSTE-HÜLSHOFF, ANNETTE VON (Schloß Hülshoff / Westf. 10. 1. 1797 – Meersburg 24. 5. 1848).

Die Judenbuche. Ein Sittengemälde aus dem gebirgichten Westfalen.

Annette von Droste-Hülshoff, Sämtliche Werke, hrsg. von Clemens Heselhaus, 4. Aufl., München: Hanser 1963; S. 882–936.

Erstdruck: Morgenblatt für gebildete Leser 1842, Nr. 96–111.

Erste Buchausgabe: Letzte Gaben, Hannover 1860.

FONTANE, THEODOR (Neuruppin 30. 12. 1819 – Berlin 20. 9. 1898).

Eine Frau in meinen Jahren.

Theodor Fontane, Sämtliche Werke, hrsg. von Walter Keitel, 1. Abt. Bd. V., München: Hanser 1966.

Erstdruck (?): Deutsche Dichtung, hrsg. von Emil Franzos, Bd. XVI, 1. Heft, Berlin 1893.

Erste Buchausgabe: Von, vor und nach der Reise. Plaudereien und kleine Geschichten, Berlin 1894.

GOTTHELF, JEREMIAS (eigentlich: Albert Bitzius; Murten bei Fribourg 4. 10. 1797 – Lützelflüh / Emmental 22. 10. 1854).

Wie Joggeli eine Frau sucht. Ein ländliches Bild.

Jeremias Gotthelf, Kleinere Erzählungen, nach der Gesamtausgabe in 24 Bänden neu durchgesehen von Werner Juker, Bd. I, Erlenbach–Zürich und Stuttgart: Rentsch 1962; S. 5–24.

Erstdruck: Alpina, Schweizerisches Jahrbuch für schöne Literatur, Solothurn 1841.

Erste Buchausgabe: Erzählungen und Bilder aus dem Volksleben der Schweiz, Bd. I, Berlin 1850.

GRILLPARZER, FRANZ (Wien 15. 1. 1791 – Wien 21. 1. 1872).

Der arme Spielmann. Erzählung.

Franz Grillparzer, Sämtliche Werke, ausgewählte Briefe, Gespräche, Berichte, hrsg. von Peter Frank und Karl Pörnbacher, Bd. III, München: Hanser 1964; S. 146–186.

Erstdruck: Iris. Taschenbuch für das Jahr 1848, Pesth o. J. (1847).

Erste Buchausgabe: Sämtliche Werke, hrsg. von Heinrich Laube und Josef Weilen, Bd. VIII, Stuttgart 1872.

HAUPTMANN, GERHART (Obersalzbrunn/Schlesien 15. 11. 1862 – Agnetendorf 6. 6. 1946).

Der Apostel.

Gerhart Hauptmann, Sämtliche Werke, Centenarausgabe, hrsg. von Hans-Egon Hass, Bd. VI, Frankfurt a. M. und Berlin: Propyläen 1963; S. 69–84.

Erstdruck: Moderne Dichtung, Monatsschrift für Literatur und Kritik, Bd. II, 1. Heft, Leipzig, Brünn und Wien 1890.

Erste Buchausgabe: Der Apostel. Bahnwärter Thiel. Novellistische Studien, Berlin 1892.

Abdruck mit freundlicher Genehmigung des Verlages Ullstein GmbH, Berlin.

HEBBEL, FRIEDRICH (Wesselburen/Holstein 18. 3. 1813 – Wien 13. 12. 1863).

Eine Nacht im Jägerhause.

Friedrich Hebbel, Werke, hrsg. von Gerhard Fricke, Werner Keller und Karl Pörnbacher, Bd. III, München: Hanser 1965; S. 374–382.

Erstdruck: Morgenblatt für gebildete Leser 1842, Nr. 28–31.

Erste Buchausgabe: Erzählungen und Novellen, Pesth 1855.

HEINE, HEINRICH (Düsseldorf 13. 12. 1797 – Paris 17. 2. 1856).

Eine florentinische Nacht (= ›Zweite Nacht‹. Aus: ›Florentinische Nächte‹).

Heinrich Heine, Sämtliche Werke, hrsg. von Ernst Elster, Bd. IV, Leipzig u. Wien: Bibliographisches Institut o. J.; S. 350–378.

Erstdruck: Morgenblatt für gebildete Stände 1836, Nr. 114–125.

Erste Buchausgabe: Der Salon, Bd. III, Hamburg 1837.

IMMERMANN, KARL LEBRECHT (Magdeburg 24. 4. 1796 – Düsseldorf 25. 8. 1840).

Drei Tage in Ems. Aus: Der Karneval und die Somnambule.

Karl Immermann, Werke in 20 Teilen, hrsg. von Robert Boxberger, Berlin: Hempel o. J. [1883]; T. VIII, S. 72–94.

Erstdruck: Miscellen, Stuttgart und Tübingen 1830 (= erste Buchausgabe).

KELLER, GOTTFRIED (Zürich 19. 7. 1819 – Zürich 16. 7. 1890).
Spiegel das Kätzchen. Ein Märchen.
Gottfried Keller, Sämtliche Werke und ausgewählte Briefe, hrsg. von Clemens
Heselhaus, Bd. II, München: Hanser o. J.; S. 213–247.
Erstdruck: Die Leute von Seldwyla. Erzählungen, Braunschweig 1856 (= erste
Buchausgabe).
MEYER, CONRAD FERDINAND (Zürich 11. 10. 1825 – Kilchberg bei Zürich
28. 11. 1898).
Plautus im Nonnenkloster.
Conrad Ferdinand Meyer, Sämtliche Werke, hrsg. von Hans Zeller und Alfred
Zäch, Bd. XI, Bern: Benteli 1959; S. 131–163.
Erstdruck: Deutsche Rundschau, Bd. XXIX, 1881, unter dem Titel: ›Das Bri-
gittchen von Trogen‹.
Erste Buchausgabe: Kleine Novellen, Bd. III, Leipzig 1882.
RAABE, WILHELM (Eschershausen bei Holzminden 8. 9. 1831 – Braunschweig
15. 11. 1910).
Besuch bei Ludchen Bock. Aus: Altershausen 3.–6. Kapitel.
Wilhelm Raabe, Sämtliche Werke, 3. Serie, Bd. VI, Berlin-Grunewald: Klemm
o. J. [1916]; S. 245–264.
Erstdruck: Altershausen, hrsg. von Paul Wasserfall, Berlin 1911 (= erste Buch-
ausgabe).
STIFTER, ADALBERT (Oberplan / Böhmen 23. 10. 1805 – Linz a. d. Donau
28. 1. 1868).
Das alte Siegel.
Adalbert Stifter, Studien, hrsg. von Max Stefl, Bd. II, Augsburg: Kraft 1956;
S. 105–164.
Erstdruck: Österreichischer Novellen-Almanach, 2. Jg., Wien 1844.
Erste Buchausgabe: Studien, Bd. IV, Pesth 1847.
STORM, THEODOR (Husum 14. 9. 1817 – Hademarschen 4. 7. 1888).
Bulemanns Haus.
Theodor Storms Sämtliche Werke in 8 Bänden, hrsg. von Albert Köster, Leip-
zig: Insel 1921; Bd. II, S. 317–339.
Erstdruck: Leipziger Illustrierte Zeitung, 24. 9. 1864.
Erste Buchausgabe: Drei Märchen, Hamburg 1866.

Deutschland erzählt

Herausgegeben von Benno von Wiese

Das vierbändige Sammelwerk »Deutschland erzählt« enthält eine Auswahl von etwa 75 deutschsprachigen Erzählungen aus den letzten 150 Jahren. Der Herausgeber, Benno von Wiese, hat nicht die pathetische Absicht, einen für alle Zeiten geltenden Kanon aufzustellen, seine Auswahl lädt vielmehr ein zur Diskussion. Mancher wird Namen vermissen, die ihm lieb geworden sind; oft muß ein Autor mit seiner Darstellungsweise stellvertretend für andere stehen. Andererseits wird wohl jeder Leser in diesen Bänden Gelegenheit zu überraschenden Wiederbegegnungen und beglückenden Entdeckungen finden. Der Herausgeber verfolgt mit seiner Auswahl zwei Absichten: Er will seine Leser unterhalten und möchte ihnen zugleich Zugang verschaffen zu den nicht immer leicht erreichbaren Schätzen der deutschen erzählenden Literatur.

Deutschland erzählt

Von Johann Wolfgang von Goethe bis Ludwig Tieck
Band 10982

Von Georg Büchner bis Gerhart Hauptmann
Band 10983

Von Arthur Schnitzler bis Uwe Johnson
Band 10984

Von Rainer Maria Rilke bis Peter Handke
Band 10985

Fischer Taschenbuch Verlag

fi 374 / 4

Literarische Anthologien

Das Buch der Niedertracht
Herausgegeben von Klaus G. Renner
Band 9295

Flitterwochen und andere Ehegeschichten
Herausgegeben von Ursula Köhler
Band 9569

Geschichten von Urlaub und Reise
Herausgegeben von Ursula Köhler
Band 9298

Gehen im Gebirg
Eine Anthologie
Zusammenstellung und Nachwort von Willi Köhler
Band 10155

Hotelgeschichten
Herausgegeben von Ronald Glomb und Hans Ulrich Hirschfelder
Band 9246

Giorgio Manganelli
Manganelli furioso
Handbuch für unnütze Leidenschaften
Band 10336

Im Reiche der Großeltern
Geschichten und Erinnerungen deutschsprachiger Dichter
Herausgegeben von Andrea Willi. Band 9229

Russische Künstlererzählungen
aus zwei Jahrhunderten
Herausgegeben von Elisabeth Cheauré. Band 9143

Fischer Taschenbuch Verlag

fi 604 / 8

Kinderleben

Dichter erzählen von Kindern

Eine Sammlung

Herausgegeben von Ursula Köhler

Die Dichter wissen es, daß
Kindheit eine sehr schwierige,
entsetzlich aufregende und
anstrengende Lebensphase
ist, bestimmt von intensiven
und bedrohlich unbekannten
Gefühlen, Gefühlen der Verzauberung, der Beglückung
und leidenschaftlicher Anteil-
nahme ebenso wie von ver-
schiedensten Ängsten, Gewis-
sensqualen und kleinen,
unendlich großen Tragödien
– die fast das Leben kosten,
wäre da nicht der gnädige
tiefe Kinderschlaf, der über
»Unordnung und frühes
Leid« heilsames Vergessen
breitet.

*Der Band enthält Erzählungen
von H. Chr. Andersen, William
Heinesen, Thomas Mann,
Hermann Hesse, Franz Nabl,
Tibor Déry, Valery Larbaud,*

Band 9180

*Katherine Mansfield, Elizabeth
Bowen, William Saroyan,
Katherine Anne Porter, Wolfgang Borchert, Elisabeth Lang-
gässer, Ilse Aichinger, Mark
Helprin, Cristina Peri Rossi
und Jamaica Kincaid.*

Fischer Taschenbuch Verlag

fi 656/2

Hotelgeschichten

Herausgegeben von Ronald Glomb und
Hans Ulrich Hirschfelder

Einer der reizvollsten und
beliebtesten Schauplätze der
Weltliteratur ist das Hotel:
Liebesgeschichten fangen
hier an, Phantastisches spielt
sich ab, Kriminal- und Spio-
nagegeschichten hören hier
auf. Ob feudales Grand-
Hotel mit dem Flair morbi-
der Décadence, ob solides
Haus der Mittelklasse oder
zwielichtige Absteige, jedes
Hotel hat seine ihm eigene
Atmosphäre, ist eine Welt
für sich. Wer in sie eintritt,
ob für einen flüchtigen
Moment oder einen Zeit-
raum von Tagen, von
Wochen, taucht ein, in ein
Leben, das geschäftiger, hek-
tischer, distinguierter, künst-
licher, konzentrierter ist als
das Leben draußen, allemal
schillernd und geheimnisvoll
durch die hier gegebene
Möglichkeit des Spiels mit
der Identität.

Band 9246

Es erzählen: *Peter Altenberg,*
Victor Auburtin, Dino Buz-
zati, Hermann Hesse, Erich
Kästner, Kurt Kusenberg,
Graham Greene, Ernest
Hemingway, V.S. Naipaul,
George Orwell, Raymond
Queneau, Anton Tschechow,
Stefan Zweig und viele
andere.

Fischer Taschenbuch Verlag

fi 1075 / 2

Erzähler–Bibliothek

Fischer Taschenbuch Verlag

fi 669 / 8 a

Erzähler-Bibliothek

George Langelaan
Die Fliege
Eine phantastische
Erzählung
Band 9314

D.H.Lawrence
Die Frau, die davonritt
Erzählung
Band 9324

Thomas Mann
Mario und
der Zauberer
Ein tragisches
Reiseerlebnis
Band 9320

Tristan
Novelle
Band 10572

Die vertauschten Köpfe
Eine indische Legende
Band 9305

Daphne Du Maurier
Der Apfelbaum
Erzählungen
Band 9307

Herman Melville
Bartleby
Erzählung
Band 9302

Arthur Miller
Die Nacht
des Monteurs
Erzählung
Band 9332

Franz Nabl
Die Augen
Erzählung
Band 9329

René de Obaldia
Graf Zeppelin
oder Emiles Leiden
Erzählung
Band 10177

Vladimir Pozner
Die Verzauberten
Roman
Band 9301

Alexander Puschkin
Die Erzählungen des
verstorbenen Iwan
Petrowitsch Belkin
Band 9331

Peter Rühmkorf
Auf Wiedersehen
in Kenilworth
Ein Märchen in
dreizehn Kapiteln
Band 9333

Antoine
de Saint-Exupéry
Nachtflug
Roman
Band 9316

Fischer Taschenbuch Verlag

fi 669 / 2 b

Erzähler–Bibliothek

William Saroyan
Traceys Tiger
Roman
Band 9325

Arthur Schnitzler
Frau Beate
und ihr Sohn
Eine Novelle
Band 9318

Anna Seghers
Wiedereinführung
der Sklaverei
in Guadeloupe
Band 9321

Isaac Bashevis Singer
Die Zerstörung
von Kreschew
Erzählung
Band 10267

Adalbert Stifter
Abdias
Erzählung
Band 10178

Mark Twain
Der Mann,
der Hadleyburg
korrumpierte
Band 9317

Jurij Tynjanow
Sekondeleutnant Saber
Erzählung
Band 10541

Franz Werfel
Eine blaßblaue
Frauenschrift
Erzählung
Band 9308

Geheimnis
eines Menschen
Novelle
Band 9327

Edith Wharton
Granatapfelkerne
Erzählung
Band 10180

Patrick White
Eine Seele
von Mensch
Short Story
Band 10710

Carl Zuckmayer
Eine Liebesgeschichte
Band 10260

Der Seelenbräu
Erzählung
Band 9306

Stefan Zweig
Angst
Novelle
Band 10494

Brennendes Geheimnis
Erzählung
Band 9311

Brief einer
Unbekannten
Erzählung
Band 9323

Fischer Taschenbuch Verlag

fi 669 / 3 c

Adalbert Stifter
Abdias
Erzählung

Band 10178

Abdias, ein reicher jüdischer Kaufmann, hält
in den Ruinen einer alten Römerstadt in der
nordafrikanischen Wüste seine schöne Frau
Deborah und seine Schätze vor Neidern verborgen. Doch er kann dem Schicksal nicht vorbeugen: während seiner Abwesenheit plün-
dern Räuber die Wohnung, Deborah stirbt
kurz nach der Geburt einer Tochter. Von nun
an kreist all das Denken von Abdias um die
kleine Ditha. Er verläßt Afrika und zieht mit
ihr in ein entlegenes Tal im böhmischen Wald.
Es dauert lange, bis er begreift, daß sie blind
ist. Eine geheimnisvolle Affinität zwischen
dem Wesen Dithas und kosmischer Elektrizi-
tät wird beiden zum Schicksal.

Fischer Taschenbuch Verlag

fi 1299 / 1